FUNDACIÓN
FILOSÓFICA

Otros Libros del Dr. Surrendra Gangadean & La Fundación de Logos:

History of Philosophy: A Critical Analysis of Unresolved Disputes

Theological Foundation: A Critical Analysis of Christian Belief

Philosophical Foundation: Trivium Study Guide

The Logos Papers: To Make the Logos Known

*The Westminster Shorter and Larger Catechisms:
A Doxological Understanding*

*The Westminster Confession of Faith:
A Doxological Understanding*

*On Natural and Revealed Theology:
Collected Essays of Surrendra Gangadean*

*The Logos Curriculum:
Grammar Catechisms: Philosophical, Theological, and Historical
Foundations*

DOXOLOGICAL REFORMED COMMENTARY SERIES:

*The Book of Revelation: What Must Soon Take Place
Doxological Postmillennialism*

*The Book of Job: Deepening the Revelation of God's Glory for All Time
An Ironic Theodicy*

*The Epistle to the Romans:
The Righteousness of God Revealed from Faith to Faith
The Gospel According to St. Paul*

*The Biblical Worldview: Creation, Fall, Redemption
Genesis 1–3: Scripture in Organic Seed Form*

FUNDACIÓN FILOSÓFICA

Un Análisis Crítico de Creencias Básicas

Segunda Edicion

SURRENDRA GANGADEAN

Traducido por Arturo Gastelum & Lucio Gastelum Valdez

PUBLIC PHILOSOPHY PRESS ◆ THE LOGOS FOUNDATION λ LOGOS

Phoenix, Arizona

Fundación Filosófica: Un Análisis Criticó de Creencias Básicas

Republished by Public Philosophy Press 2022
Phoenix, Arizona
publicphilosophypress.com

Printed in the United States of America

Cover design: Beth Ellen Nagle
Typesetting: Matthew P. Hicks & Brian J. Phelps
Translation: Arturo Gastelum & Lucio Gastelum Valdez

Library of Congress Cataloging-in-Publication Data pending

Gangadean, Surrendra, 1943–2022.
Philosophical foundation: a critical analysis of basic beliefs
Includes bibliographical references, footnotes, index, and glossary.
Second edition
    ISBN 979-8-9880399-3-8 (paperback)
1. Philosophy—Basic Beliefs 2. Rational Presuppositionalism
3. Philosophy—Epistemology 4. Philosophy—Metaphysics
5. Philosophy—Ethics 6. Clarity and Inexcusability I. Title

Dedicado a Raj a Dev y Shanti

y a todos los que representan

Contenido

Prólogo   *ix*

Agradecimientos   *xi*

Esquema   *xiii*

Introducción   *xxiii*

PARTE I: EPISTEMOLOGÍA

Capítulo 1: Claridad, Filosofía y Razón   3

Capítulo 2: Fuentes del Fideísmo y Escepticismo   19

Capítulo 3: Conocimiento, Argumento y Presuposición   55

Capítulo 4: Acerca de la Eternidad y la Causalidad   67

PARTE II: METAFÍSICA

Capítulo 5: El Monismo Material   77

Capítulo 6: El Monismo Espiritual y El Anti-Realismo   109

Capítulo 7: El Dualismo y Mundos Lógicamente Posibles   139

Capítulo 8: El Teísmo   149

PARTE III: ÉTICA

Capítulo 9: El Bien y La Ley Moral   177

Capítulo 10: Ley Moral 1: Bien y Dios   183

Capítulo 11: Ley Moral 2: Pensamiento y Presuposición   197

Capítulo 12: Ley Moral 3: Integridad y Conocimiento   213

Capítulo 13: Ley Moral 4: Trabajo y Esperanza   221

Capítulo 14: Ley Moral 5: Autoridad y Conocimiento   235

Capítulo 15: Ley Moral 6: Dignidad Humana y Racionalidad   245

Capítulo 16: Ley Moral 7: Amor y Fidelidad   259

Capítulo 17: Ley Moral 8: Valor y Talento   269

Capítulo 18: Ley Moral 9: Verdad y Justicia   281

Capítulo 19: Ley Moral 10: Sufrimiento y Bien   291

Conclusión   299

APÉNDICES

Apéndice 1: Presuposición de Fundación Filosófica:
El Terreno Común y el Principio de la Claridad   303

Apéndice 2: Una Respuesta a los Críticos de la Claridad:
El Terreno Común Aplicado para
Evitar Disputas Sin Sentido   309

Glosario de Términos   327

Bibliografía   343

Índice   359

Acerca del Autor   365

PRÓLOGO

L A FILOSOFÍA ES NECESITADA POR TODOS, por ello este libro es escri-to para todos. Este libro es escrito para aquellos que comienzan a pensar profundamente acerca de cosas básicas y para aquellos que han divagado en el laberinto por algún tiempo. También es escrito para aquellos que han evadido el tema por cualquier número de razones ya sean buenas o malas.

Lo que es investigado en este libro son respuestas a las preguntas más básicas que podemos hacer: ¿Podemos saber alguna cosa? ¿Qué es finalmente real? ¿Qué debo de hacer? El lector puede entendiblemente preguntar: ¿Por qué otro libro de este tema—hay acaso algo nuevo bajo el sol? Si es que podemos aprender del pasado, si es que podemos aprender mediante retos y conflictos, si es que podemos aprender de nuestros sufrimientos, entonces podemos ser más conscientes y consistentes en lo que pensamos y hacemos. Este libro es ofrecido como otro paso en esa dirección.

Debido a la variedad de lectores, no todo en este libro es intencionado para todos, sin embargo, todos pueden seguir la línea central de argumentación, incluyendo las ocasiones en las cuales nombres e ideas son mencionados sin previa introducción. El lector más enterado no la necesita y el principiante es liberado de esa carga. Este ha sido un dilema continuo, el incluir o excluir más. Un esquema, notas, glosario, bibliografía e índice fueron agregados para auxiliar.

Este libro será leído con mayor provecho si el lector continuamente procede de lo más básico a lo menos básico. El pensamiento crítico es por naturaleza presuposicional; sin entender lo más básico, uno no puede entender lo que viene después. *Caveat lector*. Que el lector sea consciente.

—SURRENDRA GANGADEAN
Phoenix, Arizona
Noviembre 2007

AGRADECIMIENTOS

Estoy endeudado con muchos de los que ayudaron a hacer posible este libro:

A los interlocutores del diálogo que dieron forma y expresaron las ideas y cosmovisiones confrontadas en este libro.

A aquellos cuyas vidas han fomentado el uso de la razón en la búsqueda del bien.

A los estudiantes cuyas perplejidades intelectuales requerían respuestas pertinentes e inteligibles.

A todos los que ayudaron a llevar este trabajo del manuscrito al libro.

A quien por su diario ser y presencia ha sido mi confidente.

ESQUEMA

PARTE 1: EPISTEMOLOGÍA

Capítulo 1: Claridad, Filosofía y Razón

1. Acerca de la Claridad
   i. La necesidad de la claridad: significado vs. nihilismo
   ii. Escepticismo y fideísmo llevan al nihilismo
   iii. Creencias básicas y la claridad
2. ¿Qué es la Filosofía? — Cinco Características
   i. Área: fundación y fin
   ii. Actitud: amor a la sabiduría
   iii. Método: uso crítico de la razón
   iv. Aplicación: introspección
   v. Sistema: perspectiva de la vida y el mundo
3. ¿Qué es la Razón?
   i. La razón en sí misma: las leyes del pensamiento
   ii. La razón en su uso: formativa, crítica, interpretativa y constructiva
   iii. La razón en nosotros: natural, ontológica, trascendental y fundamental

Capítulo 2: Fuentes del Escepticismo y Fideísmo

1. Fuentes del Escepticismo: Popular, Filosófico y Personal
   i. Pluralismo de cosmovisiones
   ii. Pragmatismo y escepticismo
   iii. Verdad y poder
   iv. Construcción y deconstrucción
   v. Relativismo y tolerancia

    vi. Tradición y trascendencia

    vii. Persuasión y prueba

   viii. Apariencia y realidad: el sentido común y el realismo

    ix. Intuición y certeza: señal y realidad

    x. Empirismo: conocimiento a través de la experiencia del sentido

    xi. La razón: sus usos, sus límites y su uso limitado

    xii. Actitud: la fuente fundamental del escepticismo

2. Fuentes del Fideísmo: Popular, Teológico y Personal

    i. *Sensus divinitatis*: ¿es el conocimiento de Dios directo o inferido?

    ii. Conocimiento y responsabilidad

   iii. El uso de la razón magisterial vs. el uso de la razón ministerial

    iv. La ontología y la epistemología: ¿puede la razón capturar la realidad ultima?

    v. La fe y la razón

    vi. La razón y el *testimonium Spiritu Sancti*

    vii. La razón y lo particular

   viii. La razón y el racionalismo

    ix. La razón y la hermenéutica

    x. La piedad y el intelecto

    xi. La razón y los misterios de la fe

    xii. La razón y la personalidad

3. Doce Falacias Informales: La Persuasión mediante Seudo-Argumentos

Capítulo 3: Conocimiento, Argumento y Presuposición

1. La definición del Conocimiento—Retos y Respuestas

2. Conocimiento a través de la Razón y el Argumento

    i. El primer acto de la razón: concepto—esencia, palabra y ambigüedad

ii. El segundo acto de la razón: juicio—contradicciones y contrarios

iii. El tercer acto de la razón: argumentos—validez y solidez

3. Presuposición: Nuestra Creencia Más Básica

    i. El concepto más básico y la creencia más básica: acerca de lo que es eterno

    ii. Dos creencias básicas: todo es eterno o solamente algo es eterno

    iii. Clasificación de cosmovisiones mediante las creencias básicas

    iv. Las presuposiciones son sostenidas con mayor o menor consciencia y con mayor o menor consistencia

Capítulo 4: Acerca de La Eternidad y La Causalidad

1. Debe de Haber Algo Eterno

    i. Prueba mediante *reductio* argumento: ningún ser proviene del no-ser

    ii. Análisis del ser surgiendo del no-ser

2. No Existen Eventos Sin Causa

    i. Análisis de la apelación a eventos sin causa

    ii. Eventos sin causa y el ser proveniente del no-ser

PARTE II: METAFÍSICA

Capítulo 5: El Monismo Material

1. Introducción: Definición, Formas de Encuentro, Antecedentes Históricos y Las Implicaciones de la Cosmovisión

2. El Primer Argumento en contra del Monismo Material: El Universo Material no se Mantiene Así Mismo

    i. En general: el problema de la entropía

    ii. En sus partes: el sol y las estrellas

    iii. En su totalidad: universo oscilante del Big Bang y el universo inflacionario

3. El Segundo Argumento en contra del Monismo Material: Basado en el Análisis del Pensamiento

    i. La mente no es el cerebro: el pensamiento no es el movimiento de átomos en el cerebro

    ii. Muchas formas del reduccionismo y problemas del reduccionismo en general

4. El Tercer Argumento en contra del Monismo Material: Basado en el Análisis de la Percepción

    i. La mente no es el cerebro: un impulso neuronal no es una imagen mental

    ii. Tres objeciones al análisis de la percepción y respuestas a cada uno

5. El Cuarto Argumento en contra del Monismo Material: La Perspectiva Naturalista de Orígenes, no está basada en la Ciencia

    Tres interrogantes en la controversia concerniente a los orígenes:

    i. ¿Es la pregunta del origen una cuestión de la ciencia, de la religión o de la filosofía? Presunciones que no son defendidas en la ciencia y en la religión vs. la filosofía

    ii. ¿Cuál presunción interpreta mejor los datos: uniformidad o no-uniformidad?

       a. Los datos geológicos: siete fenómenos

       b. Los datos biológicos: las cuatro etapas, desde la ausencia de la vida a la vida humana

       c. Los datos astronómicos: el orden cosmológico y la edad del cosmos

    iii. ¿Es una posición de compromiso posible? (evolución teística) cuatro problemas

Capítulo 6: Monismo Espiritual y el Anti-Realismo

1. Introducción

    i. Definición, formas de encuentro y la cosmovisión del monismo espiritual

    ii. Reencarnación: las razones en favor y en contra

2. Idealismo y Anti-Realismo: ¿Es la Realidad Dependiente de la Mente?

    i. El problema del cerebro en el contenedor/Matrix

    ii. Berkeley: *esse est percipi*

    iii. Kant acerca de la causalidad y el mundo noúmenal

    iv. Shankara: no-dualismo (*advaita*) Vedanta

    v. Ramanuja: no-dual Vedanta cualificado

    vi. Nāgārjuna: el camino medio

    vii. El pragmatismo y la iniciativa del saber

    viii. Deconstruyendo el postmodernismo

    ix. La perspectiva de Kierkegaard acerca de la fe de Abraham—un análisis alternativo existencial

Capítulo 7: El Dualismo y Mundos Lógicamente Posibles

1. Dualismo—Introducción

    i. La atracción del dualismo y objeciones a su atracción

    ii. La persistencia de actitudes dualistas en el teísmo popular

    iii. Platón: dualismo ordinario y objeciones

    iv. Aristóteles: dualismo dependiente y objeciones

2. Mundos Lógicamente Posibles

    i. Nuevas formas de escepticismo: el ser más allá de las propiedades; surgiendo sin ser; más allá del tercero excluso

    ii. Mundos lógicamente posibles y el mundo actual; la razón e imaginación: ciencia ficción y literatura fantástica

Capítulo 8: Teísmo

1. Introducción: Problemas del Fideísmo y la Definición de "Dios" en el Teísmo

2. Problemas Preliminares Concerniente a la Creación Ex Nihilo

3. El Problema del Mal en *Diálogos Concernientes a la Religión Natural*, David Hume y más allá de Hume

4. Las Cinco Soluciones de Hume y Respuestas a Cada Una

5. La Solución del Libre Albedrío y Cuatro Objeciones

6. Una Solución Irónica

    i. La naturaleza del problema del mal: un problema para el hombre como ser racional

    ii. La definición del "bien" y del "mal" basada en la claridad de la revelación general

    iii. La parábola del hijo pródigo, explicada y aplicada a la historia del mundo

    iv. ¿Por qué existe el mal moral?: propósito y resolución en la historia del mundo

    v. ¿Por qué existe el mal natural?: propósito y resolución en la historia del mundo

    vi. La ironía en el problema del mal reiterado

PART III: ÉTICA

Capítulo 9: El Bien y La Ley Moral

1. La definición de la ética y su explicación

2. Las condiciones necesarias para la justificación racional en la ética

3. Existe una ley moral la cual es clara, amplia y crítica

Capítulo 10: Ley Moral 1: El Bien y Dios

1. Origen: por naturaleza nosotros tomamos decisiones de medios y fines

2. Análisis: el bien es el fin propio en sí mismo; justificación racional por la fuente del bien

3. Ley Moral 1: el bien es determinado mediante la naturaleza humana al ser creada por Dios

4. Aplicaciones: lo que es opuesto a la naturaleza del bien, basado en Dios el creador

5. Consecuencias inherentes al afirmar o negar el bien y su fuente

Capítulo 11: Ley Moral 2: Pensamiento y Presuposición

1. Origen: nosotros por naturaleza pensamos; por naturaleza nosotros distinguimos entre lo finito y lo infinito

2. Análisis: el pensamiento es presuposicional; nosotros pensamos en lo menos básico en apego a lo más básico

3. La Ley Moral 2: nosotros no debemos de pensar acerca de lo infinito (Dios) en apego a lo finito (hombre)

4. Aplicaciones: conceptos erróneos de la naturaleza divina, las cuales dividen a los teístas

5. Consecuencias inherentes en la afirmación o negación del pensamiento presuposicional acerca de la naturaleza de Dios

Capítulo 12: Ley Moral 3: Integridad y Conocimiento

1. Origen: cada persona es por naturaleza propia una unidad de ser, no un ser dividido

2. Análisis: la integridad como una preocupación por consistencia es necesaria y suficiente para el conocimiento

3. Ley Moral 3: debemos tener integridad: debemos de ser consistentes, no estar divididos en nuestros pensamientos y acciones

4. Aplicaciones: la integridad se opone a toda inconsistencia en todo lo que decimos y hacemos

5. Consecuencias inherentes en la afirmación o negación de la integridad

Capítulo 13: Ley Moral 4: Trabajo y Esperanza

1. Origen: el traer a la existencia y sostener en existencia requiere trabajo

2. Análisis: el propósito del trabajo es el bien; la naturaleza del bien; la certeza de la esperanza

3. Ley Moral 4: debemos de trabajar con esperanza por el bien

4. Aplicaciones: la esperanza verdadera se opone a la falsa esperanza y a la negación de la esperanza concerniente al bien

5. Consecuencias inherentes en la afirmación y negación del trabajo y la esperanza

Capítulo 14: Ley Moral 5: Autoridad y Conocimiento

1. Origen: nacemos en ignorancia; necesitamos ser instruidos en el bien y los medios para alcanzarlo

2. Análisis: la autoridad es racional, basada en el conocimiento el cual es acumulado en la historia

3. Ley Moral 5: la autoridad basada en el conocimiento debe de ser honrada; la autoridad sin conocimiento debe de ser cambiada donde sea posible

4. Aplicaciones: la autoridad legítima se opone a la falsa autoridad en principio, en personas y prácticas institucionales

5. Consecuencias inherentes en la afirmación o negación de la autoridad basada en la perspicacia

Capítulo 15: Ley Moral 6: Dignidad Humana y Racionalidad

1. Origen: nacemos siendo humanos con dignidad la cual nos distingue de los animales

2. Análisis: la dignidad humana consiste en la capacidad de entender; la sociedad humana es una sociedad de seres racionales

3. Ley Moral 6: debemos de afirmar la dignidad humana; debemos de tratar a otros como poseedores de la habilidad y responsabilidad de entender

4. Aplicaciones: la afirmación de la dignidad humana se opone a toda forma de negación de la dignidad humana

5. Consecuencias inherentes en la afirmación o negación de la dignidad humana

Capítulo 16: Ley Moral 7: Amor y Fidelidad

1. Origen: los seres humanos proceden de la unión sexual de un hombre y una mujer

2. Análisis: la unión sexual es una señal natural y sello de amor; una unión completa es monógama y duradera; el amor en el matrimonio procura el bien por el otro y con el otro (fidelidad espiritual)

3. Ley Moral 7: existe un orden para el matrimonio el cual protege el amor y la fidelidad

4. Aplicaciones: lo que se opone a la infidelidad ordinaria, está basado en todas las formas de infidelidad espiritual

5. Consecuencias inherentes en la afirmación o negación del amor y la fidelidad

Capítulo 17: Ley Moral 8: Valor y Talento

1. Origen: nadie valora todas las cosas de igual manera; el valor es una función de suministro y demanda

2. Análisis: la demanda es una función de nuestra percepción del bien; el suministro es una función del talento; la naturaleza, origen y desarrollo del talento

3. Ley Moral 8: debemos de desarrollar nuestros talentos en la adquisición del bien en servicio a otros

4. Aplicaciones: el desarrollo de nuestros talentos se opone al descuido, abuso y obstrucción del uso del talento

5. Consecuencias inherentes en la afirmación o negación del uso del talento en la adquisición del bien

Capítulo 18: Ley Moral 9: Verdad y Justicia

1. Origen: nacemos iguales; bajo la justicia somos tratados igualmente

2. Análisis: la naturaleza de la justicia; la verdad es necesaria y suficiente para corregir y prevenir la injusticia

3. Ley Moral 9: debemos de conocer y decir la verdad para prevenir injusticia

4. Aplicaciones: la Ley Moral 9 se opone a todo lo que obstruye la adquisición de la verdad para prevenir la injusticia

5. Consecuencias inherentes en la afirmación o negación de la adquisición de la verdad por la justicia

Capítulo 19: Ley Moral 10: Sufrimiento y El Bien

1. Origen: nacemos cambiables; podemos cambiar en nuestra creencia concerniente al bien

2. Análisis: el sufrimiento surge cuando nosotros creemos que no podemos poseer lo que concebimos como el bien; acerca de la naturaleza del bien, del mal moral y natural

3. Ley Moral 10: debemos de estar contentos en la adquisición de lo que verdaderamente es el bien

4. Aplicaciones: La Ley Moral 10 se opone a todas las formas de descontento, basadas en conceptos erróneos del bien

5. Consecuencias inherentes en la afirmación o negación de lo que es verdaderamente el bien

INTRODUCCIÓN

FUNDACIÓN FILOSÓFICA ARGUMENTA QUE algunas cosas son claras, las cosas básicas son claras, las cosas básicas acerca de Dios y el hombre, el bien y el mal, son claras a la razón. Esta tesis acerca de lo que es claro se afirma en oposición al escepticismo[1] de la filosofía occidental y el fideísmo[2] de la teología occidental.

Escepticismo ordinario es una respuesta natural al fideísmo, cuando el fideísmo hace aserciones acerca de Dios sin proveer prueba. Escepticismo filosófico es también una respuesta natural a las muchas aserciones de pruebas que han fallado.[3] El escepticismo totalmente consistente sostiene que ningún conocimiento es posible. Tomado estrictamente, esto implicaría que incluso las distinciones conceptuales básicas, como las distinciones entre ser y no ser y verdadero y falso, no son claras. Pero la negación de todas las distinciones significativas es autodestructiva[4] y es un consejo de desesperación.[5] Examinada de cerca, sin embargo, se ve que esta desesperación intelectual está enraizada en suposiciones sostenidas sin sentido crítico. No es necesario evitar el escepticismo

---

1. El escepticismo de la filosofía occidental puede verse en Sextus Empiricus (200 a.C.), David Hume (1711-1776), y el posmodernismo contemporáneo. Hay varios grados de conciencia y consistencia con el cual se adopta el escepticismo, del ordinario, a lo filosófico, al escepticismo completamente consistente. Yo estoy interesado particularmente con el escepticismo consistente el cual niega que algunas cosas son claras (insinuando que nada es claro), incluyendo las cosas básicas acerca de Dios y el hombre y el bien y el mal.

2. El fideísmo es la creencia acerca de las cosas básicas sin prueba, debido a que la prueba no se considera relevante o necesaria o posible. El fideísmo también concierne a atentados a prueba, las cuales fallan por una variedad de razones.

3. Me estoy refiriendo a los argumentos ontológico, cosmológico, y teleológico por la existencia de Dios, los cuales no han probado la existencia de Dios cuando son usados independientemente. Un enfoque alternativo es el usar una versión revisada de cada una de estas pruebas como tres partes de un argumento cumulativo.

4. Dado que ninguna distinción es clara y todas las distinciones carecen de sentido, entonces ninguna afirmación tiene sentido y, por lo tanto, ninguna afirmación es posible, incluida la propia afirmación del escéptico. Algunos escépticos han visto esto y se han mudado al silencio.

5. El escéptico está en desesperación intelectual; ha perdido (demasiado pronto) la esperanza de conocer las cosas básicas al decir que "el conocimiento es imposible."

adoptando la antinomia[6] del fideísmo. Uno puede responder a las suposiciones que conducen al escepticismo examinando críticamente estas suposiciones o presuposiciones en busca de coherencia de significado. Se examinarán doce suposiciones de escepticismo y se encontrarán deficientes, así como doce suposiciones de fideísmo, después de lo cual se considerará la cuestión de *cómo* es posible el conocimiento.

En términos generales, las afirmaciones de conocimiento[7] se han basado en la experiencia (empirismo) o en la razón (racionalismo). Se ha apelado a la experiencia de muchas formas: la experiencia de otros en el pasado: tradición y testimonio; experiencia de todos—sentido común; experiencia de los propios estados mentales: intuición; y teorías que pueden ser verificadas mediante el experimento: la ciencia. Sin embargo, la suposición presente en la interpretación de cualquier experiencia[8] a menudo pasa desapercibida y es en sí misma una forma de fideísmo.

La razón misma puede convertirse en una ocasión de escepticismo cuando se usa primeramente como una fuente de verdad, en lugar de como una prueba de significado (Descartes: "Pienso, luego existo"; Jefferson: "Sostenemos como evidentes estas verdades . . ."). La razón también puede convertirse en una ocasión para el escepticismo cuando se usa solo de manera constructiva (por coherencia dentro de una cosmovisión, o en matemáticas teóricas, o al postular mundos lógicamente posibles) y no se usa primero críticamente como una prueba para el significado de las creencias básicas reales.

El intento de mitigar el escepticismo apelando a lo que funciona (pragmatismo) simplemente peticiona la pregunta sobre los juicios de valor y sobre la justificación racional de la visión que uno tiene del bien

---

6. Una antinomia no es una contradicción, sino un polo opuesto (a menudo un contrario). Ambas partes de una antinomia son falsas porque ambas comparten una (falsa) suposición común. El escepticismo cree que las cosas básicas no son claras porque no se han probado o no se pueden probar; el fideísmo cree que las cosas básicas no son claras y no intenta ni logra pruebas. Tanto el escepticismo como el fideísmo comparten la suposición de que las cosas básicas no son claras. Una antinomia es ir a la derecha o a la izquierda, cuando no se debe tomar el camino de la izquierda ni el de la derecha.

7. Una persona que hace una afirmación de conocimiento, en contraste con declarar su opinión, debe estar lista para dar una razón de la verdad de esa afirmación, especialmente cuando se plantean objeciones a la verdad de esa afirmación.

8. Ninguna experiencia tiene sentido sin interpretación. Por ejemplo, al decir: "El sol sale por el este" o "El mundo material existe," asume que la apariencia, dada en la experiencia de uno, *es* la realidad. Esta suposición no es evidentemente cierta. La apariencia está siendo interpretada acríticamente para llegar a afirmaciones sobre la realidad.

(el valor más alto). Este libro argumenta que el conocimiento es posible por la razón y el argumento aplicado preposicionalmente, comenzando con la creencia propia más básica.

Este trabajo también argumenta contra el fideísmo, que está implícita o explícitamente presente en la historia del pensamiento cristiano. La mayoría de los seres humanos viven por tradición. Las creencias de la tradición, que no se basan en la vista, se basan en una confianza implícita en la costumbre (a lo que uno está acostumbrado). Las creencias sostenidas por la costumbre no son creencias basadas en pruebas. Comúnmente se dice que las creencias que no se basan en pruebas son una cuestión de fe. El fideísmo es una afirmación más consciente de la fe, entendida como creencia no basada en pruebas. El fideísmo mantiene mínimamente que la prueba de la existencia de Dios no es necesaria, o no es posible, o no es relevante. Sin embargo, el cristianismo histórico enseña que Cristo murió por nuestros pecados y que la inexcusabilidad de la incredulidad se basa en la claridad de la revelación general (Romanos 1:20). Si este es el caso, entonces se le puede pedir razonablemente a cualquiera que afirme el pecado y la inexcusabilidad que muestre cómo el poder eterno de Dios y la naturaleza divina son claros a través de lo que se creó. Además, el arrepentimiento de este pecado raíz de no buscar y no entender parece requerir que todos los creyentes busquen entender lo que es claro acerca de Dios.

Si bien ha habido un reconocimiento ocasional por parte de algunos creyentes de la claridad de la revelación general, las pruebas ofrecidas históricamente han sido menos que adecuadas. Mostrar que hay algo superior a la mente (Agustín), o que hay una causa primera del movimiento (Tomás de Aquino), no es mostrar a Dios el Creador. El argumento teleológico por sí mismo muestra solo a un diseñador, no al Creador. El argumento ontológico (Anselmo) por sí solo muestra, en el mejor de los casos, que debe haber algo eterno, no que *solo* algo (Dios) sea eterno. Una forma reciente del argumento trascendental se basa en el Dios Triuno de las Escrituras, en lugar de la revelación general. No ve que la razón es a la vez trascendental (autotestifica como las leyes del pensamiento) y ontológica (se aplica tanto al *ser* como al pensamiento) —esto incluye el ser de Dios— el ser de Dios no es a la vez eterno y no eterno, al mismo tiempo y en el mismo sentido.

Es necesario entonces que el filósofo y el teólogo[9] comiencen su trabajo sobre la suposición necesaria de que algunas cosas están claras. Dado que el pensamiento por naturaleza es presuposicional (pensamos en lo menos básico a la luz de lo más básico), si algo está claro, entonces las cosas básicas deben estar claras. La falta de análisis crítico de nuestra suposición más básica de significado ha sido la fuente recurrente tanto de escepticismo como de fideísmo.

En la Primera Parte de este trabajo, analizo la naturaleza presuposicional de la filosofía y la razón, e identifico varias fuentes de escepticismo y fideísmo. Concluyo argumentando que podemos tener conocimiento por la razón y el argumento, y muestro cómo podemos saber que debe haber algo eterno.

En la Segunda Parte, ofrezco una secuencia de argumentos para mostrar que solo algo es eterno: la materia existe y la materia no es eterna; el alma existe y el alma no es eterna. Abordo los principales contraargumentos a Dios como Creador en el problema del origen y el problema del mal. Al combinar formas revisadas de los argumentos ontológicos, cosmológicos y teleológicos, se puede ver claramente el poder eterno y la naturaleza divina de Dios.

En la Tercera Parte, al distinguir la virtud, la felicidad y el bien, se aclaran antiguas disputas éticas. Se proporciona una justificación racional para el bien, el fin en sí mismo, el fin principal del hombre, que luego se convierte en la base para derivar la ley moral de la naturaleza humana. Como resultado, se puede demostrar que existe una ley moral que es clara, plena y crítica.

La filosofía se ocupa de las cuestiones fundamentales. Se trata de las preguntas más básicas que podemos hacer: ¿Es posible el conocimiento? ¿Qué es real/eterno? ¿Qué debo hacer? En principio, solamente la filosofía hace estas preguntas y busca pruebas para las respuestas a estas preguntas. Por muy falto que haya sido de lograr consenso en sus respuestas, hay acuerdo en que estas son las cuestiones fundamentales. Este trabajo acepta la tarea de la filosofía en principio y busca una aplicación más completa y consistente del pensamiento crítico a esta tarea.

---

9. La filosofía aborda cuestiones de religión natural, basadas en la revelación general (lo que pueden saber de Dios todos los hombres, en todas partes, en todos los tiempos). La teología aborda cuestiones de la religión revelada basada en una revelación especial (lo que se puede saber de Dios solo mediante la transmisión del testimonio). Así, de manera complementaria, ambas dimensiones de la religión y de la revelación se incluyen en la filosofía y la teología.

PARTE I

EPISTEMOLOGÍA

Capítulo 1

—

CLARIDAD, FILOSOFÍA
Y RAZÓN

ACERCA DE LA CLARIDAD

ALGUNAS COSAS SON CLARAS. Las cosas básicas son claras. Las cosas básicas acerca de Dios y el hombre, el bien y el mal, son claras a la razón.

El escepticismo niega que algunas cosas sean claras. Si nada es claro entonces las distinciones entre *a* y *no-a*, el ser y el no-ser, lo verdadero y lo falso, el bien y el mal, no son claras. Sosteniendo esta posición consistentemente, el escepticismo lleva al nihilismo—la perdida de todo significado.

Los seres humanos son más o menos conscientes y consistentes en el entendimiento del significado e implicaciones de sus creencias. Existen muchos grados y tipos de escepticismo que surgen de grados de consistencia en la creencia básica, como también de diferencias entre personas. Todo escepticismo está basado en presunciones mantenidas sin haber sido analizadas críticamente. Estas presunciones serán críticamente examinadas, como preparación para poder probar que algunas cosas son claras.

Las personas como seres racionales necesitan significado. La integridad, entendida como una forma básica de honestidad, es la preocupación por consistencia. Pero, sosteniendo esta posición consistentemente, el escepticismo lleva al nihilismo. La carga existencial del nihilismo es intolerable; no puede ser sostenida con integridad. Conforme el nihilismo incrementa, la integridad decrece. Pero la integridad no puede ser abandonada sin el autoengaño y la autojustificación. La falta de integridad complica el esfuerzo para probar lo que es claro.

El fideísmo es la alternativa más común al escepticismo. Pero también el fideísmo asume que las cosas básicas no son claras. En el fideísmo, las creencias básicas son mantenidas sin prueba. Pero entendiendo el significado de lo que es claro al nivel básico equivale a prueba. Creencia sin prueba basada en entendimiento, por lo tanto, vacía la creencia de significado. Una cosmovisión basada en el fideísmo, cuando es cuestionado a través del tiempo, debe de ofrecer prueba o, al igual que el escepticismo, sucumbir al nihilismo.

Existen muchas formas del fideísmo, como también existen muchas formas del escepticismo. Una forma del fideísmo afirma en principio, que la fe se opone a la prueba. Otra forma del fideísmo mantiene creencias basadas en argumentos los cuales de hecho no son sólidos. Aun otra forma del fideísmo mantiene creencias sin prueba y sin entablar la cuestión de la prueba. El fideísmo puede ocurrir en ambos lados de una aserción. El fideísmo puede ser tanto teístico como anti-teístico. El fideísmo puede ser naturalista o supernaturalista. Puede ser filosófico o simplista. Sin entender las cosas básicas que son claras, el fideísmo, al igual que el escepticismo, lleva a la pérdida del significado y la integridad.

Lo que es claro puede ser entendido por cualquier persona que procura saber asumiendo integridad, es decir, el procurar saber es la condición necesaria y suficiente para entender lo que es claro. No hay justificación racional alguna por no saber lo que es claro. Uno tiene que descuidar, evadir, resistir y negar la razón para poder eludir lo que es claro. Una persona puede fallar en saber lo que es claro hasta profesando saber lo que es claro. Si uno sabe lo que es claro, entonces uno puede probarlo y puede a su vez, superar las objeciones comunes a lo que es claro.

Si algunas cosas son claras, entonces las cosas básicas lo son. El pensamiento por naturaleza es presuposicional. Nosotros pensamos en lo menos básico en apego a lo más básico. Si lo que es más básico no es claro, entonces lo que es menos básico, no será claro y por lo tanto nada puede ser claro. Si hay acuerdo en lo que es más básico, lo cual es claro, habrá entonces como consecuencia, acuerdo en lo que es menos básico.

Las cosas básicas se encuentran en las preguntas más básicas que podemos formular. ¿Cómo es posible el conocimiento? ¿Qué es lo real? ¿Qué debo de hacer? El cómo el conocimiento es posible, requiere atención a la naturaleza del pensamiento y a la razón como las leyes del pensamiento. Es decir, el conocimiento requiere atención a la relación entre la verdad y el significado, y de la razón misma, como la prueba del significado. En igual forma requiere atención a la experiencia y a su interpretación conforme a las creencias básicas propias. "¿Qué es lo real?" requiere la distinción entre lo temporal y lo eterno y atención a la cuestión, que si algo debe de ser eterno o que si nada es eterno. Como también la pregunta que si todo es eterno en alguna forma u otra o si tan solo (por ejemplo, Dios) es eterno. La perspectiva propia acerca del origen y naturaleza del hombre depende de la perspectiva propia acerca de lo que es eterno. La cuestión ¿Qué es lo que debo de hacer?, se basa en la realidad de la elección y de los valores, lo cual asume la noción del valor supremo o el bien. La concepción propia del bien y del mal dependerá de la concepción propia de la naturaleza humana. Si por lo tanto algunas cosas son claras y las cosas básicas lo son, entonces las cosas básicas acerca de Dios y el hombre, el bien y el mal, son claras a la razón.[1]

Así pues, mientras que el saber lo que es claro requiere la habilidad de probarlo, esa demostración no requiere el convencer a la otra persona de lo que es claro. El probar lo que es claro requiere dar un argumento sólido (inferencias válidas y premisas verdaderas). Los argumentos sólidos son persuasivos, solo cuando uno está sometido a la razón, y la respuesta de uno a un argumento sólido revela el compromiso propio. Mientras que los argumentos sólidos no persuaden, ellos obligan al oyente atento a cambiar. El oyente debe de aceptar o tratar de demostrar que el argumento dado no es sólido. Si la respuesta dada no es meramente una sutileza, llamara en cuestión lo que es más básico y ha sido tomado como terreno común. Una respuesta puede llegar a tales cuestiones como la naturaleza y autoridad de la razón misma. Una creencia básica puede de esta manera ser postulada por separado o en contra de la razón. Este cambio de posición es una forma en la cual un argumento sólido es obligatorio.

Si las creencias básicas son claras a la razón, entonces en un proceso de paso-por-paso, mediante consecuencias buenas y necesarias, las creencias menos básicas pueden también ser claras a la razón. Un conjunto de

---

1. No continue si no está de acuerdo en que algunas cosas están claras. Consulte el Apéndice 1 sobre El Principio De La Claridad Y El Terreno Común, las condiciones necesarias para el pensamiento y el discurso.

creencias derivadas de esta manera constituye una cosmovisión coherente. Una cosmovisión pretende armonizar todos los aspectos de la experiencia humana, de manera que satisfaga la necesidad humana del significado.[2] Una cosmovisión coherente provee y retiene significado a pesar de los retos internos y externos de la razón.[3] Una cosmovisión coherente de esta manera asegura la base de una cultura duradera.

¿QUÉ ES LA FILOSOFIA?

La filosofía es la disciplina que trata con preguntas básicas. En contraste a las malas concepciones populares y las limitaciones académicas actuales, la filosofía se enfoca en cuestiones fundamentales, aplicables a todas las personas y a todos los aspectos de la vida. La filosofía es entendida de mejor manera en términos de sus múltiples características: área, actitud, método, aplicación y sistema.

1. La filosofía es un área, la filosofía se preocupa de la *fundación y fin* de la vida humana. La filosofía trata las preguntas fundacionales. ¿Cómo es que yo sé? ¿Es el conocimiento posible o es acaso todo una cuestión de opinión e interpretación? Con base en las respuestas dadas a estas preguntas las cuales son tratadas en la epistemología, la filosofía trata con la cuestión del ser,[4] de lo que existe y de lo que siempre ha existido, o, lo que es eterno, en apego a las respuestas dadas a estas preguntas, las cuales son tratadas en la metafísica. La filosofía se ocupa de las cuestiones del origen humano, su naturaleza y su identidad. La filosofía trata también, con la cuestión del destino humano—con el

---

2. Lo que creemos se expresa en lo que hacemos. Un conjunto de creencias comprensivo (cosmovisión) se expresa en una forma de vida. Una cosmovisión ampliamente compartida se manifiesta en un compartimiento amplio de vida, es decir, una cultura. El significado de una cosmovisión coherente es duradero y por lo tanto asegura la base de una cultura duradera.

3. Un reto interno de la razón surge cuando uno se da cuenta de que dos creencias dentro del conjunto de creencias propias no son lógicamente consistentes entre ellas. Un reto externo de la razón surge cuando uno está confrontado con justificar el por qué uno adopto un conjunto de creencias en vez de un conjunto de creencia alternativo.

4. Hay una pregunta recurrente sobre que es más básico: ¿Epistemología o metafísica? Si no fuéramos racionales en nuestro *ser*, no podríamos pensar. Así, el ser precede al pensamiento como el sujeto o pensador del pensamiento. Pero en nuestro pensamiento sobre el ser, el pensamiento precede al ser como el objecto del pensamiento, o sobre lo que se piensa. Dado que la metafísica es *pensamiento* sobre el ser, la epistemología (como pensamiento sobre el pensamiento) es más básica que la metafísica.

significado y propósito de la vida, con la cuestión ¿Cuál es el bien para el hombre?—y otras interrogantes que son tratadas en la ética. Ninguna otra disciplina contesta estas preguntas—ni las ciencias naturales, ni las ciencias sociales, ni las artes. Mientras que las perspectivas del origen humano y su destino son asumidas implícitas o declaradas por otras disciplinas académicas, así como también en la religión revelada, sus presunciones de la epistemología, metafísica y ética no son críticamente examinadas, ni intentos son hechos para demostrar que estas presunciones son verdaderas por encima y en contra de perspectivas alternativas.

Las respuestas a las preguntas fundacionales son para toda la gente, no tan solo para algunos. Estas repuestas pueden no ser mantenidas pensantemente, basado en conocimiento o casualmente, o quizás con entusiasmo, sin el proceso del pensamiento que es necesario para el conocimiento. La fundación de cada disciplina debe de ser asegurada mediante el pensamiento crítico. Esto lo intenta la filosofía en: la filosofía de la ciencia, la filosofía de la religión, la filosofía del arte, la filosofía de la ley, la filosofía de la historia, etc. La filosofía no es una disciplina entre muchas otras. La filosofía es fundacional en principio a todas las otras disciplinas. En la práctica, la filosofía pudo haber obrado de manera inadecuada al no ser lo suficientemente autocritica y sus conclusiones son justificadamente resistidas. Lo que esto requiere no es el desespero del escepticismo o recurrir al fideísmo, sino la aplicación de mayor pensamiento crítico a un nivel más básico y por lo tanto más, no menos, filosofía.

La filosofía como fundacional enfatiza la idea de que el pensamiento es presuposicional—nosotros pensamos en lo menos básico apegado a lo más básico. La filosofía anticipa todo lo que puede ser elaborado partiendo de la fundación, la cual es la manera propia de percibir la vida y el mundo. La filosofía anticipa la necesidad de fortaleza—por fundación construida en roca, no en arena—la cual puede soportar retos a través de los tiempos, y soportar el peso y plenitud de la civilización humana. La filosofía anticipa las necesidades de la vida personal propia como también la vida corporativa de una ciudad con fundaciones.

2. La filosofía es una *actitud*. La filosofía es el *amor a la sabiduría*, lo cual es el significado literal de la palabra "filosofía." La sabiduría es práctica en el sentido de que guía, todo lo que hacemos, de una manera coherente. Uno posee sabiduría si uno sabe el bien y los medios para alcanzarlo.

El bien es el fin-en-si-mismo o fin principal, buscado por sí mismo, no por ninguna otra cosa. El amor por el bien, por lo que es de valor supremo, engendra el amor a la sabiduría mediante la cual llegamos a poseer el bien. Del bien se habla como vida—vida con significado que es duradera y plena. Lo consecuente de este amor a la vida es el miedo de la existencia absurda, lo cual es la muerte. Este miedo nos lleva a buscar diligentemente el entender y es el comienzo de la sabiduría. El amor del bien nos lleva a la plenitud de la sabiduría.

Pero algunos no procuran la sabiduría. Por separado de factores fortuitos en el curso ordinario de las cosas, algunas personas no piensan acerca del bien o las consecuencias futuras de prácticas actuales en sus vidas. En la perspectiva del indiferente, no existe necesidad alguna de prestar atención a consejos. Algunos creen que ellos poseen sabiduría y por lo tanto no la procuran. Existe una complacencia nefasta la cual hace a la persona resistente a la corrección e instrucción. En cualquiera de estos casos no hay amor a la sabiduría y no existe una procuración diligente del entendimiento. Mientras que algunos en su complacencia no procuran, ninguno, por separado del sufrimiento, es diligente en el procurar. Mientras que el comienzo de la sabiduría es el evadir el sufrimiento, tan solo mediante mucho sufrimiento nosotros entramos más ampliamente en la sabiduría.

3. La filosofía es un *método*. El método es el *uso crítico de la razón* como la prueba del significado. La razón en sí misma son las leyes del pensamiento (la ley de la identidad, no-contradicción y tercero excluso) mediante las cuales los conceptos son formados, relacionados en juicios, y después apoyados en argumentos. El significado es más básico que la verdad. Uno tiene que capturar el significado de un juicio antes de afirmar su verdad. Por ejemplo, cuál es el significado de lo siguiente: ¿"Dios es amor" o "diot es amot" o "bliks son grue"? Además, si un juicio quebranta una ley del pensamiento, el juicio no puede ser pensado y por lo tanto es falto de significado. Por ejemplo: "s es ambos *p* y *no-p*" (en el mismo aspecto y al mismo tiempo); "una pelota no es ambas negra y no-negra" (en el mismo aspecto y al mismo tiempo); o, "este juicio es ambos verdadero y no-verdadero" (en el mismo aspecto y al mismo tiempo). Lo que es contrario a las leyes del pensamiento no puede ser pensado y es falto de significado, y por lo tanto no puede ser verdad.

En el contexto de conflictos—filosóficos, personales o políticos, el pensamiento crítico procura identificar presunciones e implicaciones y examina un conjunto de creencias por coherencia racional. El pensamiento crítico es complaciente de hacer el trabajo requerido para identificar presunciones mantenidas de una manera no crítica, y después prueba estas creencias básicas y sus implicaciones por coherencia de significado. Mediante el establecimiento de acuerdo en lo que es más básico, las disputas acerca de lo que es menos básico pueden ser resueltas. La persistencia de conflictos muestra la falta de pensamiento crítico en una o ambas contiendas. Uno puede ser indiferente a (o desesperar de) resolver conflictos, antes de haber reconocido la naturaleza y poder del pensamiento crítico. Fuertes convicciones basadas en la intuición, experiencia de sentido o testimonio no deben de ser confundidas con, o ser substitutas de, convicciones basadas en la justificación racional mediante el pensamiento crítico. Y el uso crítico de la razón no debe de ser confundido con sus otros usos: formativo, interpretativo y constructivo (consulta *La Razón en Su Uso*, Capítulo 1). En el pensamiento crítico, la razón es la prueba del significado.

4. La filosofía es una *aplicación*, la aplicación de la *introspección*. La primera aplicación del pensamiento crítico es a las creencias básicas propias. La máxima Socrática, "La vida no examinada no vale la pena vivirla," es básica en la filosofía. La introspección es una marca de integridad—una preocupación por consistencia, la cual es necesaria y suficiente para el conocimiento. El enfoque es primero con uno mismo en vez de otra persona, y sobre la creencia básica propia en vez de creencias secundarias. Porque tenemos mayor o menor conciencia y consistencia, nosotros no nos damos cuenta de las presunciones que mantenemos de una manera no critica, hasta cuando aclamamos introspección. Nosotros hacemos postulaciones del conocimiento mientras que negamos una condición necesaria para la posibilidad del conocimiento.

El cuestionarse así mismo o el permitir ser cuestionado es difícil, especialmente cuando es llevado a cabo en los años postreros, después de que uno ha invertido significativamente en compromisos intelectuales. Entre más tiene uno que cambiar, el cambio se percibe con mayor dificultad subjetiva. Consideraciones prácticas y sicológicas sobrepasan la preocupación filosófica por la verdad. Vino nuevo no puede ser contenido en odres viejos. Pero si las cosas básicas son claras, entonces el procurar saber lo que es coherente al nivel básico no es objetivamente difícil. Uno esta racionalmente obligado a probar creencias básicas contradictorias por coherencia y posibilidad lógica antes de adoptar una y rechazar la otra. Introspección es la fuente de la justificación racional de las creencias propias. La justificación racional satisface los requisitos morales para una participación amplia en la sociedad humana como una sociedad de seres racionales. La justificación racional así también garantiza la verdad y firmeza de la fundación sobre la cual nosotros edificamos nuestras vidas.

5. La filosofía es un *sistema*, una *perspectiva de la vida y el mundo*. Una cosmovisión trata de armonizar todos los aspectos de la existencia humana como una totalidad coherente, edificando sobre la fundación. Diversas culturas son expresiones de diferentes cosmovisiones. Lo que tiene sentido racionalmente en una cosmovisión puede no tener sentido en otra cosmovisión, dado que parten de diferentes principios. Las guerras culturales son la expresión de asuntos filosóficos más profundos que rara vez son discutidos. Mientras que las cosmovisiones difieren, estas comparten similitudes formales como cosmovisiones. En cada cosmovisión existen creencias básicas acerca de la autoridad epistemológica, acerca de lo que es real y acerca del bien. Estas creencias básicas están racionalmente conectadas y juntas son usadas para interpretar (para dar significado a) las experiencias propias. En el tratar de entender el mundo, cada perspectiva aspira a la coherencia racional.

A lo largo del tiempo, las cosmovisiones se desarrollan en individuos y culturas. Las cosmovisiones son mantenidas con mayor o menor consciencia y consistencia y están sujetas a los retos de la razón por aquellos que forman parte o son forasteros a esta cosmovisión. Si la fundación es inadecuada para la tarea de sostener una cosmovisión coherente, el significado en la cultura disminuye y surgen divisiones. Con la disminución de significado surge un incremento en el exceso hedonista para llenar el vacío de la vida. La decadencia cultural se establece y, eventualmente, la cultura colapsa.[5] Muchas culturas en el

---

5. Discusión acerca de cultura debe de entenderse con relación a la cosmovisión, y hablar de cosmovisión en relación con la necesidad del significado. Las culturas difieren a medida que difieren las cosmovisiones, y cambian a medida que cambian las visiones del mundo. Centrarse en la necesidad de significado, y las consecuencias de la falta de significado, distinguir esta visión de la cultura de las visiones de Toynbee and Huntington, particularmente

mundo han colapsado después de siglos de retos. Y aquellas que aún quedan no parecen promisorias. La apatía intelectual, hastió y cinismo, constituyen el humor prevalente hoy en día. Este humor presenta un nivel nuevo de reto intelectual e invoca por una respuesta filosófica de mayor profundidad.

¿QUE ES LA RAZÓN?

La razón es central a la filosofía y a toda la existencia humana. Aun así, existen disputas acerca del papel de la razón debido a que la naturaleza de la razón en su sentido más básico no se ha mantenido en enfoque y constituye la base de todo lo demás que es dicho acerca de ella. Existen muchas disputas acerca de la relación entre la fe y la razón, la razón y el racionalismo de ilustración, racionalismo y empirismo científico y la razón y el conocimiento inmediato a través de la intuición. Para evitar estas y otras disputas similares, es necesario aclarar lo que es la razón en sí misma, en su uso y en nosotros. Si existe acuerdo en lo que es más básico puede haber acuerdo en lo que es menos básico.

La Razón en Sí Misma

Primero, la razón en sí misma son las leyes del pensamiento, las cuales son: la ley de la identidad (*a* es *a*); la ley de no-contradicción (no ambos *a* y *no-a* al mismo tiempo en el mismo aspecto); y la ley del tercero excluso (o es *a* o *no-a*).[6] Si existen otras leyes del pensamiento ellas son fundadas en estas leyes básicas. El estatus de estas leyes hace el pensamiento posible, así como las leyes de la vida hacen la vida posible. Si una ley de la vida (la respiración, por ejemplo) es quebrantada, la vida sucumbe. Así también, si una ley del pensamiento es quebrantada, el pensamiento sucumbe. Lo que es contrario a una ley del pensamiento, no puede ser pensado.

---

el concepto y la dinámica de cultura: Arnold J. Toynbee, and D.C. Somervell, eds, *A Study of History.* (Oxford: Oxford University Press, 1987) y Samuel P. Huntington, *The Clash of Civilizations* (New York: Simon and Schuster, 1996).

6. A veces se ha puesto en duda la ley del tercero excluido debido a una aplicación defectuosa (la falacia de negro o blanco, en lugar de la distinción de negro o no negro). (Ver también: aplicación a calvo o no calvo en el Capítulo 2, *Fuentes del Escepticismo*, bajo *Razón: Sus Usos, Sus Límites y Su Uso Limitado).*

La ley de la identidad identifica y distingue *a* y *no-a* al mismo tiempo: *a* es *a*; *a* no es *no-a*, lo cual es decir, una cosa es lo que es. Roca es roca; pescado es pescado; finito es finito; finito no es infinito; ser es ser, ser no es el no-ser. El concebir acerca de *a* es el concebir *no-a* y distinguir ambas. El decir *a* es diferente de, y simultáneamente la misma que, *no-a* es el perder el significado de "igual" y "diferente" y como consecuencia, si uno actúa consistentemente, la perdida de todo significado. Algunas afirmaciones, después de ser analizadas, serán entendidas como diciendo *a* es *no-a*, lo eterno no es eterno (es decir, temporal), ser es no-ser. Incoherencias internas de una perspectiva o contradicción mutua entre dos perspectivas son en ocasiones acomodadas mediante la declaración que la razón es limitada. Este punto será repasado muchas veces al laborar a través de las muchas maneras y maniobras intentadas para mostrar los límites de la razón.

Estas leyes del pensamiento, partiendo de la ley de la identidad, asumen la existencia de esencias las cuales son cualidades permanentes por las cuales una cosa puede ser identificada y distinguida de todo lo demás. Las leyes del pensamiento asumen la noción del ser y propiedades del ser, de permanencia (de algún tipo), y de cambio y causas del cambio. Las consecuencias del negar consistentemente la existencia de esencias, permanencia, cambio y causalidad es el hacer el pensamiento significativo imposible y es por lo tanto inherentemente contraproducente. Cada ley del pensamiento es necesariamente implícita en la otra. Intentos de cualificar cualquier ley de manera que descalifique a otra ley será examinado a través del curso de mostrar que algunas cosas son claras a la razón. Hasta cuando efectúan intentos de limitar la razón, la razón es comúnmente entendida como estas leyes del pensamiento: identidad, no-contradicción y tercero excluso. Desacuerdos o conflictos entre pensamientos no pueden ser entendidos por separado de estas leyes del pensamiento, de esta manera estas leyes del pensamiento son más básicas.

La Razón en Su Uso

Conflictos concernientes a la razón, están más relacionados con el uso de la razón que a la razón en sí. Múltiples usos de la razón deben de ser diferenciados. La razón en su uso es primeramente formativa, después crítica, después interpretativa, y por último constructiva.

El primer uso de la razón es *formativa*—la razón formativa es usada para formar conceptos, juicios y argumentos los cuales son todas las formas del pensamiento. Después de examinar las fuentes del escepticismo, a fin de demostrar que el conocimiento es posible a través de la razón y del argumento, conceptos, juicios y argumentos serán explicados y analizados. Lo que requiere ser señalado es que, hasta en el caso donde argumentos no son dados, en cada pensamiento la razón está siendo usada para formar conceptos y juicios. Y si los conceptos no están bien formulados, es decir, si *a* no es adecuadamente distinguida de *no-a,* el significado de *a* es obscurecido o falto. Si el significado al nivel del concepto es falto, el significado al nivel del juicio también será falto. Ni el hablante ni el oyente entenderán el significado que está siendo afirmado y la aseveración del juicio se vuelve vacía.

El segundo uso de la razón es el uso *crítico* de la razón como prueba del significado. El significado es más básico que la verdad. Uno tiene que entender el significado de una declaración antes de juzgar su verdad. La razón es usada para entender el significado. Lo que es contrario a una ley del pensamiento no puede ser pensado. Es falto de significado y no puede ser entendido. Una declaración sin sentido no puede ser verdadera. El afirmar cualquier declaración significativa requiere el uso de la razón para capturar su significado y por lo tanto requiere el uso criticó de la razón. Las afirmaciones sin significado no son inteligibles, y el significado sin la razón no es posible. Ninguna afirmación por separado del uso crítico de la razón es significativa para el hablante y el oyente. Muchas afirmaciones, pronunciamientos, declaraciones y eslogan hechos, con intensa pasión frecuentemente, resultan, bajo un poco de análisis, ser faltos de significado. El uso crítico de la razón distingue el sentido del sentido aparente y nos guarda del creer en disparates.

El tercer uso de la razón es el *interpretar*[7] la experiencia basándose en las creencias básicas propias. Ninguna experiencia es significativa

---

7. Varios factores afectan la interpretación, siendo el principal la *presuposición* de uno. El grado de conciencia y consistencia con el que se sostiene la presuposición de uno depende de la inclinación de la *personalidad* (centrarse en preocupaciones intelectuales, emocionales o prácticas), los *antecedentes* (factores culturales que afectan la educación de uno en el sentido amplio) y el *estado de ánimo* (la voluntad de buscar comprensión en un momento dado). Además, existe la necesidad de comprender la posición alternativa a la luz de sus supuestos, no de los propios. Asimismo, es necesario reconocer las muchas *capas* de contexto o suposiciones utilizadas en la interpretación. Todo esto está comprendido bajo el principio del pensamiento presuposicional: pensamos en lo menos básico a la luz de lo más básico.

por separado de la interpretación. El sentido común y la ciencia con
frecuencia fallan al no distinguir entre apariencias en la mente y la
realidad externa a la mente, entre datos puros y la interpretación de
datos. Experiencias místicas o intuitivas no se justifican en sí mismas
ni tampoco son significativas por separado de la interpretación. Narrativas literarias, historia y escrituras son de igual manera interpretadas
en apego a la creencia básica, aunque los literalistas nieguen que interpretación alguna haya tomado efecto.[8] Algunas veces un sistema de
creencia completo (por ejemplo, el teísmo) puede ser deconstruido o
reinterpretado sobre la base de otro sistema de creencia (naturalismo)
a través de una hermenéutica de sospecha—como si el naturalismo
fuese metafísicamente neutral. Donde la interpretación es reconocida,
la tentación es el desesperar al decir "todo es interpretación" (postmo-
dernismo), o (como uno con frecuencia escucha), "todo es cuestión de
interpretación." Pero como la interpretación se lleva a cabo en apego
a las creencias básicas propias, la razón puede ser usada críticamente
para probar las creencias básicas por significado.

Cuarta y última, la razón es usada para *construir* una manera de
percibir la vida y el mundo (consulta *Filosofía como un Sistema*). En la
necesidad básica del hombre por el significado, todas las dimensiones
de la vida se conectan. En cada cosmovisión algunas cosas deben de ser
dichas y algunas cosas no pueden ser dichas, dados los requisitos de la
razón por coherencia y sistema. El uso constructivo de la razón no es el
uso crítico de la razón, pero sus afirmaciones pasan como "la liberación
de la razón."[9] Esta afirmación del uso constructivo de la razón, efectuada
en el nombre de la razón, es lo que es comúnmente llamado racionalismo.

---

8. Cuanto más uno se da cuenta de las propias suposiciones, más se da cuenta de las interpretaciones que tienen lugar. Quienes se inclinan por la tradición y el sentido común (realismo
ingenuo) generalmente son menos conscientes de sus suposiciones y pueden insistir en que
no se está dando ninguna interpretación. La autoconciencia epistemológica se incrementa a
través del diálogo, abordado aquí a través del análisis crítico de las creencias básicas de cosmovisiones alternativas.

9. Algunos filósofos, más que otros, se dedican a desarrollar sistemáticamente las implicaciones de sus creencias básicas (Platón, Spinoza, Hegel). Estos a menudo se toman como usuarios ejemplares de la razón, y sus enseñanzas como "las liberaciones de la razón." Pero el uso
constructivo de la razón no es el uso crítico de la razón, especialmente al nivel de la creencia básica. Platón no analizó críticamente sus suposiciones de que el alma y la materia son
eternas. El sistema es tan sólido como las suposiciones. Si la materia y el alma no son eternas, entonces el sistema *como sistema* es fundamentalmente defectuoso. Un sistema defectuoso no niega la pasión y la brillantez tanto como los detalles dentro del sistema.

Al rechazar las pretensiones hechas en el nombre de la razón, muchos denuncian la razón en general e indiscriminadamente de una manera no crítica, tanto en sí misma como en sus otros usos. Los límites de la razón dentro de una cosmovisión no deben de ser identificados con los límites de la razón *per se*. La razón en sí misma debe de ser diferenciada de la razón en sus (múltiples) usos y de la razón en nosotros.

La Razón en Nosotros

La razón en nosotros es natural, ontológica, transcendental y fundamental. La razón como las leyes del pensamiento en nosotros es *natural,* no convencional. La razón es universal, la misma en todos los que piensan. No existe una racionalidad Greca y una no-Greca; no existe una racionalidad masculina y femenina; no existe una racionalidad para la vejez y la juventud, o una racionalidad para el rico y para el pobre, aunque estas se han convertido en líneas de división entre los seres humanos. La razón, como las leyes del pensamiento de nosotros, es el terreno común para todos los que piensan. La razón es el terreno común entre teístas y no-teístas, hasta cuando diferentes afirmaciones son efectuadas acerca de la razón en apego a diferentes perspectivas de la naturaleza humana y la realidad. El hacer cualquier afirmación usando conceptos, juicios y argumentos es usar la razón. Nadie declara el afirmar algo que es ambos verdadero y no verdadero en el mismo aspecto y al mismo tiempo. Uno no puede negar que la razón es el terreno común y aun así mantener que declaraciones contradictorias no pueden ambas ser verdaderas. Eso sería el afirmar la ley de la no-contradicción, una ley de la razón, como terreno común, al mismo tiempo negando que la razón sea el terreno común.

La razón es *ontológica.* La razón aplica tanto al ser como al pensamiento. No existen círculos cuadrados. Esto es sabido solamente mediante la razón. Lo que es lógicamente imposible es ontológicamente imposible.[10] No existe ser proveniente del no-ser; no existen eventos sin causa (consulta Capítulo 4). La razón se aplica a todo ser, al ser supremo, al

---

10. Plato, *Complete Works*, ed. John M. Cooper and D.S. Hutchinson (Indianapolis, IN: Hackett Publishing Company, 1997), "Republic," 509. Aquí, el primer principio del ser, el *principium essendi,* coincide con el primer principio del conocimiento, el *principium cognoscendi.* Esto está implícito en decir que el pensamiento se trata del ser. Platón afirmó que la luz que está por encima del sol (ilustrada en la Alegoría de la Caverna) es tanto la fuente del ser como la fuente de la inteligibilidad del ser.

ser de Dios. Dios no es ambos *a* y *no-a*. Dios no es ambos eterno y no eterno en el mismo aspecto y al mismo tiempo. Como un aspecto del ser de Dios, la razón es eterna, no fue creada. Las leyes naturales en el teísmo fueron creadas; las leyes de la razón no fueron creadas, pero son aquellas por las cuales la creación vino a ser. Los milagros pueden ser actos de Dios que están por encima, por separado, o en contra de las leyes de la naturaleza, ya que estas leyes son creadas, pero los milagros no pueden ser contrarios a la razón. Si el agua cambia a vino, no es ambos agua y no-agua (es decir, vino) al mismo tiempo. Afirmaciones hechas por la ciencia, por la religión o por la filosofía las cuales son contrarias a la razón, no pueden ser justificadas ni pueden ser sostenidas.

La razón es *trascendental*. La razón es autoritativa. La razón está por encima de todo pensamiento y lo hace posible. La razón no puede ser cuestionada, pero hace el cuestionamiento posible. La razón se prueba así misma. La razón testifica así misma y no puede ser testificada por otro. La razón es la autoridad suprema en la esfera del conocimiento humano.[11] Las declaraciones de profetas, poetas, filósofos y físicos deben de ser en acorde a la razón. Los profetas deben de hablar en el nombre de Dios, en consistencia con lo que es claro acerca de Dios en la creación. La intuición del poeta no es infalible en un mundo moralmente falible. Los filósofos no pueden negar la razón y postular afirmación alguna acerca del ser. Así también los físicos no pueden negar la razón al afirmar eventos sin causas en el origen del universo o en la física cuántica.

La razón es *fundamental*. La razón es fundamental a otros aspectos de la personalidad humana. Las creencias dirigen los deseos y ambos mueven a la voluntad. Nosotros deseamos lo que creemos que es el bien y actuamos para alcanzar lo que deseamos. Los conflictos aparentes entre la creencia y el deseo y creencia y voluntad deben de ser explicados mediante inconsistencias e insuficiencias en el entendimiento, faltas las cuales son culpables o sin excusa en apego a la claridad. La razón es fundamental también en el sentido de que su uso es la fuente de la felicidad mayor del hombre y su falta de uso es la fuente de la miseria más profunda del hombre. Por la razón entendemos el significado de

---

11. En el prólogo de su *Evangelio*, Juan escribe: "Todas las cosas por él fueron hechas" (el Logos). Continúa diciendo: "En él (el Logos) estaba la vida; y la vida era la luz de los hombres." Muchos han identificado esta luz con la razón, y como tal, con la máxima autoridad, que es la que de la fe de sí misma.

las cosas. El significado absorbe y satisface nuestra atención. Nosotros estamos dispuestos a morir para preservar lo que les da significado a nuestras vidas. La falta de significado nos deja vacíos y aburridos. Nosotros procuramos escapar del vacío y del aburrimiento a través del exceso, el cual nunca satisface, o mediante la muerte, a través del suicidio.

La razón, como la fuente del significado, es lo que es más básico. Habrá necesidad de regresar con frecuencia a lo que ha sido descrito brevemente aquí. Las disputas deben de ser resueltas mediante el acuerdo de lo que es más básico, y la razón es más básica. La razón no persuade y no debería de esperarse a que persuadiese. La razón clarifica y nos hace más conscientes. Al clarificar, obliga mayor consistencia; nos mueve a una dirección u otra. La razón es la luz que brilla en la obscuridad y la cual no puede ser detenida por la obscuridad. Existe una decisión, en el final. La decisión es entre la razón y la no razón, entre el significado y el no significado, entre la luz y la obscuridad, entre la vida y la muerte.

Capítulo 2

FUENTES DEL ESCEPTICISMO Y FIDEÍSMO

LA EPISTEMOLOGÍA CONSIDERA LA PREGUNTA ¿Cómo es que yo sé? La epistemología debe de considerar primero la pregunta ¿Es el conocimiento posible? En esta sección examinaremos y responderemos a las afirmaciones del escepticismo y fideísmo. Examinaremos las falacias informales, las cuales son obstáculos comunes al entablarse en la argumentación. En el Capítulo 3 y 4 examinaremos la definición comúnmente entendida del conocimiento y objeciones al mismo. Examinaremos un esquema del cómo podemos saber mediante la razón y la argumentación y después comenzaremos a aplicarlos a las creencias básicas en la metafísica: ¿Qué es lo eterno?

FUENTES DEL ESCEPTICISMO

El escepticismo es una forma del desespero intelectual.[1] Existen varias fuentes del escepticismo las cuales se enciman, refuerzan y se acumulan al punto de crear desespero. Las fuentes del escepticismo dependen de la

---

1. Alan Bailey, *Sextus Empiricus and Pyrrhonean Skepticism* (Oxford: Clarendon Press, 2002), Capítulos 1, 4, y 6. Sextus Empiricus, un escéptico griego del siglo III d.C., definiría a un escéptico como alguien que sigue buscando, en contraste con los dogmáticos que creen haber encontrado respuestas, y los académicos que afirman que es una búsqueda de inaprensibles. Pero no hay esperanza (por lo tanto, desesperanza intelectual) de encontrar respuestas porque entonces uno ya no sería escéptico sino dogmático. El escéptico cree de antemano la afirmación afirmativa universal de que "A todo argumento se opone un argumento igual," en consecuencia de lo cual el escéptico pretende dejar de dogmatizar. Entonces, para el escéptico, "Algún ser proviene del no ser" es tan plausible como "Ningún ser proviene del no ser." Dejar de dogmatizar significa que "No hacemos ninguna afirmación positiva de que cualquier cosa que digamos sea totalmente como afirmamos que es." Hay una "suspensión del juicio" que es "una cesación del proceso del pensamiento como consecuencia de la cual ni

búsqueda intelectual de uno. Las fuentes del escepticismo dependen del punto propio de partida y nuestra perspectiva acerca del fin o el bien. Algunos puntos son comunes, amplios, pero no profundos; algunos son filosóficos, profundos pero no amplios y algunos son ambos amplios y profundos, donde la filosofía ha influenciado la cultura popular. El escepticismo consistente niega que ninguna cosa sea clara. El escepticismo está arraigado a presunciones mantenidas de una manera no crítica.

Pluralismo de Cosmovisiones

Existen muchas cosmovisiones y en cada cosmovisión existen muchas divisiones. Algunas de estas divisiones son duraderas y nuevas divisiones surgen. Todo esto es evidencia *prima facie* de que la verdad no ha sido alcanzada y probablemente no será alcanzada. El escepticismo parece ser una respuesta apropiada a la existencia de muchas cosmovisiones.

Otras respuestas, sin embargo, pueden ser consideradas. Aunque existen muchas perspectivas no existen muchas perspectivas básicas. Con respecto a lo que es real o eterno, existen tan solo dos perspectivas básicas: todo es eterno en una forma u otra, o tan solo algo es eterno (es decir, algo es eterno y algo no es eterno). Estas perspectivas son contradictorias; ambas no pueden ser verdad y ambas no pueden ser falsas. Y debe de ser claro a la razón cuál de las dos perspectivas contradictorias es falta de coherencia de significado. Además, las muchas perspectivas son mantenidas con diferentes grados de consciencia y consistencia. Nadie es completamente consciente y consistente en las creencias básicas propias. Existe una mezcla de ambas creencias básicas en cada persona, con una creencia siendo más básica (subjetivamente) que la otra en cada persona. La presuposición propia, personalidad epistemológica (consulta *La Razón y La Personalidad*, Capítulo 2) y crianza cultural (antecedentes) afectan el grado de consciencia y consistencia en el sistema de creencia propio. Cuando creencias contrapuestas dentro del sistema doxástico propio salen a la luz, la creencia que prevalece en la persona dependerá en su humor, es decir, la disposición propia al momento de entablar en el pensamiento crítico para consistentemente resolver la inconsistencia.

---

negamos ni afirmamos nada." El cese del proceso de pensamiento por parte del escéptico es un movimiento hacia el silencio, un movimiento requerido para la consistencia.

Pragmatismo y Escepticismo: Lo Que Importa Es Lo Que Funciona

Dado a que en todas las culturas los seres humanos nacen, crecen, se reproducen y mueren a pesar de los sistemas de creencias, se considera que estos sistemas de pensamiento no tienen tanta relevancia con relación a cuestiones prácticas. En el pragmatismo se piensa que dado a que los resultados básicos son iguales, las diferencias en cuanto a creencias no importan. Las diferentes creencias son, pragmáticamente hablando, las mismas.

Como respuesta puede decirse que como personas tomamos decisiones acerca del cómo vivimos, y acerca de la cosmovisión y los valores de aquellos con quienes nos asociamos. Si importa si vivimos bajo libertad o no, si somos educados o no, si somos monógamos o no. Nosotros procuramos más allá de la simple sobrevivencia animal. Los sistemas de creencia moldean nuestras decisiones culturales y lo que funciona depende de la perspectiva propia acerca del bien, lo cual depende del sistema propio de creencia. El pragmatismo (Peirce, James, Dewey, Rorty) por lo tanto no puede evadir creencias metafísicas y cosmovisiones basadas en estas mismas. Si el mero instinto animal por la existencia es todo lo que importa ("Llena sus estómagos y vacía sus cabezas"—Lao-Tzu) entonces el discutir no tiene sentido alguno. Pero no solo de pan vive el hombre; necesitamos significado. La existencia racional va más allá de la existencia animal.

Verdad y Poder: ¿Quién Decide Cuál Perspectiva Es la Correcta?

La manera en la cual las cosas parecen funcionar es a través de un juego de poder o tradición. La verdad sale del cañón de la pistola, impuesto por encima de la gente conquistada (consulta Foucault). La verdad impuesta es después interiorizada y transmitida como la tradición recibida. Los invadidos son colonizados, en mente y cuerpo. Los poscoloniales que afirman resistir la hegemonía pueden hacerlo solo hasta cierto grado. Aquellos a la distancia miran y se preguntan, "¿Quién decide cuál perspectiva es la correcta?"

Esta versión de la historia es exageradamente simplista. Las ideas no son insertadas mediante el mero poder. Los agresores intentan ganar terreno mediante la ideología y la propaganda las cuales racionalizan el ejercicio de poder. La gente que pierde noción de la realidad es persuadida por la propaganda de manera que no piensen críticamente. En el libro *Un Mundo Feliz,* al menos que la población sea drogada continuamente ("La religión es el opio de las masas"—Marx) nuevas ideas surgen. La mera antítesis le va a ocurrir naturalmente a algunos. Así se crean los Gulags, pero nunca hay suficientes. Y los conquistadores son derrocados por las ideas de los conquistados (los Godos y Vándalos en Europa, y los mongoles en el Este, Oriente y Sur). En el análisis final no es él quien dice lo que es correcto, sino que es lo que está siendo dicho. La autoridad duradera es racional, no personal. La razón está basada en la perspicacia, no en la fuerza. La razón como las leyes del pensamiento es la que lo dice y la razón es común a todos y en todos.

Construcción y Deconstrucción: Todo Es Cuestión de Interpretación

En contraste a las afirmaciones objetivas en las narrativas modernistas de la realidad, basadas en las ciencias naturales y sociales, los posmodernistas han identificado la labor de metarrelatos en la construcción de toda narrativa de la realidad. En todo lugar y a cada momento, la interpretación y construcción están sucediendo, en contraste a una perspectiva objetiva o neutral. Paradigmas científicos pueden cambiar en la ciencia. El modelo naturalista evolutivo contemporáneo, remplazo al modelo teísta de la creación y puede ser que algún día el modelo naturalista evolutivo sea de igual manera reemplazado. En la lectura de literatura, historia y escrituras, la interpretación está tomando efecto. Nuestras experiencias propias de la vida, tanto internas como externas, están siendo constantemente interpretadas y reinterpretadas por nosotros mismo y otros. Nosotros hemos crecido de la ingenua neutralidad objetiva del modernismo y hemos entrado a la edad de la hermenéutica en la cual ninguna gran narrativa debe de ser valorada o privilegiada. Intentos de deconstruir las narrativas dominantes son meramente alternativas enunciadas basándose en metarrelatos las cuales son contemporáneas.

Como respuesta se puede decir que el identificar que la interpretación y construcción están tomando efecto, pertenece a un nivel más alto de conciencia. Estas son dos funciones de la razón aunadas a su uso formativo y crítico. Pero la filosofía no finaliza con la identificación de la interpretación; por lo contrario, la filosofía comienza en este punto. La filosofía sostiene que ninguna experiencia es significativa por separado de la interpretación y que nosotros interpretamos nuestras experiencias en apego a nuestras creencias básicas. La filosofía reconoce que nosotros construimos una manera de percibir el mundo y la vida con base en la interpretación, utilizando deducciones buenas y necesarias. La primera función de la filosofía es el probar las creencias básicas por coherencia de significado. Algunas creencias básicas se muestran como incoherentes después de ser examinadas críticamente. La interpretación basada en una creencia básica incoherente no puede ser sólida. Uno puede decir que todo es cuestión de interpretación, pero no todas las interpretaciones son coherentes.

Relativismo y Tolerancia: Todo Es Relativo

La tolerancia es tomada por muchos como una de las virtudes cardinales. Afirmaciones absolutas no son compatibles con la tolerancia. Las afirmaciones absolutas son percibidas como de mente estrecha y de hecho, contrarias a la realidad obvia del relativismo cultural. El relativismo requiere tolerancia religiosa y la tolerancia por su parte presupone el relativismo, el cual asume un escepticismo absoluto con relación a cualquier afirmación absoluta. La tolerancia es el punto de partida de la argumentación; no es algo por lo cual uno debe de argumentar. Cualquiera con sensibilidades políticamente correctas sabría esto. La diversidad debe de ser afirmada. El Otro no debe de ser juzgado y excluido mediante estándares externos, pero debe de ser incluido en un mundo multicultural.

Como respuesta debe sostenerse que la tolerancia relativa del relativismo cultural no es la tolerancia absoluta de la libertad del individuo. Los derechos humanos individuales no son garantizados por el relativismo cultural el cual absolutiza sobre el individuo los estándares del grupo en el que uno ha nacido o crecido. Los derechos humanos del individuo dependen de la perspectiva propia de la naturaleza humana y del bien. Históricamente está escrito en la *Declaración de Independencia* Estadounidense que "todos los hombres son creados iguales" y que "ellos son dotados por su Creador con ciertos Derechos inalienables." (La felicidad, aunque, no debería de ser considerada como el bien y por separado del bien, estos derechos pueden causar conflictos e intolerancia.) La diversidad no es meramente una etnicidad o género, pero es intelectual.

Las cosmovisiones cortan a través de toda diversidad. Pero el afirmar la diversidad intelectual, sería el sostener perspectivas contradictorias. El incluir todas las perspectivas, sin la libertad de discutir creencias básicas, es el excluir todas las perspectivas de la misma e idéntica comunidad racional y el desmantelar las comunidades individuales mismas. Ya que el obvio hecho del relativismo cultural es que cada cultura expresa una cosmovisión y que los valores en cada cosmovisión son relativos (o relacionados racionalmente) a las creencias básicas de esa cosmovisión. Las cosmovisiones son construidas y alteradas para incrementar y preservar el significado. El congelar una cultura mediante la negación del cambio a través del proceso de una búsqueda crítica del significado, es el absolutizar una cultura y de esta manera volverse intolerante de la necesidad fundamental humana del significado. En el nombre del ser de mente abierta, la mente del relativismo ha sido cerrada.

Tradición y Trascendencia: Ninguna Perspectiva Por Encima

La tradición es universal y única. Cada persona tiene una tradición o antecedentes en los cuales uno ha sido criado. Aun así, los antecedentes de cada persona son, una vez entendidos, completamente únicos. Cada persona se desarrolla acostumbrada al entorno familiar propio; cada persona comienza su búsqueda epistemológica partiendo de entornos familiares. Con lo que estamos cómodos se convierte en la norma de la verdad. Lo que es dado mediante testimonio, filtrado a través de la unicidad de nuestro ser desde edad temprana y con mayor facilidad a ser impresionable, es asumido como verdadero, por lo menos en principio. Y algunos dicen que no importa que tan distantes estemos de casa, nunca hemos abandonado el hogar. Nuestro destino, se dice, es determinado por nuestros orígenes a través de la niñez (Freud); a través de factores socioeconómicos (Marx); a través de la cantidad de estímulos de placer y dolor (Skinner); a través de la biología (Darwin); y a través de la geografía (nosotros pertenecimos a la tierra, mucho antes de que la tierra nos perteneciera). Cuando la tradición en el sentido amplio o estrecho es tomada como el estándar de la verdad y nosotros confrontamos otras tradiciones nuestras convicciones, o se consolidan en el prejuicio o se disuelven en la incertidumbre. Nosotros nos volvemos como extraños para otros y aun para nosotros mismos, como definidos por nuestras tradiciones.

¿Acaso podemos trascender la tradición o estamos siempre históricamente situados? ¿Están condicionados todos los aspectos de nuestro ser o tan solo algunos aspectos? ¿Están condicionados los aspectos y creencias básicos? ¿Somos primeramente europeos o asiáticos, o primeramente humanos? ¿Podemos acaso comunicarnos con otros o es el caso que nos quedamos afuera dadas la alteridad y la inconmensurabilidad? ¿Se pueden cruzar culturas? ¿Podemos acaso abandonar nuestra cultura y entrar a otra mediante el cambio de creencias básicas y el crecimiento de nuestro entendimiento de la nueva cultura de la misma manera en la cual fuimos enculturados en la cultura previa? Al parecer esas conversiones son demasiado comunes para ser negadas. Podemos transcender la tradición porque, aunque todas las tradiciones procuran en común el entender al mundo, no todas fueron formadas sobre fundaciones que han sido sujetas de igual manera a la reflexión crítica. Personas, que llegan a pensar críticamente acerca de las cosas básicas, pueden rechazar o reafirmar sus tradiciones basándose en lo que descubren, mediante el pensamiento crítico. Mientras que la proporción de crecimiento en el entendimiento de una nueva cultura puede ser retardada por todo aquello que tiene que ser olvidado de la cultura vieja, el entendimiento crítico puede exceder por mucho, el mero proceso tradicional el cual recibe el testimonio sin entendimiento. El pensamiento crítico recibe el testimonio basado en el entendimiento en la medida en que el significado del testimonio es consistente con las cosas básicas que son claras a la razón, lo cual está disponible a todas las personas.

Persuasión y Prueba: Pseudoargumento y Argumento Sólido

Dadas todas nuestras diferencias y nuestros diversos intereses, en vez del uso de la fuerza para avanzar nuestra causa, intentamos persuadir. Pero dadas nuestras diferencias, la mayoría de las cuales surgen de nuestra falta de introspección crítica, nosotros no intentamos persuadir mediante el uso criticó de la razón. Y de igual manera no estamos inclinados a ser persuadidos. De esta manera surge una laguna ancha entre la persuasión y la prueba, entre la retórica y la lógica, entre la propaganda y el diálogo, entre el pseudo argumento y el argumento sólido. La petición es hecha al interés propio poco instruido, en vez del bien. La autoridad es personal en vez de ser racional. La intuición a través de la asociación reemplaza a la inferencia racional. El significado es ignorado de manera casual o tergiversado, todo por el fin del interés propio en vez del interés común mediante el entendimiento común. Ya que somos regularmente persuadidos a través de pseudo argumentos (consulta la lista de Falacias Informales), nosotros persuadimos a otros de la misma manera. Cuando los pseudo argumentos no funcionan, nosotros pensamos que ningún argumento funcionará y abandonamos de esta manera la argumentación. Y cuando los argumentos sólidos no persuaden pensamos que no tienen efecto alguno y abandonamos de igual forma la argumentación. En vez de laborar arduamente para entender lo que fallo, nosotros desesperamos y sucumbimos al escepticismo.

Si el bien pudiese ser obtenido por separado del entendimiento, entonces, ¿Para qué desgastarnos nosotros mismos y a otros con argumentación sólida? O, si la falta del entendimiento no tiene repercusiones a largo término, ¿Para qué nos desgastamos tratando de entender? Pero si es el caso que la necesidad del entendimiento a través del significado es vital, si hace toda la diferencia en el mundo, si es una cuestión de vida o muerte (espiritual) tanto ahora y siempre, entonces el procurar entender no es tomado como una carga. Las características del bien deben de ser sacadas a luz y retenerlas en luz, profundizadas en entendimiento, integradas en la cosmovisión propia, así como también incorporadas en una manera de vivir para todos y con todos los que afirman que el bien es placentero intrínsecamente. Toda decisión y valoración es relacionada con el bien. El esfuerzo de entender y de no ser seducido por apariencias de pseudo argumentos aludidos tiene sentido tan solo en conexión al bien. Dado que el bien está basado y requerido dentro de la naturaleza humana, el bien no es tan solo conocible, sino inescapable y alcanzable por todos. La canción de las sirenas del desespero intelectual es un lamento que no está basado ni en nuestro ser ni en el ser de otros, pero si en el no-ser de los pseudoargumentos.

Apariencia y Realidad: Sentido Común y Realismo

Muchas creencias ocurren espontáneamente dada la manera en la cual nuestro ser está constituido. La existencia del mundo externo, otras mentes y creencias de la memoria (por ejemplo, donde estuvimos hace una hora) son dadas inmediatamente y descritas como propiamente básicas (Plantinga) o como sentido común (Reid). En todas las épocas, la totalidad de la gente actúa basándose en el sentido común la mayor parte del tiempo. El sentido común es la forma más simple del realismo. El sentido común ignorantemente o de una manera no crítica adopta el mundo percibido como una supuesta realidad. El sentido común asume que la apariencia es la realidad. Por ejemplo: el océano es azul; la tierra es plana; el sol se pone en el oeste. Todas estas son apariencias, no realidad; sin embargo, han sido creídas por todos en algún momento. Estos juicios toman la condición del perceptor por supuesto. Estos juicios funcionan con propósitos prácticos y cotidianos hasta que estos propósitos cambian o hasta el punto en el cual la posición del perceptor cambia.

Retos en contra del realismo han sido predicados por el antirrealismo (consulta Capítulo 6). El realismo representacional de Locke, distingue entre las cualidades primarias (tamaño y forma) como reales, mientras que las cualidades secundarias (color, dureza) dependen de la mente. Berkeley, mostro que ambas dependen de la mente y Hume, mostro que no tenemos experiencia de sentido de causalidad o de la mente. El realismo crítico de Kant distinguió entre el mundo fenomenal, el cual es conocible y depende de la mente y el mundo noúmeno, el cual no es conocible y no es dependiente de la mente. Hegel, Schopenhauer y Bradley, postularon varios grados de idealismo, para así llenar este desconocido, muy separado del sentido común, pero no más cercano al conocimiento de la realidad. El retorno contemporáneo de Plantinga a la filosofía del sentido común de Reid, adquiere un lugar en la mesa de diálogo al estar justificado de una manera *prima facie*; pero sin un principio con el cual excluir de la mesa, la claridad e inexcusabilidad se vuelven excluidos. En dicho camino a la perdición epistemológica en el cual ninguno está perdido, nadie puede ser salvo.

Intuición y Certeza: Señal y Realidad

La intuición como un conocimiento inmediato directo de la realidad, es confiado por muchos como la fuente de la certeza. La intuición es directa e inmediata en el sentido en que se mueve, no a través de la inferencia de la señal percibida a la realidad, sino que toma la señal por la realidad. Por ejemplo: el placer es la señal del bien (o el efecto del poseer lo que creemos ser el bien). Una sonrisa es una señal de simpatía. El sexo es una señal y sello de amor y es con frecuencia entendido como la realidad o la prueba de amor. Una persona hermosa (exteriormente bien formada) es entendida como una buena persona (interiormente bien formada). Entre más intenso sea el sentimiento creado por la señal (o símbolo) mayor es la certeza. Lo particular a través de la metáfora revela lo universal. En el caso de Keats, "la verdad es belleza y la belleza es la verdad—eso es todo lo que has de saber en la tierra y es todo lo que se necesita saber." La intuición (el corazón, no la cabeza) nos guía hacía (y fuera de) relaciones. El artista y el músico experimentan profundamente y expresan esos sentimientos a través de señales naturales (sonido, color) intuidas. Los místicos en toda tierra y en toda época, en todas las cosmovisiones, afirman el experimentar ser uno con la realidad última. La intuición se conceptúa así misma como infalible (en la percepción de la relación entre la señal y la realidad) en tanto asumimos que este es un mundo moralmente ideal. En el caso de Rousseau y en muchos otros casos, los seres humanos son percibidos como naturalmente benévolos, conforme a la intuición; el mal surge no dentro de la persona misma, sino que surge por factores externos (en el medio ambiente).

Nosotros no poseemos buenas razones para creer que este mundo es moralmente ideal, es decir la señal siempre está aunada a la realidad, que el mal en toda instancia surge del exterior. Una persona puede sonreír y continuar sonriendo y ser de hecho un villano (Yago de Shakespeare). La sensibilidad no es una mejor guía para las relaciones que la cordura (*Cordura y Sensibilidad* de Jane Austin). La pasión no es una guía para la política. La pasión puede ser de igual magnitud en ambos lados de una controversia y una persona puede cambiar lados con la misma magnitud y pasión. Uno puede tener fervor sin estar aunado al conocimiento. Keats, encontró que la verdad es belleza tan solo cuando están plasmadas juntas en el arte (*Oda a la Grecian Urn*), no en ningún otro lado (*Lamia, La Belle Dame sans Merci, Eva de Saint Agnes*). Sócrates no encontró conocimiento entre los poetas y Platón restringió a los artistas de la república. Los místicos, en cuanto ellos piensan acerca de sus experiencias místicas, interpretan sus experiencias de diferente manera (Nirvana, Brahmán, Tao, Dios). A Rousseau no le es otorgado un pase gratis en su afirmación acerca del mal siendo proveniente del medio ambiente propio en base a la cosmovisión de la creación, la caída y la redención: los malos pensamientos proceden del corazón (Jesús); el corazón es engañoso más que todas las cosas (Jeremías). Los sentimientos pueden surgir de diferentes fuentes: la biología propia, la creencia básica propia, o la sensibilidad natural propia, todos los cuales son cambiables y relacionados entre sí, haciendo de esta manera los sentidos e intuiciones propias algo menos que infalible y algo mucho menos que una guía generalmente confiable en cuestiones básicas.

Empirismo: Conocimiento a través de la Experiencia del Sentido

El empirismo es la perspectiva epistemológica en la cual todo conocimiento surge a partir de la experiencia del sentido. El empirismo radical va más allá de la experiencia del sentido para afirmar experiencias internas o religiosas basadas en la intuición. El empirismo comienza con el realismo del sentido común. La prueba es a través del ver y el tocar. El realismo del sentido común ha sido articulado y desarrollado por la tradición del empirismo británico y ha sido asumido en gran parte por la filosofía analítica contemporánea. El realismo del sentido común ha sido también aplicado al significado: el significado de una declaración es su método de verificación. Si no existe una manera empírica de verificar la verdad de una declaración, esa declaración es considerada sin significado alguno. El empirismo ha sido de mayor manera asumido por las ciencias naturales y las ciencias naturales se están convirtiendo en el baluarte del empirismo. El empirismo profesa, el ser la única fuente del conocimiento verificable públicamente y por lo tanto autoritativo para todos. El empirismo es validado a través de sus recurrentes milagros tecnológicos y es compensado de gran manera a través de donaciones provenientes de concesiones públicas para la investigación y desarrollo.

La ciencia generalmente y el empirismo en particular, han sido exhibidos como vulnerables en una variedad de formas. Lejos del saber que todo conocimiento proviene de la experiencia del sentido, puede ser argumentado que algún conocimiento no proviene de la experiencia del sentido (por ejemplo: no existen los círculos cuadrados) o que ningún conocimiento proviene de la experiencia del sentido (datos puros de la experiencia del sentido no tiene significado por separado de la interpretación). La realidad de un mundo exterior no es conocida por medio de la experiencia del sentido (como ha sido señalado por Berkeley), o la realidad de la mente y la causalidad (argumentado por Hume) o la realidad de la substancia e identidad/unidad (la postura mantenida por Kant). A través de los sentidos, no se puede saber si las esencias existen, o universales, o permanencia, o conceptos, tan solo impresiones de sentido momentáneas y particulares. El nominalismo, escepticismo y positivismo legal, han sido recurrentes en la filosofía antigua, medieval y moderna cuando los sentidos se convierten en la fuente única del conocimiento. La antinomia de la permanencia y el cambio ha ocurrido en el Oriente entre el budismo Madhyamika y *Advaita* Vedanta. El conocimiento científico está basado y limitado por la observación. El conocimiento científico depende de la inducción para moverse de lo que es observable a lo que no es observable. La inducción asume la uniformidad de la naturaleza. El pasado y el futuro son como el presente. Las fuerzas presentes han operado siempre y de manera esencial a la misma magnitud. Extendido de mayor manera, la forma en la cual las cosas funcionan se dice, explica el cómo de su origen. La observación puede falsificar declaraciones generales. La falsificación no puede verificarlas. La observación no puede confirmar la existencia de realidades no físicas por separado del asumir el naturalismo metodológico—que todo fenómeno puede ser explicado en términos naturales. Esto a su vez asume el naturalismo metafísico, es decir toda la realidad es natural, nada es sobrenatural.

Dadas estas presunciones, toda distinción puede y debe de ser reducida a un término natural, más simple. La mente debe de ser reducida al cerebro, la biología a la química, la química a la física y la física a la geometría y a la matemática—Pitágoras afirmo que los números son cosas y que las cosas son números. Dentro de las explicaciones reduccionistas, conforme al incremento de anomalías, un cambio de paradigma puede ocurrir, pero el proyecto continúa. En el reduccionismo, no existe laguna ni ontológica ni lógica entre el cerebro y la mente, entre la imagen mental no-física y el impulso neuronal físico. Existe tan solo el proyecto del empirismo propio, con la nota promisoria—algún día será explicado naturalmente, a través de más observación. La ciencia asume la inducción y la reducción; también asume la uniformidad y el naturalismo, ninguno de los cuales son ni pueden ser basados en la observación. Al transgredir sus límites establecidos, la ciencia aboga por una interpretación naturalista dogmática del mundo. Con justa razón, en la conciencia posmoderna, el mundo fincado en la ciencia ya no está siendo privilegiado.

La Razón: Sus Usos, Sus Límites y Su Uso Limitado

La razón en si misma se vuelve una fuente del escepticismo cuando es mal usada o no usada completamente. La razón es mal usada cuando se usa como una fuente de la verdad, en vez de ser usada como la prueba del significado. La razón no es usada completamente cuando es usada para construir una cosmovisión sin antes haber recurrido a la razón de una manera crítica como prueba del significado de la creencia básica propia. La antinomia del confiar en la razón para conocer la verdad y el no confiar en la razón para saber que la verdad está basada en el fallo de no usar la razón críticamente. Existen varios usos de la razón los cuales deben de ser tanto distinguidos como usados en el orden apropiado, procediendo de lo más básico a lo menos básico.

La razón ha sido mal usada como una fuente de la verdad. Ciertas convicciones son tratadas como evidentes y fundacionales a la razón, de esta manera se niega la necesidad de defenderlas. El *cogito ergo sum* de Descartes se dice ser evidente en sí mismo cada vez que es pensado. Thomas Jefferson tomo la idea que *todos los hombres son creados iguales* como evidente en sí misma. Estas perspectivas pueden ser verdaderas, pero la cuestión es, ¿Son en verdad evidentes en sí mismas? ¿Son las perspectivas alternativas inmediatamente contradictorias en sí mismas? ¿Son acaso las perspectivas del ser pregonadas por el hinduismo, budismo o naturalismo inmediatamente contradictorias en sí mismas? ¿O acaso es requerido el tomar unos cuantos pasos razonando para demostrar que son internamente contradictorias? ¿Y si es así, como es que Descartes procedería en mostrar los pasos de razonamiento que llevan a la contradicción propia? ¿En el demostrar la perspectiva propia del ser, debe acaso la existencia de Dios ser tratada primero y acaso esto requiere atención, en orden propio, al argumento ontológico, cosmológico y teleológico? La claridad no es incompatible con la manera de abordar paso por paso en la argumentación, ya que es requerido si es que el pensamiento procede de lo más básico a lo menos básico.

La razón no es usada completamente si no es primero usada de manera crítica al nivel básico. Se dice que la razón ha alcanzado su límite cuando las interrogantes más básicas concernientes al cambio y la permanencia, la unidad y la diversidad, la substancia y la causalidad, no son primeramente resueltas. La razón es usada para formar conceptos los cuales capturan la esencia de las cosas, el conjunto de cualidades las cuales todos los miembros poseen y siempre han poseído y las cuales los distinguen, mediante la ley de la identidad, de aquellos que no son miembros. Las esencias pueden ser cuestionadas cuando la permanencia (debe de existir algo eterno) no ha sido resuelta. El cuestionar la relación ontológica entre *a* y *no-a* es el cuestionar la posibilidad de la unidad de diversidad y también la cuestión que, si es posible que algo pueda existir, un punto el cual no es disputado por muchos. No debe de ser asumido que la relación entre *a* y *no-a* es necesariamente excluyente (como el ser y el no-ser), pero puede ser complementaria (como sabio y feliz), o inclusiva (como infinito y finito). Sin la permanencia, esencia, unidad e identidad, los conceptos son vacíos y consecuentemente las palabras no tienen sentido. El negar la condición previa del ser, del pensamiento, el negar el estatus ontológico de la razón, el negar el *Logos* en el mundo, es el saltar al abismo del nihilismo tanto personal como cultural.

Muchos han dicho que la razón no puede capturar la realidad por diferentes razones. Aquino, retrocediendo hasta el Primer Movedor de Aristóteles, y después, Kant encontró una antinomia entre la creación y el tiempo: el mundo tuvo un comienzo (en el tiempo) y no existe tiempo alguno en el cual la creación no ha existido. La antinomia asume que el tiempo mismo no comenzó adjuntamente con la creación, una asunción la cual surge del fallo de no entender la naturaleza del tiempo como relativa al cambio. Kant asume que la razón no puede capturar el mundo noúmeno (categorías *a priori* son impuestas por la mente sobre el mundo como lo conocemos). Pero el distinguir primero entre cosas en sí mismas (una silla-en-sí-misma no es una mesa-en-si-misma) y después el conceptuar la silla-en-sí-misma como la causa de lo que parece, de cualquier manera en la cual la mente moldea lo que percibe, es el cono-cer mucho acerca del mundo noúmeno, haciéndolo así no totalmente desconocido. Las sutras Mahayanas critican el intelecto como estando atascado entre antinomias: "todo tiene una causa" y "nada tiene una causa"; "todo es eterno" y "nada es eterno." Pero esto es meramente el asumir que todo es uno y que contrarias son en verdad contradictorias.[2]

---

2. "Todo es eterno" (universal afirmativo) no se contradice con "ninguno es eterno" (universal negativo). Estos son contrarios, que son ambos universales, y que pueden ser ambos falsos al mismo tiempo. La contradicción de "todo es eterno" es "algunos no son eternos." Opo-ner "todo es eterno" a "ninguno es eterno" como si esas fueran las únicas oposiciones posi-bles supone que todo es del mismo tipo, es decir, todo es uno. Rechazar esta (falsa) oposición como filosofía grosera y cruda y luego rechazar la razón como incapaz de saber, es no usar la razón para ver que el problema es la falsa suposición de que "todo es uno."

De nuevo, es creído que la razón no puede capturar la realidad. Por ejemplo, la razón categórica no puede capturar el ser de Cristo como ambos infinito y finito.[3] Uno debe de trascender la razón categórica por una razón transcategorica, o por la razón meditativa, por una más alta "paréntesis doble" [[razón]].[4] Pero esto es el asumir una oposición racional entre lo infinito y lo finito en vez de decir que lo infinito debe de incluir e incluye lo finito. Lo mismo debe de ser dicho acerca de la razón con relación al Tao (Lao Tzu), o el *ápeiron* de Anaximandro o el Nirguna Brahmán de Shankara—convicciones las cuales son arribadas por haber partido de suposiciones no críticamente analizadas

De nuevo, es dicho que la razón no puede capturar la realidad porque no puede capturar lo particular. Es verdad, la razón no da ni afirma dar los detalles breves de impresiones de sentido, pero puede comprender la unicidad perdurable de un particular—la razón puede capturar la esencia de Sócrates la cual caracteriza a Sócrates a través de una vida de desarrollo y cambio, a condición de que las categorías de análisis de la personalidad están lo suficientemente presente. O, es dicho, que la razón no puede capturar los grados, que la ley del tercero excluso es insuficiente para esto. Calvo o no-calvo no captura parcialmente calvo. Pero esta es una aplicación defectuosa—la categoría debería de ser parcialmente calvo o no-parcialmente calvo, este siendo capaz de incluir tanto calvo como no-calvo. O, es dicho, que la razón no puede capturar relaciones—la razón separa en *a* y *no-a*, pero no ambas *a* y *no-a* al mismo tiempo. Habiendo separado la mente y el cuerpo en categorías exclusivas no existe término medio por el cual relacionarlas, precipitando el enigma del problema entre la mente y el cuerpo. La razón afirma la unidad de diversidad sin reducir una a la otra. El mundo no es ni pura

---

3. Ashok Gangadean, *Between Worlds——The Emergence of Global Reason* (New York: Peter Lang, 1998), 179-180. "El ser de Cristo es dialéctico en el sentido de que, tomado en términos esenciales como un ser a la vez finito e infinito (dos naturalezas), se presenta al entendimiento como contradictorio. . . El ser de Cristo puede tomarse como un ejemplar de todos los seres. . . Es transcategórico, como todos los seres. . . Sólo así Cristo puede ser el verdadero mediador, el salvador." Pero si el infinito no se opone a lo finito, sino que lo incluye, a diferencia de lo negro y lo no negro, ¿Por qué el ser de Cristo debería considerarse contradictorio con la razón en el sentido ordinario de la razón? Mientras no se demuestre que es contradictorio, uno no está obligado a considerar la razón "global."

4. Ashok Gangadean, *Meditative Reason——Toward Universal Grammar* (New York: Peter Lang, 1993), 103-118. La razón meditativa o global parece hacer el mismo movimiento para abandonar la razón "categórica," y por la misma razón que otros en la tradición monista de "todo es uno."

unidad ni diversidad. Como resultado de la ley de no contradicción, nada es ambos *a* y *no-a* al mismo tiempo y en el mismo aspecto. Pero cada ser es una unidad de *a* y *no-a*. Unidad de diversidad, y por lo tanto de relaciones, es dado en todas las perspectivas. El que algo más complejo pueda ser explicado por la diversidad menor dependerá del análisis racional de elementos de la diversidad.

Por último, es dicho que la coherencia racional es inepta para resolver disputas entre cosmovisiones dado a la existencia de una multiplicidad de cosmovisiones o mundos lógicamente posibles los cuales contienen la misma coherencia lógica. Y más aún, la razón no puede resolver disputas dentro de un conjunto de creencias inconsistentes. La razón dice que ambos no pueden ser verdad, pero no nos dice cuál de los dos no es verdadero. Estos percibidos límites de la razón no son aplicables una vez que un análisis más rigoroso toma efecto concerniente a lo que constituye una cosmovisión. Dadas las características básicas y esencias de las cosmovisiones, no hay muchas cosmovisiones posibles. O todo es eterno de alguna forma u otra (monismo material, monismo espiritual o dualismo) o tan solo algo (Dios, el creador) es eterno, y es claro a la razón si es que todo o tan solo algo es eterno (consulta argumentos en Parte II: Metafísica: ¿Qué es lo real o eterno?). Si una cosmovisión es incoherente en su esencia entonces todas las variaciones que no son esenciales serán incoherentes de igual manera. Si cualquier cosmovisión es incoherente en su esencia, entonces diferencias no esenciales en ese mundo (por ejemplo: ¿Por qué hay x vs. x+1 átomos o personas o unidades de mal en existencia?) puede no ser sabido en este momento y puede ser que permanezca sin saberse si no se halla un acuerdo en lo que es conocible en el nivel más básico.

En general, una cosmovisión no es un conjunto de creencias sino un sistema de creencias, donde las creencias menos básicas son erigidas basándose en las creencias más básicas. Cuando una creencia menos básica está en conflicto con una creencia más básica, la creencia menos básica, en ese sistema, debe de ser abandonada. Pero la razón, siendo la más básica en todo sistema, no puede ser abandonada. Puede haber alternativas construidas y sistemas coexistentes de análisis partiendo de diferentes conjuntos de axiomas (múltiples geometrías, teoría de juegos, etc.) los cuales pueden o no pueden ser compatibles con el mundo real. En ninguno de estos casos existe un límite filosóficamente relevante a la razón para poder resolver disputas en este mundo.

Actitud: La Fuente Fundamental del Escepticismo

La filosofía es una actitud. La actitud es el amor de la sabiduría. La actitud es también una aplicación—la aplicación es la introspección, analizando críticamente nuestras creencias por coherencia de significado. Esta actitud no puede ser tomada por un hecho, así como no parece ser ampliamente difundida. El procurar la sabiduría es el procurar conocer el bien y los medios para alcanzarlo. Si el bien es claro parece ser que los seres humanos ordinariamente no lo procuran. Nosotros perseguimos lo que creemos que es el bien por nosotros mismos, de la manera en que concebimos del ser. Nuestra perspectiva del bien está basada en nuestra perspectiva del ser. Esa concepción del ser así sea conflictiva e incoherente, nosotros la tomamos por dada. Es el ser propio el que amamos, defendemos y procuramos satisfacer, suceda lo que suceda. Nosotros no reexaminamos nuestra perspectiva del ser propio al menos que sea fundamentalmente cuestionada. Nosotros descuidamos, evadimos, resistimos y negamos la razón al menos que sus demandas se vuelvan persistentes e inescapables, lo que significa que hemos entrado en una crisis de vida. Estamos forzados, por nuestra necesidad de significado, a reconsiderar cosas básicas. Conforme nos movemos de la obscuridad del sinsentido a la luz del significado un nuevo ser nace y comienza una nueva vida. Algo inferior a este reto y requisito de cambio nosotros no procuramos y no entendemos cosas básicas acerca de Dios y el hombre, el bien y el mal. Por lo contrario, nosotros tratamos de justificar nuestra perspectiva del ser en toda su incoherencia y conflictos, así seamos ilustres o no, así seamos escépticos o fideístas. El escepticismo se justifica así mismo en contra y por encima de varias formas del fideísmo, pero no en contra de su incoherencia propia. Las disputas entre el escepticismo y el fideísmo son así interminables, una consecuencia inherente del negar de manera implícita o explícita que algunas cosas sean claras a la razón.

FUENTES DEL FIDEÍSMO

Sensus Divinitatis: ¿Es El Conocimiento de Dios Directo o Inferido?

Todos los hombres, algunos han afirmado, tienen un conocimiento inmediato de Dios. Esta forma de conocimiento es distinta al conocimiento que es adquirido o inferido. Este conocimiento es en ocasiones referido como el *sensus divinitatis* (la perspectiva SD) y ha sido apelado por muchos dentro de la comunidad Reformada (Calvino, Hodge, Van Til, Plantinga, Oliphint.)[5] Existen diferencias entre los defensores de la perspectiva SD con respecto al contenido de este conocimiento, como surge, y si está acaso presente como una propensión o una realidad.

La perspectiva SD asume el realismo del sentido común, el cual presume que la apariencia es la realidad, y así también que existe un mundo físico externo. Cuando surgen argumentos en contra de una creencia en Dios o en el mundo externo, la cual es mantenida inmediatamente y no es inferida, no es evidente el que la intuición tome primacía sobre la razón. Si esta primacía no es evidente, no es suficiente el bazar el conocimiento de Dios en una creencia mantenida inmediatamente en la presencia de lo que parece ser racional, y de esta manera *prima facie,* objeciones a dicha creencia.

Conocimiento y Responsabilidad

Una tentativa es hecha por algunos para establecer la responsabilidad, aunque no todos los que mantienen el modelo del SD se basan en un conocimiento inmediato. Es dicho por estos defensores del SD que el conocimiento penetra y este conocimiento es supreso, y por lo tanto el hombre no tiene excusa alguna.

Esta perspectiva asume que, si uno no tiene conocimiento, uno no puede ser considerado como culpable por el fallo de no adquirir el conocimiento. Pero el fallo en no procurar y no entender describe un fallo moral el cual es universal y básico. El rezo, "Padre, perdónalos, porque no saben lo que hacen," asume que la ignorancia es culpable.

---

5. John Calvin, *The Institutes of the Christian Religion*, trans. and ed. Ford Lewis Battles (Grand Rapids, MI: W.B. Eerdmans, 1987), Book 1, Chapter 3; Charles Hodge, *Systematic Theology* (Peabody, MA: Hendrickson Publishers, 1999), Volume 1, 191-195; Cornelius Van Til, *The Defense of the Faith* (Phillipsburg, NJ: P&R Publishing, 1967); Alvin Plantinga, *Warranted Christian Belief* (Oxford: Oxford University Press, 2000); K. Scott Oliphant, *Reasons for Faith: Philosophy in the Service of Theology* (Phillipsburg, NJ: P&R Publishing, 2006), 134. La perspectiva SD se presenta en los citados aquí con muchas variaciones, mantenidas más o menos conscientemente y consistentemente. La adoración de "madera y piedra" (Calvin), o un poder superior del cual dependemos (Hodge), se toma como evidencia de SD. Pero Dios como "poder superior" podría ser el dios griego Zeus, que no es ni infinito, ni eterno, ni inmutable como lo es el Dios del teísmo.

Esta perspectiva asume que el conocimiento de la verdad no libera a la persona, que la esclavitud moral no es causada por falta de conocimiento. Para eludir la negación de la libertad a través del conocimiento, una distinción ha sido hecha entre tipos de conocimiento. Pero si el conocimiento basado en un entendimiento verdadero nos libera, ¿Puede haber un conocimiento basado en un mal entendimiento o falta de entendimiento?

La idea de la inexcusabilidad y la supresión de la verdad ha sido entendida de diversas maneras. Un informe del como una creencia se origina no es un informe de la supresión e inexcusabilidad. Una creencia es suprimida mediante (o rechazada por) una creencia alternativa por la cual uno supone poseer razones. Si es claro el que no hay razones por las cuales sostener la incredulidad propia, entonces la incredulidad es inexcusable. El meramente reafirmar que "todos en lo profundo de nuestro ser conocemos a Dios" no demuestra la claridad, la cual requiere el demostrar la inexcusabilidad de la falta de creencia.[6]

El Uso de La Razón Magisterial vs. El Uso de La Razón Ministerial

Es reconocido por aquellos que mantienen el uso ministerial de la razón, que la razón es necesaria para recibir la revelación (el uso formativo de la razón). También es reconocido que la razón es útil para proporcionar razones en favor de la verdad de la revelación. Pero nunca debe de ser magistrado o juez de la verdad de la revelación. La razón es una criada, no la dueña, y la condenación más fuerte es reservada para la arrogancia de la función del magistrado a través de la razón. La razón es útil en la sistematización de la verdad (el uso constructivo de la razón). Y es usada para interpretar las escrituras y para respaldar una interpretación por encima y en contra de otra interpretación (el uso interpretativo

---

6. La inexcusabilidad no ha recibido mucha atención en la historia del teísmo. Donde ha recibido atención, a menudo se ha basado en una forma de la perspectiva SD. San Pablo parece haberlo convertido en el punto de partida al establecer la necesidad de redención del hombre (*Romanos* 1.20), como también la *Confesión de Fe de Westminster* (1.1).
   El famoso argumento ontológico de Anselmo trató de mostrar la insensatez de la incredulidad, pero esta y otras formas de teología natural se han enfrentado con argumentos en contra de Hume y Kant, entre otros. La inexcusabilidad asume la claridad de la revelación general, que los teístas, que afirman la cosmovisión de la creación-caída-redención, necesitan mostrar "llevando cautivos los pensamientos" levantados contra el conocimiento de Dios (*2 Corintios 10:4*).

de la razón). Puede ser que en ocasiones la razón es usada para probar críticamente creencias alternativas por coherencia de significado. Pero en este punto la línea es trazada por aquellos que conceptúan a la razón como sirvienta, no juez. Ellos afirman que la razón no puede—y no debería—ser usada para juzgar la verdad de la revelación. ¿Está acaso esta línea siendo trazada de una manera arbitraria?

Debe de ser concedido aquí, que por encima y en contra de los deístas (Herbert) y racionalistas dogmáticos (Wolff) que la revelación especial es necesaria y no se *originó*, ni puede ser *originada* a través de la razón. Pero como la razón es necesaria para recibir *y entender* la revelación, la revelación debe de pasar necesariamente la prueba mínima de inteligibilidad. Lo que es contradictorio y es visto como tal no es inteligible y no puede ser pensado y por lo tanto, no puede ser creído. Lo que es una contradicción real o una contradicción aparente, debe de ser discernido con frecuencia a través de mucho esfuerzo, para descubrir presunciones ocultas. El separar los usos formativos e interpretativos de la razón es artificial y el aplicar el uso crítico de la razón a las escrituras de otros y no a las escrituras de uno, es extremadamente arbitrario. Como una alternativa a las múltiples formas del SD—así sea un vago ser supremo (Calvino) o teísmo básico (Hodge) o teísmo completo (Oliphint) o el Dios triuno (Van Til)—uno puede postular conceptos innatos (no-empíricos) que son aplicables o a la creación o a Dios (por ejemplo, finito o infinito, temporal o eterno, cambiante o inmutable). Todos los hombres poseen estos conceptos. La manera en que deben de ser aplicados (si es que es solo a Dios o a la creación) es claro a la razón.

La Ontología y La Epistemología: ¿Puede La Razón Capturar La Realidad Última?

El decir que "la razón es ontológica," significa que la razón es aplicable tanto al ser como al pensamiento. El que la razón sea ontológica significa que los círculos cuadrados no existen, ninguna "*a*" que es a su vez "*no-a*." Se aplica a todo ser, al ser supremo, incluyendo al ser de Dios mismo. Dios no es eterno y no eterno en el mismo aspecto y al mismo tiempo. Los milagros pueden trascender una ley natural creada, pero no una ley de la razón, la cual no es creada.[7] No existen por lo tanto

---

7. Si Dios en su ser *no puede* ser tanto *a como no a*, entonces la razón se aplica al ser de Dios. Y si el ser de Dios es eterno, entonces la razón es eterna, y por lo tanto no creada, y diferente

fundamentos por los cuales afirmar el que la razón no puede capturar la realidad.

Esto no quiere decir que mediante la razón uno puede adquirir un conocimiento exhaustivo de las cosas, finitas o infinitas. El conocimiento humano es finito. El conocimiento puede crecer por siempre y aun así continuar siendo finito. Pero sabemos en parte, considerando lo que es más básico. Lo menos básico, lo cual no es conocido, no elimina lo que es conocido y es más básico. Existe una incomprensión fundada en nuestra finitud la cual no niega el conocer en parte.

También existe una incomprensión que es cualitativa. No podemos saber lo finito ni lo infinito de la manera en la cual Dios se conoce así mismo o a la creación. Lo que es sabido es mediante la revelación a través de los actos de la creación y providencia procesados por medio de un modo particular de conciencia humana. Todos los intentos de conocer el ser de Dios de una manera directa por separado de la revelación y directamente de la manera en la cual Dios se conoce así mismo, son completamente vanos. Disputas acerca de la esencia divina en sí misma y analogías de ella, deben de ser evadidas. Kant distinguió el mundo noúmeno (como-el-mundo-es-en-sí-mismo) del mundo conocible por la conciencia humana (fenomenal) y notó antinomias en las cuales la mente recae en el intento de ir más allá de sus propios límites. Sin embargo Kant, no puede resistir el trazar implicaciones injustificadas acerca de la esfera noúmeno, distinguiéndola de la esfera fenomenal.

Si la razón es ontológica entonces es el terreno común en todas las disputas entre cosmovisiones. La razón como una precondición para la inteligibilidad no puede ser cuestionada o abandonada y aun después, retener inteligibilidad en una declaración. Como una característica constitutiva del ser *per se* la validez de la razón no necesita ser, ni puede ser, establecida a través de la apelación al ser de Dios o voluntad, la cual ya presupone la razón.

La Fe y La Razón

Ha sido argumentado que la fe, no es la misma que la razón, que va más allá de ella y que puede ir hasta en contra de la razón misma. Estas respuestas son entendibles, dadas las afirmaciones escépticas

---

de las leyes de la naturaleza que son creadas.

concerniente a la posibilidad del conocimiento: los posmodernistas (todo es interpretación—uno no puede trascender el estar situado históricamente); el factor de probabilidad en todo argumento histórico (Schelling, Kierkegaard, William L. Craig); el enigma que surge como consecuencia del confundir un hueco lógico con uno empírico (la mente y el cerebro); y explicando la unidad de diversidad (*a* y *no-a*). ¿Qué tiene Jerusalén que ver con Atenas? La fe viene primero, después el entendimiento: Yo creo para poder entender (*credo ut intelligam*). O, la fe finaliza los límites naturales del entendimiento, así como la gracia finaliza la naturaleza (Aquino). Es dicho que la fe no puede ser sujeta a las ocurrencias de la filosofía o la ciencia. La fe debe de tomar a Dios por su palabra. La fe cree porque Dios así lo dijo.

Las disputas existentes desde hace mucho tiempo requieren un entendimiento más profundo. ¿Qué tienen las escrituras que ver con la filosofía? ¿Acaso la claridad de la revelación general presupone, y requiere las escrituras, es decir, la revelación redentora? ¿Qué tiene que ver la fe con la razón? ¿Acaso la verdad no presupone el significado? ¿Puede una creencia ser mantenida más allá del entendimiento de su significado y su contenido? Si no es así, la fe *es* entendimiento, y yo creo *en proporción* a lo que entiendo (*credo inquantum intelligō*). La fe es inseparable de la razón, así como la verdad es inseparable del significado.

Si uno argumenta partiendo de la naturaleza de las cosas, ¿Qué no es el caso que argumentamos de la necesidad a la realidad en vez de la posibilidad a la probabilidad?[8] ¿Existen acaso huecos lógicos o tan solo huecos empíricos?[9] ¿Acaso la unidad presupone diversidad, y viceversa, acaso la diversidad presupone unidad? ¿Es la Palabra de Dios tan solo las escrituras o son acaso las presuposiciones de las escrituras la Palabra de Dios también? Sería prematuro a este punto el abandonar la esperanza

---

8. Si uno argumenta desde la probabilidad de la resurrección hasta su actualidad, como es común hacer, en relación con la resurrección de Jesús, la brecha puede ser insalvable. Pero si uno tuviera que argumentar desde la necesidad de la resurrección (sobre una concepción previa de Dios, la creación, la caída y la redención) hasta la realidad de la resurrección, entonces la brecha, si la hubiera, se salvaría fácilmente.

9. El problema de mente-cuerpo ilustra esto de manera célebre: ¿Existe una brecha lógica entre la mente y el cuerpo? ¿Existe una brecha lógica entre el reino físico/extendido y el reino espiritual/no extendido? ¿Es un impulso neural, ubicado en el cerebro, lógicamente identificable con una imagen mental que no tiene ubicación espacial ni tamaño? (Ver las razones de la premisa menor del tercer argumento contra el monismo material.)

de un entendimiento más profundo. La fe y la razón no necesitan ni pueden, al parecer, ser separadas.

La Razón y el *Testimonium Spiritu Sancti*

La razón, se dice, es una cosa y el labor del Espíritu Santo es otra. Lo que es necesario para la fe es el testimonio del Espíritu Santo, el *testimonium Spiritu Sancti*. El hombre mediante la razón no puede jactarse de hacer la obra del Espíritu Santo. La salvación es a través de la gracia, no por sus acciones. La razón del hombre se dice, es finita y caída. El pecado ha tenido un efecto negativo en la mente humana (el efecto noético). La razón no persuade; el Espíritu persuade. El Espíritu regenera. Nadie más, y nada más puede.

La labor del Espíritu Santo no está siendo cuestionada. ¿Pero acaso el Espíritu trabaja en acorde o a través de la Palabra o por separado de la Palabra? ¿Acaso el Espíritu labora para convencer, persuadir, educar e iluminar a través de la argumentación solida o por encima y por separado de la argumentación solida? ¿Son estas características independientes e inherentes de un argumento sólido o debe de ser algo sobrenatural agregado para hacerlo solido? ¿Acaso los argumentos sólidos nunca fallan en completar sus propósitos—es ese propósito tan solo el persuadir *o* es acaso también el obligar? ¿Pueden los argumentos sólidos obligar a una persona a cerrar sus ojos (apagar la mente) de manera en la cual evita la fuerza de un argumento sólido? ¿Es la razón finita y caída o es el hombre finito y caído? ¿Es la razón la que falla en entender o es el hombre el que falla al no procurar y no entender mediante la razón? ¿Es el uso de la razón opuesto o independiente de la gracia, o es el uso mismo de la razón una labor de la gracia? ¿Es acaso el uso de, y la respuesta al argumento sólido una ocurrencia puramente natural o es en si mismo acaso un milagro?

La Razón y lo Particular

La razón, se dice, no puede capturar lo particular, individual o único y la realidad consiste en particulares (Scotus, Nietzsche, Derrida). La razón captura lo universal y lo abstracto, no lo singular y concreto, lo cual puede ser sabido únicamente a través del encuentro existencial. Hegel y Marx se equivocaron y revirtieron el orden. El individuo no es para el estado, pero el estado si es para el individuo. En acorde a Kierkegaard (y Barth) la etapa más alta de la vida humana es la de la fe, en la cual existe una suspensión teleológica de lo racional, lo universal, lo ético. ¿De qué otra manera el acto de fe, visto en Abraham, el hombre de fe ha de ser entendido, si es que debe de ser entendido? ¿De qué otra manera puede él obedecer el mandamiento de Dios para el sacrificio de su hijo, su único hijo Isaac al cual le amaba?

La individualidad de Abraham y la naturaleza y contenido de su fe deben de ser entendidos no en episodios fragmentarios de su vida, pero en la continuidad de su entendimiento desarrollado y expresado en la totalidad de su vida. La naturaleza y contenido de la fe de Abraham, incluye su cosmovisión concerniente al origen y destino del hombre, el desenvolvimiento del propósito de Dios en la historia del mundo, su entendimiento del pecado y la muerte, la maldición y la promesa, todo bien arraigado antes de abandonar la ciudad del hombre en favor de la ciudad de Dios, una ciudad con fundaciones.

La necesidad por la resurrección de manera que pueda heredar la promesa que fue hecha, su entendimiento acerca del significado del sacrificio, circuncisión y la manera en que nació Isaac—todo esto precedió al ofrecimiento de Isaac y formaba parte de su entendimiento durante el acto de sacrificio, llevándolo a ver como Dios mismo proveería el cordero que quita el pecado del mundo. Abraham razonó, que Dios podía y hubiera levantado a Isaac de entre los muertos para así completar la promesa hecha por Dios. La fe de Abraham, al ofrecer a su hijo como sacrificio, profundizó su entendimiento de lo que él ya creía cuando recibió el llamado y las promesas en Ur de los Caldeos. El sacrificio puede ser entendido como cualquier cosa, menos un salto más allá de la razón y su unicidad es comprensible solo cuando uno entiende todas las particularidades de la historia de su vida en su totalidad.

La Razón y El Racionalismo

Afirmaciones exageradas han sido hechas en el nombre de la razón, provocadas en parte por guerras encarnecidas, abusos y supersticiones en el nombre de la religión. La Ilustración afirmó la suficiencia de la razón y la experiencia para guiar todos los asuntos humanos. Las acciones sobrenaturales de Dios en el mundo fueron removidas primeramente por los deístas—Hume (*Sobre Milagros*),[10] y después Kant (*La Religión Dentro de los Limites de La Mera Razón*), y después de la creación por la teoría de la evolución de Darwin y por cosmologías naturalistas contemporáneas. A medida en que la cosmovisión naturalista se desarrolló, sus excesos, supersticiones y pretensiones acerca de la neutralidad y moralidad fueron vistas y expuestas. Parece ser así también que las afirmaciones hechas en el nombre de la razón tuvieron sus limitaciones deshumanizadoras. El ídolo de la razón fue entonces destronado y se convirtió en sujeto de abuso y degradación. Por encima y en contra de la malicia, sin rumbo y nihilismo contemporáneo, hay una resurgencia de la religión y con ello una recurrencia de conflictos y guerras en el nombre de la religión. ¿Vamos a estar por siempre atrapados en este estado mental bipolar, entre la fe y la razón, entre el fideísmo y escepticismo, entre la derecha y la izquierda?

Existe una falla común del uso de la razón en ambos lados de la disputa—uno en el nombre de la razón, el otro en el nombre de Dios. Ambos los racionalistas y fideístas fallaron en contestar el origen y el significado del mal natural en base a la claridad de la revelación general. Además, los fideístas fallaron en contestar la naturaleza y relación del mal natural y el mal moral desde la revelación especial. Dado este fallo común como seres humanos es irónico el cómo cada partido se ha opuesto al otro, con la excepción de que los fideístas tuvieron más oportunidad de entender el mal moral y natural como basados en las escrituras. Ninguno de los dos partidos puede hablarle al otro acerca de este fallo y así la oposición continua. Pero nadie está obligado a tomar parte en esta disputa vana. Nadie está obligado a escoger entre la razón

---

10. David Hume, *Enquiries Concerning Human Understanding*, 3rd ed. (New York: Oxford University Press, 1975), 127. (See Section X, "Of Miracles.") "En general, entonces, parece que ningún testimonio de ningún tipo de milagro ha ascendido jamás a una probabilidad, y mucho menos a una prueba; y que, aun suponiendo que equivaliera a una prueba, se le opondría otra prueba; derivada de la naturaleza misma del hecho, que se esforzará por establecer. Es sólo la experiencia la que da autoridad al testimonio humano; y es la misma experiencia la que nos asegura las leyes de la naturaleza. Cuando, por tanto, estas dos clases de experiencia son contrarias, no tenemos nada que hacer sino sustraer la una de la otra y abrazar una opinión, ya sea de un lado o del otro, con la seguridad que surge del resto. Pero según el principio aquí explicado, esta sustracción, con respecto a todas las religiones populares, equivale a una aniquilación total; y por lo tanto podemos establecer como máxima, que ningún testimonio humano puede tener tanta fuerza como para probar un milagro, y convertirlo en un fundamento justo para tal sistema de religión." La crítica de Hume, por supuesto, no se mantendría si los milagros no fueran la *base*, sino que jugaran un papel diferente en el sistema de uno.

por separado de Dios o Dios por separado de la razón. Un sentido de la razón más profundo como el del *Logos* en la naturaleza humana y un uso más profundo de la razón aunado a la claridad, destruiría las pretensiones de ambos partidos y nos llevaría más allá de los peligros de la competencia entre idolatrías.

La Razón y La Hermenéutica

Dado a que el racionalismo falló al no usar la razón para entender la revelación general, así también, el fideísmo falló al no usar la razón en el entendimiento de la revelación especial. El principio de *Sola Scriptura* ha sido entendido y aplicado de diversas maneras. Entre más estrictamente se ha aplicado el principio de *Sola Scriptura*, se vuelve más literalista. Ha excluido el uso de contextos internos y externos en la interpretación. Entre menos ha usado consecuencias buenas y necesarias en la interpretación, más ha afirmado ser explícitamente literal, al punto de negar la presencia de la interpretación en su totalidad. Como en la ciencia, algunas afirmaciones son tomadas como hechos irrefutables, en vez de datos interpretados en apego a algunas presunciones. Aquellos insatisfechos con el significado dado por los literalistas, se han opuesto con afirmaciones de un significado más profundo. Dado a que los literalistas, los cuales no están limitados por el contexto y la razón, los espiritualistas así también tienen la libertad de navegar alegóricamente en el campo de la imaginación. Los marcos interpretativos alegóricos y literales se vuelven antinomias oponiéndose entre sí a través de la historia, mientras que comparten presunciones hermenéuticas en común.

Una perspectiva adecuada de *Sola Scriptura,* viene a ser un principio de autoridad contrario a toda afirmación basada en otra revelación especial. Este principio no es establecido en contra de la razón y la revelación general, pero por lo contrario las presupone como su contexto más básico.[11] Así como la historia de Génesis debe de entenderse en

---

11. Las primeras palabras de *Génesis* "En el principio creó Dios . . . ." presupone la existencia de Dios, una creencia en la existencia de Dios y la revelación divina, incluido el contexto y el propósito de la revelación, y una comprensión de lo que significa "Dios." Esto a su vez presupone una comprensión del Espíritu, infinito, eterno e inmutable. Estos presuponen una comprensión del ser, las cualidades, la esencia, etc. Las declaraciones posteriores en los primeros capítulos presuponen una comprensión del bien y el mal y de la vida y la muerte. Comprender *Génesis 1–3* de esta manera se convierte en la base para comprender todo lo que viene más adelante en *Génesis* y en las Escrituras, hasta el último libro.

base a lo que es claro acerca de la revelación general, una segunda capa de contexto es añadida para interpretación de las escrituras subsecuentes, usando consecuencias buenas y necesarias. El cielo y el infierno se entienden en base a las nociones más básicas del bien y del mal, de la vida y la muerte. El bien y el mal son entendidos en base a la creación como revelación y apegado a la claridad e inexcusabilidad. La escatología viene a ser entendida conforme al bien principal del hombre (el bien) y en base del como el mal es intencionado para servir al bien. Una hermenéutica presuposicional entiende lo que es más básico en apego a lo que es menos básico. La hermenéutica presuposicional trata de volverse más consciente y consistente en entender las presunciones usadas en la interpretación.

La Piedad y El Intelecto

La piedad es entendida por muchos, como una simple devoción ininterrumpida por cuestiones intelectuales. El corazón es visto como independiente de la cabeza y la cabeza como antítesis al corazón ("El corazón tiene razones que la razón no puede entender"—Pascal). Esto ha sido un suelo fértil para el fideísmo. Existen advertencias citadas procedentes de las escrituras en contra de la filosofía vana y en contra del ser engreído por el conocimiento. Existen exhortaciones de ser como los niños y no confiar en nuestro propio entendimiento. Se dice que Dios le esconde verdades al sabio, pero se las revela a los niños. No muchos sabios son llamados por Dios a la fe. Dios usa las cosas débiles e ingenuas para confundir al fuerte y al sabio. El intelecto es relegado como siendo del alma, no del espíritu, mediante el cual uno convive con Dios. Y finalmente, la piedad se dice, es recompensada con el ver a Dios cara a cara en la visión beatífica. Hasta pensadores notables como Aquino y Al-Ghazali, se dice que alcanzaron un punto de crisis con el intelecto, que anduvieron en una etapa obscura del alma y después entraron en una convivencia mística con Dios.

Por separado de la cuestión de la interpretación contextual por cada fragmento citado de las escrituras, y la necesidad de la conciencia crítica en la interpretación de la experiencia intuitiva, hay motivos pesados y apremiantes de no acomodar una hendidura anti-intelectual en la personalidad humana o en la piedad. Es requerido el amar a Dios con todo el corazón, la mente incluida, comenzando con el entendimiento.

Es requerido el avanzar de la niñez a la madurez del entendimiento, para alcanzar la plenitud que hay en Dios. Uno es advertido en contra del entusiasmo por separado del conocimiento y llamado a la piedad (santidad y santificación), la cual proviene del conocer la verdad. A uno se le recuerda que todos sufrimos bajo el mal natural, como una llamada a procurar a Dios, que nadie procura y nadie entiende y todos estamos constantemente llamados a detenernos y pensar, para procurar seriamente el entender. La literatura de la sabiduría en las escrituras exalta el entendimiento y advierte en contra de la insensatez del tonto y la complacencia del simple. Y finalmente, el resultado procurado no es una visión beatifica individualista, sino el llenar la tierra del conocimiento de Dios a través del trabajo corporativo y colectivo del género humano en la historia.[12]

La Razón y Los Misterios de La Fe

Los misterios son cosas previamente ocultas y ahora reveladas. Los misterios no son dados en la revelación general sino tan solo, en la revelación especial. Los misterios no se originaron ni se pueden originar en el entendimiento humano. Los misterios son supremamente objetos de la fe. Los misterios se dicen están más allá de la razón y parecen estar en contra a la razón. Los misterios en ocasiones se dicen

---

12. Para el problema del antiintelectualismo en la vida estadounidense, véase Richard Hofstadter, *Anti-Intellectualism in American Life* (New York: Knopf Publishing Group, 1966). Para el problema en la Iglesia, véase Mark A. Noll, *The Scandal of the Evangelical Mind* (Grand Rapids, MI: William B. Eerdmans Publishing, 1995), y James W. Sire, *Habits of the Mind* (Downers Grove, Illinois: InterVarsity Press, 2000). El problema no se limita a algunos segmentos de la humanidad o de la Iglesia; es tan amplio y profundo como los conceptos erróneos sobre el bien y el mal. Mientras que la vida intelectual puede haber sido alentada en ocasiones por algunos, su necesidad no ha sido asegurada adecuadamente. Refiriéndose a notables intelectuales en la historia evangélica reciente, Noll, *Scandal*, 4, dice: "Ninguno de ellos creía que la actividad intelectual era la única forma de glorificar a Dios, o incluso la forma más elevada, pero todos creían en la vida de la mente, y lo creyeron *porque* eran cristianos evangélicos." Si hay otras formas más elevadas de glorificar a Dios, entonces la vida intelectual no es necesaria para todos. Se necesitaría más para asegurarlo para todos, específicamente con respecto a la comprensión del bien y del mal. El mal para todos no se ha visto como el fracaso en buscar y comprender lo que es claro para la razón en la revelación general; y el bien para todos no ha sido visto como el conocimiento de Dios llenando la tierra a través de la obra de dominio. La visión popular del cielo como completa bienaventuranza en la otra vida, a través de una visión directa de Dios, hace innecesario el conocimiento de Dios a través de la obra de dominio en esta vida (Ver aplicación de la *Ley Moral 4*, sobre la falsa esperanza). Lo que se considera innecesario es, con el tiempo, naturalmente descartado.

son paradojas. Los misterios más profundos han sido en ocasiones la más profunda consternación de la mente y la fuente más profunda de división. Aunque no esté aunado a ninguna fe en particular, los misterios han estado presentes en la fe cristiana. Las doctrinas de la Trinidad y la Encarnación, se dice son marcas de ortodoxia. La doctrina de la libertad y la predestinación, han dividido la fe. El problema del mal disturba a todos los que piensan acerca de su fe. Por separados de estos, existen otras enseñanzas afirmadas como dogma, las cuales son perplejas de igual o mayor manera. ¿Cómo se puede saber lo que se debe de creer dentro de una religión o entre religiones, si es que la razón debe de ser suspendida en cuestiones de la fe?

La historia demuestra que estas doctrinas no caen simplemente del cielo. Las doctrinas surgen primeramente a través de la lectura de las escrituras, las cuales se desenvuelven orgánicamente y son expresadas intencionalmente en la liturgia de la Iglesia. Debido a la mezcla de entendimiento dentro de la comunidad de la fe, las diferencias son expresadas y surgen preguntas. La discusión ocurre y las afirmaciones son hechas, basadas en consecuencias buenas y necesarias de las escrituras. Nuevas implicaciones son derivadas, dando lugar a nuevas preguntas y nuevos retos, todas las cuales son parte del volverse intelectualmente más consciente y consistente. Después de mucha discusión entre maestros y líderes reunidos en consejos (en algunos tiempos prologándolos por décadas dado a circunstancias y la política), un consenso es alcanzado. Malentendidos de doctrina los cuales son carentes o contradictorios, son removidos y la confesión de fe la cual es teológicamente más precisa y matizada es alcanzada. Aquellos en generaciones subsecuentes, sin conocimiento de la Confesión o las clarificaciones hechas a través de la discusión, con frecuencia repiten preguntas y viejos errores.

Mucho de lo que ha sido clarificado durante las discusiones, son malentendidos arraigados en presunciones profundamente establecidas de la revelación general, las cuales son usadas para entender la revelación especial. En estas discusiones, distinciones y análisis deben de ser hechos concernientes a las revelaciones temporales y lógicas, sobre las esencias e individuos, pertinente a la naturaleza de la unidad y la diversidad, acerca de la relación lógica de lo finito e infinito, referente a la naturaleza de la libertad y la causalidad y respectivo de causas primeras y segundas. En el proceso del progresar en el entendimiento, lo que parecía estar en contra de la razón (paradoja) se ve como no estar en contra de ella, pero en acorde a la razón y eventualmente puede ser visto como lo que la razón debería de haber anticipado. Al mismo tiempo estas afirmaciones paradójicas las cuales son de hecho contradicciones reales son expuestas como tales, a pesar de la examinación meticulosa teológica ocasionada en la defensa de las paradojas. Existe con frecuencia resistencia a la razón en defensa del dogma. Esta resistencia, a su vez, no se restringe al dogma teológico, pero está presente donde quiera que los compromisos profundos estén implicados, comenzando con la discusión de eventos sin causa y del ser proveniente del no ser.

Razón y Personalidad

Existen muchos tipos y niveles de la diversidad en la naturaleza humana, y cada diversidad es capaz de ocasionar tenciones dentro de una persona y entre personas, cuando lo que es más básica no esta es su lugar.[13] Una ramificación de la diversidad posee implicaciones epistemológicas de estilo de vida, la cual es la inclinación de personalidad. Algunas personalidades están inclinadas hacia la vida del pensamiento, algunas hacia los sentimientos y algunas otras hacia las acciones. Nadie es exclusivamente uno o el otro, pero una o la otra es dominante en cada persona. Existen filósofos, artistas y hombres de negocios. En el occidente moderno hubo una edad del Racionalismo, Romanticismo y Pragmatismo o Realismo.[14] En el Este antiguo existía el yoga del conocimiento (*jnana*), del amor (*bhakti*) y de acción (*karma*). Los hebreos reconocieron las funciones del profeta, sacerdote y rey. Algunos confían

---

13. Hay un aspecto más *amplio* de la naturaleza humana que comparten todos los seres humanos, que consiste (en parte) en la *capacidad formal* para la creencia básica y la concepción de la justicia. Hay un aspecto *angosto* que consiste en el *contenido* de la creencia básica y la creencia sobre la naturaleza humana y sobre la justicia. Hay una diversidad de características de personalidad, ya sea que el enfoque de uno esté en el pensamiento o el sentimiento, o en lo práctico (en el contexto bíblico, el enfoque profético, sacerdotal o real). Hay una diversidad cuerpo/alma en la naturaleza humana, así como una diversidad hombre/mujer. Además, existe una diversidad de antecedentes culturales/educativos para todas las personas, así como una singularidad individual que caracteriza a cada persona.

14. El romanticismo en la cultura europea del siglo XIX se centró en el sentimiento y fue una reacción a los excesos y la esterilidad del Racionalismo; no fue una corrección basada en el análisis crítico del uso inadecuado de la razón en el nivel básico. Así también, el pragmatismo-realismo fue una reacción a los excesos del romanticismo. Sin un análisis crítico adecuado para establecer fundamentos filosóficos, las culturas quedan atrapadas en un ciclo de reacciones hasta que terminan en agotamiento y colapso cultural.

en la razón, algunos en la intuición y algunos otros en la experiencia de sentido como una fuente primaria del conocimiento.

Algunas personas no son inclinadas al filosofar acerca de sus estilos de vida epistemológicos, pero existen filosofías que promueven cada una (la razón o intuición o los sentidos) como la fuente primordial del conocimiento. Platón, en la pintura de Rafael *La Escuela de Atenas*, apunta hacia arriba, lo que es conocido a través de la razón; Aristóteles apunta hacia abajo, a la diversidad conocida a través de los cinco sentidos. El Buda es con frecuencia representado como sentado en el Lotus, los ojos medio abiertos, buscando conocimiento intuitivo. La multitud, no inclinada a filosofar, mantienen su creencia básica fideisticamente, siendo la creencia que sea. Divisiones de este tipo son recurrentes en todo grupo a través de la historia. ¿Existe la esperanza de la unión?

Existe una diversidad real entre las personas, pero la diversidad propiamente entendida sirve como la base de la unión, no de desunión. Existe una unión y un orden natural en cada persona. La unión entre personas comienza con la unión dentro de la misma persona. La división dentro de una persona no es entre las funciones del intelecto, las emociones, y la voluntad, sino dentro de cada función, comenzando con el intelecto.[15] Y aquí la necesidad del significado como inteligibilidad, precede la necesidad por significado como propósito (como en alcanzar el bien). La perspectiva propia del bien la cual es la fuente de la unión está basada, en la perspectiva propia de la naturaleza humana, la cual está apegada a la perspectiva propia de lo que es real. Lo que es real es conocido a través de la razón. La razón de esta manera como la fuente del conocimiento del bien es la fuente primaria de la unión.

El conocimiento del bien es necesario para alcanzar la unión— mediante esta unión el bien es realizado. El conocimiento puede ser cultivado a través de un proceso apropiado de educación. La obtención

---

15. Un ejemplo dramático de la división que ocurre en el entendimiento se puede ver en la negación de Cristo por parte de Pedro. Había confesado que Jesús era el Cristo, pero no comprendió que Cristo debía sufrir. Cuando Jesús fue arrestado y llevado a juicio, la (visión) del mundo de Pedro se vino abajo debido a la manifestación de una contradicción oculta en su entendimiento, de la cual pronto se dio cuenta, y luego estuvo dispuesto a morir por lo que había negado anteriormente. No se debió a *akrasia*, una debilidad de la voluntad, ni su negación se debió a ningún supuesto conflicto entre el pensamiento y el sentimiento. Los ejemplos se pueden multiplicar y el análisis puede revelar falta de comprensión o contradicciones en la comprensión. Otras formas de afirmar la prioridad del intelecto en una persona es decir que el conocimiento de la verdad libra a la persona, o que la persona se transforma por la renovación de la mente, o que la persona se santifica al conocer la verdad.

de alguna medida del bien requiere autodisciplina efectuada bajo una guía sabia. La obtención de una medida completa del bien requiere la coordinación deliberada de muchísima gente en un largo periodo de tiempo. Es una tarea para todo el género humano. Tan solo un entendimiento común del bien, obtenido por todos, puede ocasionar el bien, para ser disfrutado por todos.

FALACIAS INFORMALES

¿Como sabemos cuándo se nos ha presentado con una prueba? ¿Es la prueba necesaria y suficiente para el conocimiento? ¿Y cómo identificamos una creencia básica? ¿Que constituye una creencia básica? Antes de entablar estas preguntas, seria de ayuda el reconocer lo que no es una prueba—cuales son algunos de los escollos comunes de pseudoargumentos. El acordar que estos son escollos antes de caer en ellos, va a ayudarnos a evitarlos y si caemos, recuperarnos de nuestro error en vez de agravarlo con el excusarnos a nosotros mismos.

La siguiente es una lista de doce de los seudo argumentos más comunes, llamados falacias informales. Estos son los nombres otorgados usualmente a cada uno, aunque los ejemplos usados para ilustrarlos varían de gran manera.

Ad Baculum. Este es el uso de la amenaza para persuadir a la acción. En el caso de la censura del estado, Sócrates fue amenazado con la muerte para que se detuviera en hacer preguntas que socavaban las autoridades existentes. La amenaza no funcionó con Sócrates porque no mostro que la vida física (un bien secundario) era mayor que la vida intelectual (el bien primero). Sócrates prefirió el morir físicamente en vez de morir espiritualmente al rendir aquello que le da significado a la vida. Sócrates temió lo que debe de ser temido. "¿Qué aprovechara al hombre si ganare todo el mundo, y perdiere su alma?" Jesús pregunto.

Ad Misericordiam. Esta es una apelación a la compasión del oyente para persuadir a actuar. Tiene éxito donde el bien del receptor no es mantenido en mente. Manipula la idea del amor al separarlo del bien y la necesidad por la disciplina de manera en que el bien sea obtenido. En la literatura y la política, la gente es usualmente presentada como víctima, necesitando compasión, en lugar de como un ser racional responsable por el saber lo que es claro. La apelación al miedo y la misericordia habitualmente tienen éxito, dado a que no estamos interesados en el pensar críticamente acerca del bien.

El Hombre de Paja. Este es un argumento en contra de una mala representación de una posición en lugar de la posición real. Honestidad y cuidado son necesarios para evitar un hombre de paja. En ocasiones los abogadores apasionados de una posición la cual ellos no representan de una manera precisa. A veces estamos dispuestos a argumentar en contra de una representación simple de una posición, en vez de argumentar en contra de una posición más compleja, por la simple razón de que es más fácil y popular. Las perspectivas populares en la religión no son consideradas junto con las perspectivas históricas, lo que es acordado después de arduas discusiones, o como la reflexión filosófica del pensamiento crítico, la cual responde a los retos que la perspectiva historia no ha contestado. Debemos de tratar la posición más pensativa.

Ad Hominem Abusivo. Esta es una declaración en contra de la credibilidad de una persona en vez de lo que la persona dice. El desacreditar a una persona a través del cuestionamiento de sus motivos o antecedentes o actitud, es usado como una excusa para evadir el contestar lo que la persona dijo. La posición en cuestión debe de ser tratada de cualquier manera y debe de ser tratada primero. *Ad hominem* no debe de ser confundido con una declaración en contra de la posición de otra persona. Una declaración en contra de la posición de una persona no debe de ser considerada como un ataque personal. Las objeciones deben de ser dirigidas a lo que es más básico.

Ad Auctoritatem. Esta es una apelación a una persona o documento como una autoridad para resolver una disputa donde esa persona o documento no son una autoridad. Esto ocurre donde no existe un respeto suficiente por la autoridad de la razón como prueba de sí misma. Apelación hecha en ocasiones a las escrituras o a la ciencia para resolver disputas acerca del origen, cuando estas no son autoridades relevantes dado a sus presunciones por las cuales ellos no presentan pruebas.

Ad Populum. Esta es una apelación a la aceptación amplia contemporánea de una perspectiva como siendo una justificación de su verdad.

La falacia de *Ad Populum* hace la pregunta, ¿Cómo puede una persona razonable ser incrédula a lo que es contemporáneamente creído por revistas prestigiosas, por las personas más influyentes en nuestra sociedad y por todos los asociados de uno? Pero todas las cosmovisiones no pueden ser correctas, por ello los números meramente no pueden decidir. La popularidad presente no pasa la prueba de lo que es aceptado por personas pensadoras a través de los tiempos. Algunas perspectivas están intelectualmente de moda y las modas cambian. Es posible el engañar a la mayoría de la gente algunas veces.

Petición de Principio. Este es un argumento el cual espera que el oyente asuma lo que el argumento está tratando de probar. La petición de principio ocurre cuando uno no está consciente de las presunciones propias. Nosotros creemos A, a partir de B, a partir de C, a partir de A. Es el argumentar en círculos. Cuanto más pequeño es el círculo, más vicioso es el círculo. Ha sido sugerido que los argumentos son de manera ultima circulares, que nosotros discutimos *desde* nuestra presuposición *a* nuestra presuposición. Esto sería verdad si la razón no fuese natural, ontológica y transcendente.

Tesis Irrelevante. Esto es el argumentar fuera del punto en lugar de al punto. La tesis irrelevante es una distracción del argumento bajo consideración al mencionar algo que parece ser relacionado al tema, el cual es irrelevante. La tesis irrelevante apela a excepciones como siendo contrarias a la regla en vez de como siendo la excepción, la cual asume la regla. Una persona con cerebro dañado no niega el que todos los seres humanos son racionales, sino el que la capacidad de la racionalidad en algunos ha sido dañada. Cuando el contexto de la discusión es ignorado, nosotros perdemos noción de lo que es relevante, seguimos la corriente de consciencia, y terminamos por corretear conejos.

Ad Ignorantiam. Esta es una apelación a lo desconocido de manera que uno pueda evadir el que la posición propia sea negada. Términos claves los cuales son comúnmente entendidos en el comienzo de un argumento son tergiversados y al final vaciados de significado. Cualquier posición es compatible con un desconocido.[16] Ofuscaciones sofistas,

---

16. Lo desconocido debe distinguirse tanto de lo incognoscible como de lo conocido. Una incógnita en un nivel menos básico no afecta lo que se conoce en un nivel más básico. En

haciendo distinciones sin diferencia alguna, son maneras estándares en la apelación a desconocidos. *Ad Ignorantiam* es llevado a cabo al cambiar la carga de la prueba (Yo creo *p* hasta que tú me muestres de otra manera), o al golpear la mesa, es decir, insistir que uno sabe sin el ofrecer prueba alguna del saber.

Causa Falsa. Este es razonamiento causal falto basado en insuficiente observación. Completamente presentado, es el *post hoc ergo propter hoc* (después de esto por lo tanto causado por esto). Esta es frecuentemente manifestada en las supersticiones (caminando bajo una escalera, un gato negro se te cruza, el someterse a rituales para la buena suerte) y seudo ciencia (astrología, adivinación, y magia). La causa falsa también ocurre en discusiones ilustres donde causas verdaderas no-naturales son descalificadas de una manera *a priori* y causas naturales deben de ser buscadas.

Generalización Apresurada. Esto es el hacer declaraciones acerca de un grupo entero basado en observaciones muy limitadas, en ocasiones un solo caso. Declaraciones acerca de personas como miembros de un grupo definido por su género, personalidad, etnicidad, creencia religiosa u ocupación, están basadas en uno o dos encuentros. Uno se siente despersonalizado al ser catalogado y esto es usualmente resistido como estereotipando. Pero una generalización no es apresurada si no se aplica a todos los miembros de una clase, pero es la verdad de una mayoría significativa. No está fuera del ser razonable el decir que esto es lo que uno esperaría de aquellos que consistentemente adhieren a una cosmovisión en particular. Existe una conexión natural entre la creencia y la conducta en todos los seres humanos.

Pregunta Compleja. Esta es una pregunta que asume más de lo que el oyente está listo para aceptar. La pregunta compleja es de igual manera conocida como pregunta cargada dado a que está cargada con presunciones cuestionables. Una pregunta compleja puede ser engañosamente simple ("¿Que es eterno?" en vez de "¿Existe algo eterno?") pero pone al interrogado en un dilema ya que ninguna respuesta a las presunciones

---

este sentido, conocemos en parte. Un desconocido en un nivel más básico socava todo lo que viene después. Un desconocido o un incognoscible en el nivel más básico hace que todo conocimiento sea imposible.

no aceptadas es inapropiada para el interrogado. Una pregunta compleja va a distorsionar o terminar la conversación al menos que el interrogador esté dispuesto a examinar las presunciones de la pregunta y dividir la pregunta en partes y hacer preguntas más básicas primero. Una falacia relacionada es la *aserción compleja*. La aserción compleja es una aserción, el significado de la cual cuando se aplica así misma o a las premisas en las que se respalda, se desvalida así misma. Es verdad y por lo tanto falso al mismo tiempo. Como la pregunta compleja la aserción compleja no puede ser entablada significativamente. Esto es tan solo un conjunto dentro de la clase de declaraciones que se refutan así mismas. Si "el conocimiento no es posible" es verdad entonces no podría ser sabido o afirmado y por lo tanto es una aserción falsa. Y si yo aclamo saber que el conocimiento no es posible, entonces existe una cosa que yo sé, la cual hace mi declaración falsa.

Capítulo 3

Conocimiento, Argumento
y Presuposición

CONOCIMIENTO

E L CREER EN LA CONCLUSIÓN de un argumento sólido, porque el argumento es percibido como tal, es el poseer conocimiento. Esto es indicado más formalmente al decir:

Una persona S sabe una proposición *p* tan solo:
  i. si *p* es verdadera
  ii. si S cree en *p*
  iii. si S esta justificado al creer en *p*

Estas tres condiciones se dicen son necesarias y suficientes para el conocimiento.[1] Estas condiciones han sido cuestionadas como no siendo ni necesarias ni suficientes para el conocimiento, pero el reto es posible solo hasta el punto en el cual una ambigüedad en el entendimiento de la tercera condición de la justificación es clarificada, y tan solo, cuando uno se enfoca en creencias secundarias en vez de primarias.

Edmund Gettier, ha argumentado que estas condiciones no son suficientes,[2] y Alvin Plantinga, ha argumentado que estas condiciones no son necesarias.[3] Ambos han argumentado de manera en las cuales

---

1. Plato, *Complete Works*. Esta parece ser la definición adoptada en *Teeteto*, 201, y en *Menon*, 98. La experiencia pura, desprovista de toda interpretación, aún no es conocimiento.
2. Edmund Gettier, "Is Justified True Belief Knowledge?" *Analysis* 23 (1963), 121-123.
3. Alvin Plantinga, *Warrant: The Current Debate* (Oxford: Oxford University Press, 1993). Also, *The Analytic Theist: An Alvin Plantinga Reader*, James F. Sennett ed. (Grand Rapids, MI.: Wm. B. Eerdmans, 1998), 162-163.

han cautivado la atención de los filósofos de la academia. Gettier, ha argumentado usando contra-ejemplos peculiares y Plantinga, al apelar a creencias propias básicas. Pero si uno distingue un *prima facie* (débil) y un *ultima facie* (fuerte) sentido de justificación, se puede ver que ni Gettier ni Plantinga, están argumentando en el sentido fuerte de la justificación. La justificación débil no garantiza el conocimiento, pero la justificación fuerte si garantiza el conocimiento.

El contra-ejemplo de Gettier, se basa en dos peculiaridades. *Primero*, existe una ambigüedad basada en el colapsar el sentido y la referencia en la declaración "El hombre que va a recibir el trabajo tiene 10 monedas en su bolsa del pantalón." La descripción es aplicable a dos personas en el ejemplo, pero el sentido entendido en la mente del hablante tan solo se aplica a una persona. La verdad de la conclusión reside en esta ambigüedad. *Segundo*, uno está justificado en el sentido débil al creer lo que el jefe va a decir concerniente a quien va a ser otorgado el empleo, sin conocer la credibilidad del patrón en su firmeza de sostener su palabra. La ambigüedad del sentido, la referencia y la confiabilidad del testimonio pueden ser manejadas con la definición presente del conocimiento como creencia verdadera justificada.

La objeción de Plantinga, se basa en dos factores: *primero*, una teoría en la cual la justificación de la creencia propia puede ser desestabilizada por facultades funcionando inapropiadamente y *segundo*, que la creencia en Dios es propiamente básica, ocurriendo espontáneamente y requiriendo no justificación, por una persona bajo ciertas circunstancias.[4] Acerca de la función propia, la facultad de la razón, usada críticamente al nivel básico, no es como la facultad de la percepción de sentido. El uso crítico de la razón puede ser usado o no usado, por decisión propia; la facultad de la percepción de sentido puede mal funcionar en su uso debido a condiciones orgánicas cerebrales fuera de nuestra decisión. La mal función no es el mal uso. La introspección ayuda en el mal uso, no en la mal función. Concerniente a lo que es

---

4. Alvin Plantinga, *Warrant and Proper Function* (Oxford: Oxford University Press, 1993), 4-11. Una creencia es propiamente básica para Plantinga que surge espontáneamente bajo ciertas circunstancias. Se dice que la creencia en el mundo externo, otras mentes y las creencias en la memoria son propiamente básicas. Plantinga también considera propiamente básica la creencia en Dios. Quienes carecen de esta creencia no se encuentran en las circunstancias adecuadas o no tienen facultades cognitivas que funcionen correctamente. Una creencia justificada en un momento puede no ser justificada más tarde al enfrentarse a los defeaters (vencedores).

básico, lo que es propiamente básico no es igual a lo que es lógicamente básico. Lo que es propiamente básico puede ser objetado, pero lo que es lógicamente básico no. "Dios creó todas las cosas" ha sido objetado, y de esta manera no ha sido justificado fuertemente. "El ser no puede provenir del no-ser" no tiene subyugador.

CONOCIMIENTO A TRAVÉS DE LA RAZÓN Y EL ARGUMENTO

Nosotros sabemos por medio de la razón y el argumento. Los pseudo argumentos son usados como substitutos del argumento e impiden el uso de argumentos. Dado al uso de pseudo argumentos nosotros raramente entablamos una argumentación genuina. Los pseudo argumentos deben de ser identificados y evitados constantemente. ¿Cómo es que podemos saber a través de la razón y la argumentación? El saber es una categoría del pensamiento; no es una categoría del ser. El ser y el pensamiento son distintos, aunque relacionados. La epistemología no debe de ser confundida con la ontología. El pensamiento es pensamiento acerca del ser. El ser es ontológicamente previo al pensamiento y ambos como objeto del pensamiento (de lo que el pensamiento trata), y como el sujeto del pensamiento (el ser de la persona pensante). Pero lo que es primero en el orden del pensamiento no es lo que es primero en el orden del ser. La razón, las leyes del pensamiento, es primero en el orden del pensamiento. Lo que es eterno (Dios o la materia) es primero en el orden del ser. Conocemos el ser a través del pensamiento y podemos recurrentemente interpretar el pensamiento, no en relación con el ser en sí mismo, pero sobre la base de nuestro pensamiento o creencia o la perspectiva del ser. Nuestro primer pensamiento acerca del ser, cualquier ser, es el que la razón no es solamente epistemológica, pero que la razón es ontológica también; la razón se aplica tanto al ser como al pensamiento. Al examinar el conocimiento del ser, por lo tanto, debemos de examinar la razón en su uso primero—la razón como formativa.

Concepto

La razón como formativa es usada para formar conceptos, juicios y argumentos—las formas de todo pensamiento. El concepto es el primer acto de la razón. En un concepto la mente captura la esencia natural de (una clase de) seres o aspectos (cualidad, estado, relación, o actividad) de los seres. La esencia de un ser o aspecto de un ser es el conjunto de cualidades que todos los miembros y tan solo los miembros siempre tienen. Un concepto es expresado a través de un término (una palabra o grupo de palabras). Tenemos el concepto de pluma, roca, caballo, hombre, finito, ángel, feliz, sobre la mesa, corriendo. Un concepto es universal en dos sentidos: se aplica de igual manera a todos los miembros de una clase y el concepto es el mismo a todos los pensadores quienes piensan acerca de cosas tales como caballo, hombre, ángel, etc. Un concepto no es una imagen, la cual es dada a través de los sentidos, y la cual siempre es particular al objeto percibido y al perceptor. Un concepto no es una sensación (placer o dolor), ni la asociación de una imagen y la sensación, ni comportamiento ordenado. Sonidos y comportamientos, pueden expresar sensaciones, pero estos no son términos expresando conceptos. Si los animales pudieran pensar, ellos tendrían conceptos los cuales son universales a todos los pensadores y nosotros pudiéramos comunicarnos con ellos como con otros seres humanos. La diferencia sería una de lenguaje el cual podría ser aprendido, como cualquier otro lenguaje humano, por separado del entrenamiento y respuesta condicionadas.

Los conceptos son formados y expresados por la ley de la identidad: *a* es *a*. Pluma es pluma, caballo es caballo, hombre es hombre, hombre no es no-hombre (es decir, piedra, ángel, estrella, etc.). En la formación de conceptos nosotros clasificamos e identificamos a través de la distinción de *a* de *no-a*. Los conceptos están agrupados en pares de manera natural complementariamente, como *a* y *no-a*. Todos los seres humanos tienen las cualidades de racionalidad y animalidad. Nosotros poseemos estas y otras cualidades relacionadas como la sabiduría, poder, y bondad, de una manera finita, como temporal y cambiable. De esta manera los conceptos asumen el ser y la esencia. Pero los conceptos están lógicamente ordenados de manera que un concepto menos básico "hombre" es incorporado y afectado por conceptos más básicos, así como "materia" y este a su vez, depende en conceptos más básicos, así como "eterno." Los humanos difieren en el predicar juicios acerca de conceptos básicos como si la materia es eterna y si todo ser es material. Nosotros de esta manera estamos en desacuerdo en el concepto del hombre. ¿Es el hombre la imagen de Dios, una unidad de cuerpo y espíritu, o es el hombre un ser el cual es completamente material a la imagen del animal? El término "hombre" es por lo tanto filosóficamente ambiguo entre diferentes usuarios del término, hasta cuando es denotativamente, aunque concerniente a sus miembros, no es ambiguo.

Dado a que el concepto "hombre" difiere filosóficamente entre los diferentes usuarios del término, esto no es una negación de que los conceptos capturan las esencias. Diferentes concepciones de la esencia no es la negación de la esencia como tal. En el proceso del ser formados y en el ser conectados a conceptos más básicos, los conceptos pueden estar bien formados o no, de manera coherente o incoherente. Los aspectos desconocidos no invalidan aspectos conocidos. Discusiones acerca de lo que es eterno no cambia el significado de lo eterno, aunque afectan en parte lo que significa el ser humano. Si las cosas básicas son claras, entonces lo que es eterno es claro. Si estas cosas no son claras entonces nada es claro y nos quedamos con el escepticismo o fideísmo. El escepticismo y el fideísmo son el objeto de este libro y serán tratados posteriormente.

Algunas clarificaciones más acerca de los conceptos y las palabras son requeridas. Las palabras son usadas con ambigüedad no tan solo por diferentes escuelas de la filosofía; las palabras son ambiguas a todos los usuarios de un lenguaje en un sentido convencional. Un término puede ser equívoco (significados diferentes sin relación), análogo (significados diferentes con relación), o unívoco (un solo significado) en su uso convencional. Los diccionarios toman en cuenta esta forma de ambigüedad, pero no la ambigüedad filosófica. Y existen diferentes significados de palabras cuando el lenguaje es usado con diferentes propósitos, por ejemplo, la poesía, la publicidad, trabajo, adoración, ceremonia, etc. Aquí el significado es tomado como siendo parte de una forma particular de vida.[5]

Porque las palabras son señales del pensamiento y significado las cuales son tan amplias como la vida misma, y porque nosotros estamos

---

5. Ludwig Wittgenstein, and G.E.M. Anscombe, *Philosophical Investigations* (Ames, IA: Blackwell Publishing, 2003). Sostiene que hay muchos usos diferentes de palabras y oraciones, que el lenguaje se aprende en una forma de vida, que cada creencia es parte de un sistema de creencias. Por lo tanto, mientras que el contexto determina el significado y da cuenta de la ambigüedad de las palabras, esto no aborda los conceptos que se expresan con palabras y se captan, no se aprenden. Las palabras son ambiguas, los conceptos no. Ver también: Ludwig Wittgenstein, G.E.M. Anscombe, and G.H. von Wright, eds., *On Certainty* (New York: Harper & Row, 1972), 61-65, 100.

en una faceta de incremento continuo del significado, la adaptación a lo que son relativamente pocas palabras para expresar esta gama de significados, es una señal del genio humano, no una señal de que las palabras no significan nada excepto otros significadores. Los posmodernistas rechazan las esencias *per se* como parte de su perspectiva antirrealista del conocimiento.[6] Las palabras no expresan conceptos las cuales capturan esencias; el significado de las palabras es aprendido en una comunidad lingüística y las palabras se refieren tan solo a otras palabras como son enseñadas en esa comunidad. El significado de las palabras puede ser extendido y transformado por una comunidad lingüística, por separado de referirse a su esencia o ser, a través del uso de metáforas y asociación de palabras en el uso de retruécanos, pero la extensión y transformación del significado están aún gobernados bajo reglas y basados en la relación del concepto al ser y la esencia y serán analizadas cuando son usadas como apoyo para el escepticismo. Aquí nosotros meramente anticipamos, no entablamos, las afirmaciones hechas por el posmodernismo acerca del significado y la referencia en el lenguaje como apoyo de un resultado escéptico.

Juicio

El pensamiento comienza con los conceptos, pero no finaliza allí. El siguiente paso natural es la formación de juicios, un acto mental, el cual es expresado verbalmente en una declaración. En un juicio la mente relaciona dos conceptos al afirmarlos o negarlos. Un predicado "rojo" es afirmado (o negado) de un sujeto "manzana." "Algunas manzanas son rojas." Este es un nivel distinto de pensamiento, poseyendo diferentes propiedades y relaciones que un concepto. Juicios simples son o verdaderos o falsos. Los juicios difieren en cantidad y cualidad referente al

---

6. Friedrich Nietzsche, *The Portable Nietzsche*. Translated by Walter Kaufmann. (New York: Penguin Group, 1977), 483. Nietzsche, a quien los posmodernistas atribuyen su ascendencia intelectual cercana, no pudo evitar la conexión entre palabra y razón y concepto y esencia: "'Razón en el lenguaje, ¡oh, qué vieja mujer engañosa es! Me temo que no nos deshacemos de Dios porque todavía tenemos fe en la gramática." La palabra del hombre (gramática) está fundamentada en la Palabra de Dios (Logos).

como el sujeto es entendido como "todo" o "algo," y la copula (es/no es) es afirmativo o negativo. Existen cuatro formas de juicios simples.

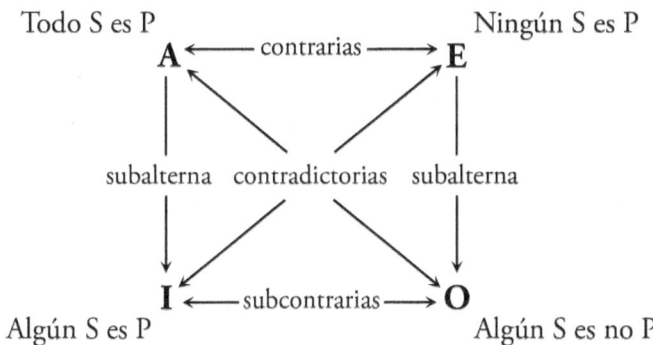

Aplicado a conceptos básicos como "ser" y "eterno" nosotros tenemos cuatro declaraciones: "todo (ser) es eterno" (afirmativo universal, o A por brevedad); "nada es eterno" (negativa universal/E); "algo es eterno" (afirmación particular/I); "algo no es eterno" (negativa particular/O). Estas cuatro formas de juicio están relacionadas en una diversidad de maneras, dos de las cuales son particularmente importantes para explicar el conocimiento a través de la razón y argumentación.

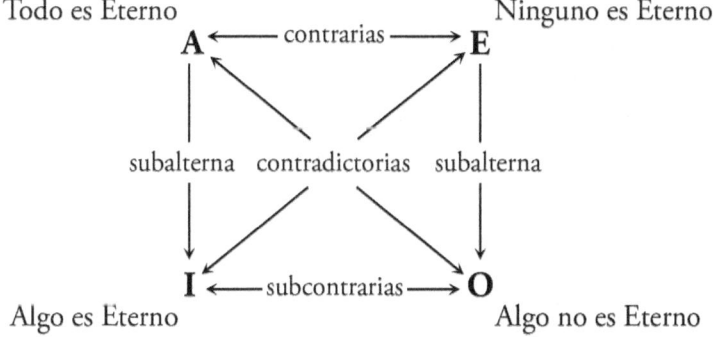

Cuando una aserción es sostenida como verdadera y existe una objeción, lo opuesto o contradictorio está siendo afirmado "Nada es eterno"
contradicho por "algo es eterno," y "todo es eterno" es contradicho por
"algo no es eterno." Declaraciones contradictorias, dada la ley de no
contradicción, ambas no pueden ser verdad y ambas no pueden ser falsas.
Una debe de ser verdad y la otra falsa. Las contradictorias difieren en
dos maneras, por cantidad y cualidad (A/O y E/I). La contradicción
de "nada es eterno" no es "todo es eterno" (E/A), dado que ambas no
pueden ser verdaderas, pero ambas pueden ser falsas. Estas son contrarias,
no contradictorias. Contrarias comparten una presunción en común
(todos están en la misma clase). Muchas disputas discuten por contrarias,
donde ambas son erróneas porque hay una presunción en común. Esta
oposición es algunas veces llamada antinomia. Una declaración puede
ser refutada al mostrar que su contradicción es verdadera, o puede ser
probada al refutar su contradicción, probando que la contradicción es
falta de significado. La prueba de una declaración al mostrar su contradicción, no pueden ser verdad porque no tiene sentido, esta prueba es
llamada *reductio ad absurdum*. La prueba de *reductio* es frecuentemente
usada en la filosofía.

Argumento

Un argumento es el tercero y final, o acto completo de la razón. Un
argumento procede naturalmente de un juicio, así como el juicio procede naturalmente de un concepto. Cuando alguien hace una aserción
la cual no es evidente en sí misma y no es algo que sea creído ordinariamente por testimonio, nosotros necesitamos razones para creer lo
que se ha dicho. Cuando el orador da razones (premisas) por lo que
se espera que uno crea (la conclusión) se nos ha dado un argumento.
El dar un argumento por lo que decimos, es el tratar al oyente con la
dignidad de ser racional. Lo que se espera en retorno es que el oyente
va a creer la conclusión del argumento si el argumento es sólido, o, va
a objetar a la conclusión porque el argumento no es sólido y va a estar
listo para probar que el argumento no lo es. Un argumento es sólido si
sus premisas son verdaderas y su estructura es válida. Un argumento es
válido si las premisas lógicamente apoyan la conclusión. Las leyes de la
validez de las premisas, las cuales son declaraciones simples o compues-
tas son comúnmente aceptadas y no son una cuestión de disputa. El

no creer la conclusión de un argumento sólido, es el descalificarse uno mismo de ser una persona comprometida al uso de la razón y por lo tanto descalificarse del participar en el diálogo con aquellos que están sometidos a la razón.

Podemos afirmar que sabemos a través de la razón y la argumentación. La argumentación es un uso de la razón y la asume. No existe argumento para la razón misma y ninguno es necesario. La razón es trascendental y se prueba así misma; la razón hace el pensamiento posible. Como son las leyes del pensamiento, la razón es el terreno común en todos los pensantes. El que uno pueda justificar consistentemente el pensamiento y la distinción entre lo falso y verdadero dentro de la cosmovisión propia, no implica el dudar de la razón, pero si el dudar de la cosmovisión. Si la razón es abandonada, todo pensamiento finaliza. Nada queda, tan solo el silencio y la cuestión de la integridad. Lo que aplica a la razón, aplica también a otros conceptos básicos como el ser, la substancia, la esencia, el cambio y la causalidad, los cuales han sido terreno común en disputas en el pasado. La negación de estos conceptos hace imposible el pensamiento.

PRESUPOSICIÓN

El Concepto Más Básico

Sabemos las cosas básicas mediante la razón y la argumentación. Creencias básicas son acerca de cosas básicas y creencias básicas son acerca de conceptos básicos. Podemos identificar creencias básicas y sus diferentes cosmovisiones en la identificación de los conceptos básicos. El concepto más básico es de la existencia, el sí algo es o no es. "Es azul," "Es largo," "Es usado para la escritura," asume "que es." "Él es" asume la distinción entre ahora y no ahora, así sea pasado o futuro. Pasado y futuro están a su vez distinguidos por siempre y no siempre. Lo que siempre ha existido en el pasado y existirá en el futuro es eterno. Lo que no ha existido por siempre no es eterno, es decir es temporal. Entonces hay dos tipos de existencia, temporal y eterna. De estas dos, lo eterno es más básico que lo temporal, por dos razones (lógica y ontológica). Lógicamente, la mente no puede detenerse con lo temporal. La mente pregunta, ¿De dónde proviene? Lógicamente, la mente debe de detenerse con lo eterno. La mente no puede preguntar, ¿De dónde proviene lo eterno?

Ontológicamente, lo que es eterno, sería la fuente de lo temporal. De esta manera un ser eterno es lógica y ontológicamente más básico que un ser temporal. Nuestro concepto más básico del ser es "eterno" y la creencia más básica es una respuesta a esa pregunta ¿Qué es real o eterno?

En la filosofía, después de la epistemología, la cuestión de la metafísica (¿Que es real?) es más básica. Las distinciones en la epistemología, como vimos, son entre los que dicen que las cosas básicas no son claras (escepticismo y fideísmo) y aquellos que dicen que el conocimiento es posible, o a través de la razón (racionalismo), o la experiencia (empirismo), o a través del presuposicionalismo racional (la razón es la prueba del significado de creencias básicas). En la metafísica la distinción es entre aquellos que dicen "todo es eterno" (en una forma u otra) y aquellos que dicen "solo algo es eterno." "Nada es eterno" es lógicamente contradictorio y por lo tanto sin sentido y no puede ser verdad como será mostrado en breve. Dividiremos más allá estas dos perspectivas básicas e identificaremos las manifestaciones históricas de estas perspectivas. Antes de hacer esto, clarificaremos un poco más el significado de lo "eterno."

Lo que es eterno ha existido siempre y siempre existirá. Lo eterno no vino a ser. Lo eterno es independiente de otros seres por su existencia porque se sostiene así mismo, no habiendo surgido en existencia. Lo que viene a ser es dependiente y también finito y cambiable. Lo que viene a ser es dependiente de otro por la continuación de su existencia; lo eterno se mantiene así mismo. Y lo que sucede dentro del ser eterno debe de ser explicado por dentro de sí. Lo eterno se explica así mismo. Si cualquier cosa es falta de las cualidades del ser independiente, existiendo por sí mismo, se mantiene así mismo y explicarse así mismo no puede ser eterno. Debemos de distinguir entre lo que es eterno *dentro del tiempo* (es decir, lo que es aeveternal) y lo que es eterno *afuera del tiempo,* donde el tiempo es un aspecto de las cosas creadas. Lo que es interminable, continuo por siempre, pudo haber tenido un comienzo y no necesita ser eterno, es decir, sin comienzo. El estatus de una eternidad sin tiempo en referencia a Dios ha sido cuestionado, por ejemplo, El Teísmo Abierto.[7] El estatus de un ser eterno dentro del tiempo ha dado lugar a la pregunta de que, si el tiempo puede ser infinito y

---

7. Richard Rice, and John Sanders, *The Openness of God: A Biblical Challenge to the Traditional Understanding of God,* ed. Clark H. Pinnock (Downers Grove, IL: InterVarsity Press, 1994).

de que si lo infinito es divisible, así como el argumento cosmológico *kalam*. El argumento cosmológico *kalam* fue formulado dentro del escolasticismo medieval Islámico. El argumento cosmológico *kalam* prueba la necesidad de una Causa Primera basado en la imposibilidad de un retroceso infinito de acontecimientos pasados temporales. Estas cuestiones requieren clarificación acerca de la naturaleza del tiempo, pero no, por ahora, obscurece la distinción entre lo que tiene comienzo y entre lo que no tiene comienzo.

La Creencia Más Básica

Las creencias básicas de lo que es eterno son "todo es eterno" y "solo algo es eterno." Dado que estas creencias son contradictorias solo una puede y debe de ser verdad. Bajo "todo es eterno" incluye el monismo material (todo es materia y la materia es eterna), monismo espiritual (todo es espiritual y el espíritu es eterno) y el dualismo (ambos la materia y espíritu existen y ambos son eternos). Con el propósito de complementación lógica, podemos agregar las categorías de mundos lógicamente posibles incluyendo posibilidades lógicas imaginables, las cuales no son ni monistas ni dualistas. Bajo "solo algo es eterno" incluye todas las creencias en Dios el Creador (judaísmo, cristianismo, islam, deísmo), donde lo que es eterno hubiese traído a la existencia o creado lo que no es eterno.

Estas creencias generales del monismo material, monismo espiritual, dualismo y teísmo han sido las bases de cosmovisiones las cuales son expresadas en culturas y civilizaciones en la historia del mundo. Estas perspectivas han sido mantenidas con mayor o menor consciencia y consistencia. La historia es el desenvolvimiento de los retos de la razón a la coherencia y significado en una cosmovisión. Estos retos le han ocurrido a individuos y a culturas en su totalidad; los retos han surgido dentro y fuera de una cultura; y han ocurrido al nivel básico y secundario. Las cosmovisiones, cuando son retadas, pueden colapsar, precipitando una crisis de fe. Uno puede recobrar la coherencia a través de perspicacia más profunda, o uno puede cambiar la creencia propia acerca de la realidad, o uno puede también convertirse en un escéptico acerca de la posibilidad de hallar respuestas a cuestiones básicas. Las autoridades pueden tratar de proteger la cosmovisión prevalente de los retos al restringir la libertad de expresión. Pero esto es miope y sugiere el que la cosmovisión propia no puede resistir los retos. Dado que la necesidad de significado es fundamental y más básica que la necesidad de poder o prestigio, y dado que los retos surgen dentro de cada persona a medida en que la consciencia propia incrementa, los retos son ambos inevitables y no deberían de ser evadidos.

Capítulo 4

———

ACERCA DE LA ETERNIDAD Y LA CAUSALIDAD

DEBE DE HABER ALGO ETERNO

VAMOS A COMENZAR A ANALIZAR las creencias básicas por significado. Antes de examinar varias respuestas a la pregunta ¿Qué
es eterno?, debemos de preguntar, ¿Debe de haber algo eterno? La respuesta a esta pregunta comienza la prueba del como las cosas básicas
son claras a la razón. Lo siguiente es ofrecido como prueba de que debe
de haber algo eterno:

1. Declaraciones contrarias no pueden ser ambas verdaderas y ambas
   no pueden ser falsas (al mismo tiempo y en el mismo sentido).

2. La contradicción de "algo es eterno" es "nada es eterno."

3. Si "nada es eterno" entonces:

   Todo es temporal.

   Todo tuvo un comienzo.

   Todo vino a ser.

4. Si todo vino a ser entonces el ser vino a la existencia proveniente
   del no-ser.

5. El ser proviniendo del no-ser no es posible.

6. Por lo tanto, la afirmación original "nada es eterno" no es posible.

7. Por lo tanto, su contradicción "algo es eterno" debe de ser verdad.

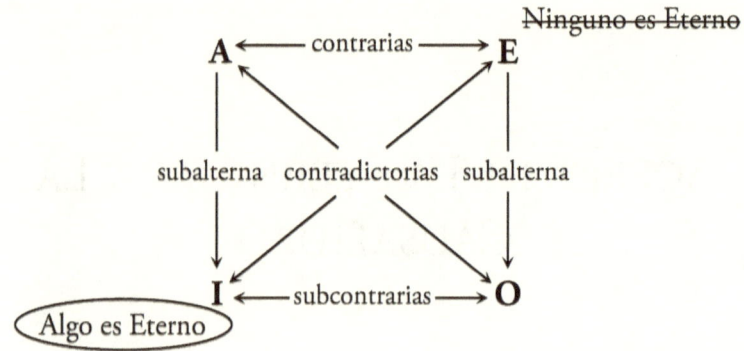

Nada es eterno aplica a todo ser sin excepción. Nada es eterno aplica a seres particulares, así como a la substancia de la cual el ser es formado. Nada es eterno aplica a seres materiales, así como al ser no-material (espíritu), a seres visibles como también a seres invisibles. Nada es eterno aplica en contra de una serie infinita de seres momentarios. Los átomos no crean otros átomos *ex nihilo*, ni el espíritu temporal tiene el poder de crear otros espíritus o átomos *ex nihilo*. El ser procede únicamente del ser. El no-ser es la ausencia del ser, y del poder de causarlo.

Si el ser pudiera provenir del no-ser entonces no habría distinción entre el ser y el no-ser ("*a*" pudiera de esta manera ser "*no-a*"). Si el ser pudiera provenir del no-ser entonces los eventos sin causa pueden existir. No existiría manera alguna de distinguir un evento causado y uno sin causa. Cuando distinciones básicas colapsan, toda distinción basada en ellas se vuelve sin sentido. Por lo tanto, es claro, que, a través del uso de la razón, debe de haber algo eterno. El que un escéptico dude esto es el abandonar la razón. El abandonar la razón es el abandonar el significado. "Debe de haber algo eterno" es indudablemente claro dado que su opuesto no es lógicamente posible. Si no es claro a la razón que el ser no puede provenir del no-ser, entonces nada sería claro. El afirmar el ser proveniente del no-ser al nivel micro en la física cuántica o al nivel macro en una teoría inflacionaria del origen del universo es el abandonar la razón. El afirmar eventos sin causa en apoyo de una libertad contra-causal es el abandonar la razón. El afirmar que solo algo es eterno es el negar por lo menos algunas interpretaciones de las cuatro nobles verdades del budismo, que todo es dukkha/impermanente/

falto de existencia propia/surgiendo dependientemente. El afirmar que solo algo es eterno es el negar por lo menos algunas interpretaciones de Heráclito, que todo es fuego o flujo u orginación o cambio, sin permanencia alguna.

Un examen más cercano y extenso a la causalidad y eventos sin causa, es adecuado dadas las objeciones que pueden ser ofrecidas en contra del primer y el argumento más básico para probar que debe de haber algo eterno. Si existe acuerdo en lo que es más básico puede haber acuerdo en lo que es menos básico.

ACERCA DE LA CAUSALIDAD Y EVENTOS SIN CAUSA

El argumento en contra de "nada es eterno" es un argumento *reductio ad absurdum*. Es decir, que es absurdo o racionalmente no inteligible el pensar que el ser puede provenir del no-ser. El afirmar el ser proveniente del no-ser es el afirmar eventos sin causa. Un análisis puede ayudar en la clarificación de esta cuestión.

El Estatus Epistemológico de La Creencia en La Causalidad

La creencia en la causalidad no es una afirmación empírica. La causalidad, o su ausencia, no pueden ser sabidas a través de la observación. No existe indicador alguno y no puede haber indicador, ni de causalidad ni de la falta de la causalidad. La creencia en la causalidad es trascendental. La creencia en la causalidad es una condición necesaria para la inteligibilidad del pensamiento y del mundo.

1. Si puede existir un evento sin causa, puede de igual manera existir más eventos sin causa. Uno o muchos o todos los eventos pueden ser sin causa. No existe una manera racional no arbitraria por la cual limitar el número de eventos sin causa.

2. Si un evento sin causa es lógicamente posible entonces todos los eventos pueden ser sin causa y así nada seria lógicamente imposible.

3. Si los eventos sin causa fuesen posibles entonces sería posible el que no hubiese conexión causal de ningún tipo entre un pensamiento o una impresión de sentido y una causa o en el mundo exterior o en mi

mente. No pudiese haber conexión causal entre lo que una persona dice y lo que otra persona escucha, o entre un pensamiento y otro (premisa y conclusión) en la mente de cualquiera, o entre la intención y el acto de una persona. Como una cuestión de integridad, la creencia y la causalidad es una condición necesaria para la creencia en el pensamiento y para el dialogo.

El Ser Proveniente del No-Ser y Los Eventos Sin Causa

1. El ser proveniente del no-ser no es una creación *ex nihilo*. En la creación *ex nihilo* Dios existe eternamente (en contraste a nada siendo eterno), y Dios actúa en el crear el mundo. El mundo al ser creado por un acto divino no es un evento sin causa.

2. El ser proveniente del no-ser no es el ser creado por una causa desconocida o no conocible (como en la física cuántica). Una causa desconocida o no conocible es sin embargo una causa; no es el no-ser.

3. El ser proveniente del no-ser no es el ser causado por un ser invisible, material o espiritual. El apelar a la singularidad para explicar el origen del universo no es un evento sin causa porque los eventos sin causa no existen.

4. Un evento sin causa no es la misma a un ser sin causa. Un ser sin causa es un ser eterno. Un evento no es un ser.

5. El ser proveniente del no-ser es como un átomo o una partícula sub-atómica o una persona que viene a la existencia proveniente absolutamente del no-ser, sin causa alguna.

6. El ser proveniente del no-ser no debe de ser entendido como si el ser fuese causado por nada o el no-ser fuese la causa. La nada y el no-ser no son causas. Causado por nada es equivalente a la obversión al no ser causado por ninguna cosa. El no ser causado por ninguna cosa es un evento sin causa.

¿Es El Ser Proveniente del No-Ser una Contradicción?

1. El ser proveniente del no-ser se dice es como *a* proveniente de *no-a*. Dado que *a* proveniente de *no-a* no es una contradicción (como la materia proveniente del espíritu o una gallina proveniente del huevo), de esta manera el ser proveniente del no-ser no es una contradicción.

En respuesta: El ser proveniente del no-ser no es como *a* proveniente de *no-a*. *No-a* esta todavía dentro de la categoría del ser, no del no-ser. El ser proveniente del no-ser es como *a* proveniente ni de *a* ni de *no-a*, si *a* y *no-a* es considerado el abarcar todas las categorías del ser. Sería como la materia proveniente ni de la materia ni del espíritu, o, una gallina proveniente ni de una gallina ni de un huevo.

2. Dado que el ser proveniente del no-ser no es una contradicción como la de un círculo cuadrado, el ser proveniente del no-ser se dice no es una contradicción (hasta cuando se piensa que es falso y no creíble).

En respuesta: El ser proveniente del no-ser no es una contradicción formal dicho de esta forma, pero implica una contradicción formal. Si el ser proveniente del no-ser fuese posiblemente verdad, entonces el ser no sería distinto del no-ser. Si el ser no es distinto del no-ser entonces el ser es el no-ser, lo cual es una contradicción. El ser proveniente del no-ser viola la ley de la identidad y la ley de no-contradicción: algo es ambos *a* y *no-a* en el mismo aspecto al mismo tiempo.

¿Es El Ser Proveniente del No-Ser Claramente Falso o Acaso se Requiere Prueba A Través de lo que es Más Básico?

¿Acaso esta prueba depende del Principio de la Razón Suficiente (PRS), que existe una razón suficiente por todo lo que sucede?

1. Existe más de una forma del PRS. ¿A cuál de estas formas se apelará como más básica?[1]

---

1. G.W. Leibniz, George R. Montgomery, and Albert R. Chandler, *Discourse on Metaphysics and the Monadology* (Mineola, NY: Dover Publications, 2005). Leibniz escribió, "Ningún hecho puede ser real o existente, ninguna afirmación verdadera, a menos que haya una razón suficiente para que sea así y no de otra manera." Y en otra parte (en su ensayo, "Los principios de la naturaleza y de la gracia, basados en la razón"): "La primera pregunta que debe hacerse correctamente es esta: "¿Por qué debería haber algo en lugar de nada?" El Principio

2. ¿Es el PRS distinto en significado de no eventos sin causa o del ser proveniente del no-ser?

3. ¿Existe alguna diferencia persuasiva entre los dos—acaso aquellos que afirman eventos sin causa estarán más dispuestos a afirmar el PRS?

Permanencia, Cambio y Causalidad

La antinomia metafísica clásica entre el cambio (todo es flujo, cambio, *dukkha*) y la permanencia (el mundo de la pluralidad y cambio es una ilusión, *maya*, no real) o afirman eventos sin causa o niegan el cambio y la causalidad en su totalidad. Si no existe permanencia en el ser continuando de un momento a otro, entonces cada momento del ser es totalmente independiente en su origen y no puede ni surge dependientemente. La momentaneidad, por encima y en contra de cualquier forma posible de permanencia, es una mera sucesión del ser proveniente del no-ser. Si una instancia del ser proveniente del no-ser no es inteligible, una serie infinita del ser proveniente del no-ser seria infinitamente no inteligible. De igual manera, la negación de toda causalidad en la negación de todo cambio será probado igualmente no inteligible.

¿Es La Libertad Incompatible con La Causalidad?

La antinomia clásica entre la libertad y el determinismo se basa en una noción incompatibilista entre la libertad en relación con la causalidad. Dado que *el deber* implica *el poder* (la habilidad de actuar de otra manera), y un efecto necesariamente procede de una causa (no puede ser de otra manera), la causalidad es negada con frecuencia para preservar la libertad (Kant y William James). Los libertarios afirman eventos sin causa para preservar la inteligibilidad moral en el universo. Pero la inteligibilidad moral no puede ser divorciada de la perdida de la inteligibilidad metafísica a través de los eventos sin causa. Si los eventos sin causa existen, un "acto" puede no ser causado por la intención de

---

de Razón Suficiente puede entenderse de manera diferente y aplicarse con diferentes resultados a la existencia de Dios, a la creación de seres particulares ya los actos providenciales con respecto a esos seres. Que algo exista es un terreno común a todos en la historia de la filosofía. Aquí estamos examinando el PRS en relación con ser un soporte para, o más básico que, "no ser del no ser."

actuar o no actuar. Por lo contrario, si "el poder implica el querer" (Yo puedo usar mi razón si yo quiero) entonces la libertad, definida como haciendo lo que yo quiero, no es incompatible con la causalidad. La decisión en este punto no es entre el determinismo (todo evento es causado) y el indeterminismo (algunos eventos no son causados), pero entre una definición de la libertad inteligible o una últimamente no inteligible.

Escepticismo y Causalidad

El escepticismo adoptado consistentemente (Sextus Empiricus) debe de basarse en la posibilidad lógica de un evento sin causa. Si todas las cosas son posibles y si cada perspectiva es igualmente opuesta a su contradicción, entonces "todo vino a ser proviniendo del no-ser" sería posible y "nada vino a ser proviniendo del no-ser" sería igualmente posible que "algo vino a ser proviniendo del no-ser," es decir, a través de un evento sin causa. Pero el permitir la posibilidad de eventos sin causa es el permitir la posibilidad de que *a* es *no-a*, lo cual niega la razón y la inteligibilidad de todo pensamiento. Si "todas las perspectivas son posibles" entonces de igual manera "ninguna perspectiva es posible." Este es el final de todas las perspectivas y no es en sí mismo una perspectiva. La alternativa de "todas las perspectivas son posibles" es decir "todas las perspectivas lógicamente posibles son ontológicamente posibles." Esta alternativa no agrega mucho a nuestro entendimiento, pero nos invita a explorar cuáles perspectivas son lógicamente posibles.

El argumento para demostrar que debe de haber algo eterno es acerca de nuestra creencia más básica. Para evadir el argumento uno debe de evadir la distinción entre el ser y el no-ser, y entre lo temporal y lo eterno. Todo el que profesa declaraciones significativas puede y debe ser cuestionado para responder a este argumento, o el demostrar como cualquiera de sus declaraciones pueden ser significativas sin estas distinciones. Este argumento es la piedra angular en la creencia de cualquier cosmovisión. Si no podemos saber esto, no se puede saber nada más. Sería fútil el proceder en la discusión sin acuerdo en esta creencia básica. Por lo tanto, no estamos obligados a considerar las perspectivas de ninguna persona que es negligente o evade este argumento. Por lo contrario, si sabemos a través de la razón y el argumento que debe de haber algo eterno, nosotros podemos acordar en mucho más. Las cosas básicas son claras. Si acordamos en lo que es más básico podemos acordar en lo que es menos básico.

El afirmar que algo es eterno no prueba que este "algo" es Dios. Algo es eterno significa que *por lo menos algo* es eterno, no que, *solo algo es* eterno. Quizás todo es eterno. Más argumentación será necesaria para demostrar que algo es eterno. En el argumento para demostrar que "algo es eterno" hemos usado un argumento *reductio*. También hemos usado una forma del argumento ontológico el cual sostiene que lo que no se puede concebir no puede existir. Un ser eterno es un ser del cual nada mayor puede ser concebido. Dado que debe de existir un ser eterno, un ser eterno es también un ser que existe necesariamente, un ser el cual no puede ser concebido el que no exista. (El decir que por lo menos algo es eterno no significa que un solo ser sea eterno. El que si es posible que exista más de un ser eterno será examinado posteriormente. El decir que por lo menos algo es eterno es previo que el considerar el que un segundo ser eterno debe existir necesariamente, o el que tan solo un ser debe existir necesariamente.) No está siendo argumentado que el tener existencia como un predicado es el ser mayor que lo que no tiene ese predicado. Así también no está siendo argumentado que nosotros sabemos que algo existe por la razón. El que algo existe no está siendo argumentado dado que es terreno común. Nadie se ha aventurado más allá del solipsismo. Sería el refutarse así mismo el afirmar que nada existe. El afirmar que un ser eterno debe de existir es el afirmar que el ser mayormente posible debe de existir. Nada (temporal) es tan grande o mayor que un ser eterno. Y no existiría manera alguna de sostener que un ser eterno es mayor o mejor que otro ser eterno. Al dirigirnos por lo menos con esta forma del argumento ontológico podemos evitar muchas de las objeciones históricas sostenidas en contra de la versión del argumento ontológico de Anselmo.[2]

---

2. John H Hick, and Arthur C. McGill, eds., *The Many-Faced Argument* (New York: Macmillan, 1967). El artículo de Norman Malcolm discute el mérito del argumento de Anselmo en relación con la suposición de que la existencia (fuera del entendimiento) es una perfección. El argumento que se ofrece aquí es i) que la existencia eterna (o aseidad, es decir, la autoexistencia) es una perfección, de modo que dos seres eternos serían igualmente perfectos, y los seres más elevados concebibles, y ii) que un ser eterno existe fuera del entendimiento porque la alternativa "ninguno es eterno" es inconcebible (contradictoria). En este punto, el ser eterno podría ser materia, o materia y espíritu (dualismo), o sólo espíritu (monismo espiritual).

PARTE II

METAFÍSICA

Capítulo 5

———

MONISMO MATERIAL

ANTECEDENTE GENERAL

¿SI DEBE DE HABER ALGO ETERNO, si "nada es eterno" no puede ser verdad, entonces que es lo que es eterno? Los monistas materiales afirman que todo está constituido de una substancia—monismo—y que esta substancia es la materia. De esta manera la materia o el universo material son eternos. En las palabras de Carl Sagan, "El universo es todo lo que existe, ha existido, y continuara existiendo."[1] El monismo material niega la existencia de todo ser no-físico, en contraste al monismo espiritual, dualismo y teísmo. No existe ni Dios, ni el alma, ni la vida después de la muerte. En principio, todo en el universo puede ser explicado en términos puramente naturales. Por esta razón el monismo material es también llamado naturalismo o materialismo.

El naturalismo es contemporáneamente la perspectiva dominante en el mundo académico y ha permeado todas las áreas del mundo profesional y la cultura popular. El naturalismo es la asunción bajo la cual la ciencia opera hoy en día. El naturalismo no se limita a ningún grupo social o económico ni a ningún estilo de vida en particular—intelectual, místico, o práctico. El materialista es identificado fácilmente a través de la creencia que no existe la vida después de la muerte ("Cuando tú estás muerto, tú estás muerto."), y que Dios no existe. El materialismo surgió al principio de la filosofía griega. En contraste a las explicaciones en términos de los dioses demasiado humanos de Homero, Tales enseñaba que toda explicación es en términos de leyes impersonales de la naturaleza que consisten en una sola substancia—agua. Este fue un

———

1. Carl Sagan comenzó su famosa serie de televisión *Cosmos: A Personal Journey* (PBS, 1978-79) con estas palabras. Ve también: Carl Sagan, *Cosmos* (New York: Random House, 1980).

cambio fundamental, por razones entendibles, pero problemático en su propia manera. Revisiones ocurrieron a través de los filósofos Pre-Socráticos hasta que el dualismo fue propuesto por Sócrates, desarrollado por Platón y revisado por Aristóteles y aplicado como una cosmovisión. El dualismo griego fue retado en parte y absorbido en parte por el teísmo cristiano. El bien supremo para el cristianismo, influenciado por el dualismo, es la visión beatífica de Dios. El alma es liberada del cuerpo y contempla a Dios directamente. El Cristianismo Medieval se basa en una síntesis entre la naturaleza y la gracia, y entre la razón y la fe. La perspectiva del bien y del mal derivada de esta síntesis permitió la enseñanza acerca de santos, méritos, purgatorio y las indulgencias, así como también las supersticiones y la laxitud moral.

El Renacimiento buscó alivio de las insuficiencias del medievalismo al recurrir al mundo clásico. La Reforma retó la perspectiva medieval de la gracia de Dios y su administración. Las divisiones de fe tuvieron implicaciones políticas y las guerras atormentaron a Europa alrededor de cien años. Algunos pensadores buscaron una nueva autoridad común, por separado de la fe, en la razón solamente. La Ilustración retó la fe: "Atrévete a razonar."[2] El dios de "la razón pura" desplazo al Dios de las escrituras en la vida pública. El terreno de las explicaciones naturales se expandió. Hoy en día, un naturalismo consistente no debe de permitir ninguna explicación no natural de todo aspecto del mundo. Problemas esenciales, presentes desde el principio, aún permanecen en la perspectiva materialista. Pero ahora existen nuevos retos, dada la autoridad cultural de la ciencia hoy en día, y el problema continuo que el teísmo ha tenido en armonizar la relación entre la fe y la razón. Hoy en día, el teísmo dogmático está haciendo opuesto por un naturalísimo dogmático de igual proporción.

El naturalismo es ahora una cosmovisión desarrollada la cual labora agresivamente sus implicaciones en la cultura. Lo que califica para fondos de investigación, que artículos se publican en revistas, que puede ser enseñado en los libros de texto y en las aulas de clases, debe de ser

---

2. Immanuel Kant, "Respuesta a la pregunta: ¿Qué es la Ilustración?" 1784. "La iluminación es la salida del hombre de su inmadurez autoincurrida. La inmadurez es la incapacidad de usar el propio entendimiento sin la guía de otro. Esta inmadurez es autoincurrida si su causa no es la falta de comprensión, sino la falta de resolución y coraje para usarla sin la guía de otro. El lema de la iluminación es, por lo tanto: ¡*Sapere aude!* ¡Ten el coraje de usar tu propio entendimiento!"
https://www3.nd.edu/~afreddos/courses/439/what-is-enlightenment.htm

acorde al paradigma naturalista. En el determinar los derechos humanos, lo que constituye la libertad y la igualdad, debe de ser consistente con las perspectivas prevalentes acerca de la posibilidad del conocimiento moral y la responsabilidad humana. Lo que constituye como sexo, amor y familia debe de respetar la autenticidad y autonomía acorde a la conceptualización de aquellos que influencian la opinión pública. Las guerras culturales son la punta del iceberg en el conflicto entre cosmovisiones. Todo un estilo de vida está en riesgo en el argumentar a favor o en contra de una creencia básica. Más agudamente, el significado de nuestra existencia está en juego en el discutir acerca de lo que es eterno. Todos continúan para ganar el bien supremo a través de la participación honesta y diligente.

EL PRIMER ARGUMENTO EN CONTRA DEL MATERIALISMO: EL MUNDO MATERIAL NO ES ETERNO

¿Es la materia eterna? ¿Es la materia todo lo que existe? ¿Es esto claro a la razón? El argumento comienza asumiendo que el mundo material existe y con la realidad del cambio en el mundo material. ¿Puede el cambio ser explicado en términos materiales exclusivamente? ¿Acaso el mundo material se explica así mismo? ¿Es el cambio un proceso único que finaliza, o acaso el mundo material se mantiene así mismo? El primer argumento en contra del materialismo es que el mundo material no es eterno debido a que no se mantiene así mismo.

El primer argumento en contra del materialismo declarado formalmente procede así:

Premisa Mayor: Si el mundo material fuese eterno, se mantendría a sí mismo.
Premisa Menor: El mundo material no se mantiene solo.
Conclusión: Por lo tanto, el mundo material no es eterno.

¿Es este argumento sólido? ¿Primeramente, es el argumento válido? ¿Acaso las premisas soportan la conclusión lógicamente? No existe desacuerdo acerca de esto. Por las leyes de la lógica formal (*modus tollens*) este argumento es válido. Segundo, ¿Son las premisas verdaderas? La premisa mayor (la primera) es analíticamente verdadera, es decir, verdadera al analizar el significado de "eterno." Lo que es eterno es independiente, autoexistente, se automantiene y se explica por sí mismo. El género relevante del mantenerse así mismo es dinámico en vez de estático, dado que el universo es altamente diferenciado y en constante cambio. ¿Y qué acerca de la premisa menor (la segunda)? Esto no es verdadero de una manera evidente; se requiere el dar razones en apoyo de esta premisa. Un argumento es requerido. Existen tres razones dadas en favor del afirmar que el mundo material no se mantiene así mismo: la primera, acerca del mundo material en general; la segunda, acerca de las partes mayores del mundo material (acerca del sol y las estrellas); y la tercera, acerca del universo material en su totalidad. Comencemos a analizarlas individualmente.

En general, el mundo material es altamente diferenciado. Existe el calor y el frío, lo seco y la humedad, lo duro y lo suave, la piedra y la arena, concreto y tierra. Estas diferencias interactúan entre sí. La interacción continúa hasta que la igualdad es alcanzada. La condición de igualdad continúa en el mismo estado cuando no se le interfiere. Este proceso es explicado en la física a través de la segunda ley de la Termodinámica (la entropía): Existe un incremento de aleatoriedad e igualdad en el universo físico. Una taza de café encima de una mesa va a interactuar con la temperatura del cuarto hasta que la temperatura de ambos será la misma, y entonces, al dejarla en estas condiciones, se mantendrá a la misma temperatura. Un edificio al ser abandonado decaerá eventualmente, quebrantándose y comenzará a ser indiferenciable del suelo en el cual fue construido. En nuestra experiencia ordinaria la entropía es universal. En general, por lo tanto, no existe razón alguna para creer que el mundo material se mantiene así mismo. Existe toda razón para creer que el mundo material, el cual es gobernado por la ley de la entropía, no se mantiene así mismo.

En sus partes mayores el universo no se automantiene. Podemos saber que el sol se consumirá sin acudir a la ciencia. El sol tiene un tamaño finito al igual que las estrellas. Esto es obvio a cualquier observador casual. Cualquiera que quiera ver esto lo puede ver. Hasta un niño abusado y sin educación de Ubangi Bangi lo puede ver. El sol está desechando energía. Reiterando, esto no requiere argumento alguno. Cualquiera con experiencia de sentido ordinario puede ver esto. Si el sol tiene un tamaño limitado y está desechando energía, no lo puede llevar a cabo por siempre. El sol dejará de emitir su calor. El sol se consumirá.

Y cuando se consuma, dejado así, el sol permanecerá quemado. El sol por lo tanto no pudo haber estado quemándose por siempre. El sol en sí mismo, aunque sea la cosa más durable en nuestra experiencia, no se automantiene. El sol no es eterno. En el mundo antiguo, en Egipto, la India, Grecia y Persia, el sol fue adorado como un dios. Si Dios es el ser supremo, es decir, eterno, entonces el sol no se debe de adorar como un dios. Una explicación adicional, si alguna fuese posible, sería necesaria para justificar esta práctica. Cuando desafiada por la razón en la historia, la práctica de adorar al sol fue abandonada como incoherente.

Esto deja al universo en su totalidad como la última base posible por la esperanza de demostrar que el universo es autosuficiente. El argumento de Aristóteles, usado para afirmar una causa primera, ha sido opuesto por la afirmación de un retroceso infinito. Esta afirmación a su vez ha sido objetada por la imposibilidad lógica de un retroceso infinito dentro del tiempo (el argumento *kalam*[3]). Nietzsche apeló a una recurrencia eterna, repitiéndose de una manera exacta, y tratando de hallar alguna manera de mantener el significado humano dentro de un ciclo sin fin. La perspectiva contemporánea en la física afirma que el universo tuvo un comienzo, partiendo de un lugar y tiempo, en una explosión llamada el Big Bang. Para mantener la eternidad con el cambio se dice que el universo ha pasado por el evento del Big Bang un sin número de veces. Dado que no puede haber un evento único o por primera vez en una realidad la cual es eterna dentro del tiempo. Este evento es llamado la teoría del universo oscilante del Big Bang. La afirmación de la existencia de un ciclo eterno encuentra varias objeciones.

Primero, en bases empíricas, dado el entendimiento contemporáneo del cosmos, no existe suficiente material en el universo físico conocido para permitir el que la gravedad atraiga al universo el cual está en expansión de manera que el Big Bang ocurra de nuevo. Este es el problema de la materia ausente o materia obscura, la cual se dice está presente, pero aún no ha sido detectada. Diez veces la cantidad conocida de materia en el universo es requerida para que la gravedad efectúe su trabajo de

---

3. El argumento *kalam* es una forma del argumento cosmológico, desarrollado en la escolástica islámica medieval, para mostrar que el universo comenzó a existir sobre la base de la imposibilidad de una regresión infinita del tiempo. Para una discusión extensa sobre el argumento cosmológico, consulte a William L. Craig, and Quentin Smith, *Theism, Atheism, and Big Bang Cosmology* (Oxford: Oxford University Press, 1995).
See also: https://plato.stanford.edu/entries/cosmological-argument/#4.3

atraer toda la materia.[4] Esta no es una cantidad pequeña. Los informes ocasionales sugieren planetas ásperos en las franjas de galaxias o una abundancia de partículas parecidas a fantasmas llamadas neutrinos, son candidatos para explicar la masa ausente. Ninguna proposición ha recibido una aceptación general y el problema persiste. Con base en estos retos, no hay justificación, excepto la exigencia de asunción, para decir que el Big Bang será repetido. Dejado a sí el universo llegará a la igualdad y morirá una muerte de calor. El universo no se automantiene. Pero afirmaciones concernientes a la masa ausente, como toda afirmación empírica, son técnicamente falsificables. Existe justificación para afirmar que el universo no se automantiene. Pero esta justificación, basada en la materia ausente, es falta como prueba. Suponiendo que la masa ausente se hallara, y en la cantidad requerida, existe un segundo problema de otro tipo, el cual es lógico confrontando el problema de la entropía. Dado que la fuerza que jala al universo se dice genera la fuerza que lo empuja hacia su expansión, en vez de que el universo termine como un hoyo negro, en algún punto la fuerza que jala al universo va a igualar la fuerza que lo empuja hacia su expansión. A ese punto, el equilibrio será alcanzado y el proceso de expansión y contracción va a finalizar. El universo alcanzará igualdad en la entropía. El universo no se automantendría y por lo tanto no puede ser eterno.

En este punto estamos más allá de las afirmaciones empíricas, en ambos lados de la interrogante. Así como en la filosofía griega antigua, la cosmología es una rama de la metafísica, sujeta al escrutinio lógico en vez del empírico. Objeciones lógicas a las afirmaciones no-empíricas deben de ser lógicamente contestadas. La provisionalidad y el pragmatismo no pueden ser usados para ignorar el criticismo filosófico. El cambiar la definición de la materia es una opción, mientras que no sea una apelación a lo desconocido. Pero esto no se efectúa fácilmente, como Tales observo cuando él afirmo que todo era agua y que todo estaba lleno de alma—que la naturaleza tenía vida. Hilozoísmo fue rechazado de igual manera por los materialistas y no-materialistas en la historia.

El problema con el modelo del automantenimiento a través de la oscilación ha sido observado por algunos[5] y otro modelo ha sido propuesto. Este modelo es la teoría inflacionaria del Big Bang propuesta a

---

4. Robert Jastrow, *God and the Astronomers* (New York: W.W. Norton & Co, 2000), 131.

5. Paul Davies, *The Mind of God* (New York: Simon & Schuster, 1992), 50-54.

través de varios cosmólogos en los 1980's incluyendo Andrei Linde y Stephen Hawking.[6] Alan Guth es su interlocutor contemporáneo. En acorde a esta perspectiva,[7] existen dos tipos de vacíos, un vacío verdadero y uno falso. El vacío verdadero está vacío de materia y de energía. El vacío falso es vacío de materia, pero no de energía. En algún momento todo el espacio era un vacío verdadero. Nada en la naturaleza permanece sereno. Todo, incluyendo el vacío verdadero, está sujeto a la fluctuación. Esta fluctuación del campo de energía el cual está "ausente en el vacío verdadero, pero no completamente," "sucede muy raramente, pero no puede ser descartado." Esta fluctuación causó la energía del vacío falso, la cual se expandió rápidamente. Esto es el Big Bang. Parece ser que Guth está afirmando que el ser (la energía) provino del no-ser (el vacío verdadero). Guth indudablemente continúa dando esta apariencia. La portada de la revista *Discover*, en abril del 2002, representa su perspectiva como diciendo, "El universo surgió de la nada absoluta—cero, nothing."[8] La teoría inflacionaria se expandió hasta el incluir un sin número de universos los cuales surgen continuamente de la nada. Y así es. ¿Pero acaso una persona racional creerá tal cosa? No, no ahora, ni en el pasado.

Estas tres razones—insuficiente materia, la fuerza que jala va a igualar a la fuerza de expansión, y el vacío verdadero al vacío falso como el ser proveniente del no-ser—refutan la afirmación del que el universo físico en su totalidad es autosuficiente. Ni en general, ni en sus partes, ni en su totalidad es el universo autosuficiente. Por lo tanto, concluimos que la premisa menor—que el universo no es autosuficiente—es verdad y el argumento es sólido. Y el argumento es claro. Uno tiene que abandonar

---

6. Vea la última expresión de la opinión de Andrei Linde en: https://web.stanford.edu/~alinde/

7. La fluctuación del vacío, o la visión del vacío verdadero al vacío falso, del Big Bang ha sido presentada ampliamente a lectores reflexivos por Victor Weisskopf, "The Origin of the Universe," *The New York Review* Vol. 36, Number 2, February 16, 1989.

8. Uno sospecha que Guth no sostiene literalmente ese punto de vista, sino que hay alguna forma de energía de la que surgió el universo. El punto crítico para la posición naturalista debe ser representar este punto de vista para descartar la clara posibilidad de que esta energía provenga de Dios. Esta posición puede oscurecerse en su representación para evitar a Dios como la fuente del universo, y requerirá un escrutinio para discernir lo que de hecho se está diciendo, si es contrario a las representaciones populares. Para buscar esto, consulte Alan Guth, *The Inflationary Universe: The Quest for a New Theory of Cosmic Origins* (New York: Helix Books, 1997).

la razón para creer que el ser puede provenir del no-ser en la perspectiva inflacionaria del Big Bang.

La apelación a eventos sin causa no es nueva en la historia del materialismo en su tentativa de evadir la entropía. En la antigüedad Epicuro apeló a eventos sin causa (la teoría de la desviación espontánea en el desplazamiento de los átomos/*clinamen*) para dar razón por el cambio en la permanencia.[9] En la perspectiva de Epicuro todos los átomos se estaban moviendo en la misma dirección a la misma velocidad (permanencia). Después un átomo se desvió (un evento sin causa) colisionando con otros y produciendo la condición diferenciada que observamos. La inhabilidad de Tales para dar razón por el cambio y la sequedad (diferente a la humedad del agua) llevo Anaximandro a apelar a un desconocido—el *Aperion*, el Indeterminado—para dar razón por el cambio. Anaxímenes sugirió que el aire, lo cual era cercano a, pero no completamente, un desconocido. Entonces cuatro elementos fueron usados para explicar el cambio (Empédocles), seguido por un indefinido, un número innumerable (Anaxágoras).[10]

Platón y Aristóteles departieron del materialismo y usaron el dualismo para explicar el cambio a través de causas eficientes, formales y finales. Dirac en 1930's hablo de un modelo teórico del vacío en el cual todo el universo tenía la misma temperatura. Después algo sucedió (un evento sin causa) y la diversidad del universo se manifestó.[11] El modelo del universo estacionario de Fred Hoyle[12] en el cual átomos de hidrógeno surgen continuamente de la nada, para dar razón por la preponderancia presente de átomos de hidrogeno en un mundo en el cual los átomos se combinan de manera natural para formar elementos más pesados. Bertrand Russell, bien conocido a mediados del siglo veinte, afirmo el naturalismo mientras que mantenía que la probabilidad de que el universo va a morir una muerte de calor es tan grande que no vale la

---

9. Para la teoría de la desviación atómica (*clinamen*) de Epicuro, consulte Titus Lucretius Carus, *On the Nature of Things*, trans. Martin Ferguson Smith (Indianapolis, IN: Hackett Publishing, 2001), 2.216-93.

10. Philip Wheelwright, ed., *The Presocratics* (New York: Odyssey Press, 1966).

11. Paul Dirac, *Principles of Quantum Mechanics* (Oxford: Oxford University Press, 1982). (Vea lo que se ha llamado el Mar de Dirac y la polarización del vacío para el concepto de Dirac de que todo el espacio era un vacío calentado uniformemente). Aquí la preocupación es cómo ocurre el cambio desde una igualdad original (un vacío calentado uniformemente o estado entrópico) al universo altamente diferenciado.

12. Fred Hoyle, *The Nature of the Universe*, 2nd ed. (Oxford: Basil Blackwell, 1952).

pena considerar la alternativa.[13] Más recientemente, como hemos visto, formas de la teoría del Big Bang han intentado el dar razón del cambio cósmico en términos puramente naturales.

Stephen Hawking intento recientemente explicar el cambio en términos exclusivamente naturales. Hawking piensa que un hoyo negro se convierte en una singularidad cuando "se reduce a un tamaño cero haciendo que la densidad de la materia y la curvatura del espacio-tiempo se conviertan infinitos."[14] Uno debe de preguntar cómo es que una singularidad la cual es "cero en tamaño" es distinta del no-ser. ¿Y cómo es que es material todavía si no tiene tamaño? ¿Si no es el no-ser y no es material, como es esta fuente del universo distinta al espíritu? Hawking piensa que la singularidad del universo en su totalidad implica un tiempo en el cual las leyes del universo no existían. ¿Cómo pueden el conjunto de leyes descritas por la teoría unificada ser el equivalente al Creador? Hawking piensa que la necesidad de un comienzo es suprimida con la apelación al "tiempo imaginario" en el cual "la distinción entre el tiempo y el espacio desaparece completamente." ¿Pero cuál es la distinción, si es que hay alguna, entre el tiempo imaginario y lo que llamamos tiempo real? ¿Si la distinción es que el tiempo real tiene un comienzo, pero el tiempo imaginario no tiene ni comienzo ni fin, como es esta distinción

---

13. Robert E Egner, and Lester E Denonn, eds. "A Free Man's Worship," *The Basic Writings of Bertrand Russell* (New York: Simon & Schuster, 1961), 67.

14. Stephen W. Hawking, *A Brief History of Time* (New York: Bantam Books, 1988). Aunque su trabajo anterior se centró en las singularidades (cuando el universo tenía un tamaño cero), Hawking luego ofreció una "propuesta," un modelo matemático, que busca evitar la noción de una singularidad en la que el tiempo comenzaría con la creación. Hawking considera que la creación por Dios es incompatible con la comprensión: "Dios puede saber cómo comenzó el universo, pero no podemos dar ninguna razón particular para pensar que comenzó de una manera en lugar de otra," 136. "Pero si el universo es en realidad completamente contenido asimismo, sin límite ni borde, no tendría principio ni fin; sería simplemente. ¿Qué lugar, entonces, para un creador? 141. "Solo si pudiéramos representar el universo en términos de tiempo imaginario [p] no habría singularidades [q]," 138. En la imagen que ofrece de moverse del Polo Norte al Polo Sur en un tiempo imaginario (figura 8.1), afirma que "Aunque el universo tendría un tamaño cero en los polos norte y sur, estos puntos no serían singularidades. . . ." Es difícil ver por qué no. La analogía no transporta desde un punto en su totalidad (puntos de los polos norte y sur de la tierra) a la totalidad como un punto: el universo de tamaño cero. La distinción en sí misma entre tiempo real e imaginario se colapsa o se invierte: "Entonces, tal vez lo que llamamos tiempo imaginario es realmente más básico, y lo que llamamos real es solo una idea que inventamos para ayudarnos a describir cómo creemos que es el universo," 139. Anteriormente se dijo que "solo si *p* entonces *q*." Una distinción necesaria antes entre tiempo real e imaginario ahora pierde sentido para evitar singularidades y un comienzo del universo.

diferente de la distinción entre el tiempo y la eternidad sin tiempo? Aquí tenemos la apelación de Hawking a la materia sin tamaño, un Creador con un comienzo, y no comienzo en tiempo imaginario, para poder evadir incoherencias en la perspectiva contemporánea naturalista de orígenes. Pero estas distinciones introducen un conjunto de problemas nuevos los cuales pueden ser peores que los primeros. La razón al buscar clarificación del significado nos obliga movernos fuera de la incoherencia. Pero un movimiento al silencio, o a lo desconocido, al crear distinciones sin diferencias específicas, no es un avance.

Que es lo que un materialista dice en respuesta a un no-materialista que dice, "¿La apelación a un evento sin causa no es racional?"

El materialista: ¿Por qué es que la razón debe de ser absoluta? La razón es un aspecto de la conciencia humana, la cual ha evolucionado y continúa aun evolucionando.

El no-materialista: Si la razón no es absoluta, entonces declaraciones contradictorias pueden ambas ser verdaderas. "Todo es materia" no es racionalmente verdad si "algo no es materia" puede también ser verdad al mismo tiempo.

El materialista: "Todo es materia" es pragmáticamente verdad; es decir, funciona para mí.

El no-materialista: Una declaración acerca de lo que funciona o satisface es una declaración acerca de uno mismo y no acerca del mundo o de lo real.

El materialista: Acerca de lo que es real no tengo declaración alguna.

El no-materialista: Como seres racionales no podemos abandonar la razón y el pensamiento y la necesidad del significado; nosotros tan solo podemos abandonar nuestra integridad, nuestro interés por consistencia.

En este punto el Materialista se mueve al silencio y no hay nada más que decir.

EL SEGUNDO ARGUMENTO EN CONTRA DEL MATERIALISMO: EL PENSAMIENTO NO ES UN MOVIMIENTO DE ATOMOS

El segundo argumento en contra del materialismo demuestra que el pensamiento no puede ser explicado en términos materiales. El segundo argumento se opone a un materialismo reductivo el cual reduciría el pensamiento a alguna categoría material.

El segundo argumento en contra del materialismo declarado formalmente procede así:

Premisa Mayor: Si todo es material entonces el pensamiento debe de ser movimiento de átomos en el cerebro.

Premisa Menor: El pensamiento no es un movimiento de átomos en el cerebro.

Conclusión: Por lo tanto, no es el caso que todo es material.

¿Es el argumento sólido? El argumento es válido a través de *modus tollens*. ¿Son las premisas verdaderas? La primera premisa requiere mayor clarificación. La primera premisa no dice que el pensamiento es "causado por" movimiento de átomos en el cerebro. Lo que la primera premisa dice es que el pensamiento es idéntico al movimiento de átomos en el cerebro. Ningún lado disputa el que el cerebro esté involucrado en el pensamiento, o el que puede haber actividad cerebral por separado del pensamiento. La cuestión es que si el pensamiento es una actividad completamente del cerebro o física. La cuestión no es que si nuevas propiedades emergen de nuevas relaciones de cosas físicas, pero el que si las nuevas propiedades son propiedades físicas. El fuego es una propiedad proveniente de nuevas relaciones físicas del combustible, oxígeno y una flama, pero el fuego no se concibe como una nueva propiedad no física. De esta manera si todo es materia entonces el pensamiento es una propiedad física, una nueva relación física de partes físicas. El pensamiento sería el movimiento de átomos en el cerebro, cualquiera que fuese la forma la cual el movimiento toma.

La segunda premisa de igual manera requiere explicación. Se dice que dos cosas son idénticas si contienen el mismo conjunto de cualidades. El pensamiento tiene las cualidades de falso y verdadero. El movimiento

de átomos tiene las cualidades de arriba y abajo, rápido y lento, derecho
y curva, etc. Verdadero y falso no pueden ser idénticos con ningún par
de, o combinaciones de pares de, arriba/abajo, rápido/lento y derecho/
curva. Rápido/lento admiten grados, pero verdadero/falso no. Arriba y
abajo difieren, sin que uno sea preferible, etc. Rápido y derecho difieren,
pero ambas son vistas como propiedades físicas. Verdadero y rápido
difieren, pero ambas no son vistas como propiedades físicas. La verdad
no tiene cualidad de espacio, así como rápido si la tiene. El colocar el
predicado "verdad" dentro de la categoría física es un error categórico.
Por lo tanto, el pensamiento no es movimiento de ningún tipo.

El argumento es sólido dado que es válido en su razonamiento y sus
premisas son verdaderas. El reduccionismo de cualquier tipo ha sido
mostrado como problemático. Diferencias cuantitativas no pueden
ser reducidas una a la otra. La geometría (el espacio) tiene un aspecto
matemático, pero no puede ser reducido a la matemática. El espacio
es continuo, pero los números son discretos. El no reconocer esto
nos lleva a las paradojas de Zenón acerca del movimiento, el cual es
explicado matemáticamente.[15] Intentos se han hecho para reducir la
química a la física, la biología a la química, la psicología a la biología
y la fe a la psicología. En cada uno de estos casos las distinciones de
cada aspecto se han afirmado y liberado de la reducción. Un ser es una
unidad de diversidad. Existe diversidad dentro de las categorías (azul
y rojo) así como también entre las categorías (viviente y no-viviente).
Estas diversidades difieren en género.

Las diversidades pueden ser ordenadas, una presuponiendo la otra,
pero eso no hace una reducible a la otra. El reducir toda la realidad a
la materia requiere que el pensador naturalista busque una explicación
natural para el pensamiento. Marx, Freud y Skinner lo hicieron. Acorde

---

15. Cuando el espacio y el tiempo se reducen a números, cada segmento de espacio y tiempo se
vuelve infinitamente divisible. Dado que una serie infinita no se puede cruzar en un tiempo
finito, el cruce del estadio (una serie infinita en el espacio en un tiempo finito real) no se
puede explicar "racionalmente." Aquiles no puede adelantar a la tortuga en una carrera a pie
si la tortuga tiene ventaja. En todo momento en el tiempo, la flecha está en reposo en algún
punto del espacio, por lo que el movimiento no es explicable. Parménides había negado
la racionalidad y por tanto la realidad del cambio. Zenón, su discípulo, desarrolló estas
paradojas en apoyo de la tesis de Parménides. La irracionalidad del movimiento depende
de la suposición pitagórica de que todo es (reducible a) número. Pero el área de un círculo,
que es definida, y la longitud de la hipotenusa de un ángulo recto, no pueden representarse
de manera definida, ya que *pi* y algunas raíces cuadradas no pueden representarse mediante
un número definido.

a Marx, la religión es el opio de las masas.[16] La creencia religiosa es reducida a las categorías económicas del rico y pobre. ¿Cómo es que lo verdadero y lo falso pueden ser derivados del rico y pobre? ¿Aplicado a Marx mismo, esta su perspectiva determinada por su condición económica? Y si así fuere, entonces todas las perspectivas meramente diferirían. Entonces la perspectiva de Marx no sería ni verdadera ni falsa, contrario a lo que él está afirmando como verdadero. Su aserción es una aserción compleja, la cual se refuta a sí misma. Lo mismo es verdad de Freud, quien reduce la creencia a la represión del instinto sexual conectado al entrenamiento temprano en la crianza. De igual forma, esto es verdad de Skinner, quien reduce el pensamiento a repuestas condicionadas. En cada uno de estos casos la reducción de lo racional a no-racional elimina la distinción entre lo verdadero y lo falso. Los materialistas no pueden explicar la realidad del pensamiento en términos naturales. Dado que cualquier aserción es una forma del pensamiento, el materialista debe de elegir entre mantener el pensamiento y abandonar el materialismo o tratar de retener el materialismo mientras abandona el pensamiento. La decisión que se debe de hacer es obvia.

EL TERCER ARGUMENTO EN CONTRA DEL MATERIALISMO: LA MENTE NO ES EL CEREBRO

El tercer argumento en contra del materialismo demuestra que algunas cosas no materiales existen. El tercer argumento demuestra que el alma existe al demostrar que el cerebro no es la mente. Como el segundo argumento demuestra que no se puede dar razón del pensamiento como si fuera una actividad cerebral, el tercer argumento demuestra que la percepción y la consciencia propia que la acompaña no puede dar razón como una actividad del cerebro solamente. No vacilamos en decir que tenemos un cerebro. También decimos que tenemos una mente. Pero nos quedamos perplejos cuando se nos pregunta si pensamos con nuestra mente o nuestro cerebro. No estamos seguros si la mente es el cerebro o si la mente es el alma. Pero la mente es tal que si tuviéramos una lo sabríamos seguramente. No tendríamos que

---

16. "La religión es el suspiro de la criatura oprimida, el corazón de un mundo sin corazón, así como es el espíritu de una situación sin espíritu. Es el opio del pueblo." Karl Marx, *Critique of Hegel's "Philosophy of Right,"* ed. Joseph O'Malley, trans. Annette Jolin and Joseph O'Malley (Cambridge: Cambridge University Press, 1970).

procurar fenómenos psíquicos especiales o extracorporales, o experiencias basadas en visiones al encontrarse cerca de la muerte para saber esto. Lo que estamos buscando sería tan obvio que nos inclinamos a pasarlo por alto. El tercer argumento comienza con nuestra declaración acerca del saber que el mundo físico existe de manera certera y a través del análisis procede a mostrar que lo que sabemos con mayor certeza no es que el mundo material exista, sino el que la mente existe y que esta mente no es el cerebro.

El tercer argumento en contra del materialismo declarado formalmente procede así:

Premisa Mayor: Lo más inmediatamente conocido, es conocido con mayor certeza.

Premisa Menor: El ser es lo más inmediatamente conocido.

Conclusión: Por lo tanto, el ser es conocido con mayor certeza.

De nuevo nos preguntamos ¿Es este argumento sólido? Es una forma válida del silogismo categórico. Si A es B, y C es A, entonces C es B. Esta es la misma forma que el silogismo bien conocido: si todos los hombres son mortales, y Sócrates es un hombre, entonces Sócrates es mortal. ¿Es la primera premisa verdadera? Por el sentido común, es verdadera. Yo digo que hay una mesa enfrente de mí porque la mesa está inmediatamente presente a mí, en tiempo y espacio. ¿Es la segunda premisa verdadera? Podemos saber que es verdadera a través del análisis de lo que significa "lo más inmediatamente conocido" con relación al tiempo y espacio.

La mesa que yo veo, o, de manera más propia en términos materiales, la causa de la mesa que yo veo se dice está a algunos pies de distancia frente a mí. Y también se dice que veo la mesa con mis ojos y mi cerebro. Yo veo la mesa a través de un proceso de ondas de luz que vienen a mis ojos, impulsos neuronales emitidos en mi cerebro y presumiblemente más. El análisis de lo que es inmediatamente conocido procede así:

Primero: Existe una causa de la mesa que veo a algunos pies de distancia de mí.

Segundo: Las ondas de luz provenientes de la mesa a mis ojos son más inmediatas que la mesa. Pero las ondas de luz no son vistas, ni tampoco tienen la forma de una mesa. Otro paso es requerido para arribar a la mesa que yo veo.

Tercero: Impulsos neuronales se forman en mis nervios ópticos, y en el proceso de percepción, son más inmediatos que las ondas de luz. Pero los impulsos neuronales no son vistos y ellos no son concebidos como teniendo la forma de una mesa. Más aún, los impulsos neuronales son la última actividad cerebral. Otro paso es requerido para arribar a la mesa que yo veo. La mesa que yo veo va más allá del impulso neuronal, el cual viene a ser la última actividad cerebral; por lo tanto, la mesa que yo veo va más allá del cerebro.

Cuarto: El siguiente paso es la mesa que yo veo. La mesa que yo veo no es una mesa física en el cerebro, ni tampoco es idéntica con la causa de la mesa que yo veo, la cual está fuera del cerebro. Pero si la mesa que yo veo no está en el espacio en lo absoluto, ni adentro ni afuera de mi cerebro, entonces, tampoco la mesa es nada en absoluto. La mesa que yo veo debe de ser no-física, es decir, una imagen mental representando al impulso neuronal. Esta imagen mental es más inmediata al perceptor que al impulso neuronal. A diferencia del impulso de los nervios (el contenido de) la imagen mental *es* vista, y la imagen mental *está* moldeada como una mesa. Además, la imagen mental no se percibe a sí misma, pero yo estoy consciente de que yo soy el perceptor.

Quinto: El ser se conoce de manera más inmediata que la imagen mental; el ser es el perceptor de la mesa; y yo estoy consciente de que el ser no tiene tamaño, pero si tiene consciencia. Además, no existe nada de lo cual yo pueda estar más inmediatamente consciente que de mí mismo.

Este ser, el cual es conocido de manera más inmediata, y el cual se caracteriza por el tener consciencia y no tamaño, es lo mismo en caracterización que la mente, el alma o el espíritu. Ellos son uno y el mismo ya que se dice que cada uno es consciente y hay sólo un centro de conciencia. Si el análisis de "lo más inmediatamente conocido" en los pasos del 1 al 5 son correctos, entonces la premisa menor "el ser es lo más inmediatamente conocido" es verdad. Dado a que el argumento es válido y las premisas son verdaderas, el argumento es sólido. La claridad de este argumento se basa en tres puntos: i) Yo veo la mesa a través del proceso de mis ojos y cerebro, ii) Un impulso neuronal no es una imagen mental, y iii) Yo (el ser) soy el perceptor de la mesa, soy distinto de la mesa percibida.

Varios intentos se han hecho para refutar la conclusión al objetar algunos pasos en el análisis. Primero, el ser es identificado con el conjunto de imágenes mentales (Hume).[17] Segundo, el hablar sobre estados e imágenes mentales puede ser eludido al hablar del comportamiento (conductismo analítico). Tercero, la fibra nerviosa física y el estado mental no-físico pueden ser identificados indirectamente (la tesis de identidad neutra). Analizaremos a cada uno.

Hume, asume y desarrolla el empirismo de Locke y Berkeley. Por separado de declaraciones analíticamente verdaderas (2+2=4), todo el conocimiento proviene a través de nuestros sentidos. Yo conocería el ser únicamente mediante los sentidos, en acorde a la asunción de Hume. Pero él dijo, "Pero cuando me penetro de la manera más íntima en lo que yo llamo *mi ser*, siempre tropiezo en alguna u otra percepción, de calor o frío, luz y sombra, amor u odio, dolor o placer. Yo nunca puedo atrapar a *mí ser* por separado de una percepción y nunca puedo observar otra cosa más que la percepción. Yo no veo ningún ser entre las impresiones de sentido. Si existe un ser ese ser solo puede ser el conjunto de imágenes mentales."[18] Hume está siendo restringido por su asunción empirista del ver lo que es obvio. ¿Qué es el "Yo" el cual está observando en primer lugar? El "Yo" es distinto a cada una y de todas las imágenes, hasta cuando es obvio el que las imágenes no se perciben así mismas. El ser por lo tanto no puede ser reducido a "un conjunto de imágenes mentales," y esto es claro por la misma expresión usada por Hume al hablar acerca "del ver imágenes mentales."

La segunda objeción sostiene que podemos evitar el hablar de imágenes y estados mentales y de esta forma eludir el lenguaje el cual nos encaminaría en pensar que existe una realidad no-física. Podemos de igual manera hablar de comportamiento en vez de estados mentales. Lo que se quiere decir con un término del estado mental es tan solo

---

17. David Hume, *A Treatise on Human Nature*, L.A. Selby Bigge edition (Oxford: Clarendon Press, 1888), 252.

18. Hume, *Treatise*, 252.

una declaración del comportamiento. "X tiene dolor" es analizado para significar "X está mostrando comportamiento de dolor." Esto es llamado comportamiento analítico. El comportamiento analítico ha sido aplicado al comportamiento de animales, y a la inteligencia artificial, y ha cuestionado cualquier distinción esencial entre animales, humanos, y computadoras. Así como Gilbert Ryle famosamente dijo, con un abuso deliberado, no hay un "fantasma en la máquina."[19]

El comportamiento analítico debe de ser rechazado como una manera satisfactoria de explicar términos del estado mental. Una persona puede exhibir comportamiento de dolor sin tener ningún dolor. Los actores hacen esto, y a veces personas inconscientes tienen respuestas de reflejo motores sin sentir dolor. Además, uno puede sentir dolor y no mostrar comportamiento de dolor. Todos nosotros lo hacemos también. Hasta en dolor extremo uno puede no mostrar comportamiento de dolor, así como en el caso de la autoinmolación en el fuego por los monjes budistas en la Guerra de Vietnam. Comportamiento de dolor programado, sin sentir ningún dolor, puede ser manifestado en inteligencias artificiales, así como también bajo varios estados mentales como la hipnosis y bajo el estado físico como las anestesias locales.

La tesis de la identidad neutral trata de evadir lo que se conceptúa como limitaciones del lenguaje en el identificar lo físico y lo no-físico. El dolor y la fibra nerviosa parecen pertenecer a diferentes categorías, pero a través de la invención de una entidad neutral nueva—llamada "fiblor"—podemos identificar las dos de manera en que se puede decir, sin contradicción, que la misma entidad la cual conduce los impulsos nerviosos (una fibra nerviosa) está doliendo insoportablemente (dolor). Esta maniobra lingüística es insuficiente porque no les pone atención a las propiedades esenciales del dolor y de la fibra. Cuando las propiedades especiales de cada una son consideradas, la contradicción es obvia. "La misma cosa que no posee tamaño (el dolor) tiene tamaño (fibra)."

La premisa menor "el ser es más inmediatamente conocido" está vigente. Existe toda razón para creer la premisa menor y no hay razón alguna para dudarla. El ser es el percibidor de las imágenes mentales; el ser no es un conjunto de imágenes. El dolor no es el comportamiento de dolor. Lo que no tiene tamaño no es lo mismo que lo que tiene tamaño. En cada caso la ley de la identidad debe de ser negada para

---

19. Gilbert Ryle, *The Concept of Mind* (New York: Barnes and Noble, 1949), 15.

evadir lo que es claro. El tercer argumento en contra del materialismo es sólido. Debemos de concluir que la mente (alma o conciencia) no es el cerebro. Por lo tanto, debe de ser concluido que no es el caso de que todo es materia.

Tomados en conjunto el primero, segundo y tercer argumento en contra del monismo material demuestra que es claro que no todo es materia y que la materia no es eterna. La asunción inicial misma, el que la materia existe, es cuestionada por el tercer argumento. Si todo de lo que estoy consciente es mi mente y sus ideas, un argumento será necesitado para demostrar que la causa de lo que yo veo es algo físico, en vez de mi mente o alguna otra mente. El idealismo no puede ser descartado con una simple expresión manual, o al patear una piedra, o por la apelación al sentido común, o por la apelación a facultades funcionando propiamente bajo circunstancias apropiadas.

EL CUARTO ARGUMENTO EN CONTRA DEL MATERIALISMO: EL NATURALISMO NO ESTÁ BASADO EN LA CIENCIA

Antes de dejar al monismo material para examinar el monismo espiritual, el caso por el naturalismo basado en la ciencia debe de ser considerado. La ciencia goza de un prestigio enorme, basado en gran manera en sus logros prácticos. La gente cree en la ciencia por sus "milagros." La ciencia afirma el ser públicamente verificada a través de experimentos, los cuales pueden ser repetidos. La ciencia se compromete a sí misma a encontrar explicaciones naturales de lo que observa. La ciencia emplea el naturalismo metodológico en su búsqueda del conocimiento. La ciencia no admite en principio explicaciones no-físicas o supernaturales. La ciencia por lo tanto asume el naturalismo metafísico (todo es materia y la materia es eterna). Si el mundo material se explicase a sí mismo, sería innecesario el convocar a Dios para poder explicar el orden o diseño. El autoexplicarse mismo refutaría cualquier argumento de diseño. La cosmovisión naturalista ha chocado con la cosmovisión del teísmo cristiano histórico. Dos narrativas muy distintas surgen del naturalismo y del teísmo.

Existen tres interrogantes implicadas en esta controversia. *Primero*, ¿Por qué método se resolverá la disputa?—por la apelación a la ciencia, o a las escrituras, o al uso crítico de la razón en la filosofía. *Segundo*,

¿Si diferentes presunciones están siendo usadas para interpretar lo que es observado, a cuál asunción, dado el terreno común existente, interpreta los datos de manera coherente? Y *tercero*, ¿Existe una posición de compromiso (la evolución teística) la cual sería aceptable por ambas posiciones?

Conflicto 1: A Través De Cuál Método Pueden Ser Conocidos Los Orígenes: ¿La Ciencia, Las Escrituras o La Filosofía?

Ha habido una controversia larga y acalorada entre la ciencia y la religión sin resolución. Esta es una indicación de que existen diferentes presunciones en la disputa las cuales no han sido consideradas. La ciencia asume que todo es materia y que tan solo fuerzas naturales operan; la ciencia no ha tratado de probar esto. El teísmo cristiano asume la existencia de Dios el Creador; el cristianismo no trata de probar que Dios el Creador existe. No se debe de esperar ninguna resolución hasta que haya un acuerdo en lo que es más básico. Sin tener pruebas de las presunciones propias, el naturalismo dogmático (anti-teísmo) se opone al teísmo dogmático. Y ni la ciencia ni la religión están dispuestas a dar pruebas de sus principios primeros. La cuestión de las pruebas de principios primeros pertenece al terreno de la filosofía. Si la disputa ha de ser resuelta, será resuelta a través de la filosofía.

Existen objeciones a la filosofía en varias direcciones, de esta manera una mayor explicación es requerida. *Primero*, ni los teólogos ni los científicos confían en la filosofía. El legado de la filosofía no ha sido satisfactorio; de hecho, su logro es casi abismal. Después de 2,500 años de espera, la esperanza de encontrar una respuesta parece ser absurda. *Segundo*, algunos científicos dicen que la ciencia se corrige a sí misma, aunque la pregunta de Dios el Creador permanezca sin respuesta. El diseño inteligente puede ser identificado por separado de cualquier cosmovisión en fundamentos estrictamente científicos, así el argumento filosófico no es requerido. *Tercero*, algunos teólogos dirán que ni el diseño inteligente en la ciencia ni en la filosofía llegaría suficientemente lejos. Quizás ellos pueden llegar a lo mucho a la evolución teística, la cual es disputada, de esta manera tan solo la apelación a las escrituras bastaría.

Una breve apología de la filosofía puede ser permitida aquí. *Primero*, irónicamente, el logro abismal no es un fracaso total. El acordar que no hemos obtenido una respuesta satisfactoria es un acuerdo significativo.

Estamos de acuerdo en lo que no funciona, hasta cuando no hemos obtenido una respuesta satisfactoria. *Segundo*, nadie más está dispuesto a tratar de probar los principios primeros. *Tercero*, la pregunta de lo que es real pertenece en principio a la filosofía. *Cuarto*, la pregunta es inevitable. Esta pregunta debe de ser contestada y cualquier respuesta será una respuesta filosófica, por muy ausente del sentido crítico en la cual es sostenida. *Quinto*, el proceso crítico de la historia no ha finalizado. Como seres humanos, nosotros podemos volvernos más críticamente conscientes de nuestras presunciones, hasta cuando el proceso es lento. *Sexto*, para el lector teológico, uno no tiene que excluir la gracia divina trabajando en la filosofía. Séptimo, el uso crítico de la razón puede exponer presunciones y forzar cambio, independientemente de la dirección del cambio.

La presencia penetrante de presunción en la ciencia puede ser vista en lo que se presenta como "el hecho de la edad de un fósil la cual toda persona razonable debe de aceptar." El método del carbono para determinar la edad requiere tres piezas de información: la cantidad presente de carbono-14 en el hueso fósil, la vida-media de la proporción del decaimiento del carbono-14 y la cantidad original presente de carbono-14 en la muerte del animal. Generalmente, se ha convenido en los dos primeros puntos. ¿Cómo es la cantidad original determinada? Obviamente, la cantidad original no puede ser determinada por la observación. Aquí una presunción es hecha. ¿Si un animal del tipo que está siendo examinado muriese hoy en día, cuanto carbono-14 tendría en sus huesos? La cantidad de carbono-14 observada cuando un animal muere hoy en día se asume ser la misma cantidad presente en la muerte de un animal del mismo género que murió hace mucho tiempo y que no pudo ser observado. Esto asume el uniformitarianismo, un principio propuesto por Charles Lyell en su libro *Principios de Geología* publicado en 1832 y leído y adoptado por Charles Darwin en su excursión en el *Beagle*.

El uniformitarianismo sostiene que el presente es como el pasado, que las fuerzas operando actualmente en la naturaleza siempre han operado y en esencia en la misma magnitud. Dado que las fuerzas naturales operan en el presente, el uniformitarianismo asume el naturalismo, que tan sola las fuerzas naturales han operado, lo cual asume el monismo material, con la exclusión del teísmo. El uniformitarianismo también excluye el no-uniformitarianismo o catastrofismo, así sea causado por fuerzas naturales o fuerzas supernaturales.[20] El "hecho" de la edad del fósil es una interpretación de los datos conforme a la creencia básica y está justificado hasta el punto en el cual la presunción está justificada. La filosofía es la disciplina que se ocupa de la pregunta de la asunción que si todo es materia.

Conflicto 2: A Través de cuál Presunción se Deben de Explicar los Datos: ¿Uniformidad o No-Uniformidad?

La segunda interrogante es: ¿Cuál presunción (uniformidad o no-uniformidad) explica los datos geológicos, biológicos y astronómicos de mejor manera? Los datos geológicos que deben de ser explicados son las camas fósiles, las camas de carbón, estratos sedimentarios, cadenas montañosas, mesetas volcánicas, profundidades del océano, y cambios meteorológicos. En la biología las etapas de la macroevolución que requieren explicación son: de la no vida a la vida; de la vida a la vida más compleja; de la vida más compleja al homínido; y del homínido a los humanos. En la astronomía, el ajustamiento preciso y la edad del universo deben de ser explicadas. En todos estos la uniformidad, basada en el naturalismo, no es la presunción que explica de mejor manera los datos. Analizaremos cada una de estas maneras básicas, lo suficientemente para demostrar que el naturalismo científico no explica los datos y que la ciencia no puede ser usada para sostener el naturalismo.

1. Los Datos Geológicos

Los datos geológicos no se explican de mejor manera bajo la uniformidad, pero por lo contrario por la no-uniformidad. Los fósiles no se forman a través de los procesos actuales observables hoy en día. Los

---

20. John C. Whitcomb Jr., and Henry M. Morris, *Genesis Flood: The Biblical Record and its Scientific Implications* (Phillipsburg, NJ: P&R Publishing, 1961). Este es un intento de interpretar los datos geológicos a la luz del catastrofismo bíblico pre-lyeliano. También se pueden ofrecer fuentes naturalistas del catastrofismo, como, por ejemplo, las de Velikovsky. La principal disputa aquí es entre gradualismo/uniformitarismo/no catastrofismo por un lado y no gradualismo/no uniformitarismo/catastrofismo por otro lado. El problema ocurre en la interpretación gradualista del diluvio de Noé y también en la biología, en las teorías de la saltación del origen de la especie (Gould) y las teorías de las mutaciones del monstruo de la suerte (Goldschmidt) frente a las teorías gradualistas ortodoxas, con naturalistas en ambos lados del problems en la biología. El problema no es primero entre explicaciones naturales y sobrenaturales, o entre explicaciones teístas y no teístas. Lo más básico debe resolverse primero si se quiere avanzar en la resolución de la disputa.

huesos de animales muertos ordinariamente decaen, se descomponen y desaparecen. Las camas fósiles contienen un gran número de huesos de una gran variedad de géneros de animales, no se forman a través de ningún proceso conocido al hombre en los últimos miles de años. El carbón no se forma bajo ningún proceso actual. Las camas de carbón contienen troncos de árboles, algunos enterrados en posición vertical, no pudo haber sucedido gradualmente a través de los años por las fuerzas operando a la magnitud actual. Cuando los árboles mueren y caen a la tierra por los procesos actuales, los árboles en la superficie decaen en unas cuantas décadas. Los árboles no se transforman en carbón. Los estratos sedimentarios, hallados en abundancia a través de la tierra, fueron causados por agua. ¿Fueron los estratos sedimentarios formados gradualmente, a través de millones de años? La ausencia de erosión y relleno entre las capas contiguas indican que ocurrieron rápidamente, lo cual es inconsistente con la uniformidad. Las cadenas montañosas muestran actividades de plegado simultáneo extendido a través de cientos de millas, lo cual no es explicable por el cambio de líneas de falta en terremotos al pasar del tiempo. La actividad volcánica simultánea extendida, requerida para crear mesetas volcánicas, no ha ocurrido en aquella magnitud en la historia humana. Los cañones submarinos de dos millas de profundidad indican que el nivel del mar una vez se elevó rápidamente. Los animales congelados rápidamente y sepultados en la región ártica muestran un cambio meteorológico rápido en una región muy grande, un cambio el cual es desconocido bajo condiciones presentes. Alguna forma de no-uniformitarianismo o catastrofismo es requerida para explicar los datos geológicos.

2. Los Datos Biológicos

Al explicar varias formas de vida, la macroevolución (cambios entre géneros, por ejemplo, desde la amiba al hombre) no debe de ser confundida con la microevolución (cambios dentro de una especie, por ejemplo, los picos de los pinzones). La macroevolución se dice ocurre por mutaciones fortuitas en el material genético combinado con la selección natural (la sobrevivencia del más apto). Una combinación de ley impersonal y el azar, fuerzas que continúan operando hoy en día, se dice ser suficiente para explicar cada paso en el proceso de la macroevolución. Examinaremos algunas de las dificultades básicas en cada etapa.

a. De la No-Vida a la Vida

i. Probabilidad en general

Los patrones de información y orden no ocurren bajo fuerzas operando fortuitamente. La forma de vida más simple es altamente compleja. Existe una complejidad irreducible que no puede ser alcanzada gradualmente. Palabras dentro de una oración con significado, si cada oración es reducida a sus partes más simples—sus letras—si son ordenadas por un proceso al azar, serian con gran probabilidad ininteligible. En el volado, el acertar sello 30 veces consecutivas es extremadamente improbable (una en 2^{30}). El obtener una oración significativa (equivalente a la información del ADN) que contiene 80 letras a través de un proceso al azar (un mono usando una máquina de escribir) es mucho menos probable (una en 27^{80}), demasiado improbable para ser entendido.

ii. Probabilidad y Racionalidad

No es racional el apostar en lo que es improbable. Es aún menos racional en apostar en lo que es menos probable. Es aún más irracional el apostar en lo que es más improbable. El apostar el significado de nuestra vida en uno en 10^{100} es lo más irracional. Sin embargo, muchos naturalistas han hecho esta apuesta acerca del origen de la vida humana y por lo tanto el significado de la vida.

iii. Probabilidad y Consistencia

El argumento de diseño no es usado consistentemente por los naturalistas. Si una flecha, la cual es relativamente simple, requiere un diseñador inteligente y un reloj el cual es más complejo, de manera forzosa requiere un diseñador inteligente, entonces un organismo viviente, el cual es aún más complejo, con mayor razón requiere un diseñador inteligente. El naturalista no está dispuesto a hacer este movimiento.

iv. Probabilidad y Posibilidad

Los procesos naturales deshacen el orden. Los aminoácidos complejos necesarios para la elaboración de la vida se oxidarían en el clima actual de la tierra el cual es abundante en oxígeno y se volverían obsoletos para la elaboración de vida. El ambiente temprano de la tierra al inicio de la vida debió de ser falto de oxígeno para que así la vida comenzase de manera fortuita.[21] Pero tan pronto como la vida surge, la vida requiere la presencia de oxígeno.[22] Esto requeriría un cambio instantáneo en el clima de la tierra para que la vida comenzase y sobreviviera. Esto es naturalmente imposible. Ha sido sugerido el que la vida puede provenir del espacio exterior. Pero esto es el transferir el problema a otro lugar, no el resolverlo.

b. De la Vida a la Vida Más Compleja

El siguiente paso en el proceso macro-evolutivo, requiere el incremento de la complejidad de un ser viviente por cambios fortuitos, es decir, por las fuerzas funcionando actualmente.

i. Cambio y Complejidad

El cambio por sí mismo no incrementa la complejidad. Un cambio dentro de un hilo de ADN no incrementa el número de hilos en el ADN, lo cual es necesario para el incremento de la complejidad.

ii. Variación y Complejidad

La variación no es una señal del incremento de complejidad. La variación puede ser una señal de una complejidad ya en existencia, algunas características de las cuales se vuelven dominantes o recesivas en diferentes momentos.

iii. Cambios Fortuitos y Complejidad

La micro-mutación no es un instrumento del incremento de complejidad. Las micro-mutaciones son cambios fortuitos en el código genético. Cualquier cambio fortuito es en su mayoría dañino (por encima del 99%) y deshacen el orden y la complejidad. El explicar el incremento continuo de la complejidad a través de cambios fortuitos, los cuales decrecen la complejidad, no es posible.

---

21. Jonathan Wells, *Icons of Evolution: Science Or Myth?* (Washington, D.C: Regnery Publishing, 2000). Consulte las notas en el experimento Miller-Urey, 263-269.

22. Las formas de vida anaeróbicas (que no usan oxígeno) no tienen continuidad con las formas de vida que usan oxígeno.

iv. Aptitud y Complejidad

La aptitud no está ligada a la complejidad. La selección natural a través de la competición y sobrevivencia del más apto se supone acarrea formas de vida cada vez más complejas. Si la aptitud es medida por el número de descendientes vivos, entonces las formas de vida inferiores, la bacteria, por ejemplo, sería la más apta, no las formas más complejas de vida. Si la aptitud se midiese por la sobrevivencia entonces la selección natural seria la sobrevivencia de aquellos que sobreviven. De cualquier manera, la selección natural y la aptitud no implican vida más compleja.

c. De Vida Mas Compleja a Homínido

Existe supuestamente un registro de fósiles en la columna geológica el cual demuestra el proceso gradual de la evolución procediendo de una era a la otra hasta el presente. La columna geológica no apoya el gradualismo del uniformitarianismo a través de eras extensas.

i. Anomalías en la Columna Geológica

Existen anomalías en la columna geológica. Divisiones grandes (phylum y clase) de las formas de vida animal surgen repentinamente y temprano en la columna, sin precursores, en lo que se conoce como la explosión Cámbrica.[23] Esto es lo contrario de lo que se esperaría del descendimiento de Darwin de un solo ancestro. Existen creaturas que viven hoy en día las cuales en acorde a la columna se extinguieron hace mucho tiempo (consulte por ejemplo celacanto).[24] Existe evidencia de creaturas similares a los humanos en la columna viviendo mucho antes de la edad en que se supone aparecieron por primera vez. Y existen artefactos humanos en lo que se supone que son muy antiguas (prehumanas) capas en la columna.[25] Existen creaturas recientes en las capas y creaturas antiguas

---

23. Jeffrey Levinton, "The Big Bang of Animal Evolution," *Scientific American* (November, 1992): 267.

24. El celacanto es de interés en la controversia por dos razones: i) originalmente se pensó que estaba extinto debido a su posición en la columna geológica; ahora se dice que persistió sin cambios durante largas eras geológicas (30 millones de generaciones); ii) se decía que había sido la transición (eslabón perdido) entre peces y anfibios; ahora ya no se considera como un posible eslabón perdido. Jacques Millot, "The Coelacanth," *Scientific American* (December 1955): 37.

25. Robin Dennell, "The World's Oldest Spears," *Nature* 385, no. 27 (February 1997): 767-768.

en capas recientes. Estas anomalías ponen presión en la idea de la columna geológica formada gradualmente a través de un largo periodo de tiempo. Es un racionamiento circular el determinar la edad de una capa por los fósiles encontrados en ella y también el determinar la edad de un fósil por la capa en la que se encuentra.

ii. Los Eslabones Perdidos y la Columna Geológica

Si el gradualismo es verdad debería de haber un sin número de eslabones en la columna para llenar los huecos entre las clases mayores de las cosas vivientes. Sin embargo, estos eslabones no se han encontrado y se presume están perdidos porque el registro de los fósiles está incompleto o porque nuestro conocimiento de los registros fósiles está incompleto. Nada puede ser señalado inequívocamente como una forma de transición. El archaeopteryx, una vez la cosa más cercana a un eslabón perdido entre los reptiles y los pájaros ya no se considera así. Fósiles de pájaros modernos han sido encontrados más temprano que el archaeopteryx.[26] El cambio de una clasificación Linneana a una clasificación Darwiniana cladística de formas de vida[27] ha cambiado la relación de descendiente-ancestro y el periodo de tiempo en el cual un fósil debe aparecer a fin de ser un eslabón perdido.[28]

iii. Homologías y la Descendencia Común

¿Acaso las semejanzas en las cosas vivientes provienen de un plan en común o una descendencia común? Es un axioma del gradualismo Darwiniano el que la cercanía en estructura (morfológica o molecular) implica cercanía de origen. ¿Son las homologías morfológicas *evidencia* independiente de la descendencia común, o son acaso *definidas en la base de* descendencia común? El análisis molecular no resuelve el problema de la descendencia común porque diferentes proteínas y secuencias de ADN muestran que hay descendencias múltiples. El mismo gene ha producido miembros no homólogos en el filo diferente, y las estructuras

---

26. Tim Beardsley, "Fossil Bird Shakes Evolutionary Hypotheses," *Nature* 322, no. 21 (August 1986): 677.

27. La clasificación cladística se basa en la homología definida como similitud basada en la ascendencia común.

28. Wells, *Icons*, 135.

homólogas han sido llegadas por caminos de desarrollo diferentes.[29] Si el axioma de homología y ascendencia común no es garantizado por pruebas, entonces la homología debe ser de un plan común. Si no hay descendencia de un ancestro común, la explicación alternativa es el que la descendencia proviene de un plan común. Un plan implica que hay un diseño inteligente y que no hay un árbol familiar de vida en el cual trazar las formas de vida partiendo de la más simple a la más compleja.

iv. El Equilibrio Puntuado

La presión en contra de la uniformidad y el gradualismo en los orígenes biológicos ha producido explicaciones no-gradualistas. El equilibrio puntuado (EP), advocado por Stephen Jay Gould, da razón de apariencias repentinas, sin cambio después de su primera aparición y de la falta de eslabones perdidos.[30] Acorde al EP, cambios genéticos masivos ocurren rápidamente (la teoría del monstruo viable de Goldschmidt) da razón del origen mejor que el gradualismo. Aún la explicación por el origen dado por la creación especial es más posible que la de PE. Pero una explicación de la creación no es permitida por la asunción del naturalismo metodológico.

d. Del Homínido a los Humanos

i. El Camino de Ascendencia

No existe un camino de ascendencia del homínido al humano el cual es acordado entre los antropólogos. Opiniones varían acerca de lo que es y lo que no es humano (y por lo tanto lo que sería el camino de ascendencia) y algunos son timados por engaños.[31]

ii. El Problema de las Reconstrucciones

Las fluctuaciones del camino de ascendencia reflejan problemas del recuperar fósiles que encajan el tiempo y lugar para el camino de

---

29. Wells, *Icons,* 73.

30. Nyles Eldridge, "Punctuated Equilibria: an Alternative to Phyletic Gradualism," in *Time Frames: The Rethinking of Darwinian Evolution* (Princeton: Princeton University Press, 1985).

31. El hombre de Piltdown resultó ser un engaño; el hombre de Nebraska se basó en un diente de cerdo; *Ramapitecus*, el hombre de Java, el *homo erectus* y el *homo abilis* fueron errores de clasificación. El estado de *Lucy la Australopitecus y Neandertales* no es fijo o ha cambiado de sus clasificaciones originales.

ascendencia. Las fluctuaciones también reflejan el uso considerable de la imaginación y presunciones en la reconstrucción de fragmentos pequeños, en ocasiones partiendo de un solo diente.[32]

iii. Racionalidad humana

Existen diferencias en género entre la comunicación racional y la no-racional. Los humanos tienen ambos tipos, pero no han sobrepasado la barrera de comunicación racional con los animales. La inteligencia programada no es racionalidad, ni la asociación de imágenes, sensaciones y comportamiento la misma que los conceptos y pensamiento.

iv. Mente y Cerebro

La mente no es el cerebro. El pensamiento humano y la consciencia no pueden ser explicados por las fuerzas naturales operando presentemente. El hueco es ontológico, no puede ser rellenado con exploración ilimitada de procesos naturales en el cerebro o en la física cuántica.

3. Datos Astronómicos

a. Ajustamiento Preciso del Cosmos

Descubrimientos recientes en la astronomía han revelado que tan sutilmente sintonizadas deben de estar las fuerzas del cosmos para que el universo pueda existir y más aún un universo que hace posible la vida. Cambios de una parte en 10^{40} en el electromagnetismo o gravitación haría imposible la formación del sol (Paul Davies).[33] La proporción de velocidad de la expansión a la densidad total al comienzo de la expansión del universo es tal que un cambio en una parte en un millón de millón haría la diferencia entre un nuevo colapso y una expansión sin fin (Stephen Hawking).[34] En el estado inicial una condición de entro-

---

32. Marvin Lubenow, *Bones of Contention: A Creationist Assessment of Human Fossils*, Rev. ed. (Grand Rapids, MI: Baker Books, 2004).

33. Paul Davies, *Superforce: The Search for a Grand Unified Theory of Nature* (New York: Simon & Schuster, 1984), 242.

34. Hawking, *Brief History*, 121-122. "Si la tasa de expansión un segundo después del Big Bang hubiera sido menor incluso en una parte en cien mil millones de millones, el universo se habría vuelto a colapsar antes de alcanzar su estado actual." Asimismo, ligeros cambios por "razones estéticas o metafísicas" (136), en cualquier teórico que vea este grado de precisión, pueden marcar la diferencia entre creer en Dios o volver a caer en la incredulidad.

pía baja surgiendo por cambio es calculado el ser una parte en $10^{10(123)}$ (Roger Penrose).[35] Conteos de instancias de sutilezas sintonizadas han sido identificadas y resumidas.[36] El apelar a la necesidad y al cambio para explicar el origen del universo mismo en términos naturales por separado del diseño inteligente, es el cambiar del calcular probabilidades dentro del mundo actual, al calcular probabilidades entre mundos lógicamente posibles. Lo que se quiere decir por un mundo y si es que tiene sentido el hablar acerca de mundos lógicamente posibles, será examinado posteriormente.

b. Edad del Cosmos

Por separado de la naturaleza del tiempo mismo y la relación del tiempo y la eternidad, existen presunciones uniformitarias al pensar acerca de la edad del universo las cuales no son justificadas en base a perspectivas contemporáneas acerca de la expansión del universo. Esto es más del que si la velocidad de la luz a cambiado. La uniformidad asume que la edad del universo es la misma en todo lugar. Dadas dos perspectivas adoptadas comúnmente, una tercera está justificada. *Primero*, el universo se expandió. Esto es comúnmente aceptado como la cosmología del Big Bang. A la cosmología del Big Bang también se le conoce como cosmología de hoyo blanco, lo contrario de un hoyo negro, dado a que la materia se expande partiendo del hoyo blanco. *Segundo*, el tiempo es afectado por la gravedad. *Tercero*, como inferencia, el horizonte de suceso, el cual está determinado por el campo de gravedad rodeando al hoyo blanco, ha cambiado. Conforme a la expansión del universo, con menor masa en el centro, el horizonte de suceso se hizo más pequeño. La mayor parte del universo existe afuera del horizonte de suceso, comparado con lo que está cerca o en el centro de la expansión. La gravedad afecta los relojes afuera del horizonte de suceso de diferente

---

35. Roger Penrose, C.J. Isham, and D.W. Sciama, eds., "Time-Asymmetry and Quantum Gravity," in *Quantum Gravity,* 2nd ed. (Oxford: Clarendon, 1981), 249.

36. John D. Barrow, and Frank J. Tipler, *The Anthropic Cosmological Principle* (Oxford: Clarendon Press, 1987), 601-627; Hugh Ross, *The Creator and the Cosmos: How the Greatest Scientific Discoveries of the Century Reveal God* (London, Ontario: NavPress Publishing Group, 2004), 105-121.

manera de los relojes dentro del horizonte de suceso. De esta manera la edad del universo, relativa al horizonte de suceso, no es uniforme.[37]

En las tres áreas de la geología, biología y astronomía, la uniformidad basada en el naturalismo no es requerida para explicar lo que es observado, ni tampoco es la mejor explicación de los datos cuando vamos más allá de lo observable. El caso por el naturalismo, basado en la ciencia, no puede ser hecho dado a que la ciencia, al explicar el pasado, está basada en el naturalismo.

Conflicto 3: Evolución Teística: ¿Es una Posición Media Posible?

¿Es acaso posible una posición media en la controversia entre la evolución y creación? Algunos teístas y algunos evolucionistas creen que una persona puede mantener ambos.[38] Otros creen que la evolución teísta compromete ambos la ciencia y el teísmo, que uno puede mantener ambas solo si uno no está consciente de lo que la consistencia requiere o si a uno no le importa la consistencia. Existen cuatro puntos que están en cuestión: el concepto del hombre como una unión de cuerpo y alma, el concepto de la igualdad humana, el concepto de la benevolencia divina, y el concepto de la ciencia y la intervención divina.

1. El Hombre Es una Unión de Cuerpo y Alma

El naturalismo (N) mantiene el que no existe el alma por separado del cuerpo. El teísmo histórico (TH) afirma que el hombre es una unión de cuerpo y alma y que el alma sobrevive a la muerte del cuerpo. La evolución teística (ET), como el TH, mantiene que el hombre tiene un alma la cual sobrevive a la muerte del cuerpo y, en adición, incorpora la evolución al decir que un homínido se volvió humano cuando Dios le infundió un alma. La perspectiva de la ET acerca de la infusión de un alma requiere el decir que la vida y el alma son dos cosas distintas. Pero dado a que el alma es el centro de consciencia, y dado a que el

---

37. D. Russell Humphreys, and Ken Ham, *Starlight and Time: Solving the Puzzle of Distant Starlight in a Young Universe* (Green Forest, AR: Master Books, 1996).

38. La evolución teísta, o creacionismo evolutivo, está muy extendida en muchos círculos religiosos: escritor popular y apologista C.S. Lewis, *The Problem of Pain* (New York: Macmillan, 1974); John Polkinghorne, Físico y teólogo anglicano; Howard Van Til (Dutch Reformed); Pierre Teillard de Chardin (Roman Catholic); Dobzansky (Russian Orthodox biologist).

homínido, sin tener un alma, ya poseía alguna forma de consciencia perceptual, teniendo ambos vida y alma produciría dos centros de consciencia, lo cual es contrario a la unidad de un ser consciente. Esto también permitiría que cuando el alma abandonase el cuerpo el ser continuaría con vida. Ni el N ni tampoco el TH aceptarían este compromiso como posible o probable.

2. Concepto de La Igualdad Humana

Ambos el N y la ET afirman que la evolución está en proceso, hasta en el hombre y por lo tanto algunos humanos son más aptos para la sobrevivencia que otros. La ideología de un grupo superior o raza sería difícil de resistir por un N o ET consistente, hasta cuándo sería difícil para ellos el aceptarlo. El TH rechazaría esta ideología y afirma que todos los seres humanos son creados iguales, en la imagen de Dios y que la creación ha finalizado.

3. Benevolencia Divina

El N y la ET afirmarían que la lucha por la sobrevivencia y la muerte física son naturales. La ET afirma que tanto la lucha por la sobrevivencia como también la muerte física son compatibles con la benevolencia divina. El TH afirmaría que la creación original era muy buena, que los animales devorándose entre sí en la naturaleza y que la vejez, enfermedad y la muerte en los seres humanos, son incompatibles con la benevolencia y omnipotencia manifestadas en la creación original. El TH afirma que el mal natural (la maldición) fue impuesta en conexión al mal moral (la caída). Darwin intento el reconciliar su concepción deísta del siglo XIX de Dios con el desperdicio y dolor que existe en la naturaleza a través de la distanciación de Dios de la creación a través de un proceso largo evolutivo.[39]

4. Intervención Divina y la Ciencia

El N concibe cualquier introducción de Dios para llenar los huecos en la explicación del mundo natural como innecesario (dios de los huecos)

---

39. Cornelius Hunter, *Darwin's God: Evolution and the Problem of Evil* (Grand Rapids, MI: Brazos Press, 2002).

y una fuente de una arbitrariedad ilimitable. La ET debe de introducir a Dios para infundir un alma en el cuerpo y para guiar el proceso de las micro-mutaciones el cual seria, en la mayoría de los casos, dañino al mejoramiento del organismo en la evolución. El TH mantiene que Dios es necesario por la creación de cada género, para sostener la creación, y para gobernar la creación de manera que restrinja y remueva el mal moral. Los actos de Dios en la creación y sustento del universo son necesarios para, y soportante de, la investigación científica. La intervención divina (los milagros), entendidos en base a la creación, la caída y la redención no son arbitrarios ni tampoco dañan nuestro entendimiento racional del mundo.

Por las razones dadas una posición media la ET no es aceptable ni al naturalismo consistente ni al teísmo consistente. Dado a que el naturalismo ha sido objetado en base a los tres argumentos en contra del materialismo, la alternativa al materialismo requiere ser analizada críticamente. La alternativa más prominente al naturalismo en el Occidente hoy en día es el teísmo histórico. Pero existen otras alternativas además del teísmo. El monismo espiritual, el dualismo y los mundos lógicamente posibles, los cuales comparten la misma presunción que el materialismo el que "todo es eterno," deben de ser examinados después críticamente, como el naturalismo fue analizado, antes de considerar la perspectiva del teísmo que "tan solo algo es eterno."

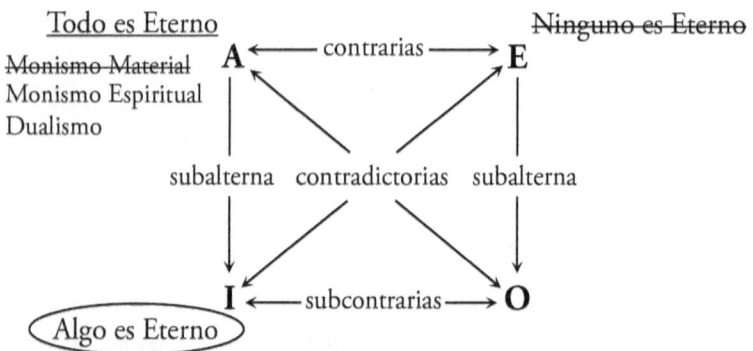

Capítulo 6

─────

MONISMO ESPIRITUAL Y ANTIRREALISMO

INTRODUCCIÓN

UNA ALTERNATIVA AL MONISMO MATERIAL del Occidente moderno es el monismo espiritual del Oriente antiguo. Así como el naturalismo Occidental trata de explicar la mente en términos materiales exclusivamente, así también el idealismo Oriental trata de explicar la materia en términos de la mente sola. Ambos afirman que todo es eterno en una forma u otra; ambos niegan el dualismo y ambos niegan el teísmo. La materia solamente aparenta existir y el ser solo aparenta ser distinto de Dios. Desde el punto de vista de la iluminación estas apariencias dejan de existir.

Existen muchos puntos de contacto con esta perspectiva aparentemente extraña. La Meditación Trascendental (M.T.)[1] y el movimiento Hare Krishna[2] tienen sus raíces en la filosofía clásica hindú y religión. La

─────

1. La Meditación Trascendental (MT), enseñada por Maharishi Mahesh Yogi, introdujo una forma de meditación india en el Occidente en la década de 1960 y posteriormente. Es una popularización de la espiritualidad oriental basada en la enseñanza de Shankara, un filósofo y teólogo indio del siglo VIII, que enseñó una interpretación absoluta no dual de los *Upanishads* (la última parte de las escrituras védicas conocida como Vedanta), que contempla la realidad última como impersonal.

2. El movimiento *Hare Krishna* es una forma popular de espiritualidad oriental en la tradición Vaishnava (Vishnu/Krishna) que fue introducida en Occidente por el monje indio A. C. Bhaktivedanta en la década de 1960. Se basa en las enseñanzas de Ramanuja, un filósofo y teólogo indio del siglo XII que, a diferencia de Shankara, interpretó los *Upanishads* (Vedanta) como enseñanzas de una visión cualificada no dual o personal de la realidad. Es una de las principales escuelas de pensamiento religioso indio. Lo que interesa aquí es que la espiritualidad y la filosofía orientales tienen un atractivo significativo en Occidente, incluso a nivel popular.

creencia en la reencarnación, la nueva era y el interés contemporáneo en la espiritualidad tiene sus raíces en el misticismo Oriental. El yoga y la meditación son presentados como medios de preparación para alcanzar la realización del ser verdadero. El monismo espiritual, en una forma u otra es la creencia básica de la cosmovisión hindú. Algunas formas del "budismo de meditación" no se pueden distinguir del hinduismo filosófico. Enseñanzas metafísicas teosóficas y religiosas sincretizan todas las religiones como si fuesen diferentes caminos a la realidad ultima.

Maestros espirituales, gurús y swamis provienen del Oriente para enseñar esta sabiduría antigua al Occidente. Esta sabiduría antigua ha penetrado la cultura popular en programas de televisión y cine. La cultura popular refleja una creciente insatisfacción con ambos la esterilidad de una perspectiva mecánica de la vida dada por la ciencia y la banalidad de la religión popular y la cultura. El conocimiento se busca a través de la experiencia mística alcanzable por todos los que siguen el camino espiritual. Lo que la experiencia del sentido es para el monismo material, la experiencia mística, es para el monismo espiritual. La apelación a la experiencia, cualquier que fuere, interna o externa, enfrenta los mismos problemas de la interpretación. Como será mostrado.

La creencia en la reencarnación es una creencia central en el monismo espiritual, afirmada por los más y menos pensativos, y por todos los caminos a la iluminación en esta cosmovisión. Esta creencia asevera que el alma existió antes de esta vida y continuara existiendo en otra forma de vida (humana o de otro género) después de esta vida, al menos que uno haya obtenido *moksha* o iluminación. Por lo regular, se piensa que el alma ha existido por siempre y ha cursado a través de innumerables ciclos de nacimiento, vejez, enfermedad y muerte. La liberación del renacer es el deseo del devoto. La civilización clásica de la India estaba estructurada para alcanzar esta meta a través de etapas de la vida y obligaciones de casta. Una obligación espiritual ocurre a través de los siglos del renacer hasta que uno es finalmente liberado de la reencarnación al entender la naturaleza verdadera del ser y la realidad.

¿Cuáles son las razones dadas a favor de la creencia en la reencarnación si es que la reencarnación evadirá el dogmatismo, y acaso también la creencia en ella si al ser analizada críticamente retiene significado? Hay apelaciones a experiencias especiales como el *déjà vu*, el recordar vidas pasadas y el poseer poderes extraordinarios. Una convicción ardua del recordar a una persona o lugar, pero no de esta vida, se explica cómo siendo de una vida previa. Pero el fenómeno del recordar puede ser explicado a través de cambios sutiles de la química cerebral o a través de dobles disparos neuronales. La recolección de vidas previas es notoriamente problemática. Más personas en el año pasado que en cualquier otro año recordaron ser Napoleón en una vida previa. Y el saber un idioma sin haberlo aprendido, puede ser explicado por señales de comunicación electromagnéticas en las vías aéreas o sobrenaturalmente por la actividad de la comunicación con espíritus como en la canalización de los medios.

RAZONES EN FAVOR Y EN CONTRA DE LA REENCARNACIÓN

Hay razones filosóficas por la creencia en la *reencarnación*. La reencarnación es una alternativa al vacío de la creencia del que todo termina con la muerte. La reencarnación explica eventos en esta vida, los cuales son difíciles de explicar por los efectos del karma de vidas previas. La reencarnación es esperanzadora en el sentido que uno tiene muchas vidas para alcanzar la iluminación. La reencarnación es justa, en el sentido en que uno sufre exclusivamente por el karma propio, no por el karma de otro. Y por último, la reencarnación y la realización, son por lo menos cosmovisiones lógicamente posibles.

1. La Reencarnación Es una Alternativa a la Negación de la Vida Futura

La perspectiva propia de la vida futura es una creencia central. La vida futura es universal en cada cosmovisión y significativa en términos de la perspectiva propia del propósito de la vida. La creencia que no existe vida futura tiene un efecto depresivo en esta vida. La vida futura es una condición necesaria para la justificación racional de la importancia humana. ¿Si nosotros somos como las bestias que perecen, cuál es el propósito de esforzarse por otra cosa que no sea la sobrevivencia? La reencarnación parece aliviar esta carga, pero no lo suficientemente. La reencarnación ofrece una inmortalidad de cierto tipo, pero no la inmortalidad personal. El alma es despojada de las memorias las cuales son parte de la identidad personal, así como el alma viaja de una vida humana a la otra. Dado que el alma reencarna en forma animal, la distinción entre el humano y el animal con respecto al alma se pierde. En el estado final, cualquiera que fuese el alma, el alma no es personalmente reconocible. Otras alternativas a la reencarnación las cuales preservan la identidad personal son disponibles en otras cosmovisiones, al menos que uno esté dispuesto a decir que la existencia personal finita, es inherentemente sufrimiento y no debe de ser preservada.

2. La Reencarnación Explica Por Qué Las Cosas Suceden

¿Porque una actriz americana debe de ser atraída extrañamente por un embajador británico de manera tal, que sostiene una aventura amorosa con él, y lo explica por haber estado casada con él en una vida anterior? (la esposa puede sugerir que ellos esperen por una vida futura). ¿Por qué un doctor que ha adoptado prácticas médicas basadas en la liberación del inconsciente de un clarividente debe de tener casos difíciles continuamente en su práctica? Es explicado por el no haber aprendido de sus fallos en las vidas anteriores. ¿Por qué el que alguien gane la lotería es buen Karma? ¿Por qué esa persona después se convierte en un indolente y borracho es un mal karma? ¿Por qué él tiene que someterse a tratamiento y allí conoce el amor de su vida es buen karma? ¿Por qué ella después se divorcia de él y se marcha con todo su dinero es un mal karma? Y ¿Por qué él después empieza a investigar acerca de la verdad del karma? Esto es ya no una cuestión del karma, sino una pregunta muy natural. Dado a que el karma explica todo—pero tan solo después de haber sucedido y explica de maneras contradictorias—el karma no es explicación alguna.

3. El Karma Es Esperanzador

El tener otra oportunidad de alcanzar la iluminación parece ser por lo menos esperanzador. Pero si uno considera que esta vida es la enésima vez (vida), el entusiasmo de esperanza disminuye. Y si uno ha tenido un número infinito de vidas previas, para una persona pensadora, la esperanza cesa.

4. El Karma Es Justo

Concediendo que uno debe de sufrir por el karma propio. ¿Por qué es que uno tiene que sufrir al pasar por tantas vidas para aprender lo que uno debe? ¿Es acaso justo el sufrir a través de muchas vidas para aprender lo que no es claro? ¿Acaso el karma se aplica dónde lo que uno tiene que aprender no es objetivamente claro? ¿Y si lo que uno tiene que aprender es claro, porque hay necesidad de muchas vidas para aprender lo que es claro? Y si no es claro, no es justo el sufrir a través de muchas vidas, y si es claro, una vida sería suficiente.

5. La Reencarnación Es Posible

Si el alma es eterna entonces ha tenido un número infinito de vidas para alcanzar su meta. Si la meta fuese adquirible dentro del tiempo ya hubiese sido alcanzada. De hecho, la meta hubiese sido alcanzada un sin número de veces, de manera que no hubiese una liberación única y por siempre del ciclo de la reencarnación. No existe un evento único para ningún ser el cual es eterno dentro del tiempo. La liberación de la reencarnación no es posible.

Un alma eterna en un ciclo sin fin hace que la lucha por la liberación no tenga sentido. La incoherencia de esto ha sido entendida y reconocida por creyentes pensadores en la reencarnación. El entender la incoherencia ha forzado un cambio del como percibir la reencarnación. El mundo de la reencarnación (*samsara*) es conceptualizado como la existencia fenomenal, lo cual no es real desde la perspectiva última (la iluminación) o estado de consciencia. La realidad es dependiente en el estado propio de la consciencia o es una construcción de consciencia. De esta manera, la declaración del monismo espiritual acerca de que la realidad es la mente y sus ideas.

IDEALISMO: MONISMO ESPIRITUAL Y EL ANTIRREALISMO—¿ES LA REALIDAD DEPENDIENTE DE LA MENTE?

El monismo espiritual puede ser entendido como una forma bien desarrollada del idealismo filosófico. El idealismo en sus varias formas está en contra y por encima del realismo en sus varias formas. El realismo afirma una realidad independiente de la mente. El idealismo afirma que lo que llamamos "el mundo" es dependiente de la mente. El análisis de Berkeley acerca del empirismo de Locke y el realismo representativo, lo llevo a su perspectiva que la realidad es lo que percibimos (*esse est percipi*).[3] Kant, respondiendo al escepticismo de Hume, intento una revolución Copérnica en la epistemología, conceptuando a la mente como si fuese central y activa en el proceso del conocimiento.[4] Las categorías de la realidad son impuestas en el mundo por las categorías del intelecto. La causalidad no está en lo real o en el mundo, pero la causalidad es necesaria en el mundo fenomenal. Hegel entendió el mundo noúmeno como el Espíritu realizándose así mismo en el proceso de la historia del mundo,[5] semejante a la interpretación no-dualista cualificada de los Upanishads dada por Ramanuja.[6] Diferente de Hegel, W.A. Bradley asigno todas las relaciones, las cuales son contradictorias en sus análisis, a la esfera de la apariencia.[7] La realidad es absoluta, más allá de las distinciones de las relaciones y capturada tan solo en la experiencia de su totalidad en un solo momento. El idealismo absoluto de Bradley es más similar a la interpretación del no-dualismo absoluto Vedanta de Shankara.

Es apropiado el confrontar la variedad de posiciones idealistas y anti-realistas en este punto al tratar de demostrar que las cosas básicas son claras. La gama de idealismos filosóficos es manifiesta plenamente en las siguientes instancias: i) el problema del cerebro en la tina, ii) el idealismo de Berkeley, iii) La perspectiva de Kant acerca de la causalidad,

---

3. George B. Berkeley, *Berkeley's Three Dialogues between Hylas and Philonous*, ed. Colin M. Turbayne (New York: The Liberal Arts Press, 1954). Si todo conocimiento proviene de los sentidos, según Locke, y las impresiones de los sentidos se perciben inmediatamente, entonces, dado que el calor intenso que se percibe inmediatamente es dolor según Berkeley, y el dolor está en la mente, entonces el calor (y todas las demás cualidades sensibles, primarias y secundarias) está en la mente. De esto, Berkeley extrajo la conclusión: *esse est percipi*: ser es ser percibido.

4. Mientras que el empirismo de Locke, desarrollado por Berkeley y Hume, veía a la mente como pasiva en el proceso de conocimiento, Kant hizo que la mente fuera activa y controladora, al formar la entrada sensorial a través de las formas de intuición externa (espacio) e intuición interna (tiempo), y a través de las categorías del intelecto: causalidad, sustancia, identidad, etc. El cambio del rol pasivo al activo se asemeja a la visión de Copérnico del sol, en lugar de la tierra, en el centro de las cosas. Lo que aporta la mente es parte del mundo fenoménico de la apariencia, no parte del mundo noumenal, el mundo tal como es en sí mismo.

5. Georg Wilhelm Friedrich Hegel, *Lectures on the Philosophy of World History*, trans. H.B. Nisbet (Cambridge: Cambridge University Press, 1975). Esta es la interpretación tradicional de la fenomenología del Espíritu de Hegel, la visión de la Razón realizándose en la Historia del Mundo.

6. C.J. Bartley, *The Theology of Ramanuja: Realism and Religion* (London: Routledge Curzon, 2002).

7. F.H. Bradley, *Appearance and Reality* (Oxford: Clarendon Press, 1930).

iv) El no-dualismo absoluto (Shankara), v) el no-dualismo cualificado (Ramanuja), vi) el camino medio de Nāgārjuna, vii) el pragmatismo (William James/Dewey/Rorty), viii) el idealismo constructivo del posmodernismo (Nietzsche/Derrida), ix) el existencialismo y los límites de la razón (Kierkegaard). Al concentrarnos en lo que es más básico en cada una de estas instancias podemos evitar el malgastar esfuerzos en cuestiones secundarias, y analizando varias cuestiones acumulativamente podemos conseguir una respuesta más satisfactoria al idealismo multifacético. El objetivo es el evitar el escepticismo y el dogmatismo al ver lo que es claro, y el método es el uso criticó de la razón para analizar las presunciones por significado.

Formas del Idealismo

1. El Cerebro en la Tina[8]

Este es un hueso arrojado a estudiantes universitarios para que lo roan. El problema del cerebro en la tina es como el problema de las personas en la película de *La Matrix*, o como el problema del demonio de engaño de Descartes. ¿Cómo puedo saber si mi consciencia sensorial no está siendo causada por otro ser a través de la estimulación directa del cerebro? Este mundo no es como el mundo de *maya* (ilusión) en el no-dualismo absoluto Vedanta. En esta perspectiva el mundo material existe (por lo menos en la forma del cerebro en la tina) y el ser como siendo consciente y capaz de pensar existe y este ser es capaz de pensar críticamente al considerar la pregunta "¿Cómo puedo estar seguro de que no soy un cerebro en una tina?" Presumiblemente la persona puede concebir la idea alternativa "no un cerebro en una tina" y puede concebir de la causalidad. El tan solo considerar la pregunta de una manera significativa presupone conocimiento previo "del mundo." Este "cerebro" (no un hígado en una tina) puede saber que debe de haber algo eterno y que el pensamiento no es el movimiento de átomos en el cerebro, que el pensante es finito y no infinito, y está dentro del tiempo y no es eterno. Esto sería suficiente para saber algunas cosas básicas que son claras, lo necesario para evitar el escepticismo. El contenido de este conocimiento será dado en el siguiente paso.

---

8. Hilary Putnam, *Reason, Truth and History* (Cambridge: Cambridge University Press, 1982), 1-21.

2. *Esse Est Percipi*

El análisis de Berkeley acerca de la percepción lo llevo a afirmar la existencia de la mente y sus ideas. El postuló a Dios, no a un mundo exterior, como la causa de lo que vio. Distinto al cerebro en la tina, la existencia del mundo material es negada y distinto al no-dualismo absoluto la existencia del ser es afirmada. ¿Puede ser sabido si el mundo material existe o no existe?[9] Asumiendo, con Berkeley, ambas la causalidad y el ser, puede ser preguntado, "¿Cuál es la causa de lo que yo veo?" Berkeley pensó que la causa era otra mente, en este caso Dios. La causa pudo haber sido un espíritu maligno (Descartes), o un científico loco, o un hipnotista. ¿No puede ser acaso la mente propia? La causa de lo que veo puede de esta manera ser mi mente (mm), la mente de otro (mo), o por fuera de todas las mentes (ftm).

Si la causa de lo que veo fuese mi mente (asumiendo que no hay realidad física alguna) entonces lo que yo veo sería un caso de mi imaginación (no soñando o alucinando, lo cual asume la existencia corporal). La imaginación asume el ser y la intencionalidad. Si la causa fuese mi mente (mi imaginación) yo tuviese control total (ct) sobre lo que es imaginado. A como son las cosas, yo no tengo control total sobre lo que se presenta en mi mente. Por lo tanto, la causa de lo que yo veo no es mi mente. Si la causa fuese otra mente entonces yo no tendría control (~ c) sobre lo que yo veo (como imágenes siendo proyectadas en una pantalla de cine). No, no es el caso que no tengo ningún control (~ ~ c). Al intencionar, yo puedo dirigir mi atención al suelo, o a la pared después, etc, por lo tanto, la causa de lo que yo veo no es otra mente. Si la causa no es mi mente u otra mente entonces la causa está por fuera de toda mente. Lo que está por fuera de todas las mentes es el mundo físico. Por lo tanto, contrario al guión de Berkeley, el mundo físico debe de existir.

---

9. G.E. Moore, *Selected Writings*, ed. Thomas Baldwin (London: Routledge, 1993). G. E. Moore argumentó en defensa del sentido común y contra el escepticismo y el idealismo en su ensayo de 1925, "A Defense of Common Sense." En su ensayo de 1939, "Prueba de un mundo externo," Moore dio un argumento de sentido común contra el escepticismo al levantar su mano derecha y decir "*aquí hay una mano*." Moore apeló aquí a un hecho mooreano. Según Keith DeRose, un hecho mooreano es algo que (afirmamos) conocer mejor que las premisas de cualquier argumento filosófico en contrario. Norman Malcolm, entre otros, encontró que el argumento de Moore "*aquí hay una mano*" contra el escepticismo es deficiente e ineficaz. Parece que Moore y otros filósofos del sentido común que piensan que no se necesita más confunden la garantía *prima facie* con la garantía *ultima facie*. Se necesita algo más.

El argumento puede ser abreviado de esta manera:

1. mm ∨ mo ∨ ftm
2. mm ⊃ ct
3. ~ ct
4. ∴ ~ mm   (de 2 y 3)
5. mo ⊃ ~ c
6. ~ ~ c
7. ∴ ~ mo   (de 5 y 6)
8. ∴ ftm   (de 1, 4, y 7)

Si la objeción es afirmada que mis intenciones son causadas por otra mente entonces, ¿Son algunas o todas las intenciones causadas? Si todas las intenciones son causadas, entonces un aspecto esencial del ser, el de poder intencionar es negado, lo cual es contrario a la asunción inicial acerca del ser el cual por naturaleza puede intencionar. Pero si tan solo algunas intenciones son causadas, entonces, ¿Puede acaso la diferencia entre una intención aparente y una intención real ser sabida? Si no pueden ser distinguidas, entonces la distinción es sin diferencia alguna y es absurda. La distinción es una apelación a un desconocido. Además, las intenciones son inmediatamente conocidas en el acto de intencionar y son por lo tanto incorregiblemente conocidas. Yo no puedo estar en error acerca del saber que yo intenciono.[10]

3. Kant acerca de La Causalidad y El Mundo Real

Kant dijo que él fue despabilado de su sueño dogmático en el racionalismo Wolfiano a causa del escepticismo de Hume, el cual niega todo conocimiento de necesidad en la relación de causa y efecto basada en la experiencia. Esta negación hace la certeza del conocimiento científico de la relación entre causa y efecto en el mundo imposible. Pero la

---

10. Uno puede dudar de la existencia del ser individual como en *Advaita* Vedanta, y así dudar de la realidad de las propias intenciones, pero entonces el problema es la existencia del yo, y no las intenciones del yo. Uno también puede preguntarse si Dios está engañando sistemáticamente a una persona con respecto a la realidad de la intención propia, pero el problema entonces es la existencia de Dios y la naturaleza de Dios como bueno, no la realidad de la intención de uno. Estos problemas han sido tratados bajo el monismo espiritual y el teísmo.

necesidad de la causa y efecto en el mundo convirtió la libertad humana imposible (acorde al entendimiento de Kant acerca de la libertad), y con la negación de la libertad, la negación de la responsabilidad la cual está situada en el meollo de la experiencia moral significativa. Kant resolvió este dilema al atribuir la necesidad de relaciones causales en la experiencia humana como una categoría del intelecto impuesta por la mente sobre lo que es dado a través de las formas de intuición del espacio y el tiempo. El mundo de la experiencia humana es gobernado por la causalidad, la cual hace la ciencia posible, pero el mundo en sí está despojado de causalidad, lo cual hace la libertad y la moralidad posible.

Hay dos dificultades con el retiro de la causalidad del mundo noúmeno. Ya que existe una relación entre el mundo noúmeno y fenomenal, Kant habla de las cosas como en sí mismas y las cosas a como yo las conozco. Existe una silla en sí misma y la silla que yo veo. Es apropiado el preguntar, "¿Cuál es la causa de la silla que yo veo?" No sería mi mente, sin importar que tanto la información de la intuición es formulada por mi mente. Y no sería en el caso de Kant, otra mente. La causa debe de ser la silla en sí misma. Pero esto establecería una conexión causal entre el mundo noúmeno y fenomenal, lo cual no sería permitido en el análisis de la realidad de Kant. Además, si yo soy libre en el mundo noúmeno yo no soy libre de actuar de manera tal que cause cambio dado que las acciones causales no son posibles en la esfera noúmeno. Yo no puedo, a través de la reflexión racional, causar cambio alguno en mi conducta, si la causa no es posible en la esfera noúmeno. Ni tampoco puedo causar la reflexión racional en mí. De esta manera la vida moral no es posible sin la causalidad y el agente causal en el mundo verdadero, es decir, en el mundo como es en sí mismo.

4. Vedanta *Advaita* de Shankara

Shankara (788-820 d.C.) entiende los Upanishads (la última parte de las Vedas, llamado Vedanta) como enseñando que la realidad última es Brahman la cual es existencia pura, consciencia, y beatitud (*sat chit ananda*), y que el verdadero ser de una persona, atman, es Brahman.[11] *Tat tvam asi* (eso tú eres). El mundo de la consciencia ordinaria, *samsara*, es *maya* (ilusión) y *avidya* (se basa en la ignorancia). La realidad

---

11. Shankara, *The Vedanta Sutras of Badarayana with the Commentary by Shankara* (New York: Dover Publication, 1962).

última es absolutamente no-dual, uno sin partes. Esta es la enseñanza de la Meditación Transcendental (MT). Que atman es Brahman es realizado tan solo a través de una experiencia especial del despertar o iluminación, llamado *moksha*.

La analogía de un sueño es empleada para explicar *Advaita*. Al igual que en un sueño, una perspectiva común de la realidad sostenida por muchos no es una garantía de la verdad. Como en un sueño, el que tú te percibas a ti mismo como real no significa que seas real. Como en un sueño, existe un ser por detrás de todos los seres aparentemente reales. Como en un sueño, la única manera de darse cuenta de que es un sueño es a través de una experiencia especial (es decir, una experiencia por fuera del sueño) del despertar.

Una apelación a una experiencia especial o mística es hecha con frecuencia para confirmar afirmaciones de verdad de creencias básicas concernientes a la realidad. Estas experiencias son consideradas como axiomas: "Si tú tuvieses la experiencia tú supieses." La iluminación Zen, el nacer de nuevo, el que uno se comunique con Dios, el hablar en lenguas, el ser uno con el todo, son ejemplos de la consciencia interna. Milagros públicamente observables también son apelados como razones infalibles en favor de la creencia básica que Dios existe, en vez de ser prueba parcial de creencias secundarias (por ejemplo, Dios acompañaba a Moisés, testimoniado por los milagros que Moisés llevo a cabo) lo cual presupone la creencia básica que Dios existe.

La apelación a la experiencia del despertar enfrenta varias objeciones. Primero, ninguna experiencia tiene significado sin la interpretación. Segundo, la experiencia de la conciencia pura en el despertar ha sido interpretada de maneras diversas (dualista, no-dualista—ambos absoluto y cualificado—el teísta, el naturalista y budista). Tercero, una interpretación válida debe de ser lógicamente coherente. Y cuarto, la interpretación de *Advaita* (no-dualismo absoluto) es incoherente en varias formas.

Estas incoherencias han sido identificadas por los seguidores de Ramanuja quienes rechazan el no-dualismo absoluto (uno sin partes) por el no-dualismo cualificado (uno con partes).[12] Una incoherencia

---

12. Chandradhar Sharma, *A Critical Survey of Indian Philosophy* (Delhi, India: Motilal Banarsidass Publishers, 1991), 358-361.

es contraria a la razón y puede ser señalada por cualquier persona que esté dispuesta a usar la razón.

Objeciones al No-Dualismo Absoluto de Shankara

1. Dado que el *advaitin* mantiene el no-dualismo absoluto y que el mundo es *maya* (ilusión) la pregunta surge: ¿Dónde reside la ilusión (*maya*)? La ilusión no puede estar en Brahman dado que Brahmán es consciencia pura (sin modificación alguna del pensamiento). Además, sería impensable el pensar que la realidad suprema se encuentra en un estado de ilusión. Pero ni tampoco puede la ilusión estar en el alma individual, ya que la individualidad del alma es el producto de la ilusión, no su causa. Ya que no hay otro lugar posible para la ilusión, si la ilusión existe en algún lugar, la ilusión existe solo en la mente del *advaitin* quien ha imaginado este seudo-concepto, este mito lógico.

2. ¿Cómo puede *avidya* (ignorancia) ocultar a Brahmán? Brahmán no puede esconderse de sí mismo dado que Brahmán es consciente de sí mismo y autoluminiscente. La obscuridad no puede cubrir la luz; la ignorancia no puede ocultar lo que es el conocimiento puro. Es tan absurdo el pensar que el ser se puede esconder de sí mismo, así como es absurdo el pensar que uno puede jugar a las escondidas solo.

3. ¿Cómo puede el mundo (*maya*) ser ni positivo (una cosa) ni negativo (un pensamiento)? Si el mundo fuese una cosa, el no-dualismo de *Advaita* se estropearía. ¿Pero si fuese meramente un pensamiento, sin una cosa presente, entonces como podría la ilusión ser explicada? Una cosa (por ejemplo, una cuerda) es necesaria para explicar la ilusión (la víbora). Una ilusión pura, sin objeto alguno, no existe.

4. ¿Cómo puede el mundo ser descrito como indescriptible? El *advaitin* dice que el mundo no puede ser descrito como real ni como irreal. El mundo no es real (eterno) dado que este sería el dualismo (no no-dualismo). Y el mundo no es no-real (no-existente) porque no puede ser explicado como una ilusión. El mundo no puede ser ambos real e irreal; y el mundo no puede ser ni real ni irreal, dado que no hay una tercera posibilidad si todo es uno.

Shankara está obligado a decir que el mundo es o real o irreal dado a que debe de haber algo eterno y dada su asunción de que todo es uno. La razón requiere esto de él de manera que él pueda ser consistente con su asunción. Es posible decir lo que su propio análisis ha requerido que él diga, que el mundo no es ni real (eterno), ni irreal (no-existente). Es posible decir que el mundo es temporal (no eterno y no no-existente). El decir que el mundo es temporal es el decir que tan solo algo es eterno, que el mundo fue creado por Dios. Esto requeriría que Shankara renunciara a su presunción que todo es uno. Confrontado con la decisión de abandonar su presunción o abandonar la razón, Shankara eligió el abandono de la razón. La razón, él dijo, no puede capturar la realidad ultima. Él se desplazó al silencio.[13]

Algunas cosas son claras. Las cosas básicas son claras. Es claro a la razón el que no todo es uno, que tan solo algo es eterno. Uno tiene que negar la razón para evadir lo que es claro. Pero uno no puede abandonar la razón y sostener creencia alguna; uno debe de desplazarse al silencio si uno abandona la razón. Pero como seres racionales nosotros no podemos abandonar el pensamiento y la necesidad del significado. Nosotros no podemos abandonar la razón. La razón brilla en la obscuridad. Nosotros únicamente podemos abandonar la preocupación por consistencia, es decir, nuestra integridad.

5. No-Dual Vedanta Cualificado de Ramanuja

Ramanuja (1017-1137 d.C.) vino dos siglos después de Shankara y se diferenció con su perspectiva del no-dual absoluto Brahmán. La existencia del mundo y la existencia individual son reales y son parte de la única realidad última. Existe dualidad (*dvaita*) en la unidad subyacente. Lenguaje teístico es usado en el contexto del panteísmo. El término "Dios" puede ser aplicado a una parte del todo o al todo en sí. El mundo de la materia y las almas es identificado como el cuerpo de

---

13. La respuesta del *advaitin* al desafío de abandonar la razón puede ser cuádruple: i) Apelar a la conciencia superior, mientras admite la naturaleza contradictoria de las afirmaciones sobre la realidad última de la conciencia ordinaria. Pero esto plantea la cuestión de hacer cualquier afirmación interpretando la propia experiencia. ii) Afirmar que "absolutamente real" y "absolutamente irreal" no son contradictorios, sino contrarios que pueden ser ambos falsos. Pero esta no es una opción para el *advaitin* si todo es uno: los contrarios aquí son contradictorios. iii) Renunciar a la razón y pasar al silencio. iv) Conservar la razón y abandonar el monismo espiritual.

Dios. Los individuos son considerados como gotas de agua las cuales se reintegran al océano del ser divino. Un elemento fornido personal y devocional es central. Para Ramanuja, diferente de Shankara, lo absoluto es personal, no impersonal. Esta enseñanza a arribado al Occidente en el movimiento Hare Krishna.

Ramanuja afirma que la realidad última no es ni identidad ni diferencia puras ni tampoco es identidad y diferencia sino identidad dentro y a través de la diferencia. El alma y el cuerpo son fichados como atributos de una sustancia, Dios. Sin embargo, el alma y cuerpo son sustancias en sí, poseyendo atributos, y pueden ser distinguidas como particular, seres individuales. ¿Cómo es el alma como un atributo de Dios distinto de la sabiduría como un atributo de Dios? Si el alma como un ser individual es distinta a otras almas, ¿Cómo puede el alma ser una substancia la cual es compartida en común entre muchas almas?

Digamos que el atributo, la sustancia, y un ser o un individuo no están siendo claramente distinguidos aquí. Déjenos decir que en la discusión filosófica el alma es ordinariamente considerada como un ser individual de sustancia espiritual, poseyendo ciertos atributos o cualidades como espíritu, y otras cualidades las cuales la identifican como un ser particular. Déjenos decir que las cualidades de eterno y temporal e infinito y finito son cualidades básicas de cada ser y son cualidades de cualidades—por ejemplo, finito y temporal en ser, sabiduría, poder, etc. Ahora, ciertas preguntas críticas pueden ser hechas acerca de la perspectiva de Ramanuja en la cual todos somos parte de Dios.

¿Son acaso todas las partes iguales en esencia o atributo o son acaso diferentes? ¿Si todas las partes son iguales, son acaso todas las partes finitas o infinitas, temporales o eternas? ¿Si las partes no son todas iguales son acaso algunas partes finitas y otras infinitas? ¿Son algunas partes temporales y otras eternas? Al arribar a lo que es básico en concepto, es decir el ser y aspectos del ser, y al arribar al atributo más básico de un ser, es decir temporal o eterno, y finito o infinito, podemos ver lo que es claro en las creencias básicas acerca de la realidad.

Objeciones al No-Dualismo Cualificado de Ramanuja

1. Todas las partes son iguales: finitas y eternas. Si todas las partes son finitas entonces la totalidad (Dios) no puede ser infinito. La suma total de la sabiduría finita no se iguala a la sabiduría infinita. Más aún, lo que

es finito puede crecer en su sabiduría, pero lo que crece en sabiduría pasa a través de un proceso único del crecer en sabiduría. Dos problemas surgen en este punto. Si nosotros continuamos creciendo entonces nosotros (individual o colectivamente) no podemos ser infinitos dado que lo infinito no puede incrementar. Y si fuésemos eternos (dentro del tiempo) habiendo ya tenido tiempo infinito (permitiendo por un momento la posibilidad de lo eterno dentro del tiempo), entonces ¿Por qué es que no hemos alcanzado está etapa única del conocimiento previamente? Permitiendo por un momento un promedio de progreso extremadamente lento, dada nuestra tendencia de ser olvidadizos, en un tiempo infinito cualquier meta puede y debió de haber sido alcanzada ya, y hubiese sido repetida sin cesar, haciendo nuestro esfuerzo fútil. Esto se concluye entonces que todas las partes no son finitas, y, las partes no son finitas y eternas.

2. Todas las partes son iguales: infinitas y eternas. Hemos señalado previamente que debido a que crecemos en conocimiento nosotros no somos eternos y por lo tanto tampoco no somos infinitos y eternos. Más aún, si un ser fuese eterno ese ser seria completo en sí y no necesitaría de ningún otro como parte. El ser una parte es el ser incompleto en sí. Por lo tanto, no es posible el ser una parte infinita. Uno no puede estar completo e incompleto en el mismo sentido y al mismo tiempo. Dado que infinito y eterno son cualidades inseparables, y aplican a todos los aspectos de un ser (uno no es infinito en poder y finito en sabiduría), uno no puede ser completo e incompleto al mismo tiempo, pero en diferentes respectos. Esto se concluye entonces que todas las partes no son infinitas y eternas.

3. Todas las partes no son iguales: algunas son finitas y temporales y algunas son infinitas y eternas. Si este fuera el caso, no tendrían una relación de parte y totalidad, porque lo que es infinito es completo en sí y no tiene necesidad de ningún otro ser. Y si algunos son temporales y finitos (de manera necesaria, como fue concluido previamente) entonces ellos vinieron a ser. Ellos no pudieron haber surgido del no-ser, pero fueron traídos a la existencia (es decir, creados) por lo que es infinito y eterno. Pero esto sería creación, no el no-dualismo cualificado, en el cual la materia y el espíritu son parte de Dios.

Es claro que ni Shankara ni Ramanuja pueden sostener su perspectiva que todo es uno, así sea con partes o sin partes. El análisis crítico de lo que cada uno de los dos pensadores afirman nos lleva a la perspectiva que todo no es uno, que tan solo algo es eterno. El monismo espiritual por lo tanto sucumbe.

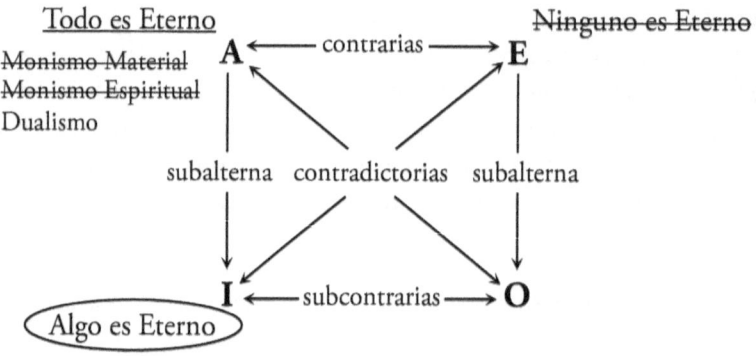

6. El Camino Medio de Nāgārjuna

Nāgārjuna, un budista filósofo a los comienzos del siglo segundo ha aportado una interpretación más sofisticada de las enseñanzas budistas que "todo es *dukkha*" lo cual ha adquirido atención históricamente y contemporáneamente en el Occidente por medio de los escritos de D. T. Suzuki. El camino medio (*Madhyamika*) es entendido metafísicamente: toda la realidad es *shunya*, vacía, falta de existencia propia (*swabhava*), orginación dependientemente (*pratityasamutpada*). Toda la realidad es *dukkha*, impermanente, originándose, siendo ni eternalismo ni momentaneidad. No existe un Creador eterno. Se dice que Nāgārjuna exclamo anatematizando: "Nunca y en ningún lugar puede algo ser producido."[14] El efecto está en la causa. El universo se genera así mismo. La joya está en el loto. *Om mani padme hum*.

El Camino Medio es también entendido epistemológicamente: Ningún objeto del intelecto puede resistir el escrutinio. La identidad se transforma en diferencia después de ser examinada. El carruaje, una

---

14. Sharma, *A Critical Survey of Indian Philosophy*, 90. Sharma dijo de Nāgārjuna que comienza su trabajo proclamando audazmente la doctrina de la no-originación.

cosa, es una relación de sus partes, y las relaciones se originan dependientemente. La razón, se dice, fija las cosas en la identidad. Una nueva consciencia, o el reconocimiento de una conciencia más primitiva, se dice estar contemporáneamente revestida y falsificada por la conciencia racional, es necesaria para capturar la realidad en relación. La historia es vista como un largo proceso de lucha hasta esta liberación. Se dice que ahora estamos al borde de una nueva edad en la cual la conciencia global, una racionalidad más alta o verdadera, prevalecerá, o debería de prevalecer, salvo que estamos encaminados a un desastre global. La realidad infinita, *logos* (la palabra), se dice, debe de ser reconocida como incluyente de ambos lo finito y la caídes de lo finito. *Logos* (la palabra) es inclusiva de lo finito, la conciencia contradictoria. La unidad del ser-en-relación es capturada a través de la razón meditativa (consulte notas 3–4 en el Capítulo 2). Es dicho que todo se manifiesta esta unidad de contradicciones, incluyendo los seres humanos (una unidad del alma y el cuerpo o no-cuerpo) y el ser de Cristo (lo infinito y lo no-infinito o finito).

Queda por verse si una unidad de diversidad (cuerpo y alma) es una unidad de contradicción en el sentido ordinario de la razón. Parece mejor dicho ser un ejemplo del uso insuficiente de la razón crítica y la desacreditación subsecuente de la capacidad de la razón para capturar lo que es real, también visto en el nominalismo, existencialismo, pragmatismo y posmodernismo. Se dice que aquellos agarrados en las mallas del intelecto son peores que los perros.[15] Ellos son como elefantes atascados en lodo profundo. Ellos nunca pueden llegar a saber lo real. Ellos son incorregibles, sin esperanza y destinados a fracasar. "Todo es eterno, nada es eterno; todo tiene una causa, nada tiene una causa; todo es unidad, todo es pluralidad," se dice es una filosofía grosera y cruda. Uno tiene que ir más allá del intelecto para llegar a la realidad. Se dice que la realidad está por encima de la refutación. La realidad "no es ser, no es el no ser, no es ambos, y no es ninguno."[16] La realidad está más allá de las categorías. El Buda enseñó que la realidad no es fijada, para ser capturada a través del análisis. La realidad es pragmática. Es como una balsa, la cual no debe de ser cargada, pero está hecha para cargar, para transitar esta vida la cual es sufrimiento (*dukkha*). El Buda, hacia

---

15. Sharma, *A Critical Survey of Indian Philosophy*, 89.

16. Sharma, *A Critical Survey of Indian Philosophy*, 92.

el final de su vida, no se inclinó hacia la enseñanza. El daba sermones con el silencio, sosteniendo una flor. La filosofía suprema es el silencio.

Ya nos hemos tropezado anteriormente con el movimiento de la razón al silencio. ¿Es este movimiento necesario? ¿Acaso la razón nos lleva a la contradicción? ¿O es el fallo del no usar la razón críticamente lo que nos lleva a la contradicción? Nāgārjuna argumentó en contra de las antinomias—declaraciones contrarias las cuales ambas son universales—no contradictorias. "Todo es eterno" y "nada es eterno." Él no examina las verdaderas contradicciones de las declaraciones previas, la cual es "algo no es eterno," y "algo es eterno." Nāgārjuna está operando, partiendo de la presunción mantenida de manera no crítica de que todo es uno, para él tan solo contrarias son posibles y ninguna es aceptable. La producción, la causalidad, o el origen, en este mundo, no es la creación *ex nihilo*. El cambio de la leche al requesón es una transformación, no una creación. Ejemplificando la doctrina de no-origen en la observación de algunos ejemplos en el mundo no contesta otros ejemplos los cuales son más cercanos, por analogía, a la creación *ex nihilo,* ni tampoco entabla la creación *ex nihilo* en sí misma. El cuerpo y el alma son diferentes; ellos no son opuestos, se excluyen el uno del otro. Un ser que es un cuerpo y un alma no es "*a*" y "*no-a*" en el mismo respecto y al mismo tiempo. "*a*" y "*no-a*" no son contradictorias; "*a*" y "*no-a*" en el mismo respecto y al mismo tiempo son contradictorias. Unidad de diversidad puede y de hecho existe. Unidad de contradicciones no puede existir, ni en seres finitos ni en seres infinitos. El medio de alcanzar la unidad no es la armonización de contradicciones mediante el uso de una razón "superior," o el moverse al silencio, sino por lo contrario el uso más completo de la razón "ordinaria."

7. Pragmatismo y La Iniciativa del Saber

Ya hemos visto varias formas de la declaración que el pensamiento humano es una construcción, que no podemos conocer la realidad, que no existe objeto alguno que corresponda al pensamiento humano en el mundo real. Esta posición escéptica, idealista, anti-realista es aceptada por muchos quienes responden al escepticismo con el pragmatismo. El pragmatismo siempre ha sido el otro lado de la moneda del escepticismo, pero se ha desarrollado en una postura anti-metafísica distinta en la filosofía Americana a través de William James, C.S. Peirce, John

Dewey, y contemporáneamente Richard Rorty. El pragmatismo es tanto una teoría del significado como también una teoría de la verdad, remplazando en su lugar la inutilidad de la metafísica tradicional, vistas sobre todo como una sutileza acerca de palabras. El significado real de una creencia es visto en la acción (*pragma*) o la conducta que es apta para producir. Por lo tanto, una creencia es verdadera si la conducta tiene consecuencias satisfactorias, es decir, si funciona.

Como un procedimiento para finalizar disputas metafísicas, el pragmatismo resulta inadecuado. El pragmatismo asume que lo que satisface a uno va a satisfacer a todos. El pragmatismo también asume que lo que satisface a una persona es una construcción, independiente de la creencia propia acerca del bien. El pragmatismo asume, más aún, que nuestra necesidad más profunda no es del significado, que una perspectiva significativa del bien no está basada en la perspectiva propia de lo real. En breve, el pragmatismo niega que la razón y el pensamiento son fundamentales a otros aspectos de la personalidad humana. El pragmatismo argumenta que lo moral o lo práctico es independiente de lo intelectual y puede ser usado para resolver disputas de lo que es real. El pragmatismo de esta manera es una petición de principio acerca del cómo solucionar disputas metafísicas dado que lo que satisface, o funciona, depende de nuestra perspectiva metafísica.

El pragmatismo tiene una perspectiva baja o errónea de la naturaleza humana. El pragmatismo afirma que el hombre puede vivir tan solo de pan, suplementado con unas cuantas historias "de manera tal," así sea de tipo de los mitos de Platón para las masas, o la sensibilidad estética de Rorty, satisfecha a través de la literatura divorciada de la pregunta de la verdad. En esta perspectiva de las historias de Homero acerca de los dioses debió de haber satisfecho. Las historias de Homero no satisficieron y las historias no satisfacen en el presente, ni siquiera en la forma contemporánea de MTV. El agregar soma a la mezcla (*Un Mundo Feliz*) no puede prevenir el interrogante "Salvaje" de aparecer en la escena. Hay siempre una lechera para lanzar su taburete de ordeño en la locura humana, siempre un Lutero para clavar *Las 95 Tesis,* siempre un Neo que amenaza *La Matrix,* siempre "una Voz que clama en el desierto." El pan no es un substituto por la verdad. El pragmatismo no es verdad porque no funciona.

8. Deconstruyendo El Posmodernismo

Acorde a la narrativa posmoderna toda la verdad es construida. Existe un uso constructivo de la razón el cual construye una cosmovisión al interpretar las experiencias en apego a las creencias básicas. La interpretación y la cosmovisión son inescapables. En la perspectiva posmoderna, todo es interpretación. Se piensa que la filosofía termina en la interpretación en vez de comenzar allí. Contraria a la perspectiva realista ingenua de la ciencia moderna, el posmodernismo no otorga una posición privilegiada a la ciencia la cual está sujeta a cambios de paradigma. El posmodernismo no pretende presentar ninguna perspectiva positiva del mundo, pero tan solo el exhibir todas las perspectivas como siendo construcciones humanas. Su propósito es el no legitimar la autoridad basada en declaraciones de conocimiento objetivo y el permitir que las perspectivas supresas obtengan su día al sol.

El ataque es primeramente en contra de la razón. La razón no llega a la realidad; la razón trata con conceptos los cuales son universales y no con lo particular (Nietzsche). Se dice que la realidad está constituida de muchos particulares únicos, no universales. La unicidad y la alteridad de lo particular son aplastados en el nombre de lo universal. De esta manera la razón no afirma la vida. Pero la vida se afirma así misma en contra de la razón y lo que proviene en el nombre de la razón. La religión tradicional, la metafísica y la ciencia han perdido su influencia sobre el hombre. Dios está muerto y el hombre debe de afirmar la vida y el significado por separado de Dios en actos creativos de la voluntad de poder.

Lo que comenzó con Nietzsche fue continuado por Derrida. La historia de la metafísica es construida sobre las polaridades de la razón: *a* y *no-a*, el bien y el mal, verdadero y falso, el ser y el no-ser. Estas polaridades son justificadas en la presencia de Dios en el cual el ser y el conocimiento coinciden, una presencia la cual no está disponible a los intelectos finitos. Tenemos tan solo una variedad de perspectivas socialmente construidas derivadas de la comunidad lingüística propia la cual nunca puede ser trascendida para poder ser evaluada objetivamente, o ser comparada con otras perspectivas. "El significado es usado" y hay muchos usos y diversidades. No hay conflictos filosóficos que deben de ser solucionados, tan solo un escarabajo en una botella (Wittgenstein). La tentativa de establecer la perspectiva propia como la verdadera a base de la cual otras perspectivas deben de ser entendidas es el problema perpetuo del ser centrado en la razón, es decir, el logocentrismo (Derrida). La deconstrucción, se dice, reconoce los límites de las construcciones de la razón, la alteridad del otro y la inconmensurabilidad de cosmovisiones.

Como respuesta, lo que es común a todas las cosmovisiones es la estructura formal de las cosmovisiones. En cualquier cosmovisión lo que puede ser distinguido en el proceso de la construcción es: i) la creencia básica acerca de lo que es real, ii) la experiencia, y iii) la razón siendo usada para interpretar la experiencia conforme a la creencia básica. No cualquier cosa puede ser dicha dentro de una cosmovisión. Existen reglas de consistencia gobernando lo que se puede y no se puede decir dentro de una cosmovisión, dado su punto de partida. Existe un acuerdo considerable entre miembros de una comunidad de creencia con respecto a lo que tiene sentido (una comunidad de fe o creencia puede extenderse hasta mil millones de personas en varios miles de años a través de diferencias geográficas, económicas, educativas, lingüística, étnica y genero). La creencia básica no es interpretada en sí pero es por la cual la interpretación ocurre. Mientras que la experiencia es interpretada con grados variantes de la conciencia crítica, a veces casi inconscientemente, es todavía posible distinguir la experiencia y la interpretación. También es posible el que la interpretación propia sea retada y corregida por consistencia en el conjunto de creencias que constituyen la cosmovisión propia. Y por último, las leyes de la razón son las mismas en todas las cosmovisiones. Las contradicciones pueden ser reconocidas en todas las cosmovisiones. Afirmaciones de verdad son efectuadas en todas las cosmovisiones. Y en ninguna cosmovisión existen declaraciones contradictorias las cuales ambas son verdaderas. La alteridad no anula las características formales comunes a todos los seres humanos y a todas las cosmovisiones.

Si la alteridad fuese más fundamental que lo que es común—en este caso, la razón—entonces habría inconmensurabilidad entre cosmovisiones. Sería imposible el comunicarse entre mundos. Pero nosotros nos comunicamos todo el tiempo, y atentamos corregir malentendidos y tratamos de persuadir a otras personas a nuestro punto de vista. Nosotros podemos entender al otro, hasta cuando no estemos de acuerdo. Nosotros podemos ser retados por aquellos afuera de nuestra comunidad (así como aquellos dentro) quienes identifican inconsistencias en nuestra manera de pensar. Si en ninguna parte más, por lo menos al nivel más básico de lo que es eterno—que si todo o tan solo algo es eterno—existe una universalidad de significado y contradicción entre los mundos. Con frecuencia suficientes conversiones ocurren y las personas son capaces de reflexionar acerca del cómo eran sus vidas antes y después de la conversión. Ningunas de estas conversiones fuesen posibles si las cosmovisiones fuesen inconmensurables. La carencia de entendimiento del otro ocurre cuando fallamos en reconocer nuestras propias presunciones y así fallamos en reconocer las presunciones del otro a base de las cuales ellos tratan de entender el mundo. Dado que la carencia de consciencia de las presunciones propias ocurre con frecuencia, la inconmensurabilidad entre mundos ocurre con la misma frecuencia.

Como una crítica cultural a finales del siglo diecinueve en Europa, Nietzsche observo que "Dios está muerto," y "nosotros lo hemos matado." Por mal concepciones piadosas, egocéntricas, por el "sabio" y el simple, el Dios viviente, El Señor de los Ejércitos quien llama cada estrella por su nombre, se convirtió en un ídolo, metamorfoseado en la imagen de hombre. La muerte de Dios acarreo la muerte del hombre, en contra de lo cual Nietzsche se reveló. En contra de esta idolatría los profetas hablaron a través de la historia, llamando al género humano de regreso. Nietzsche no llamo al hombre de regreso. Como hijo del espíritu de la época, el acepto la muerte de Dios y preparo un estilo de vida sin Dios. La expresión suprema de la creatividad humana por una voluntad autónoma de poder fue, inevitablemente, una recurrencia eterna. Por separado de Dios el Creador, la razón requiere un ciclo eterno, como en el monismo material y espiritual. La recurrencia eterna aplasta la individualidad y el espíritu humano dos veces más que lo que trataba de remediar. La voluntad de poder no puede transcender el sin sentido al convertirse en el héroe de lo absurdo.

Derrida es desdeñoso de la razón en sí misma por su estructura binaria (*a* y *no-a*) de la realidad. Derrida piensa que, sin el conocimiento de Dios, inaccesible al intelecto finito, nosotros debemos de aplazar juicios. La deconstrucción consigue la diferencia a través del juego de palabras dado que las palabras tan solo se refieren a otras palabras por la construcción de la comunidad. Las ambigüedades son mostradas, o mejor dicho creadas, formando "différance." Pero el diferenciar todo juicio no es posible, hasta para el deconstruccionista mismo. Fundamentalmente, el modernista es rechazado sobre y en contra por el posmodernismo. La inevitabilidad de la razón como las leyes del pensamiento, como terreno común, como ontológica, transcendental y fundamental, es revelada aquí. ¿Puede Derrida negar el par binario de verdadero o falso, básico y no-básico y aun pronuncie algo significativo? ¿No afirma él la razón en la búsqueda de la justificación para la distinción en el conocimiento de Dios? ¿Si él quiere decir que el ser de Dios es necesario para justificar la razón, entonces está el ser de Dios más allá de la razón (más allá de ambos *a* y *no-a*)? ¿Si el ser de Dios esta más allá de la razón como puede justificar la razón? ¿Y es de poseer la razón, podemos hablar de la necesidad de justificar la razón? ¿No es acaso la justificación misma una categoría racional? En el orden del conocimiento, la razón como las leyes del pensamiento se prueban así mismas y no requieren justificación. ¿Si Derrida quiere decir que no podemos saber que Dios existe o que no podemos saber nada sin antes saber todo (es decir, teniendo la omnisciencia de Dios) es esta una mera aserción dogmática, o acaso el provee prueba? ¿Puede el probar el ser proviniendo del no-ser, o acaso él por lo menos cree que esto sea posible? ¿Si hasta esta creencia básica está siendo aplazada junto con todos los otros juicios, cómo es la diferencia distinta del silencio?

9. Existencialismo y El Salto de Fe

El existencialismo afirma que la existencia precede la esencia. El existencialismo afirma la existencia de lo particular, lo individual, sobre y en contra de la esencia como una construcción de la razón. El existencialismo es nominalista en epistemología. Los conceptos capturan las esencias las cuales son universales; la razón no puede capturar lo particular. Además, nos encontramos arrojados en la existencia y debemos comenzar con nuestra existencia antes de determinar nuestra esencia. El existencialismo es también nominalista en ontología. Tan solo particulares existen en la realidad; no existen universales. Asimismo, la esencia humana no existe *per se*; no hay ninguna forma Platónica o idea en la mente de Dios según la cual los seres humanos son moldeados. El existencialismo es voluntarista en ética. Algo es correcto porque Dios lo deseo, no por la naturaleza de Dios o el hombre. En el existencialismo ateo, dado que no hay un Dios que de mandamientos o determine la naturaleza humana, es el hombre quien determina el bien y el mal por decisión propia. La existencia auténtica reconoce la libertad humana y adopta responsabilidad completa por lo que nos convertimos por decisión propia (Sartre). En el existencialismo teísta, el individuo está en pie solo ante Dios quien comanda y debe de responder con la decisión de fe, no por el requerimiento de la razón (Kierkegaard vs. Kant, y Hegel).

Hay tres interrogantes que deben de ser distinguidas en el entender la relación entre la existencia y la esencia en el existencialismo: i) ¿Acaso el existencialismo niega la existencia de la esencia *per se*, o tan solo la suficiencia de la esencia para alcanzar lo particular? ii) ¿Acaso el existencialismo niega la esencia individual o la habilidad de la razón para capturar esencias individuales? El decir que las esencias no existen es el decir que no existen un conjunto de cualidades (por ejemplo, animalidad y racionalidad) las cuales existen en todos los miembros de una clase (seres humanos). Estas cualidades existen solo en la mente, no en los seres. El término "hombre" no se refiere a ninguna cosa en el mundo, pero "Bill" y "Mary" si se refieren a cosas en el mundo. Pero esto quiere decir que la esencia se refiere a las cualidades, no a los seres. Pero esto permite que los seres tengan cualidades reales. iii) ¿Si las esencias no existen, es esto el decir que las cualidades no existen o es el decir que hay seres faltos de toda cualidad o alguna cualidad fija, o alguna cualidad general o especifica? Pero si no hubiese cualidades fijas no pudiese haber identidad de un ser a través del tiempo, y por lo tanto no pudiésemos hablar de un ser individual, el premio buscado en el existencialismo.

Los conceptos capturan esencias. Los conceptos capturan tan solo aquellas cualidades que todos los miembros de una clase poseen. Los conceptos son relativos a la clase. Existe una clase de plumas y una clase de plumas de tinta azul; existe una clase de plumas de tinta azul que usan plumillas y plumas de tinta azul con plumillas y exterior rojo, etc. Conforme incrementa el número de conjunto de cualidades, el tamaño de la clase disminuye a una clase con un solo miembro. Esto no demuestra la insuficiencia de la razón para capturar las esencias sino por lo contrario el uso y la utilidad del lenguaje. Podemos hablar, como el poeta Hopkins habla, de "*morning's minion, kingdom of daylight's dauphin, dappled-dawn-drawn-Falcon. . . .*"[17] Pero tan solo algunas veces

---

17. Gerard Manley Hopkins, *Poems and Prose of Gerard Manly Hopkins* (Baltimore, MD: Penguin Books Inc., 1953), 30. Consulte, "El Windhover: a Cristo nuestro Señor." Al torcer los descriptores de este poema, el nominalismo de Hopkins logró la realidad de la particularidad escocesa.

nosotros preferimos la poesía en vez de prosa. Para ser breve decimos "este pájaro" o "esa pluma" lo cual, en contexto, elige a individuos.

Para el existencialismo la preocupación es con la existencia humana en el individuo, como en el caso de Sócrates, o en Abraham. ¿Puede la razón capturar lo particular? ¿Existe una esencia individual que distingue a un individuo de todos los demás? ¿Cuál es la esencia, si acaso existe, de Sócrates o de Abraham? ¿Es la esencia la suma total de todas las cualidades de Sócrates o es el conjunto de cualidades que Sócrates siempre ha tenido desde su juventud hasta su vejez por las cuales podemos identificar a Sócrates y decimos que Sócrates no ha cambiado? Nosotros identificamos a Sócrates de esta manera, aunque la Socrateidad es ineluctable y su unicidad puede solo ser identificada por un nombre propio. La unicidad de una persona, para aquellos que son atentos, puede comenzar a manifestarse en su infancia temprana.

Es en la esfera de la elección que la angustia existencial es más manifiesta precisamente porque la razón se percibe como no siendo de ayuda. Para Kierkegaard, esto está presente en la narrativa de Abraham quien es comandado por Dios para ofrecer a su hijo Isaac como una ofrenda de holocausto a Dios. Kierkegaard identifica la razón como el obstáculo que debe de ser derrocado por Abraham en manera de tener fe y obedecer el mandato de Dios. En *Temor y Temblor*, el identifica etapas en el camino de la vida, de la pasión a la estética, a la obligación racional de lo ético, a la fe del individuo, estando de pie inmediatamente y solo ante Dios. La individualidad se expresa solo en la elección a través de la fe, a través de la fe vamos más allá de lo universal y de lo racional, la etapa ética. Kierkegaard pregunta, "¿Hay una suspensión teleológica de lo ético?" ¿Hay ocasiones en las cuales debemos contradecir la razón en el nombre de la fe? ¿Cuándo es que debemos de creer por encima y contrario a la razón? ¿Cuándo debemos de creer la promesa de Dios y obedecer a Dios por razón de lo absurdo? Dado a que es común el pensar que la fe esta sobre y en contra de la razón, el ejemplo de la vida de Abraham será examinado de manera extensa.

Kierkegaard señala, que Abraham no es un caballero de la resignación infinita. Él no está dispuesto meramente a sacrificar su hijo Isaac a Dios porque Dios lo comando. Cualquier persona racional lo haría porque la razón nos comanda el cumplir con nuestra obligación, sin importar el precio. Abraham tiene una promesa de Dios que dice que él va a ser el padre de una gran nación y que la promesa va a ser efectuada a través de Isaac, y nadie más. Abraham tiene que creer que la promesa que va a ser efectuada mediante Isaac ha sido destruida. Esto parece contradecir a la razón. Además, Abraham es comandado que mate a su hijo, su propio hijo, al que tanto amo. El matar a su hijo es un asesinato, lo cual es prohibido por el mandamiento de Dios y por la razón. Dado a que Abraham es el padre de los fieles, y el ofrecimiento de su hijo es su acto supremo de fe, este acto de Abraham revela la naturaleza de la fe, en la perspectiva de Kierkegaard, como trascendiendo la razón y estando en pie por encima y en contra de la razón.

Mirando en aislamiento del resto de la vida de Abraham, la narrativa de Kierkegaard acerca de la fe es posible. Pero la abstracción del acontecimiento de las particularidades concretas de la vida entera de Abraham es un fallo en el tratar a Abraham como el individuo que él es. Exaltando la individualidad de Abraham, la cuenta abstraída que aísla el sacrificio de los detalles del pasado de Abraham niega su individualidad. Un cuadro diferente de la mente de Abraham y de la relación de la fe y la razón surge cuando nos emergemos en el mundo y la vida de Abraham. Estos son ocho puntos significativos que deben de ser considerados.

Fe y Razón en Abraham

a. Cosmovisión de Abraham

Abraham vivió en Ur de Caldea y por su creencia en Dios el Creador se opuso en contraste a su cultura y a la casa de su padre. El vio la apostasía en sus entornos. El poseía algún conocimiento de la historia, de la apostasía anterior en la raza humana y de la justicia divina sobre la raza humana. El origen de la maldición y la promesa de Adán él la hubiese sabido, así como también la destrucción del género humano por su apostasía en el diluvio. Sem, su ancestro quien sobrevivió al diluvio estaba aún con vida cuando Abraham se fue de Ur. Abraham tenía alguna perspectiva del bien y del mal y del propósito del hombre en la tierra y del significado del sábado, lo cual el mantuvo lo suficientemente para sostener su fe en contra de la apostasía a sus alrededores.

b. Promesa a Abraham

La cosmovisión de Abraham le permitió entender la promesa de Dios y el tomar la decisión audaz de abandonar todo por la promesa. Abraham tenía que abandonar su tierra por una tierra prometida; él tenía que abandonar su clan para convertirse en el padre de una gran nación; él tenía que abandonar el hogar de su padre y en Abraham todas las familias del mundo serán bendecidas. Las implicaciones eran asombrosas, pero consistentes y esperadas de su cosmovisión. Todas las familias estaban en apostasía y en necesidad de ser bendecidas, lo cual proviene de la fe en Dios. La bendición no vendría a través de Ur, probablemente el centro de la civilización del mundo en su tiempo. Ur estaba destinada a la destrucción por su apostasía. Abraham tenía que abandonar Ur, no había esperanza alguna de encontrar la realización allí.

La promesa estaba conectada a la tierra y a la gente, no por separado de la tierra y la familia humana. La promesa no era simplemente lo que viene después de la muerte en una existencia sin cuerpo por separado de lo que debe de ocurrir en la tierra a través de la historia. La promesa alcanzaría más allá de su vida, primero a sus descendientes convirtiéndose en una gran nación y después al mundo entero. ¿Cómo iba él a tomar parte de la promesa en la tierra en el futuro después de su muerte? Dado a la maldición, incluyendo la muerte física, vino por el pecado, ¿Acaso la muerte no será removida con el removimiento del pecado con la venida de la promesa? Él tenía esperanza en la promesa, para él y para todo el género humano. Sería difícil el creer que él abandonó todo por la promesa sin haber entendido lo que significaba y que él tenía esperanza en la promesa sin creer en la resurrección de la muerte.

Abraham tenía que depender de Dios para la realización de la promesa. El abandonar la seguridad de su clan, siendo un extraño en la Tierra Prometida habitada por otros. ¿Cómo podía el convertirse en el poseedor de la tierra? ¿Cómo podría él sobrevivir entre forasteros sin la protección de parientes? Él tenía ahora sesenta años y Sara su esposa era estéril. ¿Cómo podría él convertirse en el padre de una nación sin ni siquiera ser el padre de por lo menos uno? Dios le habló a él, no a su esposa. ¿Le obedecería Sara y abandonaría todo para seguirlo a lo desconocido?

c. Sacrificio de Abraham

Abraham practico el sacrificio, una ordenanza instituida por Dios para el perdón del pecado, y transmitida a partir del día en que Dios cubrió la desnudez de Adán y Eva con abrigos de piel, significando el cubrimiento del pecado mediante la muerte de otro. El sacrificio fue practicado por Abel, Noé y Sem hasta Abraham. Abraham practico el sacrificio por el pecado a lo largo de su vida. Era en este contexto en el que el escucho el mandato de Dios de sacrificar a su hijo Isaac. No había aceptación de parte de Dios por separado del sacrificio por el pecado. Era también claro que el sacrificio de un animal no podía quitar el pecado; que otro humano representativo en el lugar de Adán debe de venir a deshacer el pecado de Adán y hacer lo que la primera cabeza representativa fallo en hacer.

d. Circuncisión

Cuando Abraham tenía noventa y nueve años de edad, después de muchos años en la tierra, él recibió la señal de la circuncisión. Él debía de ser recordado permanentemente en su cuerpo de lo que la circuncisión significaba, lo cual es la necesidad de un corazón nuevo para estar en la relación de convenio con Dios. La señal fue aplicada a todos los varones en su hogar, incluso los niños varones, mostrando la realidad del pecado hasta en un recién nacido, y su necesidad de un corazón nuevo a través de la regeneración, la cual es efectuada como un acto de la gracia de Dios. Él vio la necesidad de la regeneración del corazón humano cuando vio la degeneración y la destrucción de Sodoma y de Gomorra al carecer de la regeneración.

e. Nacimiento de Isaac

Dios prometió que Abraham en este tiempo, mucho después de que la maternidad de Sara halla pasado, que ella daría luz a un hijo por el cual la promesa sería realizada. Sara oyó y se rió, y capturada en su risa de la incredulidad, el niño debía ser llamado Isaac, lo cual significa él se ríe. De la falta de vida de su matriz Sara aguantó a un niño. Él fue llamado Isaac y él fue circuncidado el octavo día. Durante años, siempre que ellos llamaran al niño, les recordaría de las circunstancias de su nacimiento del como Dios trajo vida de la falta de vida del vientre de Sara para realizar la promesa.

f. Prueba de Fe

Después de un tiempo Dios probó a Abraham, "Toma tu hijo, tu único hijo Isaac, al que amas tanto y ve a la región de Moria. Sacrifícalo allí como una ofrenda de holocausto en una de las montañas de la que te diré." Abraham obedeció. Él sabía el significado del sacrificio por el pecado. Él sabía que Isaac no era libre de pecado, siendo circuncidado, y que él mismo necesitaba un sacrificio por el pecado y no podía ser el sacrificio por el pecado de Abraham. Adelante, él amaba a Isaac, y preferiría dar su vida por Isaac que el dar la vida de Isaac por su propia vida. Él sabía también el poder de Dios en el nacimiento de Isaac y que la promesa continuaría a través de Isaac y de ningún otro. Él creyó que un día Dios lo levantaría (Abraham) de entre los muertos para realizar su promesa. Él por lo tanto creyó que Dios levantaría a Isaac de entre los muertos, después del sacrificio, para realizar la promesa hecha a través de Isaac. Él esperó volver a sus criados con Isaac y él fue guiado para contestar la pregunta de Isaac "¿Dónde está el cordero?" diciendo, "el cordero para el holocausto, hijo mío, lo proveerá Dios."

g. Revelación

Abraham era un profeta. A los profetas les es dada revelación por Dios mismo de lo que Él hará. En ocasiones a los profetas se les requiere el efectuar en sus vidas, sin entender entonces, lo que Dios hará. Cuando él, el padre, empuño el cuchillo para matar a su hijo, su único hijo, al que tanto amaba, para ofrecerlo como una ofrenda de holocausto por el pecado, él vio lo que Dios haría un día. Jesús dijo de Abraham, "Abraham, el padre de ustedes, se regocijo al pensar que vería mi día; y lo vio y se alegró."[18]

h. Explicación

El escritor a los Hebreos, en la exhortación de otros a la fe y al explicar lo que la fe es, dijo lo que estaba en la mente de Abraham: "Abraham

---

18. *Juan 8:56.*

razonó que Dios podría levantar a los muertos, y figuradamente hablando, él realmente recibió a Isaac de regreso de la muerte."[19] La fe por lo tanto no es algo por encima de la razón, o por separado de la razón o en contra de la razón. Mejor dicho, la expresión más alta de la fe es la expresión más alta de la razón. La fe de Abraham creció conforme al crecimiento de su entendimiento. Su fe fue probada, así como también su entendimiento fue probado. Los detalles de su vida muestran cómo dado a su cosmovisión él respondió y recibió nueva revelación, que por su parte le ayudó a entender y responder a la revelación adicional. El ser levantado de entre los muertos era un componente necesario de su cosmovisión de la creación, la caída, y la redención y una parte esencial de su experiencia en la espera de la promesa. El ofrecimiento de Isaac como sacrificio, no es un asesinato cuando es visto como el despliegue único de la revelación redentora.

---

19. *Hebreos 11:19.*

Capítulo 7

Dualismo y Mundos
Lógicamente Posibles

DUALISMO

EL DUALISMO, JUNTO CON EL MONISMO MATERIAL y el monismo espiritual, mantienen que todo es eterno. En contraste a ambas formas del monismo, el dualismo mantiene que tanto la materia como el espíritu existen. En contraste al teísmo el dualismo afirma que tanto la materia como el espíritu son eternos, que no existe un Dios creador. El dualismo ha sido muy difundido en el pensamiento griego, persa, e hindú. Todos los que creen en la existencia del mundo material y en la inmortalidad personal y no creen que la materia y el espíritu fueron creados, son dualistas. Platón y Aristóteles eran dualistas de diferentes tipos, y sus pensamientos ejercieron una influencia considerable en pensadores cristianos como San Agustín y Tomás de Aquino. El Zoroastrianismo persa, afirmaba un conflicto eterno entre las dos realidades, el espíritu y la materia y continuó su influencia en el Maniqueísmo. El pensamiento hindú afirmaba el dualismo basado en los Upanishads (*Madhvu* Vedanta), y en la filosofía Samkhya basada en el yoga sutras de Patanjali. El mormonismo es una forma del dualismo, no del monismo material, al grado de que la materia y el espíritu son esencialmente distinguidos; no hay ninguna creación *ex nihilo* en este sistema de creencia.

La Atracción del Dualismo

El dualismo tiene una atracción natural. El dualismo es el siguiente paso natural más allá de los problemas del monismo material y del monismo espiritual. El dualismo evita algunos de los problemas encontrados por cada forma del monismo. El dualismo tiene una explicación del problema del mal localizando el problema en el alma formando parte en la existencia corporal. El dualismo también tiene una especie de inmortalidad al igual que la preexistencia de esta vida. Pero el dualismo tiene problemas propios que no ha sido capaz de vencer, tanto éticamente como metafísicamente. Éticamente, el dualismo localiza el mal en la existencia corporal en contraste con el alma o el espíritu.

Objeciones a La Atracción del Dualismo

Hay varios problemas y objeciones al dualismo ético. 1) ¿Si el alma es intrínsecamente buena cómo es que se entramó en la existencia corporal? ¿Debió de haber habido una carencia (del conocimiento) en el alma? 2) Si el alma es eterna, ¿Cómo podría haber alguna ignorancia en el alma? Si el alma crece en conocimiento en el tiempo y ya tuvo un tiempo infinito, dado que es eterna, ¿Cómo puede el alma carecer del conocimiento infinito? Esto crea problemas asociados de que si el tiempo infinito puede existir (consulte el argumento *kalam*), de que si puede haber acontecimientos únicos (por ejemplo, crecimiento del conocimiento) en el tiempo infinito, y de que si hay alguna fuga del retorno a la existencia corporal por un evento único por-primera-y-última-ves de encontrar la iluminación o irse al cielo. 3) Si tanto la materia como el espíritu son eternos, ¿Cuál es la base para decir que uno es bueno y el otro malo, en lugar de decir que ellos son simplemente diferentes? Si tanto la materia como el espíritu son eternos ¿Cuál es la base por la esperanza de que uno pueda persuadir al otro (en comparación con el tener un conflicto eterno)? 4) ¿Por qué debería el cuerpo ser considerado la fuente del mal y el espíritu ser considerado bueno? Uno puede concebir de una situación donde todas las necesidades corporales son satisfechas y aun así efectuar una mala acción (como en el Jardín del Edén). Y uno puede concebir un espíritu sin cuerpo siendo malo (Lucifer). En estos casos uno podría pensar que la fuente de mal es el espíritu, y no el cuerpo. 5) ¿Por qué debería el bien ser considerado la condición del alma separada del cuerpo, es decir la existencia incorpórea, fuera de este mundo, un estado en el cual el alma existe en una visión contemplativa pura de las formas eternas (o en una visión beatífica de Dios)?

Persistencia de Actitudes Dualistas

Las actitudes dualistas han persistido en la historia del cristianismo. El mundo es conceptuado como existiendo en grados variantes del mal o carencia del bien. El mundo es percibido como siendo positivamente una fuente del mal, como siendo necesario el evitarlo mediante retiradas monásticas y el celibato. O es visto como una fuente posible de tentación y pecado, en particular el pecado del cuerpo en comparación con el pecado de incredulidad. (Sócrates pensó que debido a todas nuestras necesidades corporales no tenemos tiempo para la filosofía. Uno podría decir de igual manera que la razón por la cual no tenemos tiempo es porque no nos tomamos el tiempo para filosofar y esa es la razón por la cual tenemos todas estas "necesidades corporales.") O, el mundo es visto como tierra neutra, ni bueno ni malo en sus instituciones y prácticas (democracia y capitalismo); lo que importa es la actitud propia. O, el mundo puede ser visto como un bien positivo, habiendo sido creado por Dios, pero no está tan bueno como el mundo que ha de venir después de esta vida. Una alternativa a este desapego del mundo del cristianismo bajo la influencia del dualismo griego, debe de considerar la creación y la historia como la revelación de la gloria de Dios, que la tierra está llena de la gloria de Dios, y que el objetivo de la humanidad a través del trabajo de dominio, es llenar la tierra del conocimiento de la gloria de Dios como las aguas cubren el mar. El teísmo consistente no se aparta del mundo, pero actitudes dualistas todavía impregnan la mayor parte del teísmo cristiano popular.

Dos Formas del Dualismo

El dualismo griego existe en dos tradiciones filosóficas: el dualismo de Platón, en el cual la materia y el espíritu son eternos e independientes el uno del otro, y el dualismo de Aristóteles, en el cual la materia es eterna, pero dependiente del espíritu. En el dualismo de Platón, hay cuatro realidades eternas: las formas eternas, el fabricante divino, las almas y la materia. El fabricante divino (demiurgo) no es el Creador de la materia, pero él es quién moldea la materia según las formas. No siendo el Creador, el demiurgo carece del poder absoluto sobre la materia y solo puede reproducir imperfectamente las formas en la materia. El conocimiento para Platón es de las formas inmutables, que las almas eternas recuerdan débilmente de la existencia previa.

Este conocimiento, descrito en la alegoría de la caverna de Platón, es alcanzado solo rigurosamente en esta vida liberándose de la esclavitud de los sentidos, a fin de contemplar las formas puras.

El Dualismo de Platón

Las cosas básicas acerca de Dios y el hombre, del bien y del mal no son claras, acorde a Platón, o acorde a Sócrates, a través de quien Platón habla. En los primeros diálogos Sócrates aclamó el no tener conocimiento. En los diálogos posteriores Platón presumió de manera acrítica que la materia y las almas eran eternas, también las formas y el demiurgo. Él usó la razón constructivamente para desarrollar una cosmovisión basada en estas cuatro realidades eternas. Él usó la razón críticamente para probar insuficiencias en las perspectivas de aquellos que afirman saber y enseñar a otros. Y Sócrates prefirió morir en vez de dejar el papel público del tábano a aquellos que vivían vidas no examinadas. Aun así, algunas afirmaciones de Platón acerca de las cosas básicas no fueron examinadas. El dualismo de Platón, en contraste con el dualismo de Aristóteles, puede ser llamado el dualismo ordinario. En esta perspectiva la materia y las almas son tanto eternas como independientes el uno del otro. Platón no ofreció ninguna razón por la cual creer que el alma es eterna. Y él no consideró ninguna de las objeciones en contra de la eternidad del alma. En esto él no es diferente de muchos quiénes sostienen creencias básicas sin prueba. Ya hemos proporcionado razones en el primer argumento contra el materialismo para decir que el mundo material en general, en sus partes, y en conjunto no se automantiene y por lo tanto no es eterno. Esta es una objeción suficiente para el dualismo ordinario.

También hemos proporcionado razones para decir que mientras que el alma es interminable—una posición por la cual Platón argumento[1]—el alma no es eterna, sin principio. El alma está dentro del tiempo en que tenemos un pensamiento después del otro. Si el alma fuese eterna sería eterna dentro del tiempo. El alma como finita en el conocimiento sería sujeta al crecimiento en el tiempo infinito. El alma como finita en conocimiento sería sujeta al crecimiento en el tiempo

---

1. Se puede argumentar a favor de la inmortalidad natural del alma argumentando desde su incorporeidad, hasta su indivisibilidad, hasta su indestructibilidad. En el Fedón, Sócrates parece confiar en tales inferencias. Plato, *Complete Works*.

infinito. Pero no puede haber ningún acontecimiento único en un proceso eterno dentro del tiempo, ya que no podría ser explicado el por qué ese acontecimiento no había sucedido con anterioridad, dada una cantidad infinita de tiempo. Por lo tanto, el alma no es eterna, o no es finita en el conocimiento, o pasa por un ciclo interminable sin crecimiento único del conocimiento. Ya que es claro que no poseemos un conocimiento infinito y no estamos dispuestos a decir que pasamos por un ciclo interminable, y por lo tanto absurdo, concluimos que el alma no es eterna. De esta manera el alma es temporal, es decir tiene un principio, y por lo tanto el alma es creada.

Dualismo de Aristóteles

Aristóteles era el estudiante de Platón. Él no aceptó partes básicas de la metafísica de Platón o su epistemología. Él afirmó una forma cualificada del dualismo: la materia es eterna pero dependiente de la Primera Causa de su realidad. La posición de Aristóteles crea una pregunta en cuanto a si lo que es eterno es necesariamente independiente y auto-existente. Aristóteles arribó a su posición partiendo de un análisis del cambio en la experiencia ordinaria. Él analizó el cambio como un movimiento de la potencialidad a la realidad, de una condición faltante de forma a la aceptación de la forma. Una bellota se convierte en un roble. El latón se hace una estatua humana. La bellota es potencialmente un roble, y en el proceso de cambio, la materia de la bellota toma la forma (o esencia) del roble y se convierte realmente en un roble. Para cambiarse de la potencialidad a la actualidad, la bellota (o latón) debe ser obrado por fuerzas exteriores. El agua, la luz del sol, y el suelo actúan sobre la bellota para que se convierta en un roble. Todo cambio requiere una causa. La cadena de causalidad no puede retroceder infinitamente. Debe haber una Primer Causa o una causa no causada, un movedor estático o un Primer Movedor para que cosa alguna se convirtiese en realidad. El Primer Movedor es Realidad Pura sin potencialidad. Ya que la materia es sujeta al cambio, la Actualidad Pura excluye toda la materia. La Actualidad Pura es por lo tanto el espíritu. El decir que el espíritu actúa en la materia no es diferente del dualismo ordinario de Platón en el cual el demiurgo actuó en un mundo material eterno e independiente. En la perspectiva de Aristóteles, únicamente el Primer Movedor tiene realidad pura. Todo lo demás recibió su realidad del

Primer Movedor. ¿Cuál es el significado de esto? La bellota en cierto tiempo es realmente una bellota. La bellota no fue siempre una bellota; la bellota se convirtió en una bellota, digamos, por la combinación de algunos átomos. Los átomos mismos no eran eternamente átomos o estaríamos en el dualismo ordinario, sujeto a sus objeciones. Antes de ser átomos podríamos decir hoy que había energía. Pero no podemos pararnos con una auto-existencia eterna y automantenimiento de la energía. Si retrocedemos más allá debemos ir a la potencialidad pura, sin realidad alguna. ¿Pero cómo es la potencialidad pura o el no tener ninguna realidad de no ser nada o del no-ser?

El análisis de Aristóteles afronta un dilema: O la materia tiene alguna realidad sin el espíritu, en cuyo caso este es el dualismo ordinario, no el dualismo dependiente; o, la materia no tiene ninguna realidad sin el espíritu, en cuyo caso esto es creación, no el dualismo. En cualquiera de los dos cases no hay ninguna realidad material que es tanto eterna como dependiente. Lo que es eterno es independiente, auto-existente, se automantiene, y se autoexplica.

El análisis de Aristóteles de todo cambio como un movimiento de la potencialidad a la realidad, no explica suficientemente el cambio del decaimiento y el cambio del venir a ser. Aquino aceptó el argumento de Aristóteles por el Primer Movedor como una prueba de la existencia de Dios. Él entonces tuvo que reconciliar la dependencia eterna de Aristóteles con la creación que tiene un principio como expresado en el libro de Génesis. Aristóteles, en su perspectiva, llego hasta donde la razón natural puede ir. La naturaleza es completada por la gracia sobrenatural. Acorde a Aquino se requiere la fe para creer la paradoja que había un tiempo en que el mundo no existió, no obstante, el mundo surgió. Aquino pudo haber dicho que el tiempo comenzó cuando el mundo comenzó. Esto, sin embargo, significaría la creación, una doctrina que Aristóteles fallo en capturar debido a un fracaso al no usar la razón críticamente en el nivel básico.

MUNDOS LÓGICAMENTE POSIBLES

Hemos examinado críticamente las presunciones de tres cosmovisiones las cuales afirman que todo es eterno. Antes de proseguir con el examen de la alternativa, que tan solo algo es eterno, debemos considerar si hay otras perspectivas que deben de ser examinadas. ¿Hay acaso otras cosmovisiones que han sido expresadas en la historia o se podrían expresar en un futuro o por lo menos son lógicamente posibles, aunque sea improbable que vayan a ser expresadas sin llegar a tener mayor trascendencia? Ya que el argumento ha procedido eliminando lo que no es lógicamente posible, por la solidez, debemos de considerar todos los tipos de mundos lógicamente posibles. Las cosmovisiones históricas han sido examinadas en términos de sus perspectivas acerca de lo que es verdadero y eterno. Las alternativas a las cosmovisiones históricas pueden ser clasificadas de varias formas.

Formas de Mundos Lógicamente Posibles

1. Varias formas, aspectos, dimensiones y variaciones en el tema del escepticismo han sido considerados, incluso varias formas del antirrealismo. Estos generalmente reflejan presunciones faltas de sentido crítico sostenidas junto con afirmaciones acerca de los límites de la razón, por lo general basadas en el fracaso de usar suficientemente la razón crítica. Si el escepticismo no es una cosmovisión explícita en sí puede ser reconocido como una postura característica. El escepticismo sin duda recurrirá. La pregunta es si el escepticismo recurrirá en alguna forma esencialmente nueva. Si el escepticismo recurre, debe ser críticamente examinado en sus presunciones, las cuales parten de su concepción de la razón, la necesidad del hombre por sentido, y sobre el saber por la razón y la argumentación.

2. Un segundo conjunto de perspectivas alternativas gira alrededor del concepto del ser y del no-ser. Las cosmovisiones históricas han afirmado el concepto del ser en el decir que algo (el ser) es eterno. La negación del ser en las filosofías del surgimiento (por ejemplo, *Madhyamika*) y en las concepciones fenomenalistas del ser (Berkeley, Kant, Derrida) han sido consideradas. Ellos generalmente caen en el escepticismo y el silencio, o una afirmación de un desconocido o una afirmación dogmática de una de las perspectivas históricas.

3. Algunas perspectivas alternativas afirman el ser sin especificación. El *Uno* de Parménides no puede ser nombrado. Esto es también verdad del *Uno* de Plotinus. El *Tao* de Lao Tzu no puede ser nombrado, ni el *Apeiron* de Anaximander, ni el *Dios* de Espinoza, ni el *Nirguna*

Brahman de Shankara, ni la *Singularidad* de Hawking. En común, ellos afirman que "todo es uno" y "todo es eterno" y de esta manera niegan a Dios el Creador. El camino al Uno parece ser requerido por la razón, pero los argumentos están basados o en una petición de principio o en definiciones incoherentes, o en diferenciaciones sin diferencia alguna. Este conjunto de alternativas pueden ser o clasificadas bajo una u otra forma histórica del no-teísmo, o ser colocadas en una clase distinta como la petición a Uno Desconocido. Como tal esta petición se coloca más allá del pensamiento racional. En tanto que las razones son dadas para el movimiento al desconocido, estas razones pueden ser criticadas. Tentativas de derivar inferencias del desconocido se vuelven puramente arbitrarias.

4. Si una cosmovisión debe contestar las preguntas básicas sobre el ser, ¿Cómo podría ser una alternativa a las perspectivas históricas? El ser es, o temporal (con comienzo) o eterno (sin comienzo). ¿Hay una tercera posibilidad? ¿No puede la existencia no ser, ni temporal, ni eterna, ni *a* ni *no-a*? Por la ley del medio tercio, no existe una tercera posibilidad. ¿Puede la existencia ser tanto *a* cómo *no-a* en el mismo respecto y al mismo tiempo? Según la ley de no contradicción, esto no puede ser. Con el hecho de no identificarlo como *a* o *no-a* es el no formar un concepto acorde a la ley de la identidad. Esto es un desconocido y una cuestión de silencio.

¿Hay algo que no es materia (lo que tiene extensión y no es consciente) o no espíritu (lo que no tiene extensión y es consciente) o es tanto materia como espíritu (en el mismo respecto y al mismo tiempo) o no es, ni materia, ni espíritu? Como con los predicados temporales y eternos, las leyes del pensamiento se aplican aquí del mismo modo. Las cuatro cosmovisiones históricas—el monismo material, monismo espiritual, dualismo y teísmo—agotan las posibilidades lógicas. Esto debe ser esperado si la historia es un proceso de los desafíos internos y externos de la razón en la búsqueda humana del sentido.

5. Los filósofos hablan mucho de los mundos lógicamente posibles. Con esto ellos no quieren decir mundos lógicamente posibles en un sentido básico, pero si variaciones dentro de un mundo dado. A menudo se pregunta, "¿Es este el mejor de todos los mundos posibles?" ¿Podría haber un mundo con menos mal? ¿Podría haber un mundo con menos

personas, en el cual, por ejemplo, yo no existiera? Esto a menudo lleva a la pregunta acerca de la benevolencia de Dios, la libertad de Dios y la aplicación de alguna forma del Principio de la Razón Suficiente. Nuestro interés reside en probar que las cosas básicas son claras en el mundo real. Si las cosas básicas son claras entonces hay solo un mundo lógicamente posible en un sentido básico. Variaciones dentro de un mundo son de interés si dan lugar a preguntas sobre cuestiones básicas. Y ya que lo que es menos básico depende de lo que es más básico, si hay acuerdo en lo que es más básico habrá acuerdo en lo que es menos básico, así como preguntas sobre variaciones dentro de este mundo.

6. A veces se habla de un mundo en un sentido subjetivo. En este sentido se dice que el mundo de cada persona es diferente, hasta el punto de no ser comparable (inconmensurabilidad) con cualquier otro mundo. Hemos hablado previamente de las variaciones de perspectivas en el decir que hay muchos grados diferentes de conocimiento y consistencia con el cual una creencia básica es sostenida. Mientras interpretamos nuestras experiencias acorde a nuestra creencia básica, el grado de conocimiento y la consistencia de nuestra creencia básica, es afectada por nuestra personalidad y propósito de vida (artístico, filosófico o práctico), nuestra cultura (económico, educativo, amistades), y en cualquier circunstancia dado nuestro humor (enfocado en el ser o el bien). Las diferencias admiten grados y nuestros valores son reflejados en un patrón predecible de la asociación. Siendo más o menos consciente y consistente no nos coloca en otra cosmovisión o en una cosmovisión propia. Las variaciones en grados asumen una concordancia subyacente en el contenido. Las variaciones en especie asumen una comunalidad formal subyacente.

7. Quizás el sentido más interesante de mundos lógicamente posibles es presentado en la literatura en la forma de mito, ya sea en el pasado (*El Señor de los Anillos*) o en lo futuro (*La Guerra de las Galaxias*). La naturaleza de la realidad última no es siempre transparente. ¿Es la Fuerza personal o impersonal? ¿Es la Fuerza buena o mala o ninguna? ¿Tiene sentido el decir "Que la Fuerza te acompañe" si la Fuerza es impersonal? ¿Si la Fuerza es personal puede la fuerza tener un lado oscuro también? ¿Acaso su atractivo reside en su misterio? ¿Es el mundo de *La Guerra de las Galaxias* el de un materialismo místico? ¿Es el mundo de los Anillos

dualista o teísta o una alternativa genuina a todas las cosmovisiones históricas? ¿Acaso el mundo de fantasía y magia depende de eventos sin causa o en fuerzas escondidas u ocultas o el atractivo es mediado por el simbolismo y alegoría? Independientemente del abordamiento tomado, la literatura no nos lleva más allá de las cosmovisiones históricas. Por lo tanto, estamos justificados en el proceder a la exanimación de la cosmovisión restante, basada en la creencia que "tan solo algo es eterno."

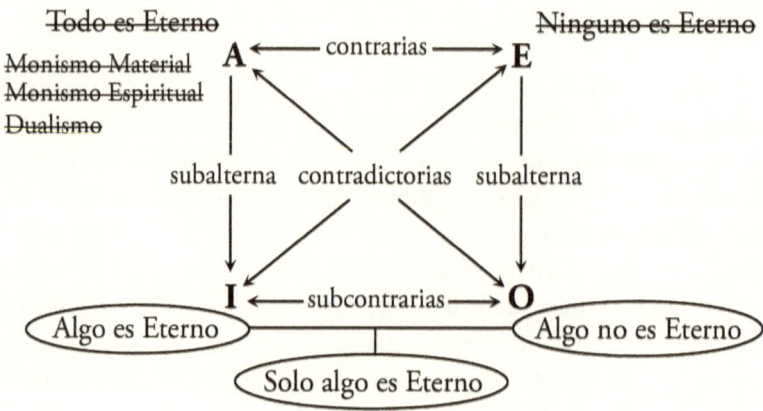

Capítulo 8

TEÍSMO

INTRODUCCIÓN

HEMOS ANALIZADO LAS FORMAS HISTÓRICAS y las formas lógicamente posibles de la perspectiva que "todo es eterno" en alguna forma u otra. Todos contenían incoherencia lógica al nivel básico. Parece que "solamente algo es eterno" debe ser verdadero. Lo que es eterno trajo a la existencia, o creó, lo que no es eterno. La creencia en un Creador es la creencia teísta en Dios. Sin embargo, el teísmo es pensado por muchos como lógicamente incoherente y falla en conservar el significado de igual manera que las otras cosmovisiones han fallado. El creer sin ver lo que es claro y sin ser capaz de mostrar como el teísmo conserva el significado, es el creer sin prueba y sin entendimiento. El fideísmo vacía la creencia del significado. El fideísmo no es una alternativa al escepticismo, ya que la necesidad más profunda del hombre es por el significado. El teísmo por lo tanto debe responder al desafío de acusado de ser incoherente o perder su importancia tanto pública como personal.

En el hablar sobre el teísmo uno no puede hablar como un fideísta. El apelar a la creencia en Dios sobre la base de la escritura sin prueba de la revelación general enfrenta varios problemas. *Primero*, esto es una petición de principio. ¿Cómo sabe uno que las escrituras son la palabra de Dios si no se sabe que Dios existe? ¿Por qué hay necesidad de la existencia de las escrituras y, cómo sabe uno que este libro en vez de algún otro libro es revelación divina? Estos son desafíos existentes desde hace mucho tiempo que no han sido contestados satisfactoriamente. El apelar a las escrituras como inmediatas, y sin la inferencia, se prueba así misma y como la fuente de creencia en Dios, no explica como la incredulidad es inexcusable para aquellos que no han sido expuestos a las escrituras.

Segundo, si la existencia y la naturaleza de Dios no son claras partiendo de la revelación general entonces la incredulidad es excusable. El decir que profundamente dentro de uno cada persona sabe que Dios existe y que este conocimiento está siendo suprimido, no demuestra como la incredulidad usada para suprimir la verdad es inexcusable. Una consecuencia de la pérdida de la inexcusabilidad es que el bien y el mal son vaciados de significado, y por lo tanto también la idea de la justicia y la piedad divina.

Tercero, el fideísmo falla en representar la enseñanza de las escrituras las cuales afirman la inexcusabilidad de la incredulidad sobre la base de la clara revelación general, la responsabilidad de dar razón de la esperanza propia a aquellos que pregunten, la obligación de tomar cautivos los pensamientos que son levantados en contra del conocimiento de Dios, y el objetivo de glorificar a Dios en todo lo cual él se da a conocer.[1] Por estas razones, al discutir el teísmo, debemos comenzar hablando acerca de lo que es claro de la revelación general.

El término "Dios" tiene diferentes significados en el ateísmo, panteísmo, dualismo y politeísmo. En el teísmo es comúnmente entendido que Dios es un Espíritu, infinito, eterno e inmutable en su ser, sabiduría, santidad, justicia, bondad y verdad.[2] Dios es personal, poseyendo conocimiento y voluntad. Dios es omnipresente como un espíritu infinito, espiritualmente presente en todas partes. Dios es omnipotente, teniendo el poder absoluto sobre lo que él lleva a cabo. Dios es omnisciente, sabiendo todas las cosas exhaustivamente, sabiendo el final a partir del principio. Dios tiene atributos morales de bondad

---

1. Consulte *Romanos* 1:20 sobre la claridad de la revelación general; véase *1 Pedro 3:15* sobre la razón de la propia esperanza; véase *2 Corintios 10:4* sobre llevar cautivos los pensamientos altivos; para conocer el credo cristiano histórico, consulte la *Confesión de fe de Westminster* 4.1, 5.1 y la pregunta 1 y 101 del *Catecismo Menor*.

2. La derivación y la defensa de estos atributos son apropiadas para la filosofía de la religión, lo cual no se aborda aquí explícitamente. Suponiendo, por las pruebas anteriores, que la materia no es eterna, y que sólo algo es eterno, se seguiría que lo eterno es el espíritu, que por naturaleza es personal, y tiene conocimiento y voluntad. El conocimiento y la voluntad de un Creador eterno serían infinitos e inmutables. Se pueden agregar más, pero aquí el enfoque debe estar en el problema del mal para el teísmo tradicional, donde esta definición es un terreno común en la disputa (véase el *Catecismo Menor*, Pregunta 4: "¿Qué es Dios?").

y justicia de una manera infinita, eterna e inmutable.[3] Los atributos de infinitud, eternidad, e inmutabilidad se aplican a todos los otros atributos de Dios. Ellos son poseídos por Dios solamente. Los seres humanos son la imagen de Dios, teniendo los mismos atributos que Dios tiene (ser, sabiduría, poder, santidad, justicia, bondad y verdad) de un modo finito, temporal y cambiable. Todos estos atributos de Dios están manifestados en la revelación general de la creación y la historia. El atributo primero y fundamental es la eternidad de Dios, y con este, su aseidad (completo en auto-existencia).

Estos atributos, entendidos de ciertos modos, han causado perplejidades. Unas son perplejidades simplemente intelectuales, como la paradoja de la omnipotencia— ¿Puede Dios crear una piedra tan grande que él no puede levantarla? Algunas perplejidades formulan preguntas sobre la naturaleza de Dios: ¿Si él está en una eternidad sin tiempo acaso él no tiene pasiones (Teísmo Abierto)? Unas perplejidades dan lugar a preguntas sobre la omnisciencia de Dios: ¿Si Dios sabe el futuro, es la libertad humana posible? Algunas perplejidades ocasionan preguntas sobre la simplicidad (la unidad) de los atributos divinos preocupantes, en particular de la justicia y la piedad. Pero la pregunta que es desconcertante a todos quienes piensan acerca de Dios es: "¿Cómo puede Dios ser todo bueno y todo poderoso y el mal existe en el mundo?" Este es el problema clásico del mal.

PROBLEMAS PRELIMINARES

Antes de confrontar el problema del mal hay unos problemas preliminares que deben de ser considerados.

---

3. ¿Debe Dios ser infinitamente bueno? Si Dios es Creador *ex nihilo*, entonces Dios es infinito: tiene poder absoluto y conocimiento de lo que crea de la nada. Si el mal es actuar en contra de la naturaleza de uno, entonces la pregunta es: "¿Puede Dios ser infinitamente malo?" Si Dios fuera infinitamente opuesto a sí mismo en cada acto, no podría actuar para hacer nada en absoluto y, por lo tanto, no podría actuar para crear. ¿Podría Dios ser ni bueno ni malo? Si Dios creó el sentido moral del hombre con sabiduría infinita y deliberada, Dios no podría ser moralmente indiferente. Se preocuparía por lo que es moral, y por lo tanto sería moral y no indiferente. Si Dios no puede ser malo o indiferente, entonces Dios debe ser infinitamente bueno.

Creación *Ex Nihilo*

La creación *ex nihilo* literalmente es la creación de la nada.[4] La creación *ex nihilo* no es el formar una realidad material ya existente, como en el dualismo. La creación no es una transformación del ser de Dios en la cual cada parte es parte de Dios (panteísmo). La creación no es una dependencia eterna (Aristóteles). La creación no es una emanación del Uno en una jerarquía del ser (Plotino). Si la creación no es ninguna de estas, entonces les parece a algunos el ser un acto mágico del ser proviniendo del no-ser, lo cual fue rechazado como imposible. La creación *ex nihilo* difiere de dos maneras con la perspectiva que el ser proviene del no-ser. En lo último, nada es eterno y todo vino a ser proviniendo del no-ser. En este, Dios es eterno. Dios no vino a ser proviniendo del no-ser. En el último hay un evento sin causa. En este, el ser provino del acto (voluntad) de Dios. El provenir a la existencia a través del acto de creación no es un evento sin causa.

Analogías de la Creación *Ex Nihilo*

La creación *ex nihilo* a menudo ha dejado perplejos, a aquellos que piensan acerca de ello. ¿Cómo pudo Dios, el cual es espíritu crear la materia la cual es tan distinta del espíritu? ¿Y cómo pudo Dios crear otro espíritu por separado de sí mismo en vez de crearlo como una parte de sí mismo? Hay analogías a la creación en la experiencia humana. En analogías hay un elemento de semejanza, así como también de no semejanza y estos están ligados juntos. En casos unívocos ellos son totalmente similares; en casos equívocales ellos son totalmente diferentes. Se dice que el hombre como la imagen de Dios es similar y diferente a Dios. El hombre es similar a Dios en poseer sabiduría; las rocas y las plantas no tienen sabiduría. La sabiduría del hombre es diferente a la sabiduría de Dios dado que la sabiduría del hombre es finita y la sabiduría de Dios es infinita. En el ser del hombre, el cual es análogo al ser de Dios, analogías a la creación pueden ser vistas. En el hombre, la materia afecta

---

4. Los argumentos en los capítulos 4-7, si son sólidos, muestran que solo algo es eterno, es decir, que algunos son eternos y otros no son eternos. Lo que no es eterno llegó a existir, pero no habría llegado a existir a partir de la no existencia (ver capítulo 4). Entonces sólo podría haber sido creado por lo que es eterno. Traer a la existencia es crear *ex nihilo* (traer a la existencia de ningún ser o sustancia preexistente). Lo que es eterno por lo tanto creó *ex nihilo* lo que no es eterno.

la mente en la transición de un impulso neuronal a una imagen mental (consulte el Tercer Argumento en contra del Materialismo). Como es que esto ocurre en algún punto no puede ser especificado. Ya que en cada cadena de explicación causal una causa compleja es explicada en términos de eslabones causales simples, ninguno de los cuales, en virtud de ser simples, no pueden ser explicados en términos de una serie de eslabones causales más simples. Así como la materia afecta la mente, de igual manera la mente afecta la materia. Un acontecimiento mental (la intención de mover mi brazo) puede causar un acontecimiento físico (el movimiento de mi brazo). El acto de querer poder irradia de la mente, y se materializa en impulsos neuronales los cuales mueven mi brazo y proveen energía al mundo físico de mi entorno. El ser no es disminuido en el acto de intención por la cual los impulsos neuronales son formados. Del mismo modo, con la pregunta del espíritu, en la procreación la vida fluye de los padres, y se convierte en algo ajeno a los padres, sin que los padres sean disminuidos. La nueva vida, la cual es lo mismo que el alma, es distinta a los padres. Como la creación, una nueva vida surge. A diferencia de la creación el hombre participa en un proceso que está ya muy estructurado, sobre el cual él no tiene control alguno.

La Creación como un Evento Único

Ha sido argumentado previamente que no hay acontecimientos únicos en un ser eterno dentro del tiempo. La creación parece ser un aconteci- miento único dentro del tiempo, ocasionando preguntas como "¿Qué hacía Dios antes de crear?," y "¿Por qué Dios no creó antes que cuando creo, dado que Dios tenía infinito tiempo?" Estas preguntas asumen que Dios es eterno y dentro del tiempo, y que el tiempo en sí no es creado. El tiempo no es un ser, pero un aspecto de seres.[5] El tiempo es una relación entre seres o dentro de un ser. El tiempo externo es una relación entre el ser en movimiento. Si no hay ningún movimiento en absoluto en ningún ser físico, entonces no hay ningún paso del tiempo,

---

5. El argumento aquí (como suele ser el caso en otros lugares) es por las buenas y necesarias consecuencias de las cosas en las que se acuerda comúnmente. En cuanto al tiempo, se acep- ta comúnmente que el tiempo no es un ser, sino un aspecto de los seres. El análisis procede de allí a su conclusión. Lo que puede no ocurrir en muchos casos es el análisis paso a paso mediante el cual se llega a una conclusión particular. Se le pide al lector que examine cada paso en el análisis.

no antes o después, no envejecimiento, no tarde o temprano. Y tanto más, si no hay ningún ser físico no puede haber movimiento y por lo tanto el tiempo externo no existiría. El tiempo interno es una relación entre ideas en mentes finitas que ocurren uno tras otro. Si no hubiera ningunas mentes finitas o creadas, no habría ningún tiempo interior. Dado que tanto el mundo físico como las mentes finitas surgieron no había tiempo (interior o exterior) antes de la creación.

La creación es el principio del tiempo. El tiempo comenzó con la creación. Existe un orden lógico o atemporal en la eternidad sin tiempo, no un orden temporal. Si el tiempo debe comenzar con la creación no tiene sentido el preguntar qué es lo que Dios hacía antes de la creación, es decir, antes de que el tiempo comenzara. También se puede decir que nunca hubo un tiempo en el cual el mundo no existió sin negar que el mundo y el tiempo, tuvieran un principio. En cuanto a los actos únicos de Dios dentro del tiempo, como la partición del Mar Rojo, hay una explicación natural del por qué ese acto debe ocurrir en una relación particular a otro acontecimiento (el éxodo de la gente de Egipto) y no un año antes o después de que pasó.

¿Por Qué Dios Creó?

Se piensa comúnmente que cuando una persona actúa, dicha persona actúa para completar alguna necesidad. Dios también, siendo una persona, actúa para completar una necesidad, así se piensa. Sin embargo, la necesidad, se piensa, implica alguna carencia en Dios, lo cual es incompatible con la infinitud divina y aseidad. La pregunta asume que uno puede ser sin expresarse así mismo, que podemos "ser" sin "hacer." Esto también asume que, como personas humanas, Dios está dentro del tiempo y actúa dentro del tiempo. Dios es sabio y está actuando sabiamente. Él está siendo sabio. No hay ninguna separación de la esencia, acto y ser de Dios. Uno puede entonces decir que Dios crea porque él es Creador o simplemente porque Él es. En el crear Dios está siendo Dios. Puede ser preguntado, "¿Por qué entonces creó Dios este mundo en vez de algún otro mundo, un mundo, supongamos, con menos o más mal?" Dicha persona está buscando por una razón suficiente para explicar lo que observamos en el mundo. La pregunta de la razón suficiente y la teodicea serán examinadas específicamente. Aquí, más generalmente, se puede decir que el acto de Dios expresa la naturaleza, esencia, o atributos de Dios. Unos evitan el hablar sobre atributos, pero son los atributos de Dios (mencionó antes) los que son revelados y son los atributos por lo tanto los que deben ser conocidos; y son los atributos los que no han sido suficientemente conocidos y han sido el sujeto de disputas y divisiones durante siglos. Si el conocimiento de Dios es más místico que cognoscitivo, y si hay conocimiento de Dios sin el conocimiento de sus atributos, y viceversa, es discutido bajo argumentos usados en apoyo del fideísmo.

La sabiduría, el poder, la justicia y la bondad de Dios son revelados en la creación, necesariamente. La creación es revelación. Este mundo revela la gloria divina, en plenitud, pero no exhaustivamente. La creación, siendo finita, nunca puede revelar exhaustivamente a Dios. Lo finito no puede agotar lo infinito. Sin embargo, hay una plenitud en esta revelación. La tierra entera está llena de la gloria de Dios. Los detalles y las circunstancias de la creación deben ser por lo tanto entendidos en el principio de plenitud de la revelación.

EL PROBLEMA DEL MAL:
LA PRESENTACIÓN DE DAVID HUME

Nos trasladamos ahora de los problemas preliminares del teísmo a examinar la objeción principal para el teísmo basada en el problema del mal. David Hume en sus *Diálogos Concernientes a la Religión Natural.*[6] Ha dado una presentación amplia del problema y ha ofrecido soluciones basadas en las perspectivas de los tres participantes en el diálogo. Examinaremos el trato de Hume con cierto detalle porque él intenta tratar el problema exhaustivamente y con un poco de perspicacia incluso donde podemos no estar de acuerdo con él. Después de esto analizaremos la solución del libre albedrio al problema del mal y las objeciones en contra de la solución. Por último, propondremos una solución, la cual, dada la naturaleza del problema y la naturaleza del mal, es llamada "La Solución Irónica."

El problema del mal es una parte de un diálogo más grande que trata de la existencia y la naturaleza de Dios. Los tres interlocutores representan las tres maneras de hablar acerca de Dios. Demea, el creyente ortodoxo,

---

6. David Hume, *Dialogues and Natural History of Religion*, ed. J.C.A. Gaskin (Oxford: Oxford University Press, 1993), 95-115.

habla de Dios análogamente: Dios es similar y diferente al hombre. Cleantes, el empirista racional, habla de Dios unívocamente: Dios es esencialmente como el hombre. Filón, el escéptico-místico, habla de Dios equívocamente: Dios es totalmente diferente del hombre. Demea y Filón empiezan estando de acuerdo en que la religión surge de un sentido de la miseria y que el mundo está lleno de miseria y perversidad. Filón deja caer el problema del mal sobre Demea y luego los tres analizan las soluciones propuestas por cada uno, planteando objeciones consistentes con sus perspectivas particulares. Al final ninguna solución propuesta es aceptable. Veamos por qué.

La Religión Surge de un Sentimiento de Miseria

Demea y Filón están de acuerdo en que la religión surge de los sentimientos y no de las ideas. Esta no es una perspectiva poco común. Es un cliché que no hay ningún ateo en trincheras individuales. Cuando las cosas se ponen difíciles, incluso el duro se vuelve religioso. La religión es el opio de las masas en la opinión de Marx. La religión es una cuestión de la comodidad y el consuelo, una droga para aliviar el dolor de la existencia alienada. La religión es una muleta para el débil, una dependencia infantil, en la opinión de Freud. Proyectamos, partiendo de nuestros miedos y deseos, a un padre celestial que nos cuidará en un mundo hostil. Llamamos a Dios cuando estamos en problemas y nos apartamos cuando estamos cómodos. Nietzsche pensaba que la religión cristiana era una religión para el débil, una moralidad esclava. Las iglesias atraen a los miembros más emotivos y vulnerables de la sociedad. La mejor y efectivamente la única manera de traer a alguien a un sentido merecido de religión es por la representación justa de la miseria y la perversidad de la vida. Y para ello, lo que es necesario para la enseñanza religiosa no es un talento para el razonamiento sino un talento de la elocuencia de manera que haga a las personas sentirse más conscientes aun de la miseria que ya son conscientes, Filón pensaba.

Demea se aúna a Filón en sus presunciones, pero no necesitaba, y no debió dé. ¿Todas o solamente algunas religiones surgen del sentido de la miseria? ¿Hay algunas personas que no son miserables y que son religiosas? Eso sería difícil de negar a menos que la miseria surge, no de las circunstancias, pero de la falta de significado. Quizás alguna religión surge de un sentido de la miseria, por ejemplo, la religión de Mamón o el éxito material. Pero eso no se compararía con la religión de Job, que de la profundidad de su miseria gritó favorablemente, "Aunque él me mate, en él confiaré." Job no sirve a Dios por las bendiciones exteriores dadas por Dios ni tampoco abandona a Dios cuando él pierde todas las bendiciones naturales. La religión de Job no surge de un sentido de la miseria.

Pero hay problemas adicionales en la perspectiva de Filón, en su concepto de religión misma. ¿Qué es la religión? ¿Solamente algunos son religiosos, y puede la religión surgir? Si la religión es la creencia o conjunto de creencias que uno usa para dar significado a las experiencias propias entonces, debido a que todos dan significado a sus experiencias, todos son religiosos.[7] La creencia teísta tanto como la creencia no-teísta (anti-teísmo, el panteísmo, y el dualismo) funcionan formalmente del mismo modo y son igualmente religiosos. Además, lo que uno considera como miseria depende de la creencia básica propia, por lo tanto, la religión no puede surgir de "la experiencia de miseria." Debido a que nunca nos encontramos existencialmente en un mundo sin significado de algún tipo u otro, debemos decir que la religión no puede ni surge, aunque la religión puede cambiar.

---

7. Las definiciones de religión propuestas en los últimos dos siglos por Schleiermacher, Weber, Marx, Durkheim, Frazer, Otto, Freud, etc., son muy discutidas en el estudio académico de la religión. Recientemente, bajo la influencia del posmodernismo, la noción misma de definición ha sido cuestionada. Aquí, tenemos que volver a los supuestos más profundos y escépticos de la existencia de las esencias (¿Hay alguna permanencia?) y la existencia del conocimiento objetivo (¿Es la realidad una construcción de estados de conciencia en constante cambio?). Estas suposiciones de escepticismo han sido examinadas críticamente a lo largo de este libro (vea el Capítulo 4 sobre la eternidad y el Capítulo 6 sobre el antirrealismo). La definición de religión como un intento de establecer el significado de un término está ligada al marco de significado más amplio de uno, es decir, la cosmovisión de uno. Es decir, la definición que uno tiene de la religión refleja la religión propia (el marco de significado) la cual uno mantiene con mayor o menor conciencia y consistencia. En la medida en que uno no sea consistentemente escéptico y dado al nihilismo, queda un terreno común. Hay ejemplos de religión comúnmente aceptados (hinduismo, budismo, confucianismo, judaísmo, cristianismo, islam) a partir de los cuales se pueden identificar rasgos comunes de religión. La creencia en un poder superior no es una característica común de todas ellas, pero dar significado a la experiencia de uno a la luz de la creencia básica de uno (verdadera tanto para el teísmo como para el ateísmo/humanismo secular/naturalismo) es común a todas estas religiones. Esto se aplica a las variaciones dentro de cualquier tradición (tanto a nivel clásico como popular: hay muchos cristianismos, muchos islames, muchos budismos), así como a las mezclas entre tradiciones (sincretismo), es decir, las cosmovisiones se mantienen más o menos consciente y consistentemente.

El Mundo está Lleno de Miseria y Perversidad

Que el mundo está lleno de miseria y perversidad es acordado por Demea y Filón, pero resistido por Cleantes que representa el sentido común popular. "Lleno" parece ser una expresión demasiado poderosa y la mayoría negaría que el mundo esté lleno del mal natural (miseria) y mal moral (perversidad). Filón propone "Lleno" en un sentido fuerte, más allá de agua hasta el tobillo o la cintura. Añadiré a la lista de argumentos de Filón al hablar de parte de Demea, el creyente ortodoxo, en los siguientes diecisiete puntos. Los primeros trece son en esencia de Filón, y los últimos cuatro son añadidos para mostrar la plenitud del mal para el teísta.

1. *La naturaleza vs. la naturaleza.* La naturaleza es roja en diente y garra. Los animales más grandes devoran a animales más pequeños. El león devora el cordero. El halcón devora al gorrión. Los insectos pican a animales más grandes y los bobos ponen huevos en los ojos del caballo. Nos acostumbramos a mirar esto como natural, no como mal natural. Aún en un mundo creado por Dios naturalmente nos preguntamos, ¿Debe este ser el estado de las cosas? La insensibilidad hacia el sufrimiento animal es una manera de evitar ver la extensión del mal en el mundo.

2. *La naturaleza vs. el hombre.* Si el hombre ha sobrepasado el ser devorado por animales más grandes, aún queda mucho trabajo agotador y aflicción. Sequía y hambruna han devastado y continúan devastando la humanidad. Sismos y extremosos climas, tormentas e inundaciones, destruyen o dejan al hombre indefenso. Las enfermedades y las plagas continúan devastando al hombre a pesar de los avances tecnológicos.

3. *El hombre vs. el hombre.* El hombre es el enemigo más grande del hombre. El rico oprime al pobre. La arrogancia del orgulloso es insufrible en cada forma que toma. La ley es quebrantada mediante sobornos. Las guerras consumen al hombre a través de la historia: el último siglo, siendo el más culto, fue el peor. Actos que surgen de la crueldad, la malicia y la rabia, y para el orgullo personal, causan tanto desastre como las guerras por la ideología e ideales utópicos.

4. *El hombre vs. la mujer.* En la más íntima de las relaciones lo que comienza a menudo como el amor verdadero termina en el odio verdadero. Los matrimonios fallan en una proporción creciente. El dolor del divorcio es a menudo peor que el dolor de la muerte. Aquellos matrimonios que sobreviven lo hacen apenas, o se convierten en un matrimonio de conveniencia placentera. Candidez es pronto reemplazada por el cinismo. La institución del matrimonio es puesta en la pregunta por la poligamia consecutiva, relaciones homosexuales, y los prolongados combates de la promiscuidad, ninguno de los sexos siendo el más afortunado por ello.

5. *El hombre vs. el ser.* El enemigo más grande del hombre es él mismo. Donde no hay ningún enemigo legítimo, el hombre inventa sus propios enemigos. Los hombres han vivido en el miedo de dioses y demonios y han sacrificado a sus niños para calmar la ira de los dioses. Los más depresivos y psicóticos crean torturas infernales para ellos mismos. Civilizaciones y culturas enteras han sido sujetas cautivas por siglos por los contenidos de sus propias imaginaciones.

6. *Mala actitud.* Algunos podrían decir que el mundo no es tan malo como está siendo representado. Las cosas están en realidad muy bien, pero las malas actitudes impiden verlo. Esto solamente cambia el enfoque del problema y lo hace aún peor. Si no hay nada de que quejarse entonces el quejarse se convierte en una fuente gratuita del mal.

7. *La ignorancia es la felicidad.* Se dice que algunas pocas personas (artistas, poetas, etc.) son sensibles al mal y extienden su descontento entre las masas. Pero si al ser más sensible a la vida uno sufre aún más, entonces únicamente el ignorante puede ser dichoso, lo cual no es una estimación alta de la vida.

8. *Isla de felicidad en un mar de miseria.* Unos pueden decir que ellos ven la miseria en el mundo a sus entornos, pero ellos son aún felices. Ellos son en efecto una isla de felicidad en un mar de miseria. Uno se pregunta cómo puede esto ser posible si una persona tiene una pringa de compasión. Esa persona rodeada por un mar de miseria debe ser ponderada por ser una singularidad tan feliz.

9. *El suicidio.* Que el mundo está lleno de miseria y perversidad ha sido opuesto por la apelación a las multitudes de la humanidad, las cuales, en vez de elegir el escape a través del suicidio, parece que hayan al mundo lo suficientemente atractivo para continuar sus vidas en el y aferrarse al mundo, en vez de huir de él. Hamlet consideró el suicidio. No lo efectuó, sin embargo, no por la atracción a este mundo, sino por el miedo de la vida posterior. "Los sueños que vendrán. . . Deben darnos la pausa." Estamos aterrorizados, no sobornados, en la continuación de nuestra existencia.

10. *La esperanza.* Los hombres en todas partes parecen esperar que el futuro sea mejor que el pasado. Ellos esperan no repetir los errores que han cometido en el pasado. Pero rara vez aprendemos de la historia, así sea la historia colectiva o de nuestra historia personal. Y hay siempre nuevos errores por cometer, aun cuando evitamos viejos errores. El retiro, tan añorado por muchos, a menudo es lamentado poco después. En vano esperamos drenar de las heces de vida lo que la primera corrida animada no podía dar. "Primaveras de esperanza eternas en el pecho humano. El hombre nunca es, pero siempre debe de ser bendecido." Sísifo tiene la esperanza absurda de que él podría hacer rodar la roca de melancolía encima de la colina y dejarla ahí.

11. *Familia.* Algunos aconsejan el considerar el lado brillante de la vida. La familia es una fuente de la felicidad humana. Muchos hayan un propósito en la vida de familia y sacrifican mucho por la vida familiar. Ellos afirman valores familiares y encuentran asilo y hogar en casa. Pero las familias son sujetas a la muerte por enfermedad, accidente y desgracia (Job, *El Violín de Rothschild* de Chekof), El conflicto ocurre con la obstinación. Los niños a menudo se hacen rebeldes al crecer. Los miembros de la familia se hacen codependientes, recíprocamente ayudando el uno al otro en su vida de fantasía. Pocos alcanzan la vejez enamorados del cónyuge, una carencia que es a menudo una fuente de angustia y dolor. Bastante a menudo la vida es colocada en mera comodidad y conveniencia—la cual está muy distante de ser la amistad (el efecto del compromiso mutuo al bien).

12. *La cultura.* Algunos contemplan logros culturales (literatura, arte, arquitectura) como una fuente de placer, lo más fino en la gloria humana.

La gloria que era Grecia y la grandeza que fue Roma son monumentos tristes del esfuerzo humano por elevarse por encima del olvido. Salomón, que deleito todo lo que el hombre podría desear, no encontró nada nuevo bajo el sol excepto vanidad y disgusto del espíritu. Los diletantes hayan distracción en la cultura ("En el cuarto, las mujeres vienen y van. . . ."). Los conciertos de rock frecuentados como un lugar de entusiasmo son solo una desviación del aburrimiento.

13. *La naturaleza.* Si no es el hombre, entonces la naturaleza. Pocos además de ermitaños religiosos y reclusos sociales perciben la naturaleza como siendo lo bastante atractiva como para emergerse totalmente en ella. La mayoría percibe la naturaleza como un alivio recreacional, como algunos perciben los parques de atracciones. Thoreau no permaneció en el Estanque Walden. La integración en la naturaleza como el sabio taoísta o el eco-místico es el desistir la sociedad humana como irremediable.

14. *El conocimiento.* Muchos afirman el conocimiento, hasta la iluminación, pero rara vez se elevan por encima de la mera creencia sin prueba o entendimiento. El escepticismo es la posición normativa para aquellos que quieren distanciarse del fideísmo. El tipo de conocimiento que se posee es en su mayoría utilitario (tecnología) y no de interés en sí mismo. Los profesores que transmiten el conocimiento a menudo están exhaustos a mediados de su carrera y muestran de poco a ningún signo de crecimiento intelectual. Con mucho conocimiento, en un sentido natural, es decir, para el hombre "bajo del sol," en las palabras de Salomón el hombre más sabio, viene mucha pena.

Más allá de Hume—La Extensión Completa de la Miseria y Perversidad en el Teísmo Histórico

15. *El mal natural—la muerte física.* Todos los hombres fallecen. La muerte es considerada por la mayoría de los hombres como algo natural. Normalmente todos los hombres tratan de evitar la muerte como un mal instintivamente. Para el teísmo, la muerte no es meramente natural. La muerte física es un mal natural. La muerte física intensifica y magnifica el problema del mal moral. Si no hubiese mal moral no habría mal natural. En términos más simples, si fuésemos moralmente buenos no envejeceríamos, no nos enfermaríamos y no moriríamos. Esto es

totalmente extraño a la perspectiva común de las cosas. Pero, un poco de reflexión muestra que está acorde con nuestro sentido instintivo de las cosas. Nosotros naturalmente esperamos la ausencia de todo mal en un mundo creado por un Dios infinitamente benevolente e infinitamente poderoso. Si Dios fuese infinitamente poderoso él podía crear un mundo sin muerte física. Si Dios fuese infinitamente benévolo él crearía un mundo tal. Históricamente, los teístas mantenían que Dios creó el mundo sin mal alguno, incluyendo la muerte física, especialmente en el caso de seres autoconscientes racionales. En esta perspectiva el mal natural fue impuesto por Dios posteriormente como una llamada de regreso del mal moral. Como tal el mal natural respalda la perspectiva en el diálogo de Hume de que el mundo está lleno de miseria (mal natural) y perversidad (mal moral).

16. *Diocidio*—esta es la naturaleza radical del mal moral en el teísmo cristiano. El género humano está generalmente dispuesto a reconocer el mal moral en una variedad de formas, pero no en su forma radical. El origen del pecado en la caída del hombre y su efecto sobre la humanidad es afirmado a menudo en el teísmo histórico. La suposición de la claridad de la revelación general la cual es la base del origen del pecado y la inexcusabilidad de la incredulidad es afirmada con menor frecuencia. El mal moral o el pecado es un acto contrario a la naturaleza humana; el mal moral o el pecado implica el rechazo de la razón para eludir lo que es claro acerca de Dios. El mal moral o el pecado son el rechazo del *logos*, la vida de Dios en el hombre como la razón, un rechazo presente en todas las formas de la incredulidad. La expresión más clara y completa del mal es necesariamente personal, y, según el teísmo cristiano, ocurrió en la crucifixión del *Logos* encarnado. La naturaleza radical del mal comienza en la autonomía humana y el rechazo de la vida de Dios en el hombre, culmina en el Diocidio. Un mayor mal moral no puede ser concebido.

17. *La muerte espiritual.* La realidad del mal moral es realizada en la experiencia de su consecuencia inherente. Lo que es inherente y por lo tanto siempre presente en el rechazo de la razón es la falta de sentido, y con ello el aburrimiento y la culpa. Esta es la condición de la muerte espiritual, la destrucción del ser o el alma del hombre, descrita simbólicamente como el infierno. Esta condición espiritual es descrita

en las imágenes de oscuridad (de la mente), quemándose (de deseos), y tormento (de la culpa) —interminablemente. La realidad del mal natural y moral no es por lo tanto mitigada, pero maximizada en el teísmo histórico. Este es el contexto en el cual el problema del mal debe ser formulado y respondido.

El Problema del Mal Planteado

Habiendo argumentado (1) que la religión surge de un sentido de miseria y (2) que el mundo está lleno de miseria y perversidad, Hume, a través de Filón, lanza su trampa al confiado Demea. Demea el creyente ortodoxo espera de (1) y (2) que todos deberían de acudir naturalmente a Dios en su miseria y necesidad. Pero dada la realidad del mal, ¿A qué tipo de Dios deben de acudir? ¿A un Dios quien es infinitamente benevolente e infinitamente poderoso? Filón expone el problema del mal en su forma clásica. Si Dios es infinitamente poderoso él puede prevenir el mal. Si Dios es infinitamente benevolente él puede prevenir el mal. Entonces si Dios es ambos infinitamente benevolente e infinitamente poderoso, ¿Por qué existe el mal? El afirmar las tres—poder infinito, benevolencia infinita, y el mal—es afirmar una contradicción o un misterio lo cual deja al teísmo en una posición no mejor que la de las perspectivas competentes. Hume concede que, dado todo lo que sabemos, puede existir una solución fácil. En su diálogo Hume, analiza cinco soluciones, ninguna de las cuales es aceptable. Analizaremos cada una brevemente.

Las Cinco Soluciones y Respuestas de Hume

La *primera* solución, propuesta por Filón, el escéptico/místico, es una apelación a un desconocido. La benevolencia de Dios es perfecta pero incomprensible. El decir que Dios nos ama como padre celestial es el decir nada significativo. Un padre terrestre haría todo en su poder para ayudar a su hijo enfermo porque el ama a su hijo. Si Dios nos ama y hace todo lo que puede en su poder para ayudarnos, ¿Por qué es que morimos a causa de nuestras enfermedades? Una respuesta común es el afirmar el amor de Dios, pero el afirmar que sus modos están muy por encima de nuestros modos (es decir, la benevolencia de Dios es perfecta pero incomprensible). La aserción intrépida que Dios nos ama es destruida por mil cualificaciones. Pero si la benevolencia de Dios es incomprensible, entonces toda religión se acaba. No sabríamos por qué rezar o por qué adorar a Dios dado que el bien en nuestros propios ojos puede no ser bueno en los ojos de Dios. Y sin rezo y adoración la religión cesa. Esta solución por lo tanto es inadecuada.

La *segunda* solución es propuesta por Demea, el creyente ortodoxo. Esta vida, él dice, es corta en comparación a la vida próxima. En esta vida, nosotros sabemos en parte; en la vida próxima veremos la totalidad. Trazaremos a través de todas las "facetas e intrincamientos de providencia la benevolencia divina y la rectitud de Dios."[8] Demea supone lo que es presentemente desconocido acerca de una vida futura para probar la existencia de un Dios infinitamente benevolente e infinitamente poderoso. Esto es el anhelar, no prueba. Más aún, es una anhelación cuestionable. La solución de Demea presupone que para saber por qué el mal existe en esta vida yo debo de saber todo. Yo debo de poder trazar "las facetas e intrincamientos de providencia." Pero, como seres finitos, yo no puedo saber todo, ni siquiera en la vida próxima. Por lo tanto, en la conclusión de Demea, en principio yo nunca sabré por qué existe el mal. La solución de Demea es también insatisfactoria.

Cleantes, el empírico racional, propone una *tercera* solución basada en la cantidad de mal en el mundo. Él cree que hay más bien que mal. Pero las cantidades en la comparación son inciertas. No podemos medir la cantidad de dolor de animal, o nuestro propio dolor comparado con nuestro placer. ¿Quién se ha desmayado de placer? Además, ¿Por qué debería de haber dolor en lo absoluto si Dios es todo bueno y todo poderoso?

Esto conduce Cleantes a proponer una *cuarta* solución. Dios, él dice, no es infinitamente poderoso, pero solamente muy poderoso. Siendo finitamente poderoso él ajusta medios a finales dentro de límites. Uno no puede esperar todas las cosas de Dios. Sin embargo, uno podría esperar más de uno que es muy poderoso. Y el problema del mal gratuito el cual un ser finitamente perfecto podría impedirlo con facilidad en gran manera. Pero para el teísmo, Dios no puede ser el Creador *ex nihilo* y ser finitamente poderoso. Entonces esta solución no funciona en el análisis final.

Finalmente, Filón propone una *quinta* y última solución. Ningún mal natural es necesario. La fuente original de todas las cosas es tan indiferente al bien y el mal como al calor y al frío y la luz y la oscuridad.

---

8. Hume, *Dialogues*, 101.

Filón da cuatro razones. *Primero*, el dolor de animales no es necesario. Si un animal puede estar sin dolor durante cinco minutos entonces ese tiempo puede ser extendido indefinidamente. El dolor del hambre no es necesario para motivar a alguien para que coma. El dolor no es necesario en la muerte—uno puede morir mientras duerme. El dolor no es necesario para el aprendizaje. Uno no tiene que aprender por el camino difícil. Uno puede aprender por la instrucción y por la incomodidad suave para evitar fuentes de sufrimiento. No tiene que haber accidentes, ya que no tiene que haber rocas en nuestro camino para tropezar, o puede haber ángeles para guardarnos de tales accidentes. Y finalmente, el dolor no es necesario a fin de apreciar el placer. Los placeres son varios y la ausencia de un placer no es la presencia de dolor, sino que podría ser la presencia de otros.

La *segunda* razón de Filón es el que la intervención divina secreta puede prevenir mucho dolor sin derrocar el orden natural. Julio Cesar pudo haber sido ahogado en el mar Adriático con una ola más alta que la otra y el gobierno Republicano podría haber sido conservado en el Occidente. Hitler pudó haber sido aceptado en la escuela de arte. Una mosca pudó haber aterrizado en la pestaña de Lee Harvey Oswald antes de que él disparara el tiro fatal que mató al presidente Kennedy. Los pequeños milagros no destruirían el orden natural presente de las cosas.

La *tercera*, mayor diligencia natural con respecto al trabajo pudo haber sido otorgada al hombre. Podríamos haber sido similares a las hormigas, en vez de acudir a las hormigas a aprender de ellas. Muchos problemas sociales serían eliminados o aliviados por una motivación instintiva (en vez de moral) a la diligencia, aunque las motivaciones morales se espera sean dominantes.

Y *cuarto*, los excesos de la naturaleza no son necesarios. Primero, es demasiado seco, después demasiado húmedo; después demasiado caliente y después demasiado frío. Uno puede concebir una isla donde hay mucha variedad fácilmente accesible la cual uno puede decidir entrar cuando a uno le plazca con la ausencia del exceso.

La conclusión de estas consideraciones para Filón es que la fuente original (impersonal) es indiferente a preocupaciones morales. Pero considerando la perspectiva previa de Dios como Creador y personal, no es posible ser el Creador del sentido moral del hombre con infinita, sabiduría deliberada y al mismo tiempo ser indiferente al sentido moral que el mismo trajo a la existencia. Esta última solución también por lo tanto no funciona. Si hay alguna solución, esta debe de ser buscada fuera de las soluciones propuestas por Hume.

SOLUCIÓN DEL LIBRE ALBEDRIO

La solución para el problema del mal más comúnmente aceptada por teístas ha sido la solución del libre albedrío. La solución del libre albedrío comienza aceptando la conclusión de Hume que ningún mal natural es necesario y la expectativa de que no debería de haber ningún mal en la creación de Dios, por lo menos al principio. El mal natural, en la solución del libre albedrío, no es original en la creación. El mal natural entró solamente después del mal moral y fue impuesto debido al mal moral. El mal natural es debido al mal moral. El mal moral por su parte es debido al libre albedrío. Y el libre albedrío es necesario para la dignidad humana. Los autómatas carecen de la dignidad. Y un mundo con dignidad y mal es mejor que un mundo de autómatas sin el mal. Esta es una versión de la teodicea del mejor mundo posible. ¿Es esta una solución satisfactoria?

Objeciones a la Solución del Libre Albedrio

Hay varias objeciones a la solución del libre albedrío. *Primero,* el libre albedrío hace el mal posible, no actual. Uno puede ser libre sin la posibilidad del mal por un periodo de tiempo. De esta manera, el libre albedrío puede ser necesario, pero no es suficiente para el mal, como el oxígeno, con respecto al fuego. *Segundo,* si el mal es real eso no hace al mal necesario. La realidad no es la necesidad y no implica la necesidad sin razón suficiente. *Tercero,* el libre albedrío no tiene que hacer el mal moral posible (o actual, o necesario). Se dice que Dios es libre sin la posibilidad de mal. Y se dice que el hombre, en su estado final de la felicidad, es libre sin la posibilidad de mal. (Este no es la libertad contra-causal del libertarismo donde la libertad es la capacidad de actuar de otra manera. La libertad de la que se habla aquí es la libertad de actuar en acorde a lo que a uno le place.)[9] *Cuarto,* uno puede pasar

---

9. La libertad de la voluntad libertaria es la capacidad de hacer lo contrario; "debe" aquí implica "puede." La libertad libertaria requiere ausencia de causa; es incompatible con la causa y se llama libertad contracausal, ya que, si la causa está presente, se sigue necesariamente el efecto, no podía ser de otro modo. La libertad contracausal, o la ausencia de causa, si se

de un estado de inocencia a la virtud sin el mal moral. Uno puede ser tentado sin caer en el pecado como fue en el caso de la tentación de Cristo en el desierto (o la tentación de Adán en el Jardín del Edén). Una teodicea de la fabricación del alma, en la cual un orden inferior el mal (natural) justifica un orden más alto como el de la paciencia y el amor, es por lo tanto injustificado.

Hasta ahora hemos analizado muchas de las respuestas y objeciones estándares al problema del mal. Parecería que el teísmo afronta la misma incoherencia que otras cosmovisiones si no hay ninguna otra respuesta. Estamos abandonados en algún sitio de la serie continua del escepticismo/fideísmo/relativismo/pragmatismo que finaliza con el nihilismo, dependiendo del grado de consciencia y consistencia en que nos encontramos. Una respuesta a esto es el apelar al misterio. La respuesta está completamente más allá del conocimiento humano. No hay una contradicción, es dicho, solo una paradoja, abrigada en el misterio. Dado a todo lo que sabemos hay una buena razón del por qué Dios permite el mal, y sólo una cantidad tal de mal (13 *turps* en el cálculo de Plantinga),[10] pero él no ha querido dárnoslo a conocer. Otra solución, más prometedora que una apelación a lo desconocido, está a lo largo de las líneas de la sugerencia de Hume acerca de que dado a todo lo que sabemos puede haber una solución fácil. Vale la pena explorar esta posible solución especialmente si se procede de una manera presuposicional.

---

mantiene consistentemente, elimina las causas en general (ver causalidad, Capítulo 4). No podría haber una conexión causal en la percepción, el pensamiento o la agencia. Un evento sin causa no es *mi* acto, por lo tanto, no es mi acto *libre* y, por lo tanto, no es algo de lo que yo sea responsable. El incompatibilismo libertario compra la libertad al precio del caos intelectual (William James, *The Dilemma of Determinism* (Whitefish, MT: Kessinger, 2005). James dijo que el indeterminismo, la falta de causa, "ofende solo el absolutismo nativo de mi intelecto." mientras que el determinismo "viola mi sentido de la realidad moral de cabo a rabo." El dilema, sin embargo, no es una elección entre determinismo e indeterminismo, sino entre compatibilismo e incompatibilismo. La libertad compatibilista fundamenta la libertad de la voluntad en los deseos: el *poder* asume el *querer*. Hice lo que quise, sin restricciones externas. Puedo usar mi razón críticamente si quiero, para encontrar un significado duradero. Siempre obtengo lo que quiero, considerando todas las cosas. Y si obtengo lo que quiero, entonces soy libre y responsable, y sin motivo de denuncia de injusticia alguna.

10. Alvin Plantinga, *God, Freedom and Evil* (Grand Rapids, MI: Wm B. Eerdmans, 1994), 55-63.

UNA SOLUCIÓN IRONICA

Existen algunas presunciones las cuales podemos acarrear en todo abordaje del problema del mal. Primero, el problema del mal se presenta a sí mismo como un problema *intelectual*, no como un problema práctico. La preocupación reside en el entender las cosas, el saber por qué el mal existe, no el cómo evadir o remover el mal. El problema del mal es un problema para el hombre como un ser racional, no para el hombre como un animal. Segundo, el problema del mal no es un problema abstracto; el problema del mal es un problema *existencial* para el hombre como un ser racional. El mal está en el mundo de una manera objetiva; está presente subjetivamente en el que hace la pregunta. El problema del mal afecta al interrogador como un ser racional. Tercero, el mal tiene el efecto de ir en contra de la naturaleza de las cosas y esto afecta nuestro pensamiento invirtiendo nuestra concepción de las cosas. Estamos de esta manera inclinados a llamar al mal bien y al bien mal. Cualquier solución dada por lo tanto será existencialmente difícil mientras que es objetivamente fácil. Considerando la naturaleza del mal la cual invierte las cosas, cualquier solución será *irónica*. Será lo que debíamos de esperar, pero de hecho no esperábamos. Y cualquier solución debe de ser intelectual, requiriendo un entendimiento más claro, más consistente del bien y del mal al nivel más básico.

¿Cómo entonces debemos de entender términos claves "bien" y "mal" en el problema del mal? En general, como un *a priori,* el bien para un ser es según la naturaleza de ese ser, y el mal es lo que es contrario a la naturaleza de ese ser. El bien para un caballo es según la naturaleza de un caballo; el bien para un conejo es según la naturaleza de un conejo; y el bien para un hombre es según la naturaleza del hombre. El hombre, dada la naturaleza intelectual del problema del mal, es un ser racional. ¿Entonces cuál es el bien para el hombre como un ser racional? El bien para el hombre como un ser racional sería el uso de su razón al máximo. Ya que la razón es usada para capturar la naturaleza de las cosas, el bien para el hombre como un ser racional sería el entender la naturaleza de las cosas. Dado que el pensamiento por naturaleza es presuposicional, es decir pensamos de lo que es menos básico en acorde a lo que es más básico, el bien sería el capturar, en primer lugar, la naturaleza de las cosas básicas en acorde a las cuales todo lo demás debe de ser entendido. Ya que la naturaleza de las cosas creadas revela la naturaleza del Creador, el bien para el hombre es el conocimiento de Dios. El mal es el fallar al no usar la razón al máximo, el fracaso de entender las cosas básicas que son claras. El mal es el fallar en conocer a Dios. Esta definición asume la claridad de la revelación general, esto es el que tan solo algo es eterno. Esta definición del mal es consistente tanto con la noción de la claridad objetiva de la revelación general y la inexcusabilidad de la incredulidad, así como también la dificultad subjetiva de reconocer el fracaso propio al no ver lo que es claro.

Esta definición del bien y del mal para el problema del mal puede ser ilustrada al aplicarla a la bien conocida parábola del hijo pródigo,[11] parafraseado de la manera siguiente:

Había un hombre que tenía dos hijos. Cuando ellos crecieron el hijo más joven le dijo a su padre, "Padre, deme mi parte de la herencia." Tristemente, el padre le dio su parte y el joven tomo su dinero y se marchó de su hogar. Él emprendió un viaje largo a una tierra distante y allí él cayó en el pecado con otros jóvenes y ellos se dieron a la vida libertina.

Finalmente, su dinero se acabó. Sus amigos lo abandonaron. Hubo una hambruna en la tierra y él comenzó a carecer. Él encontró un empleo y fue enviado a los campos para alimentar a los cerdos. Él tenía mucha hambre y anhelaba llenar su estómago de las vainas que los cerdos comían, pero nadie le dio nada. Él recobró su juicio y pensó, "Cuantos de los empleados de mi padre tienen alimento en abasto y yo me estoy muriendo de hambre. Departiré y volveré a mi padre y le diré, 'Padre he pecado en contra del cielo y en contra de usted. Ya no soy digno de ser llamado su hijo; tráteme como uno de sus empleados'." Entonces él se puso de pie y fue a su padre.

Pero mientras él estaba todavía lejos, su padre lo vio y se llenó de compasión por él; él corrió a su hijo, lanzó sus brazos alrededor de él, y lo besó. El hijo le dijo, "Padre he pecado en contra del cielo y en contra de usted; ya no soy digno de ser llamado su hijo." Pero el padre les dijo a sus criados, "¡Rápido! Traigan el mejor traje y pónganselo; póngale un anillo en su dedo y sandalias en sus pies. Traigan el ternero engordado y mátenlo.

---

11. *Luke 15:11-32.*

Hay que tener un banquete y divertirnos. Ya que este hijo mío estaba muerto y ahora está vivo otra vez; él estaba perdido y fue encontrado." Entonces ellos comenzaron a celebrar (la reacción del hijo mayor será expresada).

¿Cómo ilustra esta historia el problema del mal? ¿Por qué existe el mal? El hijo más joven estaba en un estado de incredulidad en cuanto a las enseñanzas de su padre. Día y noche, durante toda su vida, su padre, a través de las palabras y hechos, vivió una vida de rectitud ante sus hijos. Aun así, el hijo más joven no vio ni oyó ni entendió lo que le fue claramente manifiesto. Él tenía su propia visión de fantasía de las cosas. Sus ojos estaban fijos a los finales del mundo. Le dio la espalda a las enseñanzas de su padre y al estilo de vida y se marchó de casa. Su incredulidad era inexcusable y por lo tanto mal. El mal como incredulidad sirve para obscurecer la revelación clara a la persona en la incredulidad.

A la condición de la incredulidad se le permitió el desarrollarse en la vida del hijo pródigo. Como resultado, la revelación de la justicia (su jornada llego al fracaso en la pocilga) y del amor (su padre lo perdona y lo recibe de nuevo) es profundizada. Si él hubiese tenido segundos pensamientos acerca de los peligros posibles y privaciones de su jornada en la primera noche lejos de su casa él pudo haber reconsiderado y haber regresado con su fortuna intacta. Él pudo haber devuelto todo a su padre, simplemente reconociendo agradecidamente por saber que él tenía la libertad de marcharse si a él le placía. Si esto hubiese sucedido no hubiese una profundización de la justicia y la misericordia. El mal como incredulidad sirve por lo tanto para profundizar la revelación de la justicia y la piedad.

El hijo mayor se negó a celebrar el regreso del hermano menor. Él también falló al no ver lo que es claro y fue reprendido por su padre. El fallo en ver su propio fracaso y necesidad de la gracia. Él pensó que había ganado su prestigió ante su padre y que poseía su propia rectitud la cual lo sostenía en pie. Su actitud era de esclavo, trabajando por un salario, y no la actitud de un hijo el cual es heredero por gracia. Él escogió el camino de la "justicia" en vez de la misericordia, y vivió su vida sin conocimiento del camino de su padre. Su vida de incredibilidad a su vez profundizo la revelación divina de la justicia y la misericordia.

Aplicado al mal en la historia mundial, el mal como incredulidad obscurece la revelación clara de la naturaleza y voluntad de Dios. El mal sirve también para profundizar la revelación de la justicia divina vista en la relación del pecado y la muerte, y la misericordia divina vista en la llamada de regreso, retorno, y restauración. Si el mal es removido repentinamente, la revelación no sería profundizada; y si el mal no es removido, la revelación no sería vista. La solución es el remover el mal gradualmente. El mal, en cada forma de incredulidad, y en cada grado en combinación con creencia, se le permite el expresarse en la historia del mundo, en las varias civilizaciones y culturas, y en las varias etapas de su desarrollo e interacción con otras culturas. En una guerra espiritual duradera y agonizante entre el bien y el mal, entre la creencia y la incredulidad, el bien gradual y eventualmente vence al mal. Esto aplica al género humano en su totalidad, no a cada individuo o cultura.

Esta solución del problema del mal tiene algunas presunciones. La solución irónica asume primero, en la definición del bien y del mal, que existe una revelación general clara de que tan solo algo es eterno, que Dios el Creador existe. La solución irónica asume la claridad y la inexcusabilidad.[12] Los argumentos en contra del monísimo material, monismo espiritual, dualismo, y mundos lógicamente posibles, si los argumentos son sólidos, demuestran esta claridad. La solución irónica asume, segundo que no existe otra manera para profundizar la revelación divina de la justicia y misericordia. Algunas cosas no pueden ser sabidas por separado de la experiencia—así como el hambre o el dolor, tanto físico como espiritual. Una versión en libro de la historia humana, o una versión en película, no pueden proveer esta experiencia y es incomprensible sin ella. La realidad virtual funciona cuando no puede ser distinguida de la realidad. Alguna experiencia es necesaria para que la imaginación funcione, de esta manera la revelación no puede ser profundizada por separado de la providencia de la caída y redención de la humanidad.

En tercer lugar, la solución irónica asume que la revelación profundizada y el conocimiento de esta revelación hace que valga la pena el sufrimiento. Esta tercera presunción no está tan clara porque puede

---

12. La claridad de la revelación general es necesaria para establecer la inexcusabilidad de la incredulidad. El prolegómeno de San Pablo a la revelación redentora apela a este principio (*Romanos 1:20*), como también la histórica *Confesión de Fe de Westminster* 1.1. La necesidad de claridad para establecer la inexcusabilidad se asume en J.L. Schellenberg, *Divine Hiddenness and Human Reason* (New York: Cornell University Press, 2006). Graham Oppy, *Arguing about Gods* (New York: Cambridge University Press, 2006). Ambos niegan la claridad y afirman la incredulidad inculpable o razonable.

ser preguntado antes o después de que la revelación es vista y puede ser preguntado a aquellos que la ven realmente y a aquellos que nunca llegaron a verla. Aquí el testimonio es relevante. Job contendió antes de ver, y, después de ver, fue silenciado en asombro y arrepentimiento. El Apóstol Pablo dijo que el sufrimiento de esta vida no puede ser comparado con la gloria que va a ser revelada. Muchos a través de la historia han confesado lo mismo. La figura de las puertas de perlas simboliza que a través del sufrimiento alcanzamos el conocimiento de la gloria de Dios. La respuesta a la pregunta "¿Vale la pena?" es un presunto si indiscutible.

Cuando se les pregunta a aquellos que no lo ven, la pregunta relevante puede ser: ¿La justicia divina es una excelencia para ser revelada, inseparable de todas las otras excelencias? ¿Y, es revelada la justicia en la realidad de pecado y la muerte? Entendiendo el pecado como arraigado en no procurar y por consiguiente no entender lo que es claro acerca de Dios, entendiendo la muerte como la falta de sentido, el aburrimiento, y la culpa inherente en el pecado, y entendiendo la libertad humana y la responsabilidad en el utilizar o evadir el uso de la razón, es necesario para comenzar a pensar claramente sobre la justicia divina. Esta exigencia significa que la pregunta debe ser tratada existencialmente y no abstractamente, y allí en lo existencial debemos dejar la pregunta.

Sin embargo, algunas otras preguntas permanecen. Hemos intentado contestar "¿Por qué existe el mal moral?" Pero ¿Por qué existe el mal natural? El mal natural consiste en las fuentes de la miseria humana que surgen de circunstancias externas, del ambiente. Individualmente el mal natural consiste en el trabajo arduo en cuanto a la naturaleza, disensión en cuanto a otros seres humanos, y de vejez, enfermedad, y muerte. Colectivamente el mal natural ocurre en hambruna, guerras, y plagas. El mal natural no fue colocado al principio en la creación. Esto sería inconsistente con el poder infinito y la benevolencia de Dios el Creador. Y el mal natural (muerte física, por brevedad) no es inherente en el mal moral. La muerte espiritual, no la muerte física, es inherente en el mal moral. La muerte física por lo tanto fue impuesta por Dios sobre la humanidad después del mal moral y debido al mal moral. Y el mal natural fue impuesto no como castigo, el cual es inherente, pero como una llamada de regreso del mal moral. Además, la llamada interior de la conciencia es resistida por el autoengaño, y la llamada externa de otros es resistida mediante la autojustificación, el sufrimiento del mal natural es la final y continua llamada de regreso para toda la humanidad para que se detengan y piensen profundamente acerca de lo que es básico.

El mal natural por lo tanto es la piedad divina que llama al hombre de regreso del mal moral. La muerte física llama al hombre de regreso de la muerte espiritual. El mal natural sirve a objetivos múltiples en cuanto al mal moral. El mal natural sirve para retener, llamar de regreso de, y remover el mal moral y lleva a cabo estos objetivos diversamente en personas diferentes en estados diferentes y etapas de sus vidas.

La Solución Irónica Indicada

La naturaleza irónica de esta solución al problema del mal puede ser abordada. Si consideramos la declaración original del problema del mal con el entendimiento del bien y el mal como fue explicado previamente, el problema se transforma. El problema no es resuelto; mejor dicho, el problema es, irónicamente, disuelto:

1. A causa de todo *el mal en el mundo* no puedo ver como puede ser dicho que Dios es infinitamente benévolo e infinitamente poderoso.

2. A causa de toda *la incredulidad en el mundo* no puedo ver como puede ser dicho que Dios es infinitamente benévolo e infinitamente poderoso.

3. A causa de toda *la incredulidad en mí* no puedo ver como puede ser dicho que Dios es infinitamente benévolo e infinitamente poderoso.

4. A causa de que he *descuidado y he evadido el uso de la razón* no puedo ver lo que es claro acerca de Dios.

5. A causa de que *he cerrado mis propios ojos,* no puedo ver lo que es claro acerca de Dios.

PARTE III

ÉTICA

Capítulo 9

———

EL BIEN Y
LA LEY MORAL

AHORA LLEGAMOS A LA TERCERA y última de las preguntas básicas de la filosofía: ¿Qué debería yo hacer? La respuesta a esta pregunta se basa en las respuestas dadas a las preguntas de la epistemología y la metafísica. Dada la multitud de diferentes respuestas contrarias a esta pregunta somos conducidos a preguntar si el conocimiento en el área de la ética es posible y si es posible, como son justificadas estas afirmaciones de conocimiento. Si hay justificación parece que requeriría el conocimiento de la naturaleza del ser (la metafísica).

DEFINICION DE LA ÉTICA

Partimos proponiendo una definición de la ética con una explicación de esta proposición. La ética es un área de la filosofía que se concentra en el dar justificación racional como respuesta a la pregunta "¿Cuál es el bien?" ¿Por qué hablamos "del bien" y de la justificación racional? La ética asume la elección. Si no hubiera ninguna elección la ética no existiría. La elección asume valores. Elegimos lo que creemos ser de mayor valor, tomando en cuenta todas las cosas. La jerarquía de valores asume lo que es de valor más alto, el bien supremo (el *summum bonum*) o, simplemente, el bien. Cuando elegimos algo, lo elegimos como un medio a algo más o por su propio bien, como un fin en sí mismo. Lo que es elegido por su propio bien y no como un medio a algo más es el bien. El bien es lo que queremos por encima de todas las cosas. El bien es lo que buscamos en el fondo a través de la elección. La ética por lo tanto es y debe de estar preocupada con "el bien."

Pero hay muchas perspectivas acerca del bien y hay muchas justificaciones dadas a favor de nuestras perspectivas y racionalizaciones hechas por nuestras elecciones y acciones. Si el conocimiento del bien es posible y si la posibilidad del conocimiento del bien es necesaria para la responsabilidad ética, entonces muchas perspectivas contrarias sobre el bien no pueden ser igualmente justificadas. Las justificaciones no son igualmente racionales. Y si el bien es de valor más alto, y el que debe de ser más deseado, no quisiéramos conformarnos con algo inferior a lo que es verdaderamente el bien y tener en su lugar algo que simplemente parecía ser el bien. Desearíamos tener el bien verdadero y tener garantía de que es el bien verdadero. Desearíamos y necesitaríamos justificación racional, no la mera racionalización o una justificación *prima facie*. Y ante perspectivas contrarias y desafíos consiguientes para justificar nuestras acciones y las afirmaciones morales hechas a otros en nombre del bien, debemos de ser capaces de justificar cualquier afirmación de conocimiento acerca del bien. Por todas estas razones la ética debe estar preocupada por proporcionar justificación racional como respuesta a la pregunta "¿Cuál es el bien?" Ya que la justificación racional asegura que poseemos conocimiento.

ACERCA DE LAS CONDICIONES NECESARIAS PARA LA JUSTIFICACIÓN RACIONAL DE LA ÉTICA

Si la justificación racional es necesaria para la ética, entonces hay ciertas condiciones que son necesarias para la posibilidad de la justificación racional en la ética. Hay ciertas condiciones metafísicas, personales y epistemológicas que son necesarias a fin de que la justificación racional, sea posible en la ética.

Primero, debe haber una base metafísica para distinguir racionalmente entre el bien y el mal. Debe haber un absoluto metafísico en contraste a lo que no es absoluto. Este absoluto debe ser eterno y tan solo el absoluto es eterno. En el monismo material, todo es uno y todo es eterno. Aunque las personas que son materialistas hacen distinciones entre el bien y el mal, la pregunta es si estas distinciones son justificadas racionalmente. En el monismo material, todo es parte de la naturaleza. Todo lo que ocurre, siendo parte de la naturaleza, es natural. El nacimiento y la muerte, el consumir y el ser consumido, las guerras, las hambrunas y plagas son parte de la naturaleza y son naturales. En el terreno de lo natural, la distinción entre el bien y el mal no puede ser racionalmente justificada. Igualmente, en el monismo espiritual donde todo es uno, la distinción entre el bien y el mal no puede ser racionalmente justificada. Entre más consistentes se vuelven los materialistas y los monistas espirituales, hablan menos acerca del bien y del mal. En el caso del dualismo, donde tanto la materia como el espíritu son eternos, un dualista afirmaría que el espíritu es bueno y que la materia es mala. Pero como esto va más allá de una distinción metafísica, es difícil de imaginar como la materia, un principio incapaz de la elección puede ser llamada mala, es aún más incomprensible. Una condición necesaria por lo tanto para distinguir racionalmente entre el bien y el mal es la condición metafísica que tan solo algo es eterno. Exclusivamente tan solo algo es eterno, implica Dios el Creador, porque lo que es eterno habría hecho surgir o crear lo que no es eterno.

Segundo, debe haber inmortalidad personal. Si no hubiera inmortalidad personal, si la muerte fuera el final de la existencia personal, y si yo y todos los demás pudiéramos dejar de existir en cualquier momento, entonces yo no podría justificar racionalmente a mí mismo, un curso de acciones en vez de otro. Si uno persiguiera el placer personal (hay que comer, beber, y ser alegres porque mañana moriremos) yo no podría formular una objeción racional, aunque yo no hubiese decidido el seguir ese camino. La continuidad de mi ser para experimentar las consecuencias futuras de mis elecciones es necesaria para justificar una elección en lugar de otra. O de otra manera estoy forzado a sostener que las opciones no tienen consecuencias, ni internas ni externas. Pero tales elecciones son inconsecuentes y sin sentido y no son sujetas a ninguna consideración racional. Además, la inmortalidad debe ser personal, no impersonal, como en la reencarnación/karma. Estas teorías afirman consecuencias (karma), pero permiten que el agente desaparezca por la pérdida del conocimiento personal en la reencarnación.

Tercero, debe haber libertad en la elección si nuestras acciones son consideradas morales. Pero hay perspectivas diferentes acerca del significado de la libertad y de lo que es necesario para ser libre. En la perspectiva libertaria, la libertad significa la capacidad de actuar de otra manera: si yo *debía* de haber actuado de otra manera, entonces yo *podía* haber actuado de otra manera. Los libertarios creen que la libertad (como capacidad de actuar de otra manera) y la causalidad son incompatibles. Para ser libre no debe haber nada causando y por lo tanto forzando mi acto, de modo que yo no pudiera haber actuado de otra manera. La libertad libertaria requiere la ausencia de causa; la libertad libertaria es la libertad contra-causal y debe abogar por la ausencia de causa (el mundo noúmeno de Kant) o la ausencia de una cadena de la causalidad externa (universo de bloque de William James). Pero la ausencia de causa implica acontecimientos no causados y lleva a un universo ininteligible, así como la eliminación del ser como agente causal. La alternativa es una perspectiva compatibilista de la libertad donde la causalidad es compatible con la libertad, en la cual mi acto fue causado por mí en el cual hice lo que quise, tomando en cuenta todas las cosas. Y lo que consideré refleja mi disposición de usar la razón para considerar cosas básicas, las cuales son claras. En cualquier momento yo puedo usar mi razón si lo deseo. En este nivel de la libertad, el *querer* implica el *poder*. La libertad en este sentido es el hacer lo que quiero. La habilidad de actuar de otra manera (el poder) es secundario y contingente del querer.

Cuarto, debe ser objetivamente claro cuál es el bien. Si no está objetivamente claro, entonces lo que nos queda es el escepticismo, y una justificación por el relativismo moral. La claridad es necesaria (y suficiente) para la inexcusabilidad, es decir, para la responsabilidad moral. Si lo que debemos de hacer no es claro a (es decir, requerido por) la razón, entonces como seres racionales no podemos ser responsables de hacerlo. Como seres racionales debemos actuar racionalmente. La unión entre la claridad e inexcusabilidad es intuitiva, y comúnmente aceptada en asuntos morales y legales ordinarios. Esto asume que somos seres racionales (es decir seres pensantes) capaces de usar la razón para ver lo que es claro si queremos, y que debemos dar justificación racional por nuestras elecciones. Lo que es objetivamente claro puede ser sabido por cualquiera que no descuida o evita el uso de la razón. Lo que es objetivamente claro no tiene que ser subjetivamente claro, es decir, realmente visto y entendido. Uno realmente no tiene que saber a fin de ser responsable; es suficiente que uno pueda saber si uno hubiese querido saber.

Quinto, debe haber racionalidad, ya que la racionalidad es necesaria para el pensamiento, para el conocimiento y específicamente para saber lo que es claro. El conocimiento no es conseguido por el testimonio por separado de un contexto justificativo. Ni tampoco el conocimiento es conseguido por la experiencia de sentido por sí misma (la cual proporciona apariencia y no la realidad), o por la intuición por sí misma (la cual asume que un signo es acompañado por su realidad en un mundo moralmente ideal). Por la razón podemos pensar constructivamente (es decir sistemáticamente) por consecuencias buenas y necesarias, y por la razón nosotros podemos pensar críticamente (es decir preposicionalmente) y examinar creencias básicas por significado. Lo que viola una ley del pensamiento no puede ser significativo y por lo tanto, no puede ser verdadero. La razón es natural, ontológica, transcendental y fundamental (consulta la discusión más temprana en la *Razón en Nosotros*). Y uno tiene que descuidar, eludir, resistir y negar la razón para evadir lo que es claro. Uno tiene que negar la naturaleza propia como un ser racional, para evadir el saber y hacer lo que es bueno.

LA LEY MORAL

En base a la reflexión previa acerca de las preguntas de la epistemología y la metafísica en las Partes I y II, y conforme al requisito previo por la justificación racional, para contestar la pregunta "¿Cuál es el bien?" el cual es asumido en la realidad de la elección, puede ser afirmado que existe una ley moral que es clara, amplia y crítica. Es *clara* porque el bien y la ley moral, según la cual el bien debe ser conseguido están basados en la naturaleza humana, la cual es fácilmente conocible. En términos teístas, se dice que la ley está escrita en el corazón de todos los hombres. "Escrita en el corazón" significa que la ley moral está estructurada en la naturaleza humana. La ley moral es *vasta* en el sentido en que se aplica a todas las elecciones, ya que las elecciones tales están basadas en la deliberación racional acerca de los valores, enfocados al alcance del bien (Aristóteles). Y la ley moral es *crítica*, ya que las consecuencias de conseguir o no conseguir el bien requerido por la naturaleza humana, son una cuestión de vida o muerte (espiritual).

En la demostración de esta ley moral que es clara, amplia y crítica, comenzamos en cada ley con ciertos conceptos universales y mostramos el origen de estos conceptos, en aspectos básicos de la naturaleza humana. Partiendo de esto, procedemos a un análisis de estos conceptos. Hablaremos de la naturaleza del bien, del trabajo, de la autoridad, etc., a fin de obtener una perspectiva más completa y clara de lo que se supone en cada caso. De este análisis conseguiremos un entendimiento más claro de conceptos básicos, sobre la base de los cuales derivamos un juicio moral el cual es una declaración de la ley moral en cuanto a esos conceptos. La aplicación de esta ley es hecha de varios modos (nos limitamos a siete aplicaciones) a fin de mostrar más completamente el significado y amplitud de la ley. Finalmente, derivamos las consecuencias que son inherentes en la observación o descuido de la ley, para mostrar como las consecuencias son una cuestión de vida o muerte (espiritual), individual y corporativamente.

Capítulo 10

———

LEY MORAL 1: EL BIEN Y DIOS

ORIGEN DE LA NATURALEZA HUMANA

L A PRIMERA LEY MORAL es sobre el concepto más básico en la ética y sobre la base (justificación racional) de este concepto. La primera ley moral es acerca del absoluto moral y su base en el absoluto metafísico. La primera ley moral es sobre el bien y lo real, o eterno. La primera ley moral es sobre el bien y Dios. La ética (y la ley moral que prescribe lo que debemos de hacer) asume la realidad de la elección. La consciencia moral en la naturaleza humana está basada en la realidad de la elección—por naturaleza elegimos. Esto es, el terreno común en cualquier discusión moral y no es disputado. Lo que puede ser disputado es si la elección es libre y esto depende de nuestra perspectiva propia de la libertad (Consulta el Capítulo 9 acerca de requisitos previos de la justificación racional en la ética). La elección por su parte asume valores y los valores asumen el bien (el valor más alto). Cuando elegimos algo, lo elegimos por sí mismo o por algo más. Lo elegimos como un fin en sí mismo o como un medio para un fin. Lo que es un fin en sí mismo, elegido para sí mismo, es el bien. (Aquí hablamos del bien en términos singulares. Si el bien es uno o muchos, será examinado pronto.) De esta manera comenzando con la realidad de la elección en la naturaleza humana, debemos afirmar el concepto del bien—el que es elegido por sí mismo y no por algo más.

ACERCA DE LA NATURALEZA DEL BIEN Y DE DIOS

1. El Bien No Es La Virtud

El bien debe ser distinguido de lo que es distinto al bien. El fin en sí mismo, no es un medio para el fin. El medio al bien es la virtud. El bien no es la virtud y debe ser distinguido de la virtud; el fin no son los medios. La idea del fin en sí mismo o el bien, no es una idea extraña. Está presente en la filosofía de *La República* de Platón y en las primeras palabras en la *Ética a Nicómaco* de Aristóteles y en las primeras palabras del *Catequismo Menor de Westminster*: el fin principal del hombre. El fin principal está por encima de todos los fines intermediarios; el fin principal es el fin en sí mismo, escogido por sí mismo y no por ninguna otra cosa. Podemos comenzar a eliminar muchas perspectivas mantenidas casualmente acerca del bien. Si algo no es ni puede ser escogido por sí mismo, entonces no es y no puede ser el bien. Dado que el dinero no es ni puede ser escogido por sí mismo, pero tan solo por lo que se quiere comprar, el dinero no puede ser el bien. El dinero es buscado como un medio a otras cosas (lo que el dinero puede comprar—casa, carro, comida, servicios, etc.) El dinero es *un* bien, pero no *el* bien. El dinero es *un* medio para *el* bien. Como medio para el bien el dinero puede ser llamado una virtud, entendiendo que existen diferentes tipos de virtudes. El dinero (y lo que puede comprar) sería una *virtud instrumental* y valorada como un medio para el bien.

Otra persona no puede ser el bien, aunque en el amor romántico una persona a menudo sea vista como el bien. El bien es conseguido por la elección. Aunque una relación puede ser conseguida por la elección, otra persona no es conseguida por la elección. Además, el bien es para personas, por lo tanto, las personas y el bien deben ser distinguidos. Una persona puede ser buena, pero una persona no es el bien. Además, el amor no es el bien, pero debe ser entendido en relación (o relativo) al bien. Si amamos a alguien buscamos el bien para esa persona (según su naturaleza). El amor por lo tanto no es el bien, pero un medio al bien; el amor es una virtud. El amor es una *virtud moral* y su logro es considerado moralmente digno de elogio. El amor es quizás la mayor de las virtudes dada su conexión entre el bien y las personas, y trae todas las otras virtudes a su expresión en la búsqueda del bien para el otro.

Otras virtudes, como medios al bien, no deben ser confundidas con el bien. La sabiduría, el valor y la justicia (en sus muchas formas) son virtudes morales, que hacen posible la adquisición del bien. La existencia misma, entendida como la sobrevivencia, no es buscada por sí misma. No sobrevivimos a fin de sobrevivir. No procuramos prolongar la mera existencia vegetativa o la existencia animal. Vivimos por un objetivo, el conseguir y disfrutar el bien. Por lo tanto, la sobrevivencia no es el bien. La salud, el talento y la belleza son *virtudes naturales* dado que nacemos con ellas, las cuales podríamos o no podríamos desarrollar o acrecentar. Y cada una de diferente manera, contribuyen el bien.

Todo esto es para indicar la diferencia que existe entre el bien como el fin en sí mismo y las virtudes como los medios al fin. El bien no es la virtud. Las teorías deontológicas de la ética identifican el bien con las virtudes y son por esta razón, deficientes. Las virtudes (de libertad, igualdad y fraternidad) o deberes (de decir la verdad y cumplir promesas) pueden entrar en conflicto si no son mantenidos justos en unidad por el bien. Lo que es correcto debe ser entendido con relación al bien y en el fondo a lo real para estar racionalmente justificado. La intuición moral en contra del asesinato puede ser convenida, pero puede ser aplicada diferentemente, con concepciones diferentes del bien y la naturaleza humana. Las virtudes pueden hacerse vicios si no son dirigidas hacia el bien. Asimismo los vicios (vistos por ejemplo en los siete pecados capitales) deben ser entendidos en relación con el bien si han de ser entendidos como vicios. Las meras declaraciones y las expresiones de sentimientos no constituyen la justificación racional por la elección propia. Y la búsqueda de las virtudes (valores familiares) como un medio a la felicidad, por separado del bien, se vuelve legalista y finalmente se demuestra inadecuada para la felicidad.

Antes de dejar esta diferencia entre medios y fines puede preguntarse "¿Debe haber acaso un final en sí mismo?" ¿Puede algo ser ambos medio y fin, o ni medio, ni fin? Los medios y los fines están siendo aplicados aquí a la categoría de la elección. Fuera de la elección la distinción no está siendo considerada aquí. Una persona puede ser pensada tanto como medio de conseguir el bien y como fin para quien el bien debe ser conseguido. Pero una persona está fuera de la categoría de la elección misma, y caracterizaciones raras ocurren cuando esta categoría es aplicada erróneamente a personas. Puede pensarse que la salud es tanto medio como un fin en sí mismo. Pero uno puede estar dispuesto a sufrir aflicciones en la pérdida de la salud (Job, John Donne) si esto alarga el bien en la vida propia. De esta manera la salud no está en la misma categoría que el bien. Y finalmente, si abandonásemos la idea de un fin en sí mismo, tendríamos que abandonar la idea de los medios también. Y la idea de la elección, sin fin alguno en mente que debe de ser conseguido, hace la deliberación racional en la elección, y por lo tanto la elección misma, ininteligible.

2. El Bien No Es La Felicidad

A menudo se piensa que el placer o la felicidad son el bien. Esta perspectiva común es expresada en teorías hedónicas de la ética, tanto individualmente (egoísmo ético) como colectivamente (utilitarismo). Esta perspectiva es considerada una teoría consecuencial de la ética en contraste con la deontológica, la cual exige que el deber sea hecho por sí mismo. Si la felicidad pudiera ser buscada directamente, independiente de creencias acerca del bien, entonces la felicidad podría ser el bien. Pero la felicidad (o placer) no es y no puede ser buscada directamente. La felicidad es una consecuencia o un efecto de creer que poseemos el bien. El bien es lo que tiene el valor más alto, y creer que poseemos este valor más alto, dada nuestra capacidad de creer y desear, trae felicidad.

Si la creencia acerca del bien cambia de manera que ya no creemos que poseamos el bien, entonces la felicidad se termina. La felicidad es relativa al bien y condicional al bien. La felicidad no es independiente del bien. La felicidad perdura tanto como la creencia acerca del bien y la posesión del bien perduran. Si la felicidad misma fuese el bien, no sería cambiada por la creencia. Si la felicidad fuese el bien, sería buscada directamente. Hay tentativas de producir directamente estados agradables, por ejemplo, a través de las drogas. Pero esto es considerado artificial y requiere la destrucción de la consciencia ordinaria y se vuelve contraproducente cuando uno regresa a la consciencia ordinaria. Esto es verdad de todas las formas de la euforia artificialmente inducidas, desde la fantasía hasta estados hipnóticos, donde creemos temporalmente que hemos poseído el bien.

El alivio (de dolor o pena) y descanso (del trabajo) son necesarios para la salud, y algunas formas de la recreación pueden permitir una temporada de placer por vía de la búsqueda de la euforia irreflexiva o por la experiencia pensativa del bien. El hedonismo, la búsqueda del placer como el bien, es mantenido como la alternativa a la deontología, pero esto es simplemente una antinomia. La síntesis del deber que resulta en el placer por separado del bien falla, porque la conexión entre la virtud y la felicidad no es inherente (Trasímaco de Platón, la postulación de Dios de Kant). De esta manera la felicidad por separado del bien no es duradera.

3. Existe un Bien para Cada Persona

El bien es la fuente de la unidad en cada persona y como tal debe de ser uno. La tensión entre dos alternativas en la elección se resuelve a través del bien. Si hubiera dos bienes (no simplemente dos aspectos del bien) los cuales son iguales e independientes, y la adquisición de uno resulta en el abandono del otro, no habría manera racional para elegir. Si fuésemos racionales nos paralizaríamos. Es dicho a veces en ciertas teorías contemporáneas de la ley natural, que existen varios bienes (John Finnis, Robert George et al.) como la amistad y la salud. Pero estos, como hemos visto en el caso de la salud, y como veremos en el caso de la amistad, deben ser entendidos no como instancias de muchos bienes, sino con relación al bien.

4. El Bien Es Uno y El Mismo para Todas Las Personas

No existe solo un bien para cada persona, pero si un bien para todas las personas. El bien es la fuente de la unidad en cada persona, así como también entre dos personas y grupos de personas. Se espera que como seres racionales deberíamos de poder resolver disputas—y éticamente deberíamos de hacerlo—por la razón. El bien por lo tanto debe de ser uno y el mismo para todas las personas. La intuición de que el bien es uno y la fuente de la unidad surge de nuestra naturaleza humana y puede ser hecho explícito. La naturaleza del bien está basada en la naturaleza de ese ser. El bien difiere por cada género de ser (caballo, conejo, humano, etc.). El bien para un ser humano está por lo tanto basado en la naturaleza humana. Dado que la naturaleza humana es la misma en todos los humanos, existe un bien para todos los humanos. Diferencias en género, talento, edad, y etnicidad, no anulan lo que es común, y por lo tanto más básico, en todos los seres humanos. Así como la diversidad en cada persona no es una fuente de conflicto, así también la diversidad de los géneros mencionados previamente entre los seres humanos no es una fuente de conflicto. La naturaleza humana es una; por lo tanto, existe un bien para todos los seres humanos.

5. El Bien Es Claro

Si el bien no fuese objetivamente claro, no habría ninguna base racional para la moralidad. El escepticismo, el cual niega la claridad, nos lleva al relativismo y resulta en el nihilismo. El fideísmo como una alternativa al escepticismo no puede evitar el relativismo. La creencia sin prueba no está sujeta a la exanimación pública y como tal debe de permanecer confidencial. El multiculturalismo, la expresión contemporánea del escepticismo clásico y el relativismo cultural, ratifica la igualdad moral de todas las prácticas culturales y la tolerancia y el exclusivismo como las virtudes cardinales. El absolutismo encubierto dentro de cada cultura es traído a una proximidad más cercana en el proceso de la globalización conforme están ocurriendo las guerras culturales y los choques de civilizaciones. Esto no es lo que uno debe esperar si el bien es la fuente de la unidad basada en una naturaleza humana común y es objetivamente claro. Todos los lados parecen estar de acuerdo en principio en la conexión entre la claridad y la moralidad. Si un estándar moral no es objetivamente claro, uno no puede (como un ser racional) ser considerado responsable de vivir acorde al estándar moral. Si existe un bien racionalmente justificable, debe ser claro, es decir, lo suficientemente fácil de ser sabido por todos quiénes procuran saberlo.

6. El Bien Se Basa Sobre Lo Que Es Real

Mientras que el bien debe ser objetivamente claro, no tiene que ser, y con mayor frecuencia no es, subjetivamente claro. El bien, de hecho, no es sabido por todos los hombres, considerando las muchas perspectivas del bien que hay y la carencia general de la preocupación por pensar críticamente acerca de las cosas básicas por parte de la mayoría de las personas. La perspectiva propia del bien está basada en la perspectiva propia de la naturaleza humana. Y este por su parte está basado en la perspectiva propia de lo que es real. Lo que el bien es en realidad está basado en lo que la naturaleza humana es en realidad, y esto está basado en lo que es real o eterno en la realidad. El absoluto moral está basado en el absoluto metafísico. Uno no puede entablarse en la ética (en cuanto al dar justificación racional) sin el entablarse en la metafísica. El hablar del bien requiere que nosotros hablemos de la base del bien en lo que es real.

7. Es Claro Que Tan Solo Algo Es Eterno

En la Parte II, bajo Metafísica, argumentos fueron dados para demostrar lo que es eterno. Debe haber algo eterno. El contradictorio "nada es eterno" no es posible. Ha sido argumentado que la materia existe (vs. idealismo) y que la materia no es eterna. Ha sido argumentado que el alma existe (la mente no es el cerebro) y que el alma no es eterna. Por el análisis crítico del significado, las premisas de los argumentos fueron probadas como verdaderas por *reductio*, mostrando que lo contrario no era posible. Es claro a la razón entonces que solamente algo es eterno. Lo que es eterno trajo a la existencia o creó lo que no es eterno. Por lo tanto el Creador (es decir Dios) existe. Las objeciones preliminares en contra de la existencia de Dios fueron respondidas y atención considerable fue prestada al problema del mal. Finalmente se propuso una solución irónica basada en la asunción que es objetivamente claro que Dios existe.

LEY MORAL 1

Considerando la existencia y la naturaleza del bien como basadas en la naturaleza humana, y dada la naturaleza humana como basada en Dios por la creación, la primera ley moral puede ser declarada así: Dios, como el Creador de la naturaleza humana, es el determinador del bien y el mal para el hombre. No se puede hablar del bien y del mal por separado de la naturaleza humana, y ni tampoco se puede hablar de la naturaleza humana por separado de Dios que determinó la naturaleza humana por la creación. Por lo tanto, Dios el Creador determina el bien y el mal para el hombre. Debe ser recalcado que esta determinación no está por separado de, pero por dentro y a través, de la naturaleza humana, la cual fue creada por Dios.

APLICACIONES DE LA LEY MORAL 1

Varias aplicaciones son deducidas de la primera ley moral y de la manera de su derivación. Estas aplicaciones son mejor vistas en el entendimiento de lo que es opuesto según esta ley moral.

1. Teísmo vs. No-Teísmo

La creencia en Dios el Creador (teísmo) se opone a todas las formas de no-teísmo. El teísmo se opone al ateísmo, panteísmo, politeísmo y animismo. Filosóficamente, se opone a todas las formas de monismo material, monismo espiritual y dualismo. El teísmo vs. no-teísmo es la división mayor de la humanidad. La ética debe de confrontar esta división. El bien como la fuente de unidad, cuando es racionalmente justificado al ser basado en Dios, vence esta primera gran división.

2. La Claridad Objetiva vs. El Escepticismo y El Fideísmo

Hemos mantenido que la claridad es necesaria para la moralidad, que esta claridad es por la razón y que es claro razonar que únicamente algo (Dios) es eterno. Esta claridad es objetiva, disponible a todos quiénes procuran diligentemente saber las cosas básicas sobre Dios y el hombre, el bien y el mal. La claridad por lo tanto se opone al escepticismo el cual niega que las cosas básicas sean claras a la razón. La claridad se opone a todas las formas del fideísmo (teístico y no-teístico) que sostienen creencias básicas sin prueba o entendimiento de lo que es claro. Uno tiene que descuidar, evadir, resistir, o negar la razón para evitar ver las cosas básicas las cuales son claras.

3. La Claridad Subjetiva vs. El Emotivismo y El Voluntarismo

Mientras podría ser admitido que la claridad es necesaria para la moralidad, con frecuencia es cuestionado y a veces negado que el conocimiento es suficiente para la moralidad. Es en ocasiones mantenido que a sabiendas hacemos el mal. Nuestros sentimientos son independientes de nuestro conocimiento (emotivismo) o pueden anular nuestro conocimiento (R.C. Sproul—prioridad del corazón). O, nuestra voluntad puede ser separada de nuestro conocimiento (voluntarismo), por la debilidad ("pues no hago lo que quiero, sino lo que no quiero."[1]) o por rebelión (sabiendo la verdad y suprimiéndola). Lo que es aún necesario permanece como desconocido fuera de la esfera del conocimiento y origina preguntas sobre la responsabilidad humana.

---

1. *Romanos 7:15.* San Pablo expresa aquí lo que a veces se toma como una declaración clásica de la debilidad de la voluntad. Esto no debe tomarse como una negación de otros pasajes que hablan sobre el tema.

Las objeciones del emotivismo y voluntarismo están basadas en impresiones de nuestra experiencia ordinaria. Esta experiencia de la división entre el conocimiento, los sentimientos y la voluntad debe de ser interpretada a base de que somos más o menos conscientes y consistentes en nuestras creencias. Las creencias pueden ser contradictorias al nivel del sentido implícito. El entendimiento a menudo es mezclado con malentendido del cual no estamos conscientes. Esta división en el pensamiento dentro del intelecto mismo (como p1 y p2) es reflejada en nuestros sentimientos (como s1 y s2) y en nuestra voluntad (como v1 y v2). Podemos ser conscientes de la oposición entre p1 y s2 sin notar la conexión entre p2 y s2, o la división entre p1 y p2. (Pedro tenía pensamientos y sentimientos divididos: él afirmó que Jesús era Cristo, pero negó que Cristo debiera sufrir; el adulterio de David sucedió en el contexto de no procurar el bien en su obligación como rey de entablarse en guerra: "En el tiempo en que los reyes salen a la guerra...") Hay formas de pensamiento en la filosofía griega (Sócrates: nadie a sabiendas hace el mal), y en el teísmo Cristiano (Jesús: "Y conocerán la verdad, y la verdad los hará libre."[2]), los cuales sostienen la suficiencia del conocimiento para la moralidad.

4. Teonomía vs. Autonomía

La teonomía afirma que Dios como el Creador es la fuente de la ley moral. Está se opone a todas las formas de la autonomía en la cual el hombre, entendiéndose por separado de Dios, determina el bien y el mal para sí mismo. En la historia intelectual, en particular en el Occidente, varias formas de la autonomía son recurrentes. Estas formas reflejan rasgos de personalidad, y el grado de consciencia y consistencia con el cual las presuposiciones son sostenidas.

a. *Egoísmo Ético* conceptúa la felicidad/placer como el bien y procura el maximizar el placer para el ser. Trasimacó en *La República* de Platón, Thomas Hobbes y Ayn Rand afirman la posición del egoísmo ético.

b. *Utilitarismo* conceptúa el placer como el bien y procura la mayor cantidad de placer para el mayor número de gente. Esta perspectiva

---

2. *Juan 8:32.*

es ejemplificada en Jeremy Bentham y John Stuart Mill y en la teoría socialista de Karl Marx.

c. *Deontología* mantiene que la voluntad debe de ser guiada por la razón por separado de los sentimientos. El deber, o lo que es correcto, o la virtud debe de ser buscado por si propio, independiente de la consideración de consecuencias en contraste con el egoísmo ético y el utilitarismo. Esta perspectiva es ejemplificada en Kant y W.D. Ross.

d. *Existencialismo* mantiene que la determinación del bien y el mal es por un acto de la voluntad (elección) independiente de la razón. La esencia de las cosas no está determinada por Dios y capturada por la razón, sino que es determinada por la elección. Según Kierkegaard la voluntad de Dios está más allá de la razón; según Sartre, no hay ningún Dios y el hombre debe llenar el papel de Dios para determinar el bien y el mal por la elección auténtica.

e. *Naturalismo* afirma el instinto individual como una guía suficiente para la acción. En su estado natural el hombre es bueno. Las artificialidades de la sociedad humana son la fuente de la corrupción. Esto es ejemplificado en las obras de Lao Tzu y Rousseau.

f. *La Tradición* afirma el instinto colectivo de un grupo en conjunto, forjado durante mucho tiempo y encarnado en tradiciones que son pasadas como la guía para la vida. Esto es ejemplificado en Confucio (en contraste a Lao Tzu) y en la mayoría de las culturas.

g. *Humanismo* afirma la realización de la naturaleza humana en su totalidad en contraste con uno u otro aspecto (deseo, voluntad e intelecto). La naturaleza humana aquí es entendida en términos naturalistas (Abraham Maslow) o en términos dualistas griegos (Aristóteles).

h. *Estoicismo* procura el limitar la satisfacción de los deseos a aquellos sobre los cuales tenemos control (Epicteto), o procura la limitación acética de los deseos para eludir la indulgencia propia (Gandhi).

i. *Contemplación Mística* busca el conocimiento directo de la realidad última más allá de la experiencia de sentido y la razón discursiva, constituyendo la iluminación, beatitud o la liberación de la esclavitud. La

visión directa de Platón de las formas más altas, la visión beatífica de
Dios en esta vida o la siguiente, y la iluminación en tradiciones hindús
y budistas, ejemplifican la contemplación mística.

5. Teonomía vs. Heteronomía

La ley moral dada en la naturaleza humana se opone a la heteronomía.
Kant se opuso a la heteronomía en la cual la ley es percibida como dada
externamente y como una carga. La ley en la teonomía es escrita en el
corazón y es un placer, (un yugo que es fácil y una carga que es ligera).
La ley no es algo exterior al hombre como un ser racional, impuesta
sobre el hombre por otro, al contrario de nuestra naturaleza. Sino
que la ley está en nuestra naturaleza y es conocida en el ejercicio de la
razón. Donde hay idea falsa del bien y de la naturaleza humana, la ley
es sentida como una carga, como algo externo, siendo impuesto sobre
nosotros. Siendo racionales sentimos naturalmente que deberíamos ser
guiados por la luz de la razón. El hacer la razón a un lado es ir contrario
a nuestra naturaleza. Leyes que son entendidas y presentadas de modo
que minimizan nuestra razón son heterónomas y son naturalmente
resistidas y resentidas. Las leyes que sólo parecen ir en contra de la razón
y leyes que van realmente en contra de la razón pueden ser distinguidas
por el proceso del diálogo.

6. La Teonomía vs. La Teoría del Comando Divino y El Positivismo

La ley moral dada en la naturaleza humana y conocible por la razón,
se opone a la teoría del comando divino (TCD) y la ley positiva. La
ley positiva no está basada en la naturaleza humana y es arbitraria o
convencional y puede ser conocida solamente por la proclamación.
En oposición a la TCD no es el caso que Dios desea algo porque es
correcto, como si hubiera algún estándar por separado de o por encima
de Dios, como las Formas Platónicas. Ni tampoco es el caso que lo que
sea que Dios desee es correcto, como si después de habiendo creado
la naturaleza humana, Dios podría ordenar que el robar o mentir es
correcto. La creación es acorde a lo que Dios está dispuesto a revelar
de sí mismo y la ley es acorde a la naturaleza de la cosa creada. Algunos
teonomistas recientes, quienes abogan por la ley divina como dada
en las escrituras y conocible únicamente por medio de las escrituras y

quiénes descuidan o evaden la claridad objetiva de la ley de la revelación general, están inclinados a conceptuar la voluntad de Dios como siendo independiente de la naturaleza de Dios y la ley de Dios como siendo independiente de la naturaleza del hombre.

7. Teleología vs. Deontología y Consecuencialismo

La teleología es orientada a la meta. Es el pensar, desear e interpretar para conseguir un fin—el fin principal o fin en sí mismo. La teleología en la ética es la ética enfocada en el bien, el absoluto moral. Las virtudes y la felicidad son entendidas con relación al absoluto moral y no de manera contraria. Las virtudes y la felicidad no son y no se convierten en el concepto central de la ética teleológica. Mucha discusión en la ética ha sido clasificada en términos de virtudes o felicidad como el bien, desde Epicureanos y los Estoicos a Kant y el Utilitarismo. La mayor parte del discurso ético contemporáneo es continuado en términos deontológicos y consecuenciales. Esta distinción defectuosa cae en la categoría de antinomias: en la religión, el legalismo se opone al antinomianismo; en la conversación popular, el deber de la ética de virtud se opone a la libertad hedonista. Una distinción formal entre medios, fines y efectos requiere un correctivo formal en un nivel básico que afectará el pensamiento en la ética fundamentalmente. El progreso en el vencimiento de la antinomia del deber y la felicidad no puede ser alcanzado hasta que la pregunta formal "¿Cuál es el bien—el fin en sí—el valor más alto?" es establecida. Si las distinciones formales entre el bien, la virtud, y la felicidad, entre fin, medios, y efectos no puede ser hecha, o puede ser ofuscada cuando se hace, entonces el discurso ético pierde la justificación racional y se desliza en escepticismo, relativismo y nihilismo.

CONSECUENCIAS DE LA LEY MORAL 1

Hay consecuencias inherentes por el observar o no observar esta ley moral. Hay consecuencias inherentes por el actuar de acuerdo con la naturaleza propia o por actuar contrario a la naturaleza propia. Debido a que el bien para un ser es acorde con la naturaleza de ese ser, el mal es lo que es contrario a su naturaleza. El mal para el hombre como ser racional es el descuidar, evadir, resistir y negar la razón ante lo que es claro sobre las cosas básicas. En el contexto teístico, el mal comienza en el *descuido* en el cual uno no considera o procura a Dios. Uno por lo tanto no entiende lo que es claro acerca de Dios, y consecuentemente no hace lo que es correcto. El mal se incrementa a la *evasión* del procurar por autoengaño. El mal moral se acrecienta aún más al punto de *resistir* la acusación de ser irracional mediante la autojustificación. El mal culmina en la *negación* de la razón propia al cerrar nuestros ojos tapando nuestros oídos para evadir lo que es claro. El mal es un acto de destrucción en la negación de la naturaleza propia como un ser racional.

Debido a que la razón viene a ser las leyes del pensamiento, el no usar la razón es el no pensar. El no usar la razón es el percibir, pero no entender el significado de las cosas. El no usar la razón es el no tener conocimiento de las contradicciones y disparates en el pensamiento propio. El no usar la razón es el tener una mente oscurecida, carente de la vida de la razón. La condición oscurecida, carente de la vida de la razón, es la muerte espiritual. La muerte espiritual es la condición inherente del sin sentido en el fallar al no usar la razón para procurar, y en el fracaso al no entender. Ya que la razón es fundamental a otros aspectos de la personalidad humana, la falta de sentido en el pensamiento resulta en el aburrimiento de los deseos. Lo que es carente de sentido no puede satisfacer la necesidad humana del significado como seres racionales. Y el exceso en la búsqueda de lo que es vacío profundiza el aburrimiento.

Como seres racionales, la miseria de falta de sentido y aburrimiento deben ser explicadas. La provisionalidad es permanentemente hecha para evitar la responsabilidad de la condición autoinfligida. El tormento de culpa es inevitable. Cada tentativa para evitar la condición propia sin tomar responsabilidad de ello solamente profundiza esa condición. La falta de sentido, el aburrimiento y la culpa se convierten en un hoyo sin fondo (el abismo), la consecuencia inherente del mal moral. Las consecuencias inherentes están presentes y continuas; ellas no deben ser entendidas como algo esencialmente futuro e impuesto. El entender mal las consecuencias inherentes es el malentender la justicia en el mundo. Las consecuencias inherentes son consecuencias justas. Más allá que esto, solamente puede parecer arbitrario.

La consecuencia de vivir según la naturaleza propia como un ser racional, es el adquirir el entendimiento de las cosas básicas las cuales son claras. Es el vivir una vida que está llena de significado, una vida llena de alegría en el gozo de la participación significativa en cada aspecto de la vida, y una vida llena de paz, lo contrario a las consecuencias de mal. Debido a que los humanos son finitos, temporales y en ellos mismos cambiables, las consecuencias son experimentadas de una manera finita, temporal, cambiable, consistente con la naturaleza humana. Uno puede aumentar en el bien o en el mal y en las consecuencias de vida o muerte, tanto en vida como después de esta vida, interminablemente.

Al final de esta explicación básica de la primera ley moral puede ser visto más claramente lo que significa el decir que hay una ley moral que es clara, comprensiva y crítica. Es derivable de la naturaleza humana en la realidad de la elección. La naturaleza humana puede ser conocida porque está basada en lo que es real, lo cual es claro a la razón. La ley es aplicada para vencer divisiones básicas dentro de la metafísica y la ética. Y finalmente, sus consecuencias son una cuestión de vida y de muerte.

Capítulo 11

LEY MORAL 2:
PENSAMIENTO Y PRESUPOSICIÓN

HABIENDO ENTABLADO LA DIVISIÓN principal entre teístas y no-teístas, la segunda ley moral entabla las divisiones dentro del teísmo. La segunda ley moral se dirige a la pregunta, ¿Cómo debemos pensar acerca de Dios? Seguiremos el formato usado previamente, primero derivando el origen de los conceptos básicos de esta ley de la naturaleza humana, al analizar la naturaleza de las cosas referidas en estos conceptos y después derivar la ley de este análisis. Miraremos de nuevo siete aplicaciones de esta ley y las consecuencias de observar o no observar esta ley. Este será el formato para cada ley que seguirá.

ORIGEN EN LA NATURALEZA HUMANA

Por naturaleza pensamos, y por naturaleza pensamos acerca de lo infinito y lo eterno, aquellos atributos que son aplicados correctamente solo a Dios. No se puede dudar existencialmente que pensamos. El dudar que uno esté pensando es auto-referencialmente absurdo. Y aun cuando no siempre pensamos, pensamos por naturaleza, a menos que lo que es natural sea dificultado por un accidente o por lo sobrenatural. Y no puede ser dudado que en el pensamiento tenemos y aplicamos los conceptos tanto de lo finito como de lo no finito (o infinito), de lo temporal y lo no temporal (o eterno) en seres en los que pensamos. Un ser es finito o infinito, temporal o eterno. Y algún ser debe ser eterno. Los conceptos que se aplican a Dios están ineludiblemente en nuestro pensamiento. En este sentido, al menos hay un sentido de deidad (*sensus divinitatis*) en quienes piensan. De este modo, por naturaleza, pensamos acerca de Dios, pensando que Dios existe o que Dios no existe. Después de la Ley Moral 1 entonces consideraremos aquí las perspectivas de la naturaleza de Dios sostenidas por aquellos que piensan que Dios (el Creador) existe.

ACERCA DE LA NATURALEZA DEL PENSAMIENTO Y LA NATURALEZA DE DIOS

1. El Pensamiento Es Presuposicional

El pensamiento por naturaleza es presuposicional. Pensamos en lo menos básico en apego a lo más básico. Pensamos en la verdad en apego al significado. Interpretamos la experiencia en apego a la creencia básica. En el argumento basamos conclusiones en apego a las premisas. Al nivel de los conceptos pensamos en lo finito en apego a lo infinito, lo temporal en apego a lo eterno. En cuanto a disputas en general, si hay acuerdo en lo que es más básico habrá acuerdo en lo que es menos básico. La carencia del acuerdo en lo que es menos básico es debido a la carencia de acuerdo en lo que es más básico.

2. Presuposición y Disputas Existentes Desde Hace Mucho Tiempo Acerca del Conocimiento de Dios

En cuanto a disputas sobre Dios en general, hay divisiones existentes desde hace mucho tiempo en asuntos secundarios que se han dificultado a lo largo de los siglos, porque las cuestiones más básicas (acerca del bien y el mal, por ejemplo) han permanecido sin ser examinadas. En cuanto a disputas sobre Dios basadas en las escrituras, hay divisiones existentes desde hace mucho tiempo que no han sido resueltas debido a que las capas de contextos presupuestos en la hermenéutica no han sido notadas, convenidas, y críticamente examinadas. El contexto de la revelación general en el abordar la revelación especial, no ha sido examinado y convenido. El contexto de la revelación fundacional (en Génesis 1-3) en abordar la revelación subsecuente, no ha sido examinado y convenido. El contexto de una declaración dentro de un libro a menudo es pasado por alto o es desatendido.

3. La Presuposición y La Posibilidad del Conocimiento de Dios

Hay afirmaciones pre-teístas en contra de la posibilidad del conocimiento de Dios (no podemos pensar racionalmente acerca de Dios) porque la infinitud de Dios no puede ser capturada por la mente finita. Dios es infinito se dice, y lo infinito es inclusive de todo. Esto incluye hasta los opuestos. Ningún límite debe ser colocado por encima de Dios. Estos están basados en malentendidos. Dios no es simplemente infinito, pero es infinito en sus perfecciones. Él no es simplemente infinito (incluyendo tanto sabio como imprudente), pero infinito en la sabiduría. La perfección de Dios excluye, no incluye, la imperfección.

El principio de exclusión es a veces tomado como significando que lo infinito excluye lo finito, como si el ser finito fuere sinónimo de ser imperfecto. Pero la perfección como la infinidad, es un atributo de un atributo que debe ser especificado. Finito en la sabiduría no es lo mismo que ser ignorante; una carencia en el conocimiento no es lo mismo que el sostener un error. Y una carencia en el conocimiento (ignorancia de algún aspecto) no implica la ignorancia en todos los aspectos. El conocimiento infinito, para ser infinito, debe incluir el conocimiento finito. La interpretación de exclusión del infinito por lo tanto es injustificada. Ha sido aplicado al ser de Cristo para negar que Cristo pueda ser tanto finito como infinito. Además, la incomprensión de Dios no significa que lo finito no pueda capturar lo infinito para nada, pero que lo finito no puede capturar lo infinito exhaustivamente, es decir, infinitamente. Podemos saber en parte, de otra manera no sabremos nada en absoluto.

4. La Presuposición y El Conocimiento Directo de Dios

Hay afirmaciones subteístas de que lo infinito y eterno (sin limitación de tiempo) no puede ser aplicado a personas—que, si Dios es una persona, Dios no puede ser infinito o eterno. Teístas Abiertos, afirman que Dios está dentro del tiempo y que su conocimiento como el nuestro, crece dentro del tiempo. El ser una persona es el ser como una persona humana, es decir, lo infinito debe ser entendido en apego a lo finito. Una persona eterna se dice, es incomprensible hasta en parte. Mientras que es verdadero que una mente finita y temporal no puede incluir lo infinito (la relación es asimétrica), o saber algo por separado del tiempo, que sería el decir que el hombre no puede conocer a Dios excepto por la revelación de Dios mismo. El negar la revelación propia de Dios en el trabajo de la creación, es el negar o que la creación es revelación, necesaria e intencionadamente, y por lo tanto realmente o negar la creación en su totalidad. La *via negativa* de la teología mística medieval, desatiende la validez de la creación (e historia) como la revelación verdadera y busca el conocimiento inmediato directo de Dios en una visión beatífica cognoscitivamente sin contenido (Aquino y Al Farabi). El orden lógico, el cual está por fuera del tiempo, no tiene que ser reducido al orden secuencial dentro del tiempo para que exista el orden en la eternidad.

LEY MORAL 2

Debemos pensar acerca de Dios presuposicionalmente. No debemos pensar en lo infinito en apego a lo finito, sino lo finito en apego a lo infinito. No debemos comparar al Creador infinito, con la criatura finita, sino entender a la criatura finita, en apego al Creador infinito. Dios no debe ser concebido en la imagen del hombre, sino que el hombre debe ser entendido como la imagen de Dios. Tampoco lo finito (hombre) debe ser entendido en apego a la naturaleza finita—el hombre no es la imagen del animal. La historia abunda con esta inversión. Dios ha sido hecho en la imagen del hombre (en la perspectiva griega—Zeus, y en la perspectiva mormona), y desciende aún más para ser hecho en la imagen de los animales—pájaros, bestias, y cosas que se arrastran. Dios que es el Creador es un Espíritu, infinito, eterno, e inmutable en su ser, sabiduría, poder, santidad, justicia, bondad y verdad.

Dios, con relación al hombre, debe de ser pensado analógicamente, no unívoca o equívocamente. Dios es infinito, eterno, e inmutable en sus atributos; el hombre no puede ser infinito, eterno, e inmutable— estos son atributos incomunicables, poseídos únicamente por Dios, en virtud de ser el Creador. El hombre es finito, temporal, y mutable, en estos mismos atributos del ser, sabiduría, poder, santidad, justicia, bondad y verdad. Estos son los atributos comunicables de Dios dados al hombre, no al resto de la naturaleza, por virtud de los cuales el hombre es la imagen de Dios. Dios no es totalmente diferente al hombre (como equivoco e incognoscible). Y Dios no es total o esencialmente como el hombre (como unívoco y conocido, diferenciándose solamente en grado). Dios es ambos, similar y no similar al hombre al ser infinitamente sabio. Infinitamente sabio es un atributo con partes distinguibles pero inseparables. La predicación analógica tiene la ocasión del debate acalorado entre teólogos (por ejemplo, Gordon Clark y Cornelius Van Til,) cuando las cuestiones más básicas no han sido establecidas. La diferencia de infinito y finito es cualitativa y no simplemente cuantitativa, pero la naturaleza de la sabiduría es aún identificablemente la misma (sabio en contraste con ignorante, y sabio en contraste con no-sabio, como diciendo que el atributo de poder está en la categoría de no-sabio). Igualmente, Dios es analógicamente no solo infinitamente benévolo, pero infinitamente justo y santo también. Los atributos, en Dios, no están en ningún sentido en tensión el uno con el otro, pero existen en unidad perfecta o simplicidad y deben ser pensados de esta manera si hemos de pensar presuposicionalmente acerca de Dios.

Las divisiones dentro del teísmo están arraigadas en disputas multifacéticas acerca de los atributos de Dios. ¿Qué significa el decir que Dios posee atributos, cuáles son estos atributos, y cuáles son las implicaciones de algún atributo infinito? La división principal dentro de la creencia en Dios el Creador es primero entre el deísmo y el teísmo. Dentro del teísmo las divisiones son entre el judaísmo, el cristianismo e islam. Dentro del cristianismo histórico la división principal es entre católico y protestante. Dentro del protestante, la división principal es entre Reformado y no-Reformado. Si pensamos presuposicionalmente acerca de Dios, creyendo que el bien es la fuente de la unidad entre dos personas o entre grupos de personas, deberíamos ser capaces de resolver las divisiones entre teístas acerca de la naturaleza de Dios. El presuposicionalismo no es simplemente el reconocer diferencias en puntos presuposicionales de partida y las diferencias consiguientes en cosmovisiones debido a diferentes presuposiciones. Esta es una forma fideísta, no una forma racional del presuposicionalismo. Abraham Kuyper identificó diferencias en sistemas debido al palingenesia (regeneración). B.B. Warfield fue más allá en la apologética al argumentar en contra de perspectivas alternativas. Reconociendo el significado como más básico que la verdad, y razón, usada críticamente como la prueba del significado de una creencia básica, el *presuposicionalismo racional* procura resolver el lado objetivo de las disputas, como una consecuencia buena y necesaria de la creencia en la claridad de revelación general y la inexcusabilidad de la incredulidad.

APLICACIONES DE LA LEY MORAL 2

1. Presuposicionalismo vs. No-Presuposicionalismo

El pensamiento presuposicional en general se opone a las epistemologías no-preposicionales del racionalismo y el empirismo. Los teóricos de correspondencia no pueden comparar la experiencia con el mundo verdadero conocido por separado de la experiencia. El empirismo falla al no reconocer las creencias básicas asumidas en la interpretación de la experiencia. Esto incluye el sentido común, la ciencia y la experiencia religiosa. El racionalismo a menudo usa la razón constructivamente primero y no críticamente primero como una prueba del significado de la creencia básica. Los teóricos de coherencia los cuales operan con un conjunto en vez de un sistema de creencias son incapaces de identificar creencias más básicas en lo que es simplemente un conjunto.

2. Deísmo y Justicia Divina

El deísmo se opone al teísmo. El deísmo afirma que Dios ha creado el mundo y gobierna por una providencia general, pero niega cualquier acto especial de Dios en la providencia divina. El deísmo se opone al punto de vista teísta (1) de que Dios actúa en la historia y (2) de que Dios se ha revelado redentoramente en la historia en las Escrituras. Específicamente, el deísmo niega la justicia, la bondad y el poder divinos en su comprensión del mal natural. El mal natural existe en la realidad de la muerte de los seres humanos. Pero el mal natural no estaba presente al principio en la creación del mundo. Si Dios es omnipotente, él podría haber creado un mundo sin el mal natural. Si Dios es infinitamente benévolo, él hubiera creado un mundo sin el mal natural. Si Dios pudiera y hubiera, entonces él debió de haber creado un mundo sin el mal natural. Y si él debió de haber creado un mundo sin mal, entonces él creó un mundo sin mal natural. Por lo tanto, el mal natural no estaba al comienzo de la creación.

El mal natural no es inherente en el mal moral. La consecuencia inherente del mal moral es la muerte espiritual, no la muerte física. Debido a que la muerte física no es, ni original en la creación, ni inherente en el mal moral, debió ser impuesta por un acto de Dios. Y si fue impuesta sobre el hombre por un acto de Dios, entonces Dios actúa en la historia, al contrario de la afirmación del deísmo. Al asumir que la muerte física es natural en la creación, el deísmo fracasa al no entender el poder infinito y la bondad de Dios. El deísmo piensa en lo infinito en apego a lo finito, en vez de pensar en lo finito en apego a lo infinito. El deísmo fracasa al no pensar presuposicionalmente acerca de Dios.

El mal natural no es impuesto por Dios como un acto sin objetivo. El mal natural es impuesto por una razón. El mal natural es impuesto sobre el hombre debido a un cambio moral del hombre. El mal natural es impuesto debido al mal moral. Ya que todos han muerto, el mal natural fue impuesto desde el principio sobre el primer hombre. Debido a que el acto de uno afectó a todos, el origen del mal natural implica la representación de todos por el primer hombre. Ya que el mal natural no es impuesto como castigo por el mal moral, debe ser impuesto como una llamada de regreso del mal moral. El mal moral en el teísmo está arraigado en el fracaso de no procurar y no entender lo que es claro acerca de Dios. El sufrir de trabajo agotador, la disensión y la vejez, la enfermedad y la muerte son una llamada para detenerse y pensar. Como una llamada de regreso del mal moral, el mal natural es impuesto como un acto de misericordia. En la consciencia humana ordinaria se piensa que el mal natural, en cualquier grado, se le conceptúa de muchas maneras, pero no como un acto de bondad. Como una continua y final llamada de regreso la imposición del mal natural asume la resistencia del hombre a cualquier llamada de regreso previa de la consciencia o por otros en la sociedad humana. El mal natural es un silencioso, constante, inevitable, universal, y llamada final para detenernos a pensar.

El hombre no está siendo abandonado en el estado de la muerte espiritual. Ya que la justicia divina es infinita y eterna, no puede ser anulada por la misericordia. Una llamada de regreso implica el perdón divino en la misericordia. Pero como Dios puede ser tanto justo como misericordioso al hombre al mismo tiempo es un misterio para el hombre. Si el hombre debe responder a Dios tanto justo como misericordioso, esto requeriría una revelación especial de Dios. El mal natural como la misericordia requiere la revelación redentora, la cual muestra como Dios es tanto justo como misericordioso al hombre. La escritura de la revelación bíblica, aceptada por los teístas, se presenta a la humanidad como esta revelación redentora. El teísmo por lo tanto afirma la necesidad y la existencia de las escrituras por un acto de Dios por encima y en contra del deísmo. Además de la necesidad de las escrituras, podemos saber lo que en términos generales debe ser su contenido y origen. Y considerando la necesidad, contenido y origen de las escrituras se puede determinar si la revelación bíblica constituye o no las escrituras de Dios.

3. Islam y Justicia Divina

Las divisiones principales dentro del teísmo son entre el judaísmo, el cristianismo y el islam. El islam profesa añadir al judaísmo en el Antiguo Testamento y el cristianismo en el Nuevo Testamento, pero el islam difiere de ambos en formas fundamentales—de lo que es central a ambos y la idea de las escrituras mismas como la revelación redentora. Una religión se expresa en sus días santos y el día más santo en el judaísmo es Yom Kippur, el Día de la Expiación. En el judaísmo bíblico, el sumo sacerdote toma la sangre del animal sacrificado y la rocía sobre el asiento de la misericordia dentro del lugar más santo en el templo a fin de expiar los pecados de las personas. En el cristianismo, en su símbolo más identificativo, la cruz, la muerte de Cristo como el Cordero de Dios que quita el pecado del mundo, es recordada.

Tanto para el cristianismo como para el judaísmo, la expiación por el pecado a través de la muerte de otro es central. Redención del pecado y la muerte a través de la expiación vicaria por un representante, contesta la pregunta la cual hace las escrituras necesarias: "¿Cómo puede Dios ser tanto justo como misericordioso al mismo tiempo?" El islam, profesando añadir al Antiguo y Nuevo Testamento, niega la necesidad y la realidad de la expiación. Preposicionalmente hablando, esta enseñanza central en cuanto a la expiación es el punto que divide al judaísmo y al cristianismo por una parte e islam por la otra. Y hablando presuposicionalmente, este punto de división implica una diferencia significativa en el entendimiento de la naturaleza de la justicia y la misericordia de Dios.

El islam afirma tanto la justicia como la misericordia de Dios. Dios es justo en la condenación de incrédulos al castigo eterno del infierno, concebido como futuro e impuesto. Dios es percibido como misericordioso al perdonar los pecados de aquellos que van al cielo. La pena merecida por el pecado no es pagada; es simplemente perdonada por Alá como compasivo. La pregunta central del como Dios puede ser tanto justo como misericordioso es contestada, no mediante la misericordia satisfaciendo la justicia a través de la expiación vicaria, pero, por medio de la misericordia la cual anula los requisitos de la justicia. En este entendimiento, Dios no es infinitamente, eterno, e inmutablemente justo por naturaleza. Dios no está obligado por naturaleza a ser justo. Dios no posee ninguna naturaleza por la cual él está limitado. Dios tiene muchos nombres, tales como justo y misericordioso, pero él no es infinito, eterno, e inmutable en justicia y misericordia. Si él fuese, la justicia tendría que ser satisfecha; la justicia no podría ser anulada por la misericordia.

La voluntad de Dios no está limitada por su naturaleza debido a que Dios no tiene naturaleza alguna. Dios entonces sería un ser sin naturaleza. Un ser sin propiedades esenciales por las cuales ese ser es identificado no puede ser concebido. Un ser que no puede ser concebido no puede ser concebido que exista. La alternativa, si algo es dicho acerca de Dios, sería el decir que Dios no es infinito, eterno, e inmutable, pero finito, temporal, y cambiable en la justicia. Pero esto no sería el teísmo. O, uno podría intentar plantear una perspectiva de la justicia divina que no requiera el castigo eterno. El alterar esta doctrina fundamental implicaría un cambio en todas las partes de la cosmovisión islámica entera de manera que ya no sería reconocible como tal. Concepciones variantes de la justicia divina han sido intentadas en otras cosmovisiones teístas, pero no se puede decir que estas intentos logran la coherencia básica. O, la desaprobación del islam concerniente a la expiación, por la cual el islam se distingue de sus precursores, y justifica su existencia independiente, debe de ser revisado. (Hay otras características de distinción y afirmaciones del islam—su perspectiva del Corán, la Trinidad, la Encarnación, Sharía, yihad, la claridad de la revelación general, el mal natural, etc., las cuales pueden ser cuestionadas. Aquí el enfoque es restringido a las cuestiones más básicas en el pensar presuposicionalmente acerca de Dios.)

4. Judaísmo y Justicia Divina

El cristianismo profesa ser una continuación y la realización de la promesa hecha en las escrituras judías. El judaísmo rechaza esta afirmación. El judaísmo rechaza que Jesús es el Mesías prometido. Más básicamente, el judaísmo rechaza una concepción del Mesías como el Cordero de Dios que quita el pecado del mundo. El judaísmo afirma al Mesías prometido. El identificar el núcleo común del judaísmo hoy en día es notoriamente difícil; sin embargo, el identificar creencias sostenidas históricamente en el judaísmo no es tan difícil. Aunque el judaísmo rabínico clásico no tiene credos, las afirmaciones de Moisés Maimónides concerniente a la creencia judía es lo más cercano a un resumen de las creencias históricamente mantenidas en el judaísmo. Y, mientras el Templo y el clero estuvieron de pie, el judaísmo bíblico afirmó la expiación como observada durante el Día de Expiación. El judaísmo después de la Biblia (después de la segunda Diáspora de 70 E.C.) afirma la expiación mediante el sufrimiento propio, buenas acciones, el rezo y la muerte física, en lugar de la expiación vicaria a través del sacrificio de animales (Neusner).

Dos preguntas surgen acerca de la justicia divina por estos dos enfoques en el entendimiento de la expiación. Lo que es común es que debe haber pago por el pecado. Primero, acerca de la perspectiva posbíblica: ¿Es el sufrimiento del mal natural (la muerte física) considerado el castigo del pecado en la justicia divina o es el mal natural una llamada de regreso de misericordia? El considerar la muerte física como castigo da origen a preguntas acerca de lo que es el mal natural y su consecuencia inherente. Da origen a preguntas acerca de la existencia de misericordia si todos pagan a través de la muerte. Da lugar a preguntas acerca de la proporcionalidad del sufrimiento del mal natural con relación al mal moral. Y origina preguntas acerca de la resurrección del cuerpo si la muerte física es el castigo y el castigo es perpetuo. La expiación por rezo y buenas acciones origina preguntas acerca de que si las buenas acciones pueden ser consideradas el pago por hechos malos; si, por ejemplo, la bondad hacia una persona paga por el asesinato de otra.

Segundo, en el judaísmo bíblico, ¿Debe el sacrificio del animal durante el Día de Expiación ser considerado el pago real por el pecado o es el sacrificio del animal simbólico? Si la expiación vicaria en el sacrificio del animal es considerada el pago real, esto ocasiona preguntas acerca de la naturaleza del mal, y también acerca de la claridad e inexcusabilidad y su consecuencia inherente—la muerte espiritual. Da lugar a preguntas acerca de la representación—¿Puede un animal sustituir a un ser humano? ¿Puede acaso un animal sustituir a todos los seres humanos? ¿Es un sacrificio suficiente por todo el pecado o tan solo por los pecados pasados?

¿Considerando la presunción de la representación humana implicada en el origen del mal natural con relación al mal moral, debe el sacrificio animal ser considerado simbólico de otro representante por venir? La promesa de un Mesías venidero es básica en el judaísmo histórico, y tiene que ser relacionada con la salvación y expiación. ¿Es la salvación mesiánica externa, es decir entendida en términos sociales-políticos (en la restauración del reino Davídico) o acaso la salvación mesiánica se extiende hasta el removimiento de la penalidad y poder de la realidad interna del mal moral? El decir que el sacrificio es simbólico, en el sentido que nos enseña una verdad moral no le hace justicia a la idea de la expiación como el pago para satisfacer la justicia divina. Así también asume que estas verdades morales de la revelación general no son objetivamente lo suficientemente claras, en cuyo caso la existencia de la inexcusabilidad y la moralidad son puestas en duda. Si la salvación mesiánica se extiende al pecado entonces el Mesías, como el representante del hombre, debe sufrir la pena de pecado.

5. Cristianismo: Purgatorio y Justicia Divina

El cristianismo afirma a Jesús como el Cristo, el salvador del mundo. En la revelación bíblica había sido prometido desde el principio, después de la caída de Adán, como la simiente de la mujer en el lugar de Adán, que desharía lo que Adán hizo y haría lo que Adán fracaso en hacer. El hombre es perdonado a base de la muerte de Cristo y aceptado como recto a base de la rectitud de Cristo (visto en el cubrimiento de la desnudez del hombre con la piel de animales). El hombre es santificado en el conocimiento de la verdad a través de los retos (visto en la expulsión del Jardín). El hombre vive bajo la maldición y la promesa. Habrá una guerra espiritual entre la creencia y la incredulidad, la cual será duradera y agonizante, en la cual el bien eventualmente vencerá al mal (la simiente de la mujer aplastará la cabeza de la serpiente).

El cristianismo se amplió de Judea en Palestina para después hacerse mundial. El cristianismo ha afrontado muchos desafíos, tanto internos como externos, a través de los siglos. En el siglo XVI una división grande ocurrió dentro del cristianismo Occidental. (Esto no es ignorar una división más temprana entre el cristianismo ortodoxo y latino.) En 1517 Martín Lutero protestó al fijar sus *95 Tesis* en contra de las enseñanzas de la Iglesia en cuanto a la venta de indulgencias para el alivio de la pena del pecado en el purgatorio. Esto origino la pregunta de la justicia y misericordia divina. ¿Cómo se paga por el pecado? ¿Es la labor de Cristo (gracia) suficiente para el pago del pecado? Lutero negó tanto las enseñanzas del purgatorio como la eficacia de las indulgencias por el perdón de los pecados. Este reto dio ocasión a preguntas concernientes a la autoridad en la enseñanza y la suficiencia de la fe para la justificación por separado de obras. Los protestantes, siguiendo a Lutero, afirmaron el principio de *Sola Scriptura*, *Sola Gratia*, y *Sola Fides* en contraste a las enseñanzas de la Iglesia Católica Romana.

Se decía que el purgatorio era un lugar en la vida futura donde el alma sufre por sus propios pecados no-mortales cometidos en esta vida, los cuales no son removidos por la gracia sacramental. El sufrir por los pecados propios es una cuestión de justicia en el pago de una pena, no una cuestión de la purificación del pecado. Si el sufrimiento fuese por la purificación, entonces, la purificación no podría y no debería de ser interrumpida con la compra de indulgencias. Los sufrimientos del purgatorio no son inherentes, pero impuestos, y tan solo por un tiempo. El arrepentimiento y la fe no son suficientes para recibir la gracia del perdón. Uno debe de hacer penitencia en esta vida o en la siguiente. Esto da lugar a preguntas concernientes a la naturaleza del pecado, la muerte y el propósito de la imposición del mal natural. El mal natural, al ser impuesto, no es una parte de la justicia divina sino de la misericordia, como una llamada de regreso. La llamada de regreso a través del sufrimiento impuesto se termina naturalmente con la muerte y no continua en la vida siguiente. El que el mal natural no es pago por el pecado, y el que el mal natural finaliza con la muerte es inconsistente con la idea del purgatorio como pago a través del sufrimiento temporalmente impuesto en la vida futura. Si los sufrimientos del purgatorio no fuesen impuestos, sino que fuesen inherentes, entonces ellos serían permanentes y no temporales. Y si ellos son permanentes, entonces las indulgencias como una transacción externa no puede removerlos. La gracia de la redención finalizo objetivamente, y su aplicación interior subjetiva, es necesaria para remover la pena y la presencia del pecado y la muerte. El purgatorio y las indulgencias son inconsistentes con la naturaleza del pecado, la muerte y la justicia infinita.

6. Teísmo Cristiano: Doctrina del Infierno y Justicia Divina

Perspectivas populares de la justicia divina en las religiones teístas conceptúan el castigo como futuro en un lugar llamado infierno, a menudo representado como un lago de fuego. Tomado literalmente, sin darle mucho pensamiento al contexto, como es comúnmente hecho en el pensamiento popular, la justicia divina es conceptuada como futura e impuesta. El infierno concebido de esta manera es la imposición del mal natural al grado máximo y por lo tanto se piensa que es consistente con la justicia infinita. Esta perspectiva, promovida por quienes leen el texto literalmente, ha sido rechazada por los no-teístas y por algunos teístas por ser inconsistente o con la bondad divina o con la justicia divina, o en algunos casos, con ambos. Objeciones surgen de un sentido de repugnancia moral en contra de la perspectiva literalista, debido a la incoherencia práctica de esta perspectiva, por la lectura contextual del texto y por pasajes alternativos los cuales entablan la justicia divina.

La repugnancia moral será justificada por una consideración de la revelación general, y con más razón si la perspectiva literalista fuese una malinterpretación. Hay alternativas, el universalismo (todos serán salvos, eventualmente) y el aniquilacionismo (el cese del sufrimiento por medio del cese de nuestro ser) adaptadas por algunos para evitar la repugnancia. Es a veces señalado que un alma no puede ser afectada por un fuego físico, y que un cuerpo resucitado es imperecedero o no afectado por llamas, y si es que es afectado, es inmediatamente aniquilado. En respuesta al problema de la aniquilación inmediata, una reconstrucción continua ante la destrucción continua es ofrecida como la solución divina. Como es qué condiciones opuestas pueden repetirse simultáneamente es difícil de imaginar y es sostenida (si es que es sostenida porque pocos van tan lejos para poder sostener una perspectiva literal) por fe sin entendimiento.

Las contraindicaciones textuales a una perspectiva literalista son prominentes, para indicar qué pasajes textuales deben ser citados. Se dice que el diablo como un espíritu es echado en el lago de fuego (*Apocalipsis 20:10*), en cuyo caso, el fuego se convierte en un fuego espiritual. En este punto un fuego espiritual ya no es un fuego o un lago literal en ningún sentido ordinario del término. Y cuando la Muerte y Hades las cuales no son seres ni espirituales ni físicos son arrojados lago de fuego (*Apocalipsis 20:14*), la mente ya no puede sostener ni un fuego físico ni uno espiritual. Pero la mente no es dejada simplemente perpleja. El lago de fuego es descrito como la segunda muerte en el libro de *Apocalipsis* (20:14).

La segunda muerte asume que existen dos tipos de muertes, la física y la espiritual (*Juan 11:25-26*), y que la segunda muerte es la muerte espiritual la cual continúa después de que la muerte física es removida por la resurrección del cuerpo. La muerte espiritual es afirmada como la paga del pecado (*Romanos 6:23*), conectado inherentemente con el pecado ("el día que de él comas, ciertamente morirás") y presente en esta vida ("ustedes que estaban muertos en sus transgresiones. . . ."), como una condición de la cual una persona es sacada por el acto sobrenatural de la regeneración referida como la primera resurrección. La muerte espiritual es la muerte del alma intrínsecamente relacionada con actos contrarios a nuestra naturaleza como seres racionales, y sus efectos subsecuentes en otros aspectos del alma. La muerte espiritual es la falta de significado, el aburrimiento y la culpa, las consecuencias inherentes del no procurar y no entender. El alma se destruye así misma al actuar contrario a su naturaleza. El fuego es el símbolo apropiado de la destrucción. La destrucción no es la aniquilación del ser o el cese de actividad, sino la futilidad y la perdida en la contradicción propia del pecado. El ser abandonado en la futileza de la elección propia revela la justicia divina: un hombre cosecha lo que él siembra.

7. Pensamiento Presuposicional Acerca de Dios Se Opone a Todas Las Formas de La Idolatría

Mientras el enfoque ha sido en los conceptos erróneos de la justicia divina las cuales dividen a los teístas, hay concepciones falsas acerca de Dios en muchos otros aspectos. Mientras que algunos conceptos erróneos se convierten en lo que es llamado idolatría vulgar en la forma de imágenes visuales, algunos conceptos erróneos permanecen en la esfera mental. Ya que el mal moral permanece en el hombre hasta la muerte, abandonado a uno mismo, los conceptos erróneos de Dios persisten, hasta en la actividad humana de la alabanza y adoración de Dios. Este problema se hace agudo en la adoración corporativa donde la concepción deficiente propia del bien y el mal, y la cosmovisión basada en esto se transmite en cantos de alabanza usados en la adoración, la esencia de las cuales es el reconocer a Dios como él es. La adoración ya no se piensa que es regulada por algún principio de adoración, sino que ahora es regulada por una presunción de la sinceridad propia. La concepción del cielo como el bien ha contribuido mucho para promover una perspectiva de la vida desapegada del mundo, que por su parte ha sido desdeñosamente rechazada por la antinomia de valorar meramente este-mundo en el secularismo.

CONSECUENCIAS DE LA LEY MORAL 2

Una deficiencia en nuestro concepto de Dios ocurre cuando le faltamos a la infinidad de Dios. Una deficiencia no corregida conduce a la concepción errónea propia de Dios lo cual tiene consecuencias enormes al paso del tiempo. A tiempo, las distorsiones, al ir a la izquierda o a la derecha, trae la división. Las divisiones que no son corregidas permiten que distorsiones se desarrollen en caricaturas de Dios. Cuando la gente fracasa al no ver más allá de las caricaturas, estos hombres de paja se hacen ocasiones para justificar la apostasía, un estilo de vida sin Dios. Los seres humanos en un estado de apostasía descienden en el hoyo del sinsentido, el aburrimiento y la culpa. Sin Dios y sin el significado, el decaimiento cultural se establece. Una cultura en el decaimiento no inspira esfuerzo para defenderla. Cuando desafiada del exterior, la cultura colapsa. Muchas culturas han pasado por ciclos de distorsiones, divisiones, apostasía, decaimiento y colapso hasta que ellas desaparecen de la historia en el olvido. El mal moral, cuando es desarrollado completamente, causa la muerte de una cultura.

Donde hay reconocimiento de la presencia persistente del mal moral en uno mismo y en el mundo, y vigilancia contra la incredulidad, es posible vencer la incredulidad y crecer en el entendimiento. El resultado de esto es el aumento del entendimiento, el cual se acumula por generaciones sucesivas. En vez de aumentar divisiones y muerte, allí aumenta la unión y la vida. Si los teístas fuesen a vencer las causas de división entre sí, aquellos en apostasía serían atraídos a considerar y llegarían a entender lo que es claro acerca de Dios.

Capítulo 12

LEY MORAL 3:
INTEGRIDAD Y CONOCIMIENTO

EL BIEN ES LA FUENTE de la unidad en una persona, entre dos personas, y entre grupos de personas. En la ley moral 3, llegamos a la unidad en una persona.

ORIGEN DE LA NATURALEZA HUMANA

Hay una unión natural en nuestro ser. Cada persona es por naturaleza una persona. Dentro y a través de la diversidad de nuestro ser hay una unión fundamental. Esta unión es tan natural y básica que es asumida y se da por sentado. El actuar según la naturaleza propia es actuar de manera consistente con nuestra unión natural del ser.

ACERCA DE LA NATURALEZA DE LA INTEGRIDAD Y SU RELACIÓN AL CONOCIMIENTO

1. La integridad es una preocupación por la consistencia en lo que decimos y hacemos.

Si tuviéramos integridad actuaríamos según lo que profesamos. No diríamos una cosa y haríamos otra. La integridad como una preocupación por consistencia conserva y expresa la unión natural de nuestro ser.

2. Lo que decimos es tanto explícito como implícito.

Algunas cosas las decimos explícitamente a través de las palabras. Algunas cosas son tan profundamente sostenidas que no son enunciadas. Nuestras declaraciones más explícitas son expresadas a través de juramentos a la altura de un acto solemne, es decir, pensativo, ceremonial (por ejemplo, en los juramentos de matrimonio, en la toma de la presidencia, y en el hacer un juramento en una corte). Hacemos juramentos y promesas para asegurar a otros que haremos lo que dijimos que íbamos a hacer. Se le invoca a Dios como un testigo de la verdad de lo que prometemos y para hacernos responsables si rompemos nuestra promesa. Algunas otras cosas son mantenidas implícitamente. Creemos que algunas cosas de nosotros mismos son verdaderas, o queremos creer que son verdaderas y queremos y esperamos que otros crean que estas cosas son verdaderas de nosotros mismos. Queremos creer que somos seres racionales quiénes tienen un interés serio en el saber la verdad, y queremos y esperamos que otros nos crean. No le decimos a otros, "realmente no me preocupo por ser racional; realmente no me importa saber la verdad." Y no queremos que otros crean esto acerca de nosotros. Nos gusta creer que tenemos integridad y queremos que otros crean que la poseemos.

3. La integridad es una preocupación, no solo en el acto externo, es decir, en nuestro comportamiento, sino en nuestros actos internos o mentales.

Es una preocupación por la consistencia dentro de nuestros pensamientos. Es una preocupación el evitar sostener creencias mutuamente contradictorias. El ser no debe estar dividido en contra de sí mismo en sus creencias. No debemos ser vacilantes. Lo que viola una ley del pensamiento no tiene sentido y no puede ser pensado. El uso crítico de la razón como una prueba del significado en las creencias básicas propias, es decir, la vida examinada, es el principio de la integridad.

4. Las cosas básicas acerca de Dios y el hombre y el bien y el mal son claros a la razón.

Ya que la razón es ontológica y se aplica al ser así como al pensamiento, lo que viola una ley de la razón no puede ser, y es claro a la razón que no puede ser.

5. La integridad como una preocupación por consistencia es necesaria y suficiente para el conocimiento.

Si uno no está muy preocupado por consistencia, uno puede sostener una perspectiva la cual se contradice a sí misma y no estar consciente de ello por la introspección crítica. Por lo tanto, la integridad es necesaria para el conocimiento. Y ya que las cosas básicas son claras a la razón, la integridad es suficiente para el conocimiento.

6. La integridad no es meramente la sinceridad.

Las personas sinceras actuarán consistentemente con sus sentimientos y pueden tener por lo tanto convicciones fuertes las cuales son confundidas con la integridad. Pero es posible tener sentimientos y convicciones fuertes sin poseer conocimiento. Objetivamente, la creencia de una persona, fuertemente sostenida, puede no resistir el escrutinio crítico. Es posible tener el celo sin el conocimiento. Los fanáticos pueden matar o ser asesinados en nombre de sus ideales, pero sus ideales puede que sean una forma de idolatría. Se dijo que Job era el hombre más justo en su tiempo, él pensó que él tenía integridad, y en su aflicción él cuestionó la justicia de Dios. Cuando fue interrogado por Dios, él se dio cuenta de que él se quedó corto al no procurar y no entender la revelación de Dios en sus obras. Él entonces se sintió auto-aborrecible, y se humilló y se arrepintió en polvo y cenizas. La sinceridad subjetiva no es la integridad objetiva.

7. La integridad es necesaria para el diálogo.

La preocupación por la consistencia requiere un compromiso a la razón, y el compromiso a la razón es necesario para el diálogo. El diálogo implica el razonar juntos en busca del entendimiento y la verdad. La buena disposición al diálogo es un aspecto ordinario de la introspección. Es posible pensar que uno está entregado a la razón en busca de la verdad mientras que uno puede estar más comprometido a la defensa de uno mismo como ya siendo racional. Procuramos mantener la apariencia de integridad cambiando la carga de la prueba (en vez de compartirla), a través de sutilezas lingüísticas y apelaciones a lo desconocido (*ad ignorantiam*), por contraejemplos irrelevantes (tesis irrelevante), y al colar los mosquitos, pero tragando los camellos (presunciones sostenidas faltas de sentido crítico). Estos son modos comunes de evitar y resistir en vez de entablarse en el uso de la razón en el dialogo.

LEY MORAL 3

Deberíamos tener integridad. No deberíamos desatender ligeramente y sin pensar aquello por lo cual podemos arribar al conocimiento de la verdad (o de otra manera deberíamos de dar a conocer la verdad de nuestras intenciones, es decir, nuestra indiferencia a la razón). Deberíamos procurar diligentemente el saber y entender.

APLICACIONES DE LA LEY MORAL 3

1. Integridad e Introspección

La integridad se opone al profesar el querer saber sin entablarse en la introspección. Nuestra profesión más implícita es el que queremos saber. El argumento siguiente es uno de la introspección:

> Si tuviera integridad entonces yo sabría las cosas básicas las cuales son claras a la razón.
> Yo no sé las cosas básicas las cuales son claras a la razón.
> Por lo tanto, yo no tengo integridad.

La carencia de la integridad se aplica a todas las instancias del fallo del procurar y entender las cosas básicas las cuales son claras. La falta de integridad se aplica a todas las formas del escepticismo (las cosas básicas no son claras) y al fideísmo (creencia sin prueba o entendiendo). La integridad se opone a la irreflexión y la complacencia de la tradición sin la introspección. La integridad estaría de acuerdo con la máxima, "la vida no examinada no vale la pena ser vivida."

2. Integridad y Compromiso a La Razón en Dialogo

La integridad se opone al diálogo sin el compromiso al uso de la razón. El descuidar, evadir, resistir y negar la razón en el diálogo ante lo que es claro es perder el derecho de hablar o ser tomado en serio. Uno tiene la obligación de permanecer en silencio si uno no está comprometido a la razón, y por lo tanto retirarse del diálogo. Uno tiene un derecho moral de insistir en el compromiso a la razón como una condición previa para el diálogo y de finalizar y retirarse del diálogo donde este compromiso no está presente.

3. La integridad y La Aceptación de Las Implicaciones

La integridad se opone a la profesión de una posición sin aceptar las consecuencias buenas y necesarias de esa posición. El negar cualquiera de las condiciones necesarias para la moralidad sin aceptar el nihilismo moral es una carencia de integridad. El oponerse al comportamiento sin a su vez objetar al pensamiento que conduce a ese comportamiento es el negar la integridad de esa persona. Es el dividir entre el pensamiento e implicaciones consistentes, entre la creencia y la práctica. La integridad reconoce que la totalidad de la vida propia es una totalidad integrada y no un conjunto de fragmentos. La integridad reconoce la conexión dentro de creencias fundacionales, entre fundaciones y cosmovisión, entre la cosmovisión y la identidad cultural propia y valores, entre la cultura y la práctica en instituciones públicas.

4. Integridad y Disciplina

La integridad se opone a la profesión de una posición sin la disciplina para ponerla en práctica. En la disciplina, un objetivo a largo plazo es conseguido por un proceso gradual a través de una serie de objetivos a corto plazo. Un viaje largo es llevado a cabo con un paso a la vez. La vida es vivida un día a la vez. Los finales extraordinarios son llevados a cabo por el uso diario de medios ordinarios. Una tarea aparentemente imposible es conseguida por pequeños pasos fácilmente posibles. La integridad en la profesión de ideales altos es vista en la buena disposición continuada en el tomar pequeñas medidas hacia estos ideales. El idealismo romántico y utópico debe ser sustituido por un idealismo gradual escabroso, el cual reconoce la extensión completa y grados del mal en el mundo y con paciencia y perseverancia labora para vencerlo y conseguir el ideal. La carencia de la disciplina en tomar las pequeñas medidas necesarias para vencer el fracaso moral o el conseguir ideales morales revela la carencia de la integridad.

5. Integridad y Juramentos

La integridad se opone al hacer juramentos y no cumplirlos. Para compromisos profundos y a largo plazo, hacemos nuestras promesas más explícitas a través de juramentos hechos ante Dios y testigos. Sin embargo, los juramentos son tomados bastante a menudo, como los juramentos de matrimonio, y no son cumplidos. El argumento es este:

> Si yo tengo integridad entonces yo cumpliría mi juramento.
> Yo no cumplí mi juramento.
> Por lo tanto, yo no tengo integridad.

Los juramentos deben ser hechos con gran seriedad, entendiendo las implicaciones y costos. Uno debe de poseer en ese momento, una disposición y determinación de cumplir el juramento propio, "en la prosperidad y la adversidad." El tomar los juramentos de manera ligera e irreflexiva no permite la anulación del juramento propio. El contenido de los juramentos debe ser consistente con lo que es moralmente requerido o permisible. Una persona se le exige moralmente que tenga integridad con respecto al juramento propio, y es responsabilizado ante quien juró.

6. Integridad e Hipocresía

La integridad se opone al autoengaño y la autojustificación de la hipocresía. Cada fracaso en el no hacer lo que uno profesa no es la hipocresía. La hipocresía es la evasión del reconocer el fracaso moral propio el cual conduce a la hipocresía. La evasión de la vergüenza sentida en la conciencia propia como una llamada de regreso del fracaso moral requiere el autoengaño. La evasión de la culpa en ser mantenido como responsable por otro en el fracaso moral requiere la autojustificación. El fracaso moral acompañado por el autoengaño y la autojustificación constituye la hipocresía. La introspección y la disciplina en la aceptación de las consecuencias y la corrección son necesarias para evitar la hipocresía. Al grado en que la hipocresía permanece en nosotros, los sufrimientos del mal natural laboran para producir la introspección y la disciplina.

7. Integridad y La Primacía de La Verdad del Bien

La integridad se opone a la estimación de las preocupaciones prácticas y personales por encima de la preocupación por la verdad del bien. El amor del dinero y el amor de personas no pueden ser colocados por encima del amor al bien. Inconsistencias y la doble inquietud permanecen en nosotros. Cuando estas inconsistencias en nosotros son manifestadas en una elección entre cumplir con la verdad y comprometer la verdad por otros bienes aparentes, uno debe afirmar la primacía de la verdad. El sustento de la verdad permite a una persona crecer en la verdad. Y es el saber la verdad en un sentido más profundo lo que libera a una persona de sus inconsistencias presentes. Una persona es transformada en el saber la verdad. El dinero y lo que el dinero puede comprar—un poco de alivio del mal natural—no es el bien. Otra persona, o el amor de otra persona, no es el bien. Pero el amor verdadero, el cual es incondicional, debe procurar el bien por la otra persona, incondicionalmente.

CONSECUENCIAS DE LA LEY MORAL 3

Existe una ley moral la cual es clara, amplia y crítica. Sus consecuencias son una cuestión de vida o muerte. Conforme la integridad disminuye, el estupor aumenta. Y, el autoengaño y la autojustificación aumentan en la hipocresía, la integridad y la capacidad de ver lo que es claro disminuye. La mente se obscurece. Lo obvio no es visto. Nada es claro. Todo es opaco. La búsqueda por la verdad es abandonada como vana. Sin significado, los deseos fracasan al llegar a ser excesivos, perversos y finalmente agotados en el aburrimiento. Ningún ser finito puede satisfacer el apetito por lo infinito. Para justificar la miseria de la condición humana, las grandes teorías (metarrelatos), no construidas sobre la fundación de lo que es claro, son construidas y fácilmente deconstruidas en lo cual nosotros excusamos o acusamos al otro. El nihilismo y la desesperación sin fin son las consecuencias inherentes en el abandono de la integridad.

Conforme la integridad incrementa, la claridad incrementa. Como seres finitos, temporales y mutables, sabemos en parte, crecemos en el conocimiento, y los errores de malentender pueden ser corregidos. Cuando andamos con integridad en medida a la luz que se nos ha sido otorgada, las inconsistencias se hacen aparentes y son corregidas.

El cambio vía la corrección permite más crecimiento, el cual a su vez acarrea más cambio. Conforme los errores de malentendidos se corrigen a través de una preocupación por la consistencia, las cosas básicas se vuelven cada vez más claras. La vida de una persona se hace más llena de significado, más alegre, y más pacífica conforme la integridad aumenta. Las divisiones dentro del ser se disipan y la unión y la integridad de la persona es restaurada.

Capítulo 13

LEY MORAL 4:
TRABAJO Y ESPERANZA

ORIGEN EN LA NATURALEZA HUMANA

EL TRAER A LA EXISTENCIA y sostener en existencia requiere esfuerzo, es decir, trabajo. Los seres humanos son traídos a la existencia a través de la procreación, la cual implica trabajo. Y para seres traídos a la existencia, el trabajo es requerido para sostener a esa creatura en existencia. El trabajo entonces es universal para todos los seres humanos, en todas las culturas, basado en la naturaleza de nuestro ser.

ACERCA DEL TRABAJO Y LA ESPERANZA

1. Acerca de La Naturaleza del Trabajo

El trabajo no es un fin en sí mismo. El trabajo es un medio al fin en sí mismo. Las personas no son el bien, sino que el bien es conseguido por personas y es procurado para personas. A través del trabajo nosotros somos traídos a la existencia y sostenidos en existencia, y por el trabajo de personas el bien es conseguido para personas. Pero quizás el trabajo es solamente una virtud instrumental para proporcionar la riqueza a fin de tener las necesidades de una existencia ociosa. Podemos ser apresurados de manera que seamos pausados (Josef Piper), la vida de la tranquilidad siendo la fuente de la cultura contemplativa, la cual es la buena vida. En tal caso una clase aristocrática puede ser respaldada por una clase de trabajadores o esclavos, como ha ocurrido en la mayor parte de la historia. Pero si el bien está basado en la naturaleza humana la cual es universal (el mismo para todas las personas, en todas partes, a todo momento), entonces el bien es para todos, de igual manera. Y si el bien está basado en la elección, entonces el bien debe ser conseguido por las elecciones de todos. Entonces el bien es por todos y para todos. Pero si este bien es conseguido individualmente y por separado, o individual y corporativamente dependerá en lo que es el bien.

2. Acerca de la Naturaleza del Bien

Hasta este punto con la ley moral el bien ha sido considerado únicamente desde el punto de vista de sus rasgos formales más amplios. Hay otras características formales del bien que deben ser consideradas a fin de entender la relación entre el trabajo y el bien. Diez características formales por lo menos son requeridas del bien y pueden en conjunto ser suficientes para caracterizar al bien.

a. *El bien debe de continuar.* El bien debe ser algo que podemos tomar con nosotros más allá de esta vida. Sin la inmortalidad personal no puede haber ninguna justificación racional por la moralidad. Pero más es necesario. Los actos del agente deben tener consecuencias más allá de esta vida. Si no hay ninguna consecuencia más allá de esta vida, o consecuencias por solo una o algunas elecciones, entonces las elecciones sin consecuencias para el bien que perduran se vuelven sin sentido. Existe únicamente una cosa en esta vida que podemos y debemos llevarnos, y esto es el conocimiento. Si el bien debe continuar entonces el conocimiento debe ser el bien.

b. *El bien debe de ser inagotable.* El bien no solo no debe continuar más allá de esta vida, sino que debe continuar por siempre. Y el conocimiento debe aumentar según nuestra naturaleza finita y temporal la cual crece por siempre. Aquello que crece por siempre debe ser inagotable, aquello que no puede ser agotado o completado. El conocimiento que continúa más allá de esta vida es inagotable. Un ser finito no puede poseer un conocimiento exhaustivo de ninguna cosa, no meramente de todo o de lo infinito. El entendimiento de todos los aspectos de una vida humana con relación a todos los aspectos de todas otras vidas humanas no puede ser agotado. De ahí el refrán común: entre más sabe hay más aún por saber. Esto no es dicho de ninguna otra cosa. Si el bien debe ser inagotable, entonces el conocimiento debe ser el bien.

c. *El bien debe de ser amplio.* El bien debe ser completo y no carecer de nada. Como el objeto de todas las elecciones de todas las personas, el bien debe de incluir todos los aspectos de la vida acerca de las elecciones hechas. Pero ningún ser humano puede abarcar en una vida propia toda la variedad de la vida. Nadie es poeta, filósofo, atleta, e ingeniero, ni tampoco uno puede lograr la excelencia en todas las áreas de igual manera. Si no podemos participar en todas las áreas, ¿Debe acaso el bien excluir algunas áreas de la vida y ser restringido a algunas pocas áreas, por ejemplo, las áreas de interés propio? ¿Qué deporte, o cuál arte, será excluido? Nosotros no podemos tomar ese camino y conseguir la plenitud del bien, y no necesitamos tomar ese camino. Hay una cosa que es tan amplia como (o más amplio que) la vida, y eso es el conocimiento de la vida. A través del conocimiento nosotros podemos participar en y recibir de todas las áreas, aun cuando no participamos para alcanzar en todas las áreas. El conocimiento es extenso y sólo el conocimiento es extenso, por lo tanto, el conocimiento debe ser el bien.

d. *El bien debe de ser inalienable.* El bien debe ser algo que no puede ser tomado de nosotros, por intención o por casualidad. No debemos temer la pérdida del bien ahora o en el futuro por algo que está más allá de nuestro control como agentes morales. Lo que poseemos externamente puede ser tomado de nosotros. Pero lo que es poseído interiormente no puede ser tomado de nosotros. El conocimiento que es poseído interiormente no puede ser tomado de nosotros. Aunque los estados cerebrales cambiados por enfermedades, heridas o drogas pueden obstaculizar la búsqueda del conocimiento en este mundo, ellos no obstaculizan la mente, liberada de su unión a este cuerpo mortal, en la vida futura. Ya que el conocimiento es inalienable el conocimiento debe ser el bien.

e. *El bien es corporativo.* Si el bien es amplio requiere a otras personas para conseguirlo. El bien no puede ser alcanzado por uno mismo sin la ayuda de otros. El bien por lo tanto es corporativo, no individualista; es conseguido por individuos que trabajan en cooperación. La coopera-ción no es restringida dentro de la cultura propia, sino que incluye también a individuos de otras culturas. Ya que la diversidad de nuestra humanidad en respuesta al mundo no es agotada por una cultura. Ya que todas las personas en una cultura contribuyen de varios modos a la cultura, el bien siendo corporativo incluye a todas las personas. Lo que es conseguido cooperativamente no son esencialmente artefactos materiales, sino logros culturales contribuidos y conservados en el conocimiento conseguido por la cultura.

f. *El bien debe de ser cumulativo.* El bien no es conseguido por una generación, sino es incrementado por la transmisión de generación a generación. Lo que es poseído hoy en día vía el logro cultural se ha acumulado a partir de los días más tempranos de la historia humana. El fuego, la rueda, la metalurgia, la música, la lengua, la escritura, la imprenta, la medicina, las matemáticas y mucho más, han sido inventados o descubiertos, transmitidos, y acumulado y se han convertido, en la forma de conocimiento, la herencia común de la humanidad. Por lo tanto, el conocimiento, como acumulativo, debe ser el bien.

g. *El bien debe de ser comunal.* El bien debe de ser algo que puede ser compartido con otros y que a la vez no sea reducido al compartirlo. Ya que el bien es amplio, y conseguida solamente en parte por individuos, el bien debe ser comunal. Ya que cada uno debe recibir de otros y construir sobre lo que otros han hecho en el proceso del alcanzamiento adicional del bien y por su parte transmitir los logros propios a otros, el bien debe ser comunal. Y dado que cuando enamorado uno busca el bien por el otro, el bien debe ser comunal. El conocimiento es comunal y es realmente aumentado al compartirlo. Otras cosas no pueden ser recibidas, aumentadas, y transmitidas, así como el conocimiento puede serlo. Por lo tanto, el conocimiento debe ser el bien.

h. *El bien debe de ser satisfactorio.* El bien debe de satisfacer. El bien sería lo más satisfactorio. Y el bien sería la única cosa que satisface. El bien es lo que satisface en todas las instancias del encontrar la satisfacción. Se dice a menudo que la niñez es uno de los tiempos más felices de la vida. La infancia es el tiempo de mayor crecimiento del conocimiento. La niñez es un tiempo de nuevos descubrimientos constantes, que llenan la mente con asombro. La infancia es asombrosa porque está llena de asombros. En el asombro, el conocimiento está en su sentido más puro, disfrutado como un fin en sí mismo. Los placeres de viajes son una continuación de asombro cuando buscamos sitios de la atracción especial. Los placeres del cine son los placeres de ver el drama del conflicto del bien y el mal narrados una y otra vez. Los placeres de deportes de espectador residen en el contemplar la excelencia mostrada. Los placeres del sexo residen en el conocimiento íntimo del otro. Los placeres de fascinación de las drogas, breves e ilusorios como ellos son, están en la revelación de nuevos estados de la consciencia, pero no son duraderos porque ellos poseen solamente una apariencia del conocimiento. Los placeres de orden sensual/estético en nuevas experiencias de gusto, color, sonido, olor y belleza—natural y artístico—están en nuevos estados de la consciencia de la realidad. En resumen, lo que satisface en los muchos sentidos del placer es el conocimiento. El conocimiento, por lo tanto, debe ser el bien.

i. *El bien debe de ser último.* El bien debe estar relacionado con lo que es último, es decir, con lo que es infinito y eterno. Si no está relacionado con lo infinito, lo finito pronto pierde su significado y deja de satisfacer. La conexión que el hombre como ser racional tiene con lo infinito es por vía del conocimiento. La conexión que lo finito tiene con lo infinito, relevante al hombre como un ser racional, consiste en que lo finito revela lo infinito. Ya que lo infinito y eterno es Dios, el bien debe de ser el conocimiento de Dios.

j. *El bien debe de ser transformativo.* El bien debe tener poder. El bien debe tener el mayor poder. El poder de gobernar sobre la naturaleza y el poder de gobernar sobre otros son grandes, pero no tan grande como el poder de gobernar sobre el que gobierna, es decir, sobre uno mismo. El poder de controlarse y cambiarse a uno mismo es el mayor poder. Es el conocimiento de la verdad lo que nos libera de las varias formas de la esclavitud. Ninguna otra cosa posee este poder. Y es en particular el conocimiento de Dios lo que transforma a una persona para hacerse como Dios. Al constantemente contemplar la gloria de la justicia y benevolencia de Dios uno se hace justo y bueno. El bien como transformativo por lo tanto debe ser el conocimiento—específicamente, el conocimiento de Dios.

3. El Bien es Alcanzado Mediante El Trabajo

La creación es revelación. El ser se expresa así mismo y se revela así mismo en el actuar. Los actos de Dios revelan la naturaleza de Dios, necesariamente. Ya que Dios actúa en la creación y providencia con infinita, sabiduría deliberada, la creación y la historia son revelación, intencionadamente. Lo finito no puede conocer lo infinito por separado de la revelación propia de lo infinito. Y la revelación, dada con la sabiduría infinita, no es innecesaria, de manera que descuidada. No hay ninguna otra revelación que le permita a uno el descuidar esta revelación. La creación es revelación, exclusivamente. El hombre es asignado el conocer esta revelación la cual es dada necesariamente, intencionadamente, y exclusivamente.

Ya que la creación es revelación, el conocimiento de la creación es a través del trabajo de dominio. Al ejercitar dominio, el hombre debe gobernar sobre la creación de tal modo que desarrolle los poderes latentes en la creación y en él mismo. En el desarrollo de los poderes latentes en él mismo y en la creación, el hombre llega a conocer la creación y así llega a conocer a Dios el cual se revela en la creación. Los poderes que están latentes no pueden ser conocidos por separado del desarrollarlos y el traerlos a la expresión. El poder de la vista no puede ser conocido aparte del ejercicio de ese poder. El poder del entendimiento no puede ser conocido excepto por la ejercitación del entendimiento. Por lo tanto, el conocimiento de Dios que está revelado en la creación es conseguido por el trabajo de dominio sobre la creación.

4. Dominio y Conocimiento

Mientras todas las vidas revelan algo de la naturaleza humana que por su parte revela la naturaleza de Dios, no todas las vidas consiguen una medida igual de dominio. Algunas vidas se terminan en la infancia. Algunas vidas fallan al no desarrollar el dominio en gran parte debido al abandono de oportunidades. Algunas vidas desarrollan el dominio al alcanzar entendimiento natural de algunas cosas por separado del entender como aquellas cosas están relacionadas con Dios. Y algunas vidas ejercen el dominio tanto en lo natural como en el orden moral de manera que obtienen el conocimiento y hacen conocer la revelación propia de Dios. Existe en el mundo, por la providencia divina, mucho mal moral y natural. El mal no niega la revelación, pero por lo contrario profundiza la revelación. Y el mal no niega la necesidad del dominio, pero por lo contario requiere un mayor dominio. El entendimiento debe ser ejercido de un mayor modo en la presencia de la incredulidad para tomar cautivo cada argumento altivo en contra del conocimiento de Dios.

5. Trabajo y Esperanza

El trabajo por el bien requiere la esperanza. El trabajo no es un fin en sí mismo, sino que es emprendido con un fin en mente, en la esperanza de obtener ese fin. El fin en mente aquí es el conocimiento de Dios, el cual será alcanzado por el trabajo de dominio a través de las edades por toda la humanidad. El trabajar por este objetivo a largo plazo requiere la esperanza. Y considerando la guerra larga y atormentadora entre el bien y el mal, con más razón hay mayor necesidad por la esperanza de que el fin será conseguido y que el trabajo será finalizado. Esta esperanza la cual es necesaria para soportar en la presencia de lo que parecen probabilidades aplastantes, no es una esperanza conjetural mínima basada en un mero deseo y anhelo, sino una certeza basada en el entendimiento de la naturaleza de las cosas. Por la naturaleza de las cosas es seguro que el bien será conseguido.

6. Esperanza y Certeza

Es seguro que el bien será conseguido. Esta esperanza está basada en la fe la cual entiende la naturaleza de las cosas.

a. La naturaleza del hombre requiere el bien. Como un ser racional que hace elecciones, el bien como el fin en sí mismo es requerido. Como un ser racional, hecho en la imagen de Dios, el conocimiento de Dios como el bien es requerido.

b. La naturaleza del bien requiere el dominio. El conocimiento de Dios es tan solo a través del trabajo de dominio. Esto era verdad originalmente, por separado del mal, y con más razón es verdad en la presencia del mal como incredulidad.

c. La naturaleza de Dios como infinitamente benévolo requiere que el bien venza al mal. La benevolencia infinita es infinitamente activa en cuanto al mal. El mal es permitido, a una extensión y grado para profundizar la revelación de la justicia divina y la misericordia. El mal sirve el objetivo divino y será removido según el objetivo divino. La benevolencia infinita en sí misma es la garantía de que el bien será conseguido por el trabajo de dominio. Todo lo que se opone al conocimiento de Dios será sometido.

d. Considerando el pasado, ha habido progreso. La creencia en Dios el Creador y en la verdad de la revelación redentora ha crecido a través de los cuatro milenios pasados partiendo del tiempo del patriarca Abraham hasta el presente. Esto es verdadero aun cuando la creencia externa sin el entendimiento verdadero es descontada. Es también verdadero cuando el progreso ha sido desigual.

e. Considerando los desafíos presentes, retos significativos permanecen. Durante los trescientos años pasados ha habido desafíos al teísmo que no han sido afrontados satisfactoriamente. Los desafíos principales conciernen la claridad de la revelación general (fe vs. razón/ciencia) y el secularismo (este mundo vs. el desapego del mundo). A consecuencia de que los desafíos no han sido afrontados satisfactoriamente, la incredulidad se ha establecido donde la creencia estaba establecida una vez. Esto no es motivo para la desesperación, pero si es motivo para profundizar el entendimiento propio y la entablación de los desafíos. El desafío y la respuesta han sido el modelo común por el cual el entendimiento crece.

7. Trabajo y Descanso

Cuando el trabajo es completado habrá descanso, naturalmente. El descanso consiste en el disfrutar el trabajo finalizado. Así como Dios trabajó y completó el trabajo de creación, así también el hombre, hecho en la imagen de Dios, completará el trabajo de dominio. Debido a que el trabajo de creación es revelación, el trabajo de dominio trae el conocimiento de esta revelación a la luz. El resultado de este trabajo es diversamente descrito en la revelación bíblica. Es descrito en términos de plenitud: "La tierra será llena del conocimiento de Dios como las aguas cubren el mar."[1] Es descrito como una ciudad, la ciudad de Dios, la finalización de la cultura humana bajo Dios. La ciudad es de tamaño y esplendor inimaginables, lo cual es una expresión figurativa del bien completamente realizado.[2]

---

1. *Isaías 11:9.*
2. *Apocalipsis 21.*

LEY MORAL 4

Deberíamos trabajar por el bien con esperanza verdadera. Dado que este trabajo es corporativo, acumulativo y comunal, la preparación para el trabajo, la renovación del compromiso de trabajar por el bien y reafirmación de la esperanza para conseguir el bien debería ser igualmente corporativa, acumulativa y comunal.

APLICACIONES DE LA LEY MORAL 4

1. La esperanza verdadera se opone a la esperanza falsa.

La esperanza falsa cree que el bien puede ser alcanzado sin el trabajo de dominio. La creencia popular es que el cielo es el bien y que uno alcanza la plenitud de bendición al morir cuando uno entra al cielo. El cielo es equiparado con la vida eterna y con la ausencia de todo sufrimiento. El cielo es equiparado con el estar con Dios, quizás hasta ver a Dios y estar con aquellos que amamos.

Ya que Dios es un espíritu, Dios no puede ser visto. Y dado que la vida eterna es el conocer a Dios[3] y Dios se da a conocer en sus trabajos de creación y providencia, la perspectiva popular no puede proporcionar un informe positivo de lo que es bueno en el cielo. El cielo como un lugar después de la muerte no es el estado final, sino un estado intermedio en el cual el alma incorpórea espera la resurrección y la restauración de la existencia corporal. La vida eterna como el conocimiento de Dios comienza en esta vida, no en la vida futura. La vida eterna se incrementa en esta vida en la manera en que uno crece en el conocimiento de Dios. La vida eterna es la misma en esencia cuando continúa en la vida futura y crece en la vida futura como lo hizo en esta vida mediante el trabajo de dominio. Aquí uno crece por la participación activa en el trabajo de dominio. Allá uno crece como testigo de la providencia de Dios en el trabajo que ha sido y está siendo hecho en la tierra. La tentativa de poseer el bien por separado del trabajo de dominio es esperanza falsa.

---

3. *Juan 17:3.*

2. La esperanza verdadera se opone a la falta de esperanza.

El trabajo sin el bien es falto de esperanza. Para la mayoría que trabaja, no hay ninguna conexión consciente entre el trabajo y el bien. El trabajo es visto sobre todo como una necesidad para asegurar necesidades materiales, algo que debe ser o tolerado o evadido de ser posible. Algún trabajo es hecho para aliviar el sufrimiento o para hacer al mundo "un lugar mejor." Pero esto es hecho por vía del instinto, no por la justificación racional. ¿Si la muerte finaliza todo o si el cielo es el bien, "Por qué pulen el latón en un barco que se hunde?" se pregunta. Sería mejor el alojar cuantos pasajeros sea posible en los salvavidas.[4] En cuanto al trabajo sin la esperanza del bien, la actitud popular hacia el trabajo es la de la resignación desesperanzada: "yo preferiría estar pescando, o esquiando, o cualquier otra cosa menos el trabajar." El trabajo sin el bien es una existencia del tipo en la cual uno sonríe y tolera, una resistencia severa hasta el fin, una vida de desesperación tranquila, o una escandalosa y con mucha furia, no significando nada.

3. La esperanza verdadera se opone al utopianismo revolucionario.

En perspectivas utópicas, el hombre es conceptuado como básicamente bueno. El mal es considerado como proveniente del ambiente. Tentativas son hechas para crear una sociedad ideal cambiando el ambiente, rápidamente, por el uso de la fuerza si es necesario. El fervor revolucionario del período moderno ha sido construido en esta falsa concepción del mal. Rousseau, en su sentimentalismo, promovió esta perspectiva del hombre. El hombre no está caído. El mal no es la incredulidad ante lo que es claro. La gracia divina no es necesaria para sacar al hombre de un estado de pecado y de muerte espiritual. Partiendo de esto los dictadores totalitarios liquidan a todos quiénes contravienen "la causa." Millones han fallecido en las manos de dictadores, ayudados e instigados por aquellos que han sido seducidos por la ideología utópica. El trabajo del

---

4. Dwight. L Moody, un destacado evangelista estadounidense de la última parte del siglo XIX dijo: "Veo este mundo como un barco naufragado. . . Dios me ha dado un bote salvavidas y me ha dicho: 'Moody, salva todo lo que puedas'." A la luz del cielo como el bien, la obra del dominio, separada del conocimiento de Dios como el bien, llegó a ser vista como fútil— como pulir bronce en un barco que se hunde. "The Second Coming of Christ," *The Best of D. L. Moody*, Wilbur M. Smith, ed. (Chicago, Moody Press, 1971), 193-95.

hombre sin el trabajo de Dios para causar una sociedad ideal es peor que vano. Es suicida.

4. La esperanza verdadera se opone al milenarismo supernatural.

Muchos teístas anhelan una sociedad ideal, no simplemente en la vida futura, pero en esta vida, en la historia en la tierra. El teísmo cristiano popular anhela por la venida del reino de Dios conceptuado como un milenio en el futuro durante el cual Dios gobernara directamente sobre las naciones. En esta perspectiva el trabajo del hombre no sirve para la construcción del reino. Es por el trabajo sobrenatural de Dios por separado del trabajo del hombre. En esta perspectiva la gracia divina no labora dentro de y por medio del trabajo de dominio del hombre como los medios ordinarios de conseguir este fin. En el teísmo cristiano popular, en contraste con el teísmo cristiano histórico, no es entendido que el reino está presente ahora, creciendo y crecerá gradualmente a su plenitud y desplazará gradualmente el reino de la oscuridad. A medida en que la iglesia falle en ser luz y sal, conforme la iglesia falle en contestar los retos, conforme falle en ejercitar dominio y tome los pensamientos cautivos, la iglesia pierde terreno y se convierte en la cola de la cultura. La pérdida de terreno en el teísmo popular es entendida como una señal de que el final está cerca. En desesperación, la esperanza falsa del milenarismo supernatural incrementa. Esta esperanza falsa es reforzada por una lectura literalista, no-contextual de ciertos pasajes de las escrituras acerca de la venida de Cristo y su mando milenial.[5] Sin una perspectiva del bien como el conocimiento de Dios a través del trabajo de dominio, el milenarismo sobrenatural se convierte en la antinomia del utopianismo revolucionario y viceversa.

5. La esperanza verdadera se opone a la esperanza de la salvación a través del trabajo.

Muchos han creído que si uno es moralmente bastante bueno en esta vida, uno puede meritar la admisión al cielo en la siguiente vida. Esta perspectiva, común en el género humano a través de la historia, está basada en entendimiento superficial del bien y el mal, la vida y

---

5. Los pasajes sobre la primera resurrección antes del milenio (*Apocalipsis* 20) y la guerra de Armagedón (*Apocalipsis* 19) se toman como sucesos literales más que espirituales.

la muerte. La moralidad en esta perspectiva es conceptuada como la transacción entre las virtudes y las recompensas y los vicios y el castigo. La virtud es recompensada por la felicidad por separado del bien. Los diligentes quiénes sostienen esta perspectiva gastan sus vidas enteras con trabajos que ellos creen los hacen merecedores del favor divino.[6] Cuando la salvación es entendida como un regalo—no de trabajos, pero de la gracia—la disciplina del trabajo se canaliza para la realización del llamado propio por el cual Dios es glorificado.[7] La rectitud proveniente de los trabajos (así sea un pelagianismo completo o un semipelagianismo sinergistico[8]), en contraste a la rectitud imputada recibida por la fe, es una esperanza falsa debido a que los actos de rectitud de los humanos, dada la presencia continua del pecado en el hombre, no pueden resistir el escrutinio divino. Mucho menos pueden los actos de supererogación meritar el favor divino por otra persona.

6. La esperanza verdadera se opone a todas las formas del fatalismo.

El fatalismo niega la eficacia del esfuerzo humano por virtud de un determinismo en el cual los fines son efectuados por separado de ningún medio (ordinario) en el esfuerzo humano. El determinismo puede ser impersonal y cósmico (astrológico) o impersonal y natural (la biología o la geografía son el destino). O el determinismo puede ser causado por Dios, así sea en el islam (*kismet*) o en el cristianismo (la

---

6. Saulo de Tarso, al convertirse, se convirtió en Pablo, apóstol de Cristo. Antes de su conversión, buscó ser aceptado por Dios basado en la justicia de su obediencia a la ley, como lo enseñaban los fariseos en su época. Martín Lutero, antes de su conversión, buscó ser aceptado por Dios en base a la obediencia a las enseñanzas de la Iglesia de su época.

7. Max Weber, and Stephen Kalberg, eds., *The Protestant Ethic and the Spirit of Capitalism* (Oxford: Oxford University Press, Incorporated, 2007). Cuando el trabajo se libera de la meta de alcanzar la salvación por la doctrina protestante de la salvación solo por gracia, recibida solo por la fe, se dirigió al fin de glorificar a Dios. El trabajo recibió una mayor dignidad y valor que antes. Glorificar a Dios, sin embargo, no se ha entendido comúnmente en relación con conocer a Dios en todo aquello por lo que se da a conocer, es decir, en todas sus obras de creación y providencia.

8. El pelagianismo es la doctrina de que la salvación se basa únicamente en el esfuerzo humano. Fue enseñado por Pelagio, un monje británico del siglo V, quien se opuso a la enseñanza de Agustín de que la salvación es solo por gracia. El semipelagianismo enseñó que la salvación, al menos en parte, se basa en el esfuerzo humano, aunque solo sea en no resistir la gracia de Dios.

predestinación),[9] o por los dioses, así como en las tragedias griegas. El fatalismo cíclico ve una secuencia en la sociedad humana de una edad de oro en el pasado, al final de la edad presente, al cataclismo inevitable, seguido de la renovación en una edad de oro, en un ciclo sin principio y sin final (ciclos hindúes o recurrencia eterna). El esfuerzo humano en ocasiones es anulado por espíritus locales o la naturaleza y debe ser apaciguado por el hombre a través del sacrificio o por el uso de fuerzas ocultas asignadas a través de la magia. Mucho esfuerzo humano ha sido prevenido o desperdiciado por medio de supersticiones fatalistas.

7. La esperanza verdadera se opone a todas las formas del estasis místico.

El misticismo busca una unión inmediata o la visión de la realidad última como la fuente de la felicidad plena. Hay acercamientos místicos a lo divino en todas las religiones. El conocimiento de Dios no es entendido como proveniente del trabajo de dominio. Por lo contrario, es entendido como proveniente de la vida contemplativa monástica, a través de la teología negativa, mediante la Noche Oscura del Alma, por medio de bailes giratorios, por éxtasis bacanales, a través de mantras y rezos encárnales, y por el misticismo mágico de la convergencia en "lugares sagrados." Poéticamente, la visión beatífica es descrita en el *Paraíso* de Dante, en la *Divina Comedia*. El misticismo no-teísta ha sido perseguido a través del yoga y la meditación para realizar la unión del ser con la realidad última mediante un conocimiento intuitivo que realiza la naturaleza verdadera y el vacío de todo ser, y a través de la inmersión en el camino de la naturaleza el cual realiza la unión primordial detrás de toda dualidad. Toda distinción es transcendida en una inmanencia total. La dualidad del sujeto/objeto en el pensamiento es extinguida en la consciencia mística. No existe un sentido del ser, del pensamiento, de la elección, de los valores, o del bien. El misticismo se desplaza más allá del pensamiento al silencio. No es; no es no es; no es ambos; tampoco lo es. ¡Silencio!

---

9. Si bien tanto la teología islámica como la cristiana enseñan la predestinación, difieren en su visión de si tanto los fines como los medios están predestinados. En el primero, uno puede estar perdido, aparte del deseo de uno de salvarse; en el último, uno no se salva aparte de su creencia y deseo.

CONSECUENCIAS DE LA LEY MORAL 4

Existe una ley moral la cual es clara, amplia y crítica. Las consecuencias de esta ley son tanto individuales como culturales, presente en una vida y acumulativo en la historia, tanto en la historia como más allá de la historia. El trabajo de dominio en la persecución del bien es el trabajo de toda la humanidad a través de toda la historia. El trabajo de dominio en la persecución del bien está en esta vida y continua más allá. El trabajo de dominio en la persecución del bien está en la historia y continúa más allá. La vida de una persona se termina cuando el trabajo propio es completado. La historia se termina cuando el trabajo en su totalidad es completado. El trabajo por separado del bien es vacío. El esfuerzo se hace mínimo. No hay desarrollo individual o cultural. La vida se estanca en la repetición entumecedora de la mente de la tradición o la búsqueda entumecedora de la mente en la persecución de un progreso sin dirección. No hay ningún descanso del trabajo o placer del fruto del trabajo propio que no entumezca la mente.

El trabajo por el bien es satisfactorio. La plenitud es conseguida en el desarrollo de las capacidades propias y en dar a otros y al recibir de todos los otros. El trabajo hecho en acorde con el bien y para conseguir el bien nunca es en vano. Es acumulativo, hasta que la plenitud sea alcanzada y el descanso en la finalización es conseguido. Queda después del trabajo un placer interminable de Dios en el conocimiento inagotable de Dios.

Capítulo 14

_____

LEY MORAL 5:
AUTORIDAD Y CONOCIMIENTO

ORIGEN DE LA NATURALEZA HUMANA

TODOS LOS SERES HUMANOS nacen ignorantes. La autoridad se basa en el hecho de que nacemos ignorantes. Siendo ignorantes, tenemos que ser instruidos en el bien y los medios para el bien. La autoridad es expresada fundamentalmente en la enseñanza.

ACERCA DE LA NATURALEZA DE LA AUTORIDAD

1. La autoridad es racional, no personal.

Ya que lo que debe ser enseñado es el bien y los medios para el bien, la enseñanza no debería ser subjetiva. La enseñanza no debería depender arbitrariamente del mero deseo de una persona o muchas personas. La ignorancia es removida, no como resultado de haber recibido la opinión correcta, sino por lo contrario, por el conocimiento, basado en el entendimiento. Lo que es sabido debe ser justificado racionalmente. Los seres racionales son gobernados por la razón a través del entendimiento, no simplemente por los deseos de otros.

2. La autoridad se basa en la perspicacia, no en la fuerza.

La autoridad está basada en la perspicacia, en el bien y los medios encaminados al bien en cualquier esfera de la vida. La fuerza no nos concede el derecho de gobernar, ya que el bien no puede ser conseguido por la fuerza ciega. Uno puede dominar al otro y sujetarlo a la voluntad propia a través del miedo. El poder y la victoria en la batalla pueden establecer un gobierno *de facto* pero no un gobierno *de jure*. La fuerza no establece el mandato del cielo.

3. La autoridad no es establecida mediante un acuerdo por contrato o por consentimiento del gobernado.

El consentimiento es sujeto a la confirmación a través del discurso racional. La voz de la gente no es la voz de Dios. Todos estos pueden estar presentes con poca o ninguna conexión al bien.

4. La autoridad no está establecida por leyes debidamente convenidas.

Una constitución puede ser adoptada sin entender el bien y sin entender la relación de las leyes encaminadas al bien. Una ley no encaminada al bien no es una buena ley. Nadie es rey por encima de la ley, pero la ley misma no es rey. Todas las leyes humanas son sujetas a la ley moral, basada en la naturaleza humana, y por lo tanto conocible por todos.

5. La autoridad no se aplica por el seguimiento de los procesos establecidos.

Las leyes pueden ser sostenidas por los tribunales, y las personas pueden entrar en sus funciones bajo el seguimiento de procedimientos, pero ninguno de estos garantiza la conexión con el bien, o la aptitud de gobernar.

6. La autoridad no es conferida por la herencia, así sea en la realeza o en el sacerdocio.

El conocimiento no se transmite por el nacimiento, pero si por la enseñanza. Quienes gobiernan deben de pensar profundamente acerca de las cosas básicas, las cuales son claras.

7. El conocimiento como base de la autoridad es históricamente acumulativo, no individual.

El que ejerce la autoridad en la enseñanza debería ser consciente de ello y construir sobre los logros de aquellos que han contribuido anteriormente en el campo propio de la autoridad. Uno no debe de inventar de nuevo la rueda por el método de tanteos; habría que demostrar aptitud antes de ejercer la autoridad.

LEY MORAL 5

La autoridad basada en el conocimiento debe de ser honorada. La autoridad sin el conocimiento debe de ser removida donde sea posible. La autoridad debe de ser cuestionada para ver si tiene conocimiento suficiente del bien y de los medios encaminados para realizarlo. El que esté facultado en aplicar autoridad, debería de proporcionar la justificación racional en favor del conocimiento propio del bien, en contraste a las perspectivas, alternativas y explicar el cómo este bien es adquirido. Donde hay conocimiento debe uno someterse a su tutela y enseñanza. Donde se carece de conocimiento, no hay obligación de someterse. Donde alguien ya está en una posición de ejercer autoridad careciendo de conocimiento, y al procurar cambio en dicha autoridad para ejercer el bien, debe de ser llevado este en acuerdo al bien. La procuración del cambio debe de ser llevado a cabo dentro de los límites de la ley moral. Uno nunca puede estar moralmente obligado por la autoridad, o en procurar su cambio, al hacer lo que es contrario a la ley moral. Existe un orden para el cambio de lo más básico a lo menos básico en apego a la ley moral, la cual siempre debe de ser observada.

APLICACIONES DE LA LEY MORAL 5

1. La Autoridad basada en el conocimiento se opone al autoritarismo.

La autoridad basada en el conocimiento se opone a las personas ignorantes en posiciones de autoridad. En el autoritarismo, la autoridad es personal, no racional. La autoridad basada en el conocimiento se opone a la autoridad sin conocimiento en la familia, estado, escuela y la Iglesia. Los padres son naturalmente nuestros primeros maestros. Ellos poseen la mayor libertad y responsabilidad para enseñar el bien. Si la cadena de la enseñanza no fuese quebrantada, los padres pasarían a sus hijos la sabiduría de los tiempos. Mientras que la libertad está presente, la enseñanza justificada racionalmente está escasamente presente. Sin embargo, los padres esperan a pesar de sus faltas de justificación racional en sus enseñanzas, que estas sean obedecidas. Si la mejor enseñanza es resistida en la búsqueda de la autonomía. ¿Cuánto más será resistida la autoridad meramente personal (es decir el autoritarismo)?

En el estado, los que formulan y ejecutan las leyes, deberían de dar razón de la justicia, del propósito del estado y los límites de su jurisdicción. Donde haya disputas, ellos deberían de poder identificar lo que es básico y claro en la disputa. La justicia no es alcanzada a través del comprometer las cosmovisiones, pero si a través de la clarificación de lo que es básico. Ellos que gobiernan deberían de poder filosofar profundamente.

Los educadores, especialmente quienes están *en loco parentis*, deberían de dar razón del bien. Y los estudiantes deberían de procurar una razón del como la disciplina que está siendo estudiada está conectada al bien. La tradición académica comenzó con Platón y su espíritu está expresado en sus *Diálogos*. En *La República* se da una explicación de la justicia, que a su vez requiere una explicación del bien. Los educadores que no están familiarizados con *La República*, y con discursos acerca del bien, son faltos del conocimiento históricamente acumulativo. La vida del entendimiento en las universidades puede ser destruida mediante la fragmentación, la especialización y por la tentación al reduccionismo en una búsqueda errónea para recobrar la integración. La tentación de cuantificar todas las cosas está presente en la ciencia reciente. La matemática, la cual es el fundamento de la ciencia, necesita centrarse en el bien para evadir el reduccionismo Pitagórico, el que toda la realidad es en esencia numérica.

Aquellos que enseñan en la Iglesia, la cual se presenta a sí misma como la institución de la redención y la restauración, deberían ser capaces de dar razón del bien y justificarlo racionalmente. Los miembros deberían preguntarles a sus profesores por prueba concerniente a la existencia y la naturaleza de Dios. Sin la claridad objetiva en cuanto a la existencia y la naturaleza de Dios, no puede haber inexcusabilidad y por lo tanto no carece de explicación del bien y el mal. La enseñanza sin el entendimiento se vuelve fideista, personal, autoritaria, y divisiva. Uno no está obligado a rendirse al dogmatismo autoritario y si está obligado a cambiarlo donde sea posible.

2. La autoridad basada en el conocimiento, se opone a sus principios como últimos los cuales no se prueban así mismos.

La autoridad basada en el conocimiento se opone al testimonio (de las escrituras o de la tradición) y a la experiencia (por el sentido común, la ciencia, o la intuición) como probándose a sí misma. La razón como la prueba del significado es evidente. Como las leyes del pensamiento, la razón no puede ser cuestionada, pero hace posible el cuestionamiento. La razón es inmediata y evidente. La tradición es conceptuada como autoritaria en muchas culturas. Sin embargo, las tradiciones difieren y cambian. La tradición, por lo tanto, no puede ser un principio último de autoridad. Existen de igual manera muchas afirmaciones que compiten y se excluyen entre ellas de lo que deben ser consideradas las escrituras. Muchas personas se proclaman como profetas que hablan en el nombre de Dios y todos ellos no pueden ser ni escrituras ni profetas y deben ser probados, por lo tanto, no son evidentes. Una prueba de la nueva revelación es que debe ser consistente en sí misma, también con lo que es claro de la revelación general, y en igual forma con la revelación especial dada previamente. Es por la razón, que el significado y la consistencia son capturados y probados.

Las experiencias, tanto internas como externas, tanto ordinarias como extraordinarias, ocurren en estados inmediatos de la consciencia. La causa o las causas de estos estados de la consciencia pueden y han sido interpretados de maneras diversas por vía del realismo o el antirrealismo (idealismo). En la perspectiva realista del mundo físico (como en la ciencia), la causa de lo que existe ahora en la observación es explicado mediante el pasado (el cual no es observado) a través de la asunción de uniformidad en vez de la asunción de no-uniformidad. Ninguna experiencia es significativa sin la interpretación. Cada interpretación (incluso aquella de la uniformidad vs. la no uniformidad) puede y debe ser probada por la coherencia del significado a través de la razón. La razón, como las leyes del pensamiento es la prueba del significado, y por lo tanto, evidente.

3. La autoridad basada en el conocimiento se opone a la reversión de su orden en cada persona.

Existe un orden natural en la personalidad humana, entre el intelecto, las emociones y la voluntad. El pensamiento, los sentimientos y la acción, no son independientes en la economía de la personalidad humana. (Todos los seres vivos actúan. Algunos seres que son sensibles sienten y actúan. Tan solo el hombre piensa, siente y actúa. Y en el hombre, estos tres están ordenados.) Lo que pensamos *acerca del bien* dirige los deseos y los sentimientos. (Al menos algunos sentimientos provienen de sistemas de creencia. Hay sentimientos que provienen de la intuición y de estados corporales.) El pensamiento y los sentimientos dirigen y mueven la voluntad. (Es la creencia de que Dios recompensa a los que lo buscan diligentemente lo cual lleva a la procuración de él.[1]) El mal moral trae una hendidura en el entendimiento, así también en los deseos y la voluntad. El no reconocer las inconsistencias del pensamiento propio y como posteriormente los deseos y la voluntad están divididos, se piensa equivocadamente que estos aspectos son independientes de las creencias o como controlándolas. Ya que el pensamiento dirige los otros aspectos de los sentimientos y la voluntad, se puede hablar de este orden como un orden de autoridad. Dentro de lo que concierne a la personalidad humana, puede ser dicho que gobierna el intelecto.

4. La autoridad basada en el conocimiento se opone a la reversión del orden dentro de una institución.

El orden que está dentro de cada personalidad humana se convierte en la base para el orden entre seres humanos funcionando dentro de una institución. En una institución, lo filosófico debe conducir lo psicológico y lo práctico. El orden no implica la subordinación como se piensa comúnmente. Cuando las cosas se ven de esa manera, justificadamente provoca la resistencia extrema en el nombre de la igualdad. Dones basados en aspectos dominantes de la personalidad se hacen manifiestos en la función y el ministerio.[2] En toda institución, la persona con visión debe de gobernar en los términos del bien. Cuando se pierde la noción del bien, el objetivo se convierte en lo que es valorado práctica y psicológicamente. En la educación, con la pérdida de la visión del entendimiento de las cosmovisiones a través del pensamiento crítico, ha habido un énfasis alternativo en la autoestima y en las habilidades.

---

1. *Hebrews 11:6.*

2. Profeta, sacerdote y rey reflejan estos ministerios y aquí también hay un orden. Hay un orden de profeta, sacerdote y rey en el Antiguo Testamento, y de conocimiento, santidad y justicia en el Nuevo Testamento. Véase *Ley Moral 8*, sobre el Talento.

Ya que solamente un pequeño porcentaje de la sociedad es filosófico y, ya que la tendencia de perder noción del bien es grande, la tendencia a la inversión del orden en una institución es enorme. Una vez que la inversión está establecida, es muy difícil el revertirla sin una crisis.[3]

5. La autoridad basada en la perspicacia se opone al totalitarismo entre las instituciones.

En el totalitarismo, una institución gobierna sobre todos los aspectos de la vida, haciéndose dominante sobre todas las otras instituciones. Cada institución tiene una forma y función particular que determinan su competencia, y su jurisdicción es restringida a su competencia. Ninguna institución está por encima de otra, y cada institución está de igual manera bajo la ley moral según su forma y función. El estado sostiene la espada para restringir el mal externo. La Iglesia enseña la palabra de Dios para remover el mal interno. La familia reproduce y nutre la vida humana. Los negocios producen bienes y servicios los cuales proporcionan las necesidades materiales de la vida—la comida, la ropa, refugio. Cada uno protege y promueve la vida humana de modos diferentes según su forma y función.[4]

6. La autoridad basada en la perspicacia se opone a toda forma de gobierno la cual subordina la iglesia al estado.

La religión en estados totalitarios se convierte en un instrumento para fomentar el poder del gobernante, como en el antiguo Egipto, Babilonia, China y Roma. Los gobernantes adoptan divinidad, con el poder ilimitado de matar y bendecir a cuanto sirve a su objetivo. En estados comunistas y fascistas, toda la oposición posible al estado de parte de la Iglesia o de otras partes, es liquidada o transformada en un instrumento de la propaganda estatal.

La autoridad basada en la perspicacia se opone de igual manera a la iglesia por encima del estado. Aquí la religión utiliza al estado para establecer y extender su poder para gobernar en el nombre de Dios.

---

3. William Strauss, and Neil Howe, *The Fourth Turning: An American Prophecy* (New York: Broadway Books, 1997), aplican la teoría generacional a los ciclos de la historia.

4. Abraham Kuyper, *Lectures on Calvinism* (Grand Rapids, MI: William B. Eerdmans Publishing Company, 1943), 48-66.

En el islam, las leyes divinas (*Sharía*) están establecidas a través del estado (El Califato). Así también, la autoridad papal fue extendida en el catolicismo medieval. En Europa, después de la reforma, después de la paz de Westfalia, la religión del gobernante se convertía en la religión de la región gobernada. Por un tiempo también en la América colonial, había estados teocráticos. La ley moral dada en la naturaleza humana no era procurada o apelada como la base de la ley para todos los hombres, en todo lugar y a todo momento.

La autoridad basada en el conocimiento se opone al estado por encima de los negocios y de los negocios por encima del estado. Economías comandadas de los estados socialistas les falta la competencia (conocimiento) y la jurisdicción para planear la economía. Plutócratas y corporaciones multinacionales que controlarían el gobierno, están inclinadas a satisfacer sus intereses propios a través del estado. El estado, la Iglesia y los negocios están de igual manera bajo la ley moral.

7. La autoridad basada en la perspicacia se opone al estado por encima de la familia y a la familia por encima del estado.

La autoridad basada en el conocimiento se opone a la tiranía de los dictadores, monarcas absolutos y aristocracias, las cuales gobiernan por su beneficio propio. La revolución inglesa, francesa, americana y rusa han derrocado del poder a algunas familias las cuales prevalecieron por encima del estado por siglos. La autoridad basada en el conocimiento también se opone a sufragar por parte del estado, el cual absorbe la función de la familia y crea dependencias crecientes en lugar de incrementar la responsabilidad en ellos. Sin la cultura y la disciplina de una ética laboral, los ricos que no trabajan y los pobres que tampoco lo hacen, usan el poder del estado para agrandar sus intereses propios y originar sus propios daños y los daños de otros. El estado debe de mantenerse libre del abuso de cualquiera de los dos.

La autoridad basada en el conocimiento se opone al estado absorbiendo la función de la familia en la educación pública. La familia tiene la libertad y responsabilidad primaria de educar a sus hijos. En el establecimiento y regulación de la educación pública el estado va más allá de su competencia y jurisdicción y socava los medios primarios para alcanzar el bien. La educación pública, por la virtud de ser pública, debe ser religiosamente neutra. Pero la educación pública, en virtud de ser educación, no puede ser religiosamente neutra. La enseñanza de hechos sin que sean interpretados no tiene significado; pero la enseñanza de hechos que son interpretados de modo naturalista en el nombre de la ciencia no es religiosamente neutra. Entonces la educación pública debe ser neutra y sin significado, o no neutra y religiosa, en cuyo caso no es pública. En cualquier caso, la educación pública como religiosamente neutra no puede ser posible.

El dilema de la educación pública puede ser resumido: ¿Es la educación pública posible?

> Si es educación pública, debe de ser neutral.
> Si es educación, no puede ser neutral.
> Si la educación es pública, debe de ser y no puede ser neutral.

Cuando los estudiantes en sus años más formativos deberían aprender a pensar críticamente acerca de cosmovisiones, ellos están siendo adoctrinados en la cosmovisión del naturalismo o sus mentes están siendo llenas de hechos sin sentido, con efectos consiguientes en la formación de su carácter y conducta moral. La salida del dilema de la educación pública es el devolver la educación a la esfera privada donde la educación pertenece según la ley moral de la autoridad. El sector privado ha mostrado su competencia históricamente en que las mejores escuelas han sido privadas, desde las escuelas primarias hasta las universidades. La privatización de la educación (y la reasignación de la financiación educativa por vales como un primer paso posible) aumenta las opciones y oportunidades, sobre todo para las familias con menores ventajas. Esto permite la libertad del pensamiento, la competición de ideas y que el diálogo ocurra como parte de la introspección, necesaria para la integridad y el conocimiento.

CONSECUENCIAS DE LA LEY MORAL 5

Las autoridades sin el conocimiento derrocan y pervierten el bien. El esfuerzo para conseguir el bien es socavado por aquellos en posiciones de autoridad que no poseen el conocimiento del bien. Otra cosa es colocada en el lugar del bien. El sustituto nunca puede satisfacer y la carencia de la satisfacción conduce solo al exceso y a la perversión. Tentativas de desafiar o cambiar los poderes que están establecidos, son encontradas con la defensa más feroz de su prestigio y privilegios, a menos que ellos se hayan hecho gradualmente irrelevantes por la indiferencia. Dar el honor a quien el honor no es debido, rindiéndose a las autoridades sin entendimiento y el no desafiar autoridades ilegítimas por medios legítimos, es perpetuar el reino de la oscuridad y la opresión sobre la existencia humana a través de generaciones sin fin.

La autoridad basada en el conocimiento protege y es productiva del bien. Cuando el conocimiento se manifiesta en quitar pensamientos que se opondrían y obstruirían la búsqueda del bien, y cuando la autoridad basada en el conocimiento "prepara en el desierto un camino," entonces los gobernantes y la gente vendrán y reconstruirán los sitios desolados. Cuando la gente se preocupe por el conocimiento en aquellos que conducen, y cuando la gente procure el conocimiento, entonces el camino estará abierto para la renovación de la sociedad después de años de estancamiento. El cambio comienza con una voz solitaria, luego una pequeña banda y cuando el tiempo está cercano, el cambio viene rápidamente como una inundación. Los paisajes cambian. Hay nuevas reglas y autoridades en poder cuyos corazones han sido inclinados hacia el bien. Y después viene una renovación de todas las cosas.

Capítulo 15

LEY MORAL 6: DIGNIDAD HUMANA Y RACIONALIDAD

ORIGEN EN LA NATURALEZA HUMANA

NACEMOS HUMANOS. Hay un conjunto de cualidades que nos distinguen de todos los animales. Este conjunto de cualidades que diferencian a los seres humanos es una diferencia de género en vez de grado, y confiere sobre la humanidad una dignidad de ser y función por encima de la creación. Hay una jerarquía del ser desde las rocas a las plantas, de los animales a los humanos, en el cual el ser más superior incluye las cualidades de los inferiores y más. Este orden es natural y no impuesto, y comúnmente reconocido, no convencional o artificial.

ACERCA DE LA NATURALEZA DE LA DIGNIDAD HUMANA

1. La dignidad humana consiste en la capacidad de entender.

Entendemos mediante la razón. La capacidad de entender, la cual está basada en la dignidad humana, debe de ser distinguida del ejercicio de esa capacidad, la cual difiere con el tiempo y la circunstancia.

2. La razón en sí misma son las leyes del pensamiento.

La razón es usada para formar conceptos, juicios y argumentos, las formas de todo pensamiento. La razón es usada como una prueba del significado, para interpretar la experiencia en apego a la creencia básica propia, y la razón es usada para construir un mundo coherente y una perspectiva de la vida.

3. La razón en nosotros es natural, no convencional.

La razón es universal, la misma en todas las personas, en todas partes, a todo momento—Oriental y Occidental, masculino y femenina, joven y viejo, rico y pobre, educado e inculto, antiguo y moderno. Como las leyes del pensamiento, la razón es la misma en todos los seres pensantes.

4. La capacidad de entender distingue a los humanos de los animales.

Los humanos por el uso de la razón forman conceptos y juicios; los animales no. Los conceptos, los cuales son formados por actos de la razón no son imágenes formadas por los sentidos, los cuales los humanos tienen en común con los animales. Ya que los conceptos capturan la esencia de una clase de cosas, los conceptos son universales, los mismos en todas las personas y se aplican a todos los miembros de una clase. Las palabras como señales convencionales expresan conceptos y difieren de una sociedad a otra. El argumento puede ser dicho de la siguiente manera:

> Si los animales pudieran pensar nos podríamos comunicar con ellos como con otros seres humanos. (La diferencia sería el lenguaje—señales convencionales únicamente—no de conceptos.)
>
> No nos podemos comunicar con los animales como nos comunicamos con otros seres humanos (al nivel racional de los conceptos y los juicios vs. al nivel sensorial de las imágenes y las sensaciones).
>
> Por lo tanto, los animales no piensan (sin importar que tan inteligentes ellos actúen a un nivel instintivo).

Los humanos piensan críticamente acerca del significado de creencias básicas; los animales no. Los humanos interpretan la experiencia en apego a las creencias básicas; los animales no. Los humanos construyen y cambian las cosmovisiones; los animales no.

5. Los seres humanos como seres racionales actúan a partir de sus sistemas de creencia.

Estamos inmediatamente conscientes de que pensamos y sostenemos creencias. Y estamos inmediatamente conscientes de nuestras creencias como razones las cuales causan que actuemos, y que las acciones varían acorde a nuestras creencias. Para cambiar nuestras acciones nosotros debemos de cambiar nuestras creencias como razones las cuales causan que actuemos. La apelación a causas desconocidas u ocultas las cuales pueden ser sabidas mediante la introspección son diferentes a las causas naturales desconocidas. Causas las cuales no son razones conocibles al agente pueden causar acontecimientos, pero estas causas no son acciones de agentes racionales.

6. Los seres humanos como seres racionales son libres de usar la razón.

Somos capaces de responder racionalmente a una variedad entera de situaciones, y somos por lo tanto responsables de sí nuestra respuesta es, o no es, racional. Podemos usar nuestra razón si queremos usar la razón. El *poder* no es más básico que el *querer* al nivel más básico. Somos instintivos e intuitivos de algunos modos, pero estos no se aplican o anulan creencias básicas. Como un ser racional, libre y consciente, el hombre es capaz de gobernar sobre la creación y es requerido de sí por la constitución de su ser el llevarlo a cabo. En esta capacidad para gobernar, el hombre refleja su origen divino y semejanza, su dignidad como *imago dei*.

7. La sociedad humana es una sociedad de seres racionales.

La participación dentro, o la separación de, la sociedad humana depende del ejercicio de esta capacidad. Los niños, en quienes su capacidad racional no está lo suficientemente desarrollada, son limitados en su participación—ellos todavía no tienen el derecho de ejercer algunas libertades. Los humanos que aplican la fuerza en vez de la razón son restringidos a través de la fuerza de su participación libre en la sociedad. Los compañeros que están desinclinados a ser razonables sobre ciertos asuntos no se les permite en la discusión de estos asuntos o en compartir asuntos que están cerca del corazón propio. Nosotros no compartimos nuestros pensamientos con la persona que percibimos no está abierta a la razón.

LEY MORAL 6

Debemos de afirmar la dignidad humana en nosotros mismos y en otros. Debemos de tratar a otros y estar dispuestos a ser tratados como poseyendo la capacidad y la responsabilidad de entender.

APLICACIONES DE LA LEY MORAL 6

1. La afirmación de la dignidad humana se opone al uso de la fuerza en el asesinato y la guerra.

El asesinato resulta de una carencia acumulada de la disciplina personal en el autocontrol. Asesinamos a fin de obtener lo que la otra persona no nos concederá. Asesinamos porque no podemos persuadir. El asesinato proviene de un estilo de vida en el cual lo que queremos y como lo adquirimos no ha sido sujeto a la disciplina de la razón. El asesinato es evidencia de que las coacciones externas en contra del amor propio nunca fueron interiorizadas por la disciplina durante el crecimiento para hacer que uno se detenga y piense. Creencias narcisistas sin supervisión se les permitió el acrecentar deseos al punto del quebrantamiento de la ley. La disciplina en el pensamiento conduce al autocontrol del deseo y previene la conducta ilegal, incluso el asesinato.

La guerra resulta del fracaso colectivo acumulado de no usar la razón en ambos lados. De parte del agresor esto es bastante fácil de ver, aunque quién es el agresor a menudo es ofuscado a través de la propaganda autojustificante del estado de víctima. Las guerras son combatidas en el contexto de ideologías apegadas a creencias básicas. La guerra con el Comunismo, el Nazismo y el islam implican ideologías. La guerra intelectual o espiritual que destruye ideologías falsas previene las guerras físicas. La persuasión por la fuerza (terrorismo) o por la emoción (propaganda) pasa por alto el entendimiento y deshumaniza a otros. Muchas cosmovisiones pasan por alto el uso de la razón para persuadir y recurren a la fuerza para extender su sistema en tanto que su sistema de creencia inherentemente desaprueba el uso de la razón. El materialismo dialéctico de Marx, la raza superior evolutiva Nazi, y la exigencia del islam de la sumisión de todos, han usado la fuerza para expandir sus sistemas. Sus presunciones básicas requieren confrontación intelectual. El fracaso de no tomar estos pensamientos cautivos a través de las décadas y los siglos permitieron que las guerras ocurrieran y se repitieran.

2. La afirmación de la dignidad humana se opone al racismo.

En el racismo, la etnicidad es colocada por encima de nuestra humanidad común en la razón. Cuando se pierde de vista lo que es común, tan solo quedan las diferencias. Los juicios basados en las diferencias en vez de en la igualdad en la racionalidad, resultan juicios de desigualdad y en el trato desigual de otros. El genocidio y la esclavitud han sido basados en la negación de la humanidad común. Las diferencias culturales no son entendidas en apego a las creencias básicas y el uso de la razón, pero en términos naturales de la genética o geografía, es como si hubiese grados de humanidad. El racismo ha sido profundo, abundante y destructivo no exclusivamente entre líneas de color, pero dentro de todas las líneas de color, entre grupos de tribus locales, así como también entre grupos étnicos separados distantemente.

Las tentativas de responder al racismo sin confrontar las creencias básicas y el uso de la razón continúan funcionando bajo presunciones racistas. La afirmación de la igualdad de todas las personas y de todos los grupos étnicos, en apego al escepticismo académico postmoderno en curso, conduce a la igualdad de todas las perspectivas. Desistiendo de la posibilidad del saber algo racionalmente, el escepticismo opta por una teoría pragmática del significado y la verdad. Todas las perspectivas son igualmente verdaderas, pragmáticamente hablando. Ellas sirven al objetivo del ajuste satisfactorio al ambiente propio de igual manera, no obstante, las diferencias en el ambiente. La afirmación de la igualdad de todas las perspectivas conduce a la afirmación de la igualdad de todas las culturas con la expectativa de la equivalencia de resultados, y los programas de acción afirmativa para crear resultados paralelos. La falta de igualdad de resultados es entendida como una indicación *a priori* de que un grupo ha adquirido a través del establecimiento de su ideología, su gran teoría, su metarrelato como verdadera, y ha usado su poder para su ventaja mediante la opresión de otros. La corrección de este supuesto papel de víctima debe ser hecha, si es necesario, por el estado mediante programas de acción afirmativa.

La tolerancia de todas las creencias y culturas como si fuese del mismo valor es la virtud cardinal del multiculturalismo. La tolerancia verdadera en esta perspectiva reside en la afirmación y la celebración de toda la diversidad. Esto es contrario a la afirmación de la dignidad humana en la cual los seres humanos deben ser tratados como poseedores de la capacidad y la responsabilidad de entender cosas básicas, las cuales son claras. En el nombre de la tolerancia una nueva opresión ha surgido. Las culturas son paralizadas de manera que puedan ser identificadas por y con la cultura propia. La etnicidad propia, no la humanidad propia, es el destino propio. Las perspectivas reduccionistas de lo que significa el ser humano, identifican a las personas en términos de un aspecto de nuestro ser, reduciendo o ignorando otros aspectos a un solo aspecto. Múltiples aspectos de la naturaleza humana deben de ser reconocidos para evitar el reduccionismo: nuestro amplio aspecto (universal/for-mal—la capacidad de mantener creencias básicas), nuestro reducido aspecto (el contenido material de la creencia básica), nuestra personalidad triuno (pensamiento-sentimiento-voluntad), nuestra unidad de cuerpo/alma, nuestra diversidad masculino/femenina, nuestros antecedentes culturales/históricos y nuestra unicidad personal *(haecceity)*. Ningún aspecto secundario debería de sobrepasar nuestro aspecto más básico, de nuestra capacidad de entendimiento.

3. La afirmación de la dignidad humana se opone a las guerras de géneros.

En las guerras de género, la identidad de género es colocada por encima de nuestra humanidad común en la razón. En la narrativa feminista, los hombres han usado "la razón" para oprimir a las mujeres. Se dice que el pensamiento masculino es lineal y jerárquico; el pensamiento femenino es holístico y colaborativo. Se dice que el patriarcado es justificado por la perspectiva de Dios como el padre. El feminismo más temprano pro-curó la inclusión sobre la base de la igualdad. Las diferencias de género, entendidas como diferencias esencialmente físicas, son consideradas insuficientes para justificar diferencias de papel. El feminismo posterior rechaza el modelo del mismo-papel para afirmar lo que es únicamente femenino como superior a (porque es más afirmante de vida que) el Dios masculino. Las diosas reemplazan a Dios el padre, o Dios como ninguno de los dos. Las guerras de género han cuestionado todos los aspectos de las relaciones de varón/hembra y han dejado las cosas sin resolución tanto psicológicamente como prácticamente.

En lugar de cuestionar las creencias mantenidas en el nombre de la razón y la extensión en la cual la razón está siendo usada, la razón misma es cuestionada. Pero si la razón en sí son las leyes del pensamiento, entonces la razón no puede ser cuestionada. Y una persona o grupo no puede oprimir a otro con relación al uso de la razón porque siempre somos libres y responsables de usar la razón críticamente. Las mujeres poseen una influencia significante en el moldear las vidas de los hombres durante el crecimiento de la niñez. El estado de víctima para mujeres no es por lo tanto algo dado. En las guerras de género, fallamos al no responsabilizarnos el uno al otro por el uso de la razón. Somos primero, humanos y después somos varón y hembra.

En las guerras de género fallamos al no entender la naturaleza de varón y hembra tanto en su diversidad como en su unión. Las diferencias de género son fundamentalmente espirituales y no físicas; lo visible/físico revela, manifiesta y es una señal de lo invisible/espiritual. Varón y hembra son ambos la imagen de Dios. Dios es creador y sostenedor de todas las cosas. Todos los humanos—ambos hombres y mujeres—están en el papel femenino con relación a Dios el Creador y el sostenedor. La relación invisible entre Dios y el hombre es revelada en la relación visible entre el hombre y la mujer. El trabajo de iniciación y orginación es complementado y completado por el trabajo de mantenimiento y nutrición. Para tener fruto la labor de plantación y riego son ambas necesarias, y ordenadas, sin tener esta preponderancia sobre la otra. En la búsqueda del bien, varón y hembra son ambos necesarios y ordenados y existen en una unión perfecta. Sin el bien no hay unión. La guerra de género, oprimida o abierta, es el resultado.

4. La afirmación de la dignidad humana se opone al aborto, la eutanasia, el suicidio y al apoyo de vida que ignora la pérdida de la capacidad para entender.

La disputa del aborto está basada en la problemática acerca de lo que es el ser una persona. Hay un aspecto moral y legal a esta disputa. Aquel concierne cuando la vida humana comienza. Este concierne cuando la vida humana se termina. La ley actual prohíbe el infanticidio. Sociedades en el pasado han permitido el infanticidio. En el debate actual hay puntos en común en cuanto a la ilegalidad del infanticidio. La disputa se enfoca en la pregunta de la continuidad o la discontinuidad de la personalidad humana desde el nacimiento retrocediendo a la concepción. En términos genéticos, hay continuidad partiendo desde la concepción. En términos de la capacidad para entender habrá continuidad en la existencia y el desarrollo de esa capacidad a menos que pueda ser argumentado que el pensamiento es una actividad del cerebro, no de la mente o del alma, y que el alma es distinta de la vida y es algo añadido algún tiempo después de la concepción. (Esto ha sido discutido previamente bajo la evolución teísta: "¿Es el alma lo mismo que la vida?") Siendo una vida humana distinta en mente y cuerpo desde la concepción, el feto no puede ser considerado como un mero tejido sin que a su vez también se le considere al recién nacido un mero tejido. El argumento de la inconveniencia no puede anular el derecho legal de una persona a la vida.

Hay otro aspecto de lo que es el ser una persona, uno que es asumido, pero no a menudo es articulado, que entra en el argumento moral en cuanto al aborto. Esto es el valor moral de la vida humana con relación a si la vida humana, una vez comenzada, continúa para siempre. La dignidad de la vida humana es juzgada menos significativa, o insignificante, si la muerte del feto marca el final completo de la existencia de esa persona. La dignidad de la persona antes de nacer es considerada diferentemente si es entendido que la existencia de aquella persona continua más allá de la muerte física. Como una persona, el feto crece y se vuelve consciente del origen y destino propio y del significado único de la vida humana en la tierra, la cual fue arrebatada en el aborto de la matriz. Sin duda entonces habrá un futuro encuentro con, y una razón procurada de, aquellos que por la elección privaron a otra persona del derecho a la vida en la tierra. Las consecuencias eternas de las elecciones propias no pueden ser consideradas por quién piensa que la vida humana no es interminable. Sin la creencia en la inmortalidad personal no puede haber justificación racional por la moralidad, y la elección del abortar no puede ser considerada una elección moralmente significativa.

La eutanasia significa una muerte buena. Se piensa que una muerte buena es una muerte libre de dolor. Pero si la muerte física en sí no es simplemente natural, sino que el mal natural, impuesto por Dios al hombre como un ser racional, como una llamada para detenerse y pensar, entonces una muerte buena es una muerte pensativa. La conciencia consciente de la proximidad de la muerte debería traer lo que es importante en la vida a un enfoque claro. La muerte es una continuación y consumación de un proceso de toda la vida del morir a la existencia egocéntrica. Lejos del evadir o entorpecer la consciencia propia, la meditación debe de ser protegida. El dolor no debe ser evitado a toda costa, pero con relación a la conservación de la capacidad para pensar. La eutanasia, de la manera en que es aplicada, es el acto final en el procurar evadir la llamada para detenerse y pensar.

El suicidio es un acto de desesperación basado en una concepción falsa del bien. El bien, concebido falsamente, es conceptuado como inaccesible, y la vida sin esperanza alguna del bien se vuelve insoportable. Podría ser circunstancial, como en la pérdida percibida de Romeo de Julieta, o en un escultor que se hace un cuadripléjico, o en la pérdida de honor en la guerra, o la vergüenza en la vida, o podría ser un sentimiento subjetivo interno de desesperación como en la depresión. Pensamientos de desesperación son retos para ver el bien de una manera más clara, no una ocasión para buscar consuelo a través de la esperanza falsa del suicidio.

Algunos suicidios pueden provenir de la desesperación intelectual— que la vida en su plenitud no tiene sentido. Puede ser creído que la honestidad intelectual requiere del escepticismo y que el escepticismo, mantenido con integridad, conduce al nihilismo. Cuando el absurdo surge, la fuga puede ser buscada por el regreso al inconsciente, o por el suicidio intelectual de un salto de fe, o por el suicidio ordinario, o a través de convertirse en el héroe de lo absurdo (Albert Camus, *El Mito de Sísifo*). Si las cosas básicas son claras entonces el escepticismo es una carencia de integridad, no una exigencia de la honestidad intelectual. La desesperación intelectual en apego a las muchas cosmovisiones contrarias sostenidas en todas partes de la historia asume que procuramos saber. El escepticismo puede ser probado por su respuesta a la afirmación que algunas cosas son claras, que está claro que algo debe ser eterno.

Algunas intervenciones para salvar la vida humana desatienden la pérdida de la capacidad para entender. Ya que la dignidad humana consiste en la capacidad para entender, cuando la capacidad se pierde, la vida que está siendo conservada por sistemas de apoyo de vida es la mera existencia vegetativa. Discernir la pérdida de esta capacidad puede ser difícil en ocasiones, pero es claro cuando no hay ninguna onda cerebral durante un período de 24 horas. A un final del espectro, los estándares pueden ser claros. Hay grados de la pérdida de la capacidad para entender con relación a la utilización de sistemas de apoyo de vida que requieren consideración adicional. La pregunta aquí no es que si el removimiento del apoyo de vida es justificado, sino que si la continuación del apoyo de vida puede ser justificada. La carga de la prueba cambia con la prueba de la pérdida de la capacidad para entender.

El retiro del apoyo de vida no es lo mismo que el acto de finalizar una vida como en la eutanasia. El retiro del apoyo de vida es un caso de dejar a la naturaleza tomar su curso, o dejar morir, o dejarlo en las manos de Dios. Una persona puede elegir, consistente con la dignidad humana, el no usar medios extraordinarios para prolongar la vida propia. Trasplantes de órganos, los tratamientos de cáncer o la cirugía invasiva van más allá de los medios ordinarios de dieta y ejercicio para mantener la salud. El instinto natural de evadir la muerte no puede ser hecho un absoluto, pero es relativo al objetivo de la existencia humana en la tierra. Asumiendo que uno ha vivido pensativamente en apego al objetivo específico propio, es más natural desear marcharse cuando el trabajo propio es completado que el aferrarse a la vida.[1]

5. La afirmación de la dignidad humana se opone a los programas psicoterapéuticos los cuales no toman en cuenta nuestras presunciones interpretativas y la responsabilidad de nuestras creencias.

La psicoterapia se ha hecho cada vez más extendida conforme el escepticismo, el pragmatismo y la cosmovisión naturalista han aumentado.[2] Paradigmas naturalistas en la explicación del comportamiento humano colocan el sentimiento y sensación por encima del pensamiento (Freud, Skinner). La idea de la libertad humana y la responsabilidad fue perdida con poca protesta. (Algunas voces de la protesta fueron levantadas: Thomas Szasz, *El Mito de La Enfermedad Mental* y Karl Menninger, *¿Qué Paso Con el Pecado?*)

---

1. El dilema de elegir huir del sufrimiento mediante la eutanasia o aferrarse a la vida a través del soporte vital se resuelve a partir de la propia cosmovisión a la luz de la cual se determina el sentido de la vida en la tierra. San Pablo resolvió el conflicto entre desear partir o quedarse en términos de un trabajo significativo aún por hacer (*Filipenses 1:23*).

2. Christina Hoff Sommers, and Sally Satel, *One Nation Under Therapy: How the Helping Culture is Eroding Self-Reliance* (New York: St. Martin's Press, 2006).

Conforme la idea del bien y el mal disminuyen y las patologías sociales incrementan, nuevas categorías de explicaciones no morales fueron buscadas. Las inhibiciones morales fueron vistas como neurosis. El sentimiento de vergüenza fue rechazado como una imposición externa, dañando a la psique, y fue rechazado como algo tóxico. El amor propio con relación al bien fue sustituido por el narcisismo simple, autorrealización en ser verdadero a uno mismo y estar en contacto con sentimientos propios. Las inhibiciones fueron sustituidas por el exhibicionismo. La autenticidad permitió la transgresión de límites sociales en nombre de lo "natural." El nutrir al niño interno propio y realzar el amor propio, remplazó la disciplina de la virtud y el honor. Comportamiento antisocial fue explicado como una respuesta natural de los opresos, los privados de derecho, las víctimas de los poderosos quienes controlan el ambiente social.[3] Las causas subyacentes en la cosmovisión de una persona son ignoradas o se piensa que no existen, o son consideradas síntomas que deben ser tratados o manejados mediante un cóctel de terapias de medicina (por soma, en *Un Mundo Feliz* de Huxley). Al negar el lugar de la razón y de la creencia en la naturaleza humana, ha tomado lugar una abolición del hombre.[4]

Los factores de origen son ocasiones, no causas, del comportamiento. Dos personas con el mismo origen, incluyendo gemelos, pueden reaccionar de una manera diferente a sus situaciones de vida. Ellos pueden sostener creencias básicas diferentes, con valores diferentes y proyectos de vida diferentes. La misma persona puede someterse a cambios fundamentales de la creencia básica y conducir su vida de una manera muy diferente a lo de antes. Aunque el cambio puede ocurrir en un nivel de conducta psicológico de modo que alivia la tensión, un cambio profundo ocurre en el nivel de la creencia básica la cual ocasiona una transformación más completa en la vida de una persona. El cambio de la creencia básica ocurre cuando una persona se da cuenta de que el sistema de creencia propio es incoherente, que la vida propia carece de significado, y que uno es responsable por el sostener creencias incoherentes debido al fracaso de no usar la razón en la introspección. Cuando la psicoterapia falla en confrontar a las personas en la introspección al nivel de la creencia básica, la psicoterapia fracasa al no tratar

---

3. Frantz Fanon, *The Wretched of the Earth* (New York: Grove/Atlantic, 2005).
4. C.S. Lewis, *The Abolition of Man* (New York: HarperCollins, 2001).

a las personas con dignidad humana, como poseyendo la capacidad y responsabilidad por entender, y por lo tanto fracasa en ayudar a las personas para volverse completas.

6. La afirmación de la dignidad humana se opone a la perspectiva en la cual la pena de muerte es deshumanizante.

En la pena de muerte una persona es separada de la sociedad humana a través de la muerte. La alternativa que es ofrecida en lugar de la pena de muerte es la separación de la sociedad humana a través de la cadena perpetua en la prisión. Las diferencias específicas entre estas dos formas de separación es la retribución como un principio de justicia, el cual sostiene a la persona responsable por sus acciones. Las objeciones a la pena de muerte tienen que dar razón, primero, de que, si la justicia retributiva en general niega la dignidad humana, y segundo, si es que la justicia viola la justicia retributiva. La preocupación aquí no es con el procedimiento judicial y la convicción errónea sino con el principio y la aplicación de la justicia retributiva.

Muchas respuestas a la pena de muerte no dan razón del principio de la retribución. Toda matanza es entendida como asesinato (¿Incluso la defensa propia?). La venganza es un motivo barbárico (¿Incluso el juicio judicial deliberado?). La pena de muerte es cruel y extraña (¿En toda forma?). La teoría utilitaria, considerando únicamente las consecuencias, puede ir en cualquiera de varias direcciones, y es insuficiente para explicar la justicia. Las teorías de rehabilitación son sin límites determinados en cuanto a lo que constituye la rehabilitación, si es que es posible, y cuando la posibilidad de rehabilitación se termina.

La retribución está basada en *lex talionis*, ojo por ojo. El principio se aplica en casos menores a la pena de muerte en los cuales la reparación es posible al agente afectado en parte o género en los casos de daños inmuebles o daños personales. El agente culpable debe de perder en proporción a lo que ha dañado. En el caso de la toma intencional de la vida, el agente culpable debe de perder su vida. La justicia retributiva es comúnmente afirmada como manteniendo a una persona como responsable. El sostener la responsabilidad afirma la dignidad humana como responsable de entender las consecuencias de la acción propia. No puede haber ninguna objeción al principio por aquellos que lo aceptan en la práctica. La pregunta entonces es si la vida por vida en la pena de muerte es una violación del principio de retribución.

7. La afirmación de la dignidad humana se opone a la perspectiva en la cual la separación de la sociedad racional humana es una negación de la dignidad humana.

La sociedad humana es una sociedad de seres racionales. La dignidad humana consiste en la capacidad para entender. En apego a las cosas básicas las cuales son claras, el uso de la razón nos lleva al bien y a la unidad. El descuidar, evadir, resistir, o negar la razón acarrea la negación del bien y la desunión. La oposición mutua es inherente en perspectivas opuestas. Lo que uno construye el otro se opone y derriba. La guerra será constante a menos que un agente cambie o haya separación entre los agentes. La separación seguirá al menos que uno cambie; y la separación es eficazmente final si no hay cambio.

La separación es inherente en perspectivas diferentes acerca del atractivo por mayor consciencia y consistencia, es decir, la necesidad del entendimiento y el significado. La separación puede ser mutuamente acordada, quizás deseada mutuamente donde las diferencias irreconciliables son mutuamente reconocidas.[5] No es el caso de que uno desea usar la razón y quiere disfrutar la compañía de otro ser racional y no está siendo permitida. No hay injusticia en el obtener lo que uno desea. El afirmar la dignidad humana y el mantener al otro como responsable por el uso de la razón es el reconocer la justicia al ser dado a, o no ser restringido de, lo que uno desea, hasta cuando el deseo es el no usar la razón.[6]

CONSECUENCIAS DE LA LEY MORAL 6

Al negar la dignidad humana en otro, uno debe primero negar la suya. La negación de la dignidad humana propia es una forma del suicidio

---

5. C.S. Lewis, *The Great Divorce* (New York: HarperCollins, 2001).

6. Es posible desear no usar la razón, o considerar el uso de la razón como una restricción a la libertad. El fracaso aquí, en el uso crítico de la razón en un nivel básico, pasa desapercibido, o se ignora, o se resiste. El Satanás de Milton pensó que era mejor gobernar en el infierno que servir en el cielo. En este sentido, es posible amar más las tinieblas que la luz, especialmente si uno tiene que reconocer que se ha quedado corto en lo básico (*Juan 3:19*).

espiritual. La negación de la dignidad humana propia es una integración hacia abajo en el no humano, negando la distinción entre los humanos y los animales. También puede ser efectuado en nombre de la afirmación de la divinidad de uno mismo, negando la distinción entre lo divino y lo humano. Perdemos nuestro verdadero ser en cualquiera de los casos. Y habiéndose perdido uno mismo, somos incapaces de la comunión con ningún otro ser. Ya no existe el "tú" somos un "eso" a ellos y ellos a nosotros (Martin Buber). Con la negación de la personalidad, no puede haber relaciones personales. La sociedad humana llega a su fin. El perder contacto con la humanidad, nuestra humanidad y la humanidad de otros, es el entrar en el corazón de las tinieblas. Kurtz (*El Corazón de Las Tinieblas* de Joseph Conrad) entro en esas tinieblas, pero también regreso, cuando él juzgó el corazón de tinieblas: "el horror, el horror." Las cosas indecibles surgen del corazón de las tinieblas, encontrándose uno mismo una bestia y un dios sobre otros.

El afirmar la dignidad humana en uno mismo es el afirmar la dignidad humana en otros. La dignidad humana no puede ser reconocida en uno mismo sin ser reconocida y afirmada en otros, debido a que la dignidad humana es la misma en todos. Más allá de la etnicidad, el género, estatus, y educación, hay una conexión en nuestra humanidad común. Nos trasladamos de las relaciones de poder y explicación, a las relaciones y explicaciones naturales. Es posible comunicarse al nivel más profundo de la preocupación por el significado para realizar la comunión de amistad. Es posible realizar la sociedad humana como una sociedad de amigos que comparten las preocupaciones más profundas en un compromiso mutuo al bien.

Capítulo 16

LEY MORAL 7:
AMOR Y FIDELIDAD

EL ORIGEN EN LA NATURALEZA HUMANA

EL ORIGEN DE NUESTRO SER es de una unión sexual de nuestros padres. Nacemos de una unión sexual entre un hombre y una mujer. Con excepción de la creación original, todos los seres humanos vienen a la existencia por la procreación. A través de la nutrición de nuestro ser, por nuestros padres, el bien es adquirido. Al haber nacido, dependientes e ignorantes, necesitamos la nutrición e instrucción para conseguir el bien, el fin en sí mismo. Aquellos que nos dieron ser de su propio ser son naturalmente aquellos que nos nutren e instruyen. Esto es tan universalmente entendido, aceptado y apoyado de manera que no requiere ningún argumento.

ACERCA DE LA NATURALEZA DEL AMOR Y FIDELIDAD

1. El sexo es una señal y un sello del amor.

Hay muchas formas del amor, dependiendo de las personas y las circunstancias, las cuales son no-sexuales, cada una de su propio modo vinculada con el bien. En el amor sexual, dos personas se dan totalmente el uno al otro. El sexo expresa el amor de entregarse uno mismo y confirma el amor del darse uno mismo totalmente al otro. En el acto se da y se recibe simultáneamente. El amor sexual no es el tomar sin que haya sido dado o el tomar sin el haber dado. El sexo no es el amor; el sexo es una señal y sello del amor. La señal no es la realidad; es posible tener la señal sin la realidad y la realidad sin la señal. Ya que la señal es la expresión y la confirmación de la realidad, la señal deriva su significado de la realidad. El expresar y confirmar lo que no está presente es el vaciar la señal de significado, y descaminar y engañar al otro (y a uno mismo). En asuntos tan profundos y cercanos al corazón, la señal sin la realidad no tiene valor. El sexo sin el amor es considerado como desdeñable. Donde la consciencia no se ha vuelto insensible, el sexo sin amor es comúnmente considerado como degradante el separar el sexo del amor. Los idiomas humanos tienen muchas palabras para expresar este desprecio y degradación.

2. Una unión física es una señal natural de la unión espiritual.

Un ser humano es una unión de cuerpo y alma, no simplemente un cuerpo, como un animal, y no simplemente un espíritu que resulta estar en un cuerpo por un tiempo. Lo visible es una representación idéntica de lo invisible. Se habla de la vista tanto en términos físicos como en términos espirituales, como también términos como el corazón, la vida y la muerte, y despierto y dormido. Hay una correlación natural, no convencional, entre lo visible y lo invisible, entre el cuerpo y el alma, entre la reflexión de espejo y el original. Cuando el cuerpo y el alma son unidos y no pueden ser separados sin dañar a la persona, entonces la unión física y la unión espiritual están unidas y no pueden ser separadas sin dañar a la persona.

3. Una unión tanto física como espiritual son juntos una unión completa.

El uno sin el otro es incompleto. No existe otra dimensión del ser propio además de estas dos, y la cual por lo tanto puede ser exenta o reservada de la unión de manera que la convierte en algo menos que una unión completa. En esta unión completa los dos se convierten en uno. En la narrativa Edénica de la creación, la mujer es extraída del hombre. Lo que era uno se convirtió en dos y los dos debían de hacerse una carne. Existe un compartimiento completo y constante en la materialidad y la domesticidad de la existencia humana, no tan solo en las ocasiones de la unión sexual. No hay ninguna propiedad privada en esta relación, aunque hay artículos de uso individual, privado y exclusivo. Los proyectos de vida y los objetivos son uno, siendo una unidad de diversidad.

4. Una unión completa es una unión de personas.

La personalidad y el consentimiento son esenciales a una unión de personas. La identidad personal no es sumergida, sino conservada y realzada, como en un baile de hombre y mujer, la cual es una unidad más alta, hecha posible por la diversidad de varón y hembra. Los detalles de la particularidad propia deben ser compatibles, y uno debe ser informado para ser tanto capaz como complaciente en dar el consentimiento.

5. Una unión de dos personas debe de ser monógama y duradera.

Uno es completado por el otro y no hay lugar alguno para un tercero o un cuarto. Una unión completa es por lo tanto excluyente de todos los otros y cualquier intrusión o inclusión de otros en una unión completa se convierte en un desplazamiento de una parte o la totalidad de la vida de una persona en dicha unión. La vida no es divisible o separable en sus partes. La vida es un asunto del todo o nada. Los celos son naturales cuando uno es excluido de lo que es propio, dado en virtud de una unión completa. Y la vida no es divisible en momentos o períodos de días, meses y años. Así como uno entra en una unión completa con la totalidad de la vida propia, de igual manera la unión es para la toda vida. Una unión completa, como la vida, es naturalmente duradera.

6. Una unión completa es la unión del matrimonio.

El matrimonio es una unión completa de un hombre y una mujer la cual es monógama y duradera. El matrimonio es constituido por una unión completa de dos personas, donde la unión sexual es la señal y el sello del amor. Una relación puede ser de hecho una relación de matrimonio, aunque no se le llame así. Y a una relación puede llamársele matrimonio, aunque la relación no sea de hecho el matrimonio. Una relación de matrimonio puede no continuar por cuestión de la infidelidad, pero esto no significa que nunca fue un matrimonio. Debido a que hay derechos morales, y obligaciones mutuamente presentes a ambas personas y a terceros, y sobre todo a niños nacidos de esta unión, el reconocimiento público del matrimonio es emprendido para proteger, promover, y conservar aquella unión de dos personas por las cuales nosotros fuimos traídos a la existencia y nutridos en ser. El matrimonio como la fuente de nuestro ser es tanto privado como público, y debe ser protegido y conservado tanto en lo privado como en lo público. De esta manera existe la institución pública del matrimonio con los beneficios, derechos y responsabilidades sancionadas por la ley civil.

7. El amor, en el matrimonio, procura el bien por y con el otro, y por quienes traemos a la vida.

El sexo está naturalmente relacionado con el amar. El sexo y el amor están naturalmente conectados al matrimonio. El amor y el matrimonio están naturalmente relacionados con el bien. El amor en general procura el bien para el otro. En familias procuramos el bien para y con los niños, nietos y generaciones sucesivas sin fin. Las generaciones sucesivas se amplían a través del matrimonio a comunidades que se amplían continuamente. Las riquezas materiales y espirituales acumuladas con el tiempo son transmitidas en forma de herencia a las generaciones sucesivas. La continuación y la finalización del esfuerzo corporativo, acumulativo y comunal hacia el bien causan el bien el cual es amplio e inagotable.

LEY MORAL 7

El matrimonio es para alcanzar el bien. Existe un orden para el matrimonio el cual lo protege. El matrimonio en sí no es el bien. Ya que cada persona debe procurar conseguir el bien, dos personas en la unión completa deben con mayor razón procurar conseguir el bien. El acrecentamiento de humanidad es con el fin de aumentar el bien. Para asegurar este fin del matrimonio, el cuidado debe ser tomado para proteger el matrimonio. Manteniendo el objetivo del matrimonio en enfocar el orden para proteger el matrimonio es discernible. El procurar proteger el matrimonio sin que el objetivo del matrimonio esté establecido, es contraproducente. El proteger el matrimonio como un fin en sí mismo es el meramente retrasar la concentración inevitable de fuerzas que son destructivas del matrimonio y de cualquier estructura social que carece de la fundación. El enfoque reciente en los valores familiares y en la inculcación de virtud a través del entrenamiento, así como también el enfoque reciente en la redefinición del matrimonio y la familia, se convierten en antinomias porque ninguno pone su enfoque en el bien.

APLICACIONES DE LA LEY MORAL 7

1. El bien para el matrimonio se opone a la consideración del otro como el bien.

En el amor romántico el otro es considerado como el bien. La intensidad de placer en la posesión del otro como el bien abruma la meditación. Cuando las expectativas poco realistas no son satisfechas la burbuja se revienta, el fracaso chisporrotea. Remedios son intentados. La realidad permanece recalcitrante, a la cual uno debe dimitir o retirarse en nuevas fantasías. Bastante a menudo el matrimonio, proyectado a ser duradero, se termina, dejando una medida de amargura y cinismo.

Si el matrimonio ha de ser duradero, el matrimonio debe ser construido sobre la amistad. La amistad, como el matrimonio, es una relación recíproca la cual es duradera y comparte las preocupaciones más profundas. El no ser capaz de compartir las preocupaciones más profundas propias con otra persona, es menos que la amistad verdadera. Y si la amistad no dura pone en duda el que si la persona era un amigo "verdadero." Si la amistad es recíproca, duradera, y comparte las preocupaciones más profundas, entonces aquellas preocupaciones deben ser sobre lo que realmente es el bien.

Las cosas que no son el bien, las cuales son colocadas en el lugar del bien, no durarán para una persona, y con mayor razón entre dos personas, cada uno inclinado a la procuración de la visión subjetiva propia del bien. La amistad que es duradera es el efecto del compromiso mutuo al bien. La amistad verdadera es tan rara como el compromiso verdadero al bien. Cuando uno está inculcando el bien en el otro, la relación no es recíproca. Puede ser una relación de amor, la cual no tiene que ser recíproca. El matrimonio requiere más que la amistad, pero debe estar al menos basada en la amistad, si debe prosperar y no meramente sobrevivir. Sentimientos basados en fantasía sobre la otra persona disminuyen con el tiempo. Los sentimientos basados en la belleza de la búsqueda de la verdad y la bondad aumentan con el tiempo. Ya que el bien de la amistad no es el bien del amor romántico, y ya que el matrimonio como duradero debe estar basado sobre la amistad, el matrimonio debe estar basado sobre el bien y debe tener el bien como su final principal.

2. La naturaleza de las personas se opone a la separación del sexo y el amor.

Una persona es una unión de cuerpo y alma, y no puede ser reducida a un mero cuerpo como un objeto sexual sin degradar al otro como persona. El respeto de la persona se opone al sexo ocasional o recreacional, a la prostitución, a la violación y a la pederastia, todos los cuales reducen la persona a un objeto sexual. El autoaborrecimiento naturalmente resulta de la participación en esta conducta. Esta conducta puede ser persistida tan solo médiate la callosidad de la consciencia y el obscurecimiento de la mente propia.

3. La unión completa de dos personas se opone a la poligamia (poseyendo más de una esposa) y la poliandria (poseyendo más de un esposo).

No es posible tener una unión completa con más de un cónyuge. Las relaciones polígamas son menos que el matrimonio, aunque sean llamadas tales. La poligamia inevitablemente niega la personalidad completa al otro. Si todos los cónyuges fuesen considerados como igual y totalmente humanos, entonces todos tendrían igualdad de derechos.

Si una persona puede poseer cónyuges múltiples, entonces todos pueden poseer cónyuges múltiples. La lógica de la poligamia la cual niega la exclusividad de la relación de matrimonio permite a cada hombre estar casado con cada mujer y cada mujer para estar casada con cada hombre. En efecto hace la noción del matrimonio absurda. La poligamia se convierte en la poliamoria, la posesión de tantos compañeros sexuales como uno desee, lo cual separa el sexo del compromiso que viene con el amor. El modelo del acoplamiento animal va con la vida animal, no con la vida humana, la cual procura le bien al hombre como un ser racional.

4. El matrimonio como duradero se opone al divorcio, excepto por el adulterio, o la deserción voluntaria la cual no puede ser remediada

El matrimonio es constituido, es decir, sellado, por la unión sexual. Un matrimonio que no ha sido sellado por el sexo puede ser anulado como si el matrimonio nunca existió. El matrimonio puede ser disuelto por el adulterio en el cual la señal y el sello son dados a otro. El matrimonio igualmente puede ser terminado cuando la señal y el sello son retirados, aun cuando no han sido dados a otro, en el abandono de la cama de matrimonio. Como una institución pública, en el cual la Iglesia y/o el estado están implicados, el abandono de muchos typos, que culminan en el abandono de la cama matrimonial, puede ser remediado por el consejo de la Iglesia o el estado, dicho consejo debe ser procurado antes de que una decisión final sea alcanzada. Uno tiene el derecho de divorciarse por el adulterio o el abandono, pero uno no está obligado a divorciarse dado que la restauración de la relación es posible.

Considerando el mal moral y natural en el mundo, la persona que entra irreflexivamente en el matrimonio puede de igual manera procurar marcharse irreflexivamente cuando el sufrimiento surge. El sufrimiento es una llamada a detenerse y pensar, y las personas irreflexivas procuran simplemente evadir el sufrimiento, no aprender de el. Se protege en contra de esta irreflexión a través de los consejos de la familia y los amigos, y por requisitos del estado y la iglesia cuando al profesar un juramento o promesa las obligaciones del matrimonio son hechas explicitas y atestiguada por otros. Hay consecuencias legales y morales por la violación del contrato de matrimonio y el juramento propio. Uno está obligado por una obligación a aceptar ciertas consecuencias (en la prosperidad y la adversidad, hasta que la muerte nos separe) aun si uno ha tomado el juramento irreflexivamente. Los motivos del divorcio están limitados por el juramento propio. Los intentos para evitar límites evadiendo la participación del estado, Iglesia, familia y comunidad no pueden impedir consecuencias inherentes las cuales son destructivas cuando la pasión en el divorcio es ilimitada.

5. El sexo como una unión natural se opone lo que no es natural.

Factores espirituales y biológicos motivan a un hombre y a una mujer a expresar amor mutuo y procrear a través de una unión sexual natural, hasta cuando una unión natural no es procreativa. Una unión sexual es entre dos personas. Lo que no es entre dos personas no es natural. Una unión sexual, por virtud de ser una unión, es ambas mutua y simultánea. Lo que no es ambos mutuo y simultáneo no es natural. Mutuo y no simultáneo no es natural. Simultáneo y no mutuo no es natural. Lo que ignora el acto procreativo natural no es natural, hasta cuando el efecto procreativo o la intención no está presente. El acto, el efecto y la intención son distinguibles moralmente y a manudo son separables y separados.

Uno puede tener la intención de la concepción y actuar sin efecto. Uno puede no tener la intención y actuar con o sin efecto. ¿Acaso la intención a través del uso de la anticoncepción para separar el acto del efecto posible hace el acto mismo no natural? Debido a que no hay cambio en el acto mismo, con o sin la intención, el acto no es antinatural.

6. El bien para el matrimonio se opone al compañerismo o a los niños como el bien.

Uno puede procurar el matrimonio porque uno se siente solo, o se siente más vulnerable estando solo. Uno puede tener compañeros sin el matrimonio y uno puede estar casado sin el compañerismo. El compañerismo es la amistad, la cual es el efecto del compromiso mutuo al bien. El procurar la amistad directamente, así como en el buscar la felicidad directamente en vez de siendo un efecto del bien, es contrario a la naturaleza de las cosas y a la naturaleza humana, y por lo tanto será naturalmente frustrado. El matrimonio debe de estar basado en la amistad la cual esta aunada al bien, pero la amistad no tiene que resultar en el matrimonio.

El bien para el matrimonio no son los niños. Las personas no son el bien, pero por lo contrario el bien es por y para las personas. Uno no está obligado a tener cuántos niños sea posible para maximizar el bien para todas las personas, incluyendo los niños que uno tendría. Las personas que eligen el casarse o no casarse deben de tomar esa decisión con relación al bien, tomando en consideración todas las cosas, por sus casos particulares. La decisión acerca del número y frecuencia de niños debe de ser efectuado con relación al bien.

Por separado del bien, las discusiones acerca de tener niños y el uso de los antisépticos se vuelven confusas en los sentimientos producidos por las conciencias mal informadas, atrapadas en verdades medias de antinomias. Sin el bien, la discusión moral inevitablemente se ha estancado en el patrón del legalismo vs. antinomianismo. La procreación sin la capacidad de nutrir para el bien y la abstención de la procreación como un impedimento a la búsqueda de la felicidad propia, ambas niegan que el bien es por y para las personas. El tener hijos no es un fin en sí mismo, sino que debe de ser entendido en el contexto del trabajo de dominio, el fin del cual es el bien.

7. El matrimonio como duradero se opone al ignorar el orden el cual lo protege.

Existe un orden natural para el matrimonio el cual lo protege. En este orden lo que viene después requiere lo que vino antes. El matrimonio es por el bien y uno debe por lo tanto procurar el bien por uno mismo. El procurar el bien como el conocimiento de Dios es el amor de Dios. El procurar el bien por uno mismo es el amor del ser. Si uno ha llegado a saber y poseer el bien, uno puede y va a procurar el bien para el otro. Esto es el amor al prójimo, un amor el cual a menudo no es recíproco al comienzo. Si el otro se compromete al bien, uno entonces puede procurar el bien, como amigos, con el otro. La amistad es el efecto del compromiso mutuo al bien y es la base duradera de la relación matrimonial. De entre aquellos que están entregados al bien uno debe de encontrar el complemento de uno, una persona adecuada como compañero de por vida. No todos los amigos son adecuados y no todos los que son inicialmente atractivos son adecuados. La atracción debe ser basada en el conocimiento de lo que es relevante. Es notoriamente difícil el adquirir este conocimiento de una manera, la cual es emocionalmente segura para aquellos que son emocionalmente vulnerables. Tradicionalmente, el cortejo el cual implica un proceso de supervisión ha sido la protección en contra de la fantasía romántica. La función tradicional del hombre como protector y proveedor requiere que él posea una habilidad probada para dotar la familia con estabilidad financiera. La preparación para los juramentos y el intercambio de juramentos hacen el compromiso y las esperanzas explícitas de cada uno para el matrimonio. Finalmente, existen sanciones de la ley civil para aquel que viola el contrato de matrimonio. Históricamente, el agente culpable en un divorcio perdía sus derechos de propiedad y los derechos de supervisión de los niños. Desde los años de 1960 las sanciones civiles fueron nulificadas a través del divorcio sin culpa, añadiendo al incremento corriente en la disolución del matrimonio.

CONSECUENCIAS DE LA LEY MORAL 7

La infidelidad ordinaria (falta de compromiso al otro) está arraigada y revela la infidelidad espiritual (falta de compromiso al bien). El matrimonio perece sin el bien. Los efectos son sentidos a través de la familia, y pueden persistir y acumularse en patologías sociales a través de las generaciones. Con un quebrantamiento de las familias, la cultura colapsa por dentro y es remplazada desde el exterior por la guerra, la escasez, y la plaga. Civilizaciones enteras han dejado de existir de esta manera. El tiempo y los límites de las naciones son determinados por su procuración del bien.

El matrimonio por el bien incrementa el bien en la vida propia, y en las vidas de otros, a través de las generaciones. Uno puede ser fructuoso y multiplicarse tanto físicamente como espiritualmente de manera que el trabajo de dominio puede ser cumplido, en apego con la perspectiva de que el bien es por y para las personas. En el matrimonio por el bien, lo visible revela lo invisible. La relación entre el hombre y la mujer revela la relación entre Dios y el hombre para lo mejor y lo peor. Conforme el compromiso al bien incrementa, la productividad (física y/o espiritual) incrementa—productividad la cual perdura a través de las generaciones.

Capítulo 17

——

LEY MORAL 8:
VALOR Y TALENTO

ORIGEN EN LA NATURALEZA HUMANA

NATURALMENTE VALORAMOS COSAS. Nadie valora todas las cosas de igual manera. Si todas las cosas fuesen de igual valor (o de no valor) no habría distinción del bien y el mal, de medios y fines, y por lo tanto no habría elección. Si el valor fuese completamente subjetivo, determinado por la elección existencial, no habría verdad de la condición humana para ser valorada, no obligación a la autenticidad y no manera de distinguir lo absurdo de lo no-absurdo. Un universo verdaderamente sin valor no puede existir para el hombre. Un héroe absurdo es meramente una postura, el nihilismo un show. No hay escape de la razón y del valor.

ACERCA DE LA NATURALEZA DEL VALOR Y TALENTO

1. El valor es una función del suministro y la demanda.

Cuando no hay demanda no hay valor, como en el caso de la basura. No teniendo valor, se dice que la basura no es poseída y por lo tanto no es algo que pueda ser robado. La substancia atómica de cualquier cosa puede ser procesada y reciclada y de esta manera se vuele útil, es decir, valorada. Pero el desperdicio original como tal no es valorado. La tierra de la cual hay un suministro abundante y no tiene mucha demanda, tiene poco valor. Los diamantes se dicen están bajo una gran demanda y en poco suministro, como tal, tiene un valor grande.

2. La demanda es una función de la perspectiva propia del bien.

Cuánto una persona está dispuesta a pagar (o sacrificar) a favor de algo refleja la perspectiva propia del bien. La perspectiva del bien puede diferir dramáticamente entre dos personas mientras que el suministro permanece constante. Los fanáticos del futbol americano pueden estar dispuestos a pagar veinte mil dólares por un asiento en la primera fila en el medio campo de un juego del Super Bowl. Otra persona puede estar dispuesta a ver una repetición del juego. Ambos ven el juego, la única diferencia es que el primero experimenta inmediatamente el furor y las porras de los otros fanáticos. El primero está dispuesto a pagar más porque el valora (el alboroto) del juego. El otro puede ver todas las jugadas en acercamientos y en cámara lenta, repetidamente. Él tiene una perspectiva más completa del juego y de la excelencia mostrada. Para el primero, el alboroto es el bien; para el otro, el despliegue de la excelencia atlética es el bien. En este caso lo que es valorado difiere y el suministro difiere, aunque la demanda continúe igual, pero la cantidad gastada varía.

3. El suministro es una función del talento.

La habilidad humana basada en el conocimiento puede cambiar el suministro, así como también la necesidad de servicios. La invención de motores y el desarrollo del poder eléctrico han alterado la cantidad de labor requerida para completar una tarea. La demanda por espacio es alterada por la telecomunicación. Las invenciones de materiales nuevos han convertido a otros materiales obsoletos y la tecnología ha incrementado el suministro de materiales, servicios, y bienes, con más rapidez, más baratos, y más eficientemente. El poder nuclear altera la necesidad de combustibles fósiles y nuevas tecnologías podrían descubrir fuentes las cuales son prácticamente ilimitadas. Conforme el talento es desarrollado y ejercitado, el dominio es incrementado. Conforme el dominio es incrementado, el conocimiento como medio y como un fin en sí mismo es incrementado. Entre más se disipa el conocimiento, se incrementa en profundidad y en anchura.

4. El talento es una habilidad para alcanzar un aspecto del bien.

El talento está basado en la unicidad del ser propio y está en cada persona. El origen del talento por lo tanto proviene del origen del ser propio. El talento no proviene del ser propio, de los padres o la sociedad. Nadie posee, ni puede poseer, todos los talentos. Uno no puede por sí mismo alcanzar la totalidad del bien, sin embargo, todos necesitamos el bien en su unidad y totalidad. El talento es dado a cada persona para el bien, el cual es para todos. Por lo tanto, el talento es dado a cada uno para todos.

5. El talento es conocido a través del interés y la habilidad.

Las diferencias entre personas surgen desde el nacimiento. Las diferencias no son ambientalmente determinadas, pero la extensión del desarrollo es afectada en parte por el ambiente total propio. Conforme los seres humanos desarrollen su unicidad, interés y habilidad se vuelen más pronunciados. Algunos aspectos de la realidad capturan el interés propio. El interés lleva a la investigación, al descubrimiento, y a una habilidad para dominar las relaciones en el área de interés, la cual lleva a un interés mayor, conocimiento y habilidad. Usualmente estos se desarrollan en el área propia de especialización en educación en la carrera.

Lo que es único de nuestra persona se desarrolla con base en cuál aspecto de nuestra personalidad triuno es dominante en esa persona: pensamiento, sentimientos o voluntad. Existe un reconocimiento recurrente del aspecto triuno de la personalidad humana en cosmovisiones discordantes. En el Gran Mandamiento uno debe de amar a Dios con todo el corazón—mente, alma y fuerza. Existen las funciones diferentes del profeta, sacerdote, y rey conectados con los aspectos diferentes del corazón. El Nuevo Testamento habla del conocimiento, santidad, y rectitud, conectadas a estos aspectos del corazón y a estas funciones differentes. Los discípulos se han dividido en estas tres líneas como seguidores de Pablo, Apolo, o Cefas. Los griegos hablan de la verdad, la belleza y la bondad. Los hindús hablan del yoga del conocimiento (*jnana*), devoción (*bhakti*) y acción (*karma*). La historia europea moderna se ha desplegado desde el periodo del racionalismo, al romanticismo, al pragmatismo. El talento, basado en la personalidad humana, debe de ser clasificado en acorde a la distinción triuno en la personalidad humana.

El discernimiento es requerido para clasificar el talento apropiadamente. La clasificación falsa es tanto pesada como opresiva. Todos los filósofos no son iguales. Dentro del campo de la filosofía existen diferentes áreas, funciones y estilos. La enseñanza de filosofía no es el filosofar. La construcción del sistema escolástico no es el criticar la fundación. Abordamientos intuitivos no son abordamientos analíticos. En orientación epistemológica Platón no es Aristóteles; Kant no es Hegel; Descartes no es Derrida. Sin embargo, todos podrían acordar acerca de la necesidad y deseo de entablar las preguntas básicas usando la razón. Un atleta que sobresale en acción puede que lo haga a causa de "un fuego es su vientre." Y su talento no es meramente el alcanzar la excelencia en el acto, sino también el exhortar a otros a la excelencia, conociendo ese fuego el cual motiva desde lo más profundo de nuestro ser.

6. El talento se desarrolla a través de los esfuerzos de otros, así como a través de nuestro propio esfuerzo.

El talento no se origina por la voluntad humana, pero es desarrollado por la voluntad humana. La mayoría de las veces, el talento apenas se desarrolla debido a la falta de voluntad humana. Los padres y los maestros, dados los límites de las circunstancias y la cosmovisión, disciernen y desarrollan el talento en sus etapas tempranas. El deseo personal y el esfuerzo completan su desarrollo. El logro cultural acumulado, tanto material como intelectual, es la base a partir de la cual uno comienza a desarrollarse. La pobreza, en ambos sentidos, obstaculiza el desarrollo del talento. No todas las familias y culturas están igualmente dotadas, y algunas cosmovisiones son hostiles al desarrollo. Por lo que una persona logra, existe una deuda a nuestros antecesores, y a través de ellos, a toda la humanidad. Pero el esfuerzo personal es esencial para poder ir más allá de los niveles actuales de los logros culturales, y el agregar a esos logros. Y la sociedad a su vez tiene una deuda con esa persona.

7. El talento se desarrolla completamente tan solo en la visión del bien.

En una sociedad dotada con oportunidades para desarrollo mediante educación, una persona puede desatender esas oportunidades o no usarlas completamente para desarrollar sus talentos. Las personas con la educación más alta, en las funciones más altas, pueden fallar al no llegar a un conocimiento del bien, y por lo tanto el talento, el cual es una habilidad para conseguir algún aspecto del bien, falla al no ser ejercitado hacia el bien y se queda corto de su más completo desarrollo y logro. Retos apremiantes al alcanzamiento del bien son ignorados y evadidos porque el fin del bien no está en perspectiva. Por separado de la creencia de que las cosas básicas son claras, la razón no será ejercitada para mostrar esta claridad. Sin el conocimiento, confianza y la compasión, un investigador no persevera para adquirir un adelanto médico. La fe como entendimiento y conocimiento, la esperanza como confianza de que los problemas serán resueltos, y el amor como la compasión por aquellos que sufren, son virtudes necesarias para alcanzar el bien y los medios para el bien.

8. El talento es irreprimible. Cuando el talento es desarrollado completamente, el talento forma su función.

El talento halla maneras para expresarse al servir a otros. El talento no solo sobrevive; el talento forja nuevos canales; el talento divisa nuevos caminos para expresarse a sí mismo y supera obstaculos. El desarrollo del talento es la expresión de dominio, el logro de maestría. El talento es logrado no en una manera teorética abstracta, sino en el contexto del amor, es decir, en el buscar el bien para otros.

LEY MORAL 8

Uno debe de desarrollar sus talentos en la procuración del bien en el servicio de otros. El fallar al no hacer esto es el quitarles a otros lo que es de valor y les pertenece. El valor es una función del suministro y la demanda. El suministro es una función del talento. El talento es una habilidad para alcanzar algún aspecto del bien. El talento es dado a cada uno para todos. El talento no es de uno mismo, por uno mismo o para uno mismo. El talento es para otros. Hay por lo tanto una obligación de servir a otros mediante el uso de los talentos propios. Conforme uno ha recibido de la riqueza común de la humanidad, de igual manera uno debe de contribuir e incrementar esta riqueza común. Aquel que recibe y no da es alguien que tan solo toma de otros, y nunca ofrece ninguna cosa a cambio. Que tan inhumana una persona seria si jamás hubiese recibido de esta riqueza común, es difícil imaginarlo. Por lo tanto, hay una obligación, no tan solo de no dañar o destruir la riqueza de otros, pública o privada, sino de contribuir a la riqueza común en acorde a la capacidad propia, es decir, al talento propio.

APLICACIONES DE LA LEY MORAL 8

1. El desarrollo de los talentos propios se opone al descuido del talento a través del orgullo, la pereza o la avaricia.

Hay obligaciones y necesidades comunes de la vida que requieren atención, a veces a costa del desarrollo del talento propio. Las obligaciones de asegurar las necesidades propias, así como también las obligaciones a padres y niños y a la comunidad en emergencias son previas al enfocarse en el talento propio. Estas no son fuentes culpables del descuido. Pero existe a menudo el fracaso de no ser diligente en la educación, o permitir que el dinero y el prestigio dicten la opción de la carrera, o limitar el uso del talento propio. En nombre de la identidad cultural, y la igualdad de todas las culturas, uno podría resistir la influencia de culturas avanzadas las cuales se han beneficiado de la historia cultural de la humanidad. En ese caso, el orgullo cultural, el miedo y la ignorancia inhiben el desarrollo del talento. Una perspectiva clara de y deseo por el bien elimina estas barreras, y permite una selección exigente de lo que esta y lo que no está de acuerdo con el bien, de varias culturas de la humanidad.

2. El uso del talento por el bien se opone al mal uso del talento por lo que no es bueno.

Muchos han usado habilidades filosóficas para avanzar cosmovisiones las cuales no son construidas sobre lo que es claro. Las habilidades médicas han sido usadas para avanzar tanto la muerte como la vida. Los ladrones han usado su astucia para el delito más bien que para la prevención del crimen. El talento usado por el bien es una virtud; el talento usado para el mal se convierte en un vicio. El talento artístico ha sido usado para adular más bien que revelar nuestra condición humana, y ha sido usado para consentir a nuestros instintos bajos. Los reporteros y los escritores han servido la propaganda en vez de la verdad y la justicia. Los científicos y los educadores no han dejado a sus estudiantes más ilustrados al no identificar presuposiciones operativas. El valor ha sido usado para brutalizar en vez de proteger la vida humana. El mal puede ser efectuado en ignorancia, pero la ignorancia, en apego a la claridad, es inexcusable. Uno no necesita acusar por ignorancia, pero tampoco se debe excusar la ignorancia. La ignorancia culpable, a través de la gracia, puede ser perdonada.

3. El origen del talento se opone a la propiedad absoluta del hombre.

Dios, como el Creador de todo, es propietario absoluto de todo. El hombre es administrador, habiendo recibido el talento el cual está basado en la unicidad del ser propio. A través del trabajo de dominio, el cual es históricamente acumulativo, el talento es ejercitado para aumentar el suministro de lo que tiene un valor duradero. El origen y el desarrollo social del talento se oponen al capitalismo. El capitalismo afirma que el hombre individualmente es propietario absoluto, que el hombre no es un deudor al bien común, el cual hizo posible el desarrollo del talento. El origen y el desarrollo individual del talento se oponen al comunismo. El comunismo afirma que el hombre colectivamente es propietario absoluto, que no se requiere el esfuerzo individual para desarrollar el talento propio, aquí el hombre es completamente un producto de su ambiente social económico. El capitalismo y el comunismo son antinomias. El capitalismo y el comunismo comparten una presunción común, que el hombre es propietario absoluto. Ambos están de acuerdo en que el creador del valor es el dueño del valor. El capitalismo y el comunismo se diferencian en cuanto a qué o quién es el creador o determinador.

Para la teoría comunista como un producto del naturalismo y el determinismo ambiental, la consciencia humana es totalmente determinada por el proceso del materialismo dialéctico que funciona mediante fuerzas sociales económicas en la historia. Seguiría de este que el colectivo histórico es el creador del valor y por lo tanto el estado como la personificación de lo colectivo posee y distribuye a su placer lo que es de valor. No hay deuda proporcional al esfuerzo debido al individuo, más allá de la necesidad. El principio "de cada uno según su habilidad; a cada uno según su necesidad" no toma en cuenta el esfuerzo individual o la carencia de ello: "si un hombre no trabaja, entonces él no come" y "Cada hombre es recompensado según su propio trabajo." El individuo es simplemente un subordinado (y prescindible) del todo colectivo. En esta perspectiva, el todo perdura, aunque el individuo deje de existir. En esta perspectiva, no hay una inmortalidad individual, ni personal, responsable y recompensada por el bien.

El capitalismo no nota suficientemente la naturaleza, el origen y el desarrollo social del talento. El capitalismo nota al individuo y el esfuerzo del individuo en el desarrollo del talento a través del cual el valor es creado. El capitalismo nota el suministro y la demanda de un modo fenomenológico, sin intentar dar razón ontológica del origen del ser y el talento del hombre. Da por sentado al individuo y explica el todo como un conjunto de individuos, que no existe sin el individuo. Conforme cada individuo procura el interés propio conceptuado como la adquisición de placer y evasión del dolor como el bien, el proceso es dirigido por una mano invisible la cual actúa en beneficio de otros. En la teoría capitalista, no hay sentido de la deuda ni necesidad de un sentido de la deuda más allá de lo que se contrae explícitamente. El desarrollo del talento propio en la procuración del bien en el servicio a otros no es obligatorio. En esta perspectiva, no hay ningún límite a la acumulación de la riqueza excepto lo que el libre mercado permite, y una expectativa informal de la caridad proveniente de un sentido de *noblesse oblige*.

El intento de mitigar el exceso inherente a ir a la derecha o a la izquierda mediante una síntesis de los dos (como en el socialismo) no aborda los supuestos que generan la antinomia. En el socialismo, el hombre individualmente posee algunas cosas absolutamente como la propiedad privada y el hombre colectivamente posee algunas cosas absolutamente, es decir los medios públicos de la producción. Se piensa que el trabajo indiscriminado, no el talento, es la fuente del valor. En el socialismo, el hombre (individual o colectivamente), no Dios, es el dueño absoluto. La adquisición del placer y la evasión del dolor son conceptuadas como el bien, no como el efecto del poseer lo que creemos es el bien. La mayordomía, como alternativa, no se puede entender y poner en práctica sin entender el valor en relación con el bien, y el origen y desarrollo del talento con relación al suministro.

4. El talento como la fuente del suministro se opone a las políticas sociales las cuales están basadas en el suministro finito.

El suministro es la función del talento. Las políticas demográficas basadas en el suministro de alimento deben considerar que el suministro de alimento puede y ha sido cambiado por el desarrollo de dominio. La población puede y debe ser limitada por la disposición del ejercicio de dominio, real y al menos el potencial a término corto. Las políticas demográficas deberían considerar también que la presión social y el sufrimiento pueden y han sido estímulos de un mayor dominio mediante el desarrollo del talento. Énfasis debe ser puesto en el desarrollo del talento en la procuración del bien, no avance tecnológico simplemente por separado del bien. Lo que debe ser procurado es el gobernamiento moral, no simplemente el gobernamiento natural. Hay actualmente un suministro finito de la energía del combustible fósil. Pero existen otras fuentes, algunas de las cuales son renovables y prácticamente ilimitadas, esperando el desarrollo a través del ejercicio del talento. El talento también puede limitar la demanda al incrementar la eficacia en el uso de recursos y en la disminución de la demanda de aquellos recursos. Permitir el entierro de las invenciones de talento y la compra de patentes para ser usados de modos que sirven intereses especiales en vez del interés público no debería ser permitido por la política pública, o al menos hacerlo cuestión de información pública y del proceso de decisión.

5. La necesidad del esfuerzo en el desarrollo del talento propio se opone a las políticas económicas y prácticas sociales, las cuales crean desalientos al esfuerzo.

Los incentivos no son únicamente financieros o primeramente financieros. Si no el dinero, como un medio de cambio, puede servir el fin de crecimiento y enriquecimiento personal. Las políticas económicas que redistribuyen la riqueza por separado del esfuerzo y la responsabilidad a través de varios programas de impuestos, o que degradan el dinero mediante la inflación, eliminan algunos incentivos los cuales sostienen la fatiga. La inestabilidad social por guerra, delito y corrupción generalmente dificulta el desarrollo del talento. La carencia de un libre mercado dificulta el cambio y permite la competencia desleal por monopolios o subvenciones las cuales son cargas excesivas. La envidia y el resentimiento hacia aquellos que sobresalen por encima de otros son igualmente obstáculos al esfuerzo. Para crear una cultura y un entorno favorable al esfuerzo, se requiere una cosmovisión y un conjunto de prácticas sociales. Las culturas varían considerablemente en el apoyo y adquisición de una ética de trabajo favorable al progreso personal y social. Existe una cultura de pobreza que no puede ser quitada por la ayuda financiera externa la cual falla al no confrontar la carencia de incentivo al esfuerzo.

6. El talento como una habilidad para conseguir algún aspecto del bien se opone a gastos despilfarradores de recursos que no avanzan el bien.

Existe una unión muy cercana entre la perspectiva del bien y la manera en que gastamos nuestro dinero, tiempo y energía. El consumismo ocurre en proporción inversa de la procuración del bien. Entre menos poseemos el bien, más artículos de consunción deseamos. El consumismo promueve la autoindulgencia y la pérdida de autodisciplina, la cual es necesaria para el desarrollo del talento. Si somos apresurados de manera que seamos sin prisa, este ocio es la ocasión de la contemplación y la reflexión, la cual es la base de la cultura.[1] Este ocio no es la indolencia de una clase ociosa o una fuga del trabajo de la burguesía, ni el departo de la vida activa a una vida contemplativa. Mejor dicho, es una lectura de la revelación divina en todo lo que sucede. La frugalidad en esta perspectiva reside en el ser disciplinado por el bien; no es la parsimoniosidad del egocentrismo. Donde la gracia es prodigada en la sabiduría, la gracia sirve el bien sin pérdida alguna.

7. El talento usado en el servicio a otros se opone a la acumulación ilimitada de la riqueza la cual endeuda a otros.

Hay límites inherentes en la posesión y en el estar endeudado a otro. Una persona no es una propiedad que pueda ser comprada y vendida. La propiedad es poseída por personas. Una persona no puede dejar de ser una persona. Por lo tanto, una persona no puede ser poseída por otra persona como propiedad en perpetuidad. Las personas no pueden

---

1. Josef Pieper, Alexander Dru, and T. S. Eliot, *Leisure: The Basis of Culture* (Indianapolis, IN: Liberty Fund, 1999).

aumentar su riqueza esclavizando a otros como su propiedad, es decir endeudando a otros perpetuamente. Cada persona tiene la necesidad de una propiedad como un medio de sustento que puede ser transmitida a generaciones sucesivas como el patrimonio propio. El patrimonio propio podría no estar permanentemente alienado por la otra persona a fin de aumentar la riqueza.[2] Uno puede obtener legalmente, pero uno podría no tener el derecho moralmente a lo que el poder negociador le permite a una persona. El presionar la ventaja presente propia en la contracción con el desfavorecido constituye la opresión—tomar ventaja de la otra persona. Los precios y los salarios reflejan una perspectiva agregada presente del bien en el cual los extremos equilibran el uno al otro sin corregir el uno al otro. Los bloques artificiales a la corrección pueden ser legalmente removidos, pero a veces solamente los cambios catastróficos traen la corrección necesaria cuando la corrección legal falla. Entre más el bien es adquirido por todos, con mayor cercanía los precios y los salarios reflejarán el valor real y más talento en cada uno será desarrollado y será reconocido y recompensado por todos.

CONSECUENCIAS DE LA LEY MORAL 8

El descuido o abuso del talento aumenta la pobreza de vida para todos. El bien como amplio debe ser corporativo, acumulativo y comunal. El bien es el trabajo de todos los seres humanos a través de la historia. La distribución del logro cultural de la humanidad varía enormemente a tiempo y lugar en grupos y en individuos. El bien varía también en género, en la diferencia entre bienes naturales y el bien moral. La contribución al aumento del conocimiento no puede ser hecha sin la ventaja de logros pasados de otros. El placer de estas ventajas no puede ser experimentados más allá del grado de entendimiento propio. Y el placer durable puede ser experimentado solamente con relación al aumento del entendimiento de lo que es último, es decir de lo infinito y lo eterno.

---

2. En la Ley Mosaica, la tierra como fuente de riqueza era, como el talento, dada por Dios, en este caso a cada familia, como patrimonio originario. No podía venderse y, si estaba endeudado o alquilado, debía ser restituido a la línea familiar original que lo poseía, al final de cada período de cincuenta años. Todas las deudas debían ser canceladas en el quincuagésimo año del jubileo. Por lo tanto, en la ley bíblica había una limitación incorporada a la acumulación de riqueza por lo que endeuda a otros (ver *Levítico 25*).

Uno puede ser muy educado y rico, pero aún pobre en la posesión del entendimiento de cosas básicas. Sin contribuir al bien (asumiendo la oportunidad) uno no puede disfrutar del bien. Si uno no procura el bien, uno procura algo más en el lugar del bien, un reemplazo del bien, y por lo tanto se despoja a uno mismo y a otros del bien. Este revés no tiene que ser una pérdida permanente para otros. Es posible que mientras un poco de aumento de la experiencia del bien en sus vidas, los otros aumentan en la experiencia del vacío en sus vidas. El vacío es la pobreza última.

El uso de talento para el bien, inversamente, aumenta la riqueza de vida para todos. La riqueza es proporcional a la plenitud entendida en su unidad. Esta riqueza es satisfactoria e inagotable y transformativa. Entre más esta riqueza es procurada y compartida, más incrementa en cada persona y para todas las personas. Esta riqueza no es separable de las personas, sino que es experimentada en y por todas las personas que procuran el bien.

Capítulo 18

———

LEY MORAL 9:
VERDAD Y JUSTICIA

ORIGEN EN LA NATURALEZA HUMANA

EXISTE UNA LEY MORAL SOBRE LA JUSTICIA. La justicia tiene que ver generalmente con nuestra relación hacia otros seres humanos. La justicia está basada en nuestra concepción de nuestro ser. Nos conceptuamos a nosotros mismos igualmente humanos. Nacemos iguales en humanidad. Temprano en la vida, y de manera espontánea, surge el grito por la justicia: "No es justo; a él le dieron más que a mí." En la justicia, iguales deben de ser tratados igualmente. La igualdad no es una negación en las diferencias de lo que nos distingue a nosotros como seres humanos; sino por lo contrario, la justicia es una afirmación de lo que es común a todos los seres humanos. Las diferencias deben de ser tratadas de una manera relevante, no arbitraria. Personas de la misma edad, o de la misma ciudadanía, todas las otras cosas siendo iguales, deben de ser tratados de la misma manera. Hasta cuando una teoría del origen humano afirma la superioridad de algunos sobre los demás (vs. todos los hombres son creados iguales), el principio de que iguales deben de ser tratados de igual manera queda en pie. La justicia es una noción permanente en todos los seres humanos requiriendo un trato de igualdad.

ACERCA DE LA NATURALEZA DE LA VERDAD Y JUSTICIA

1. La justicia última es ontológica.

La justicia tiene un aspecto ontológico, así como también un aspecto social. Donde las consecuencias son inherentes a un acto, la justicia es ontológica, es decir, en el ser de las cosas. La negación de la naturaleza propia es inherentemente autodestructiva. La negación de la razón propia tiene la consecuencia inherente de la falta de sentido. Si bien las consecuencias socialmente impuestas pueden ser evadidas, la justicia ontológica es inevitable, a menos que haya razón de creer que la misericordia divina pueda traer la redención.

2. La justicia es primero distributiva, después contractual y por último retributiva.

¿Por qué medios podemos hablar de una distribución justa de las necesidades de la vida dentro de una nación? ¿Cómo son distribuidos los recursos de la tierra entre naciones? ¿Cómo son los tiempos y límites de las naciones establecidos? Unos han sugerido por el botín de guerra. Pero el poder y la riqueza de una nación son una función de sus valores culturales y cosmovisión. Si ese es el caso, la justicia ontológica penetra para determinar aspectos de la justicia social en cuanto a los límites nacionales y el subsidio. Y la justicia ontológica está más allá de la esfera de la administración humana. Cuando la justicia humana falla o alcanza sus límites, la justicia ontológica todavía está funcionando. Es inviolable aun cuando pueda estar siendo cuestionada. Una nación justa asegurará la distribución de las necesidades de la vida a todos sus ciudadanos de generación a generación (considera la limitación de deudas y la redistribución del Jubileo en la ley hebrea antigua).

La justicia contractual es mantenida cuando los seres humanos sostienen sus acuerdos y contratos, ya sea en el negocio, el matrimonio o entre generaciones; así estos acuerdos fuesen explícitos o implícitos. Los acuerdos son emprendidos voluntariamente y no bajo presión o engaño. Los empleados pueden limitar su compulsión por la negociación colectiva si esto no limita la libertad de alguno mediante la intimidación. La justicia distributiva mantiene un grado de la igualdad social que así establece condiciones para acuerdos contractuales. Los tribunales deben defender la justicia contractual imponiendo sanciones apropiadas por la injusticia cometida.

La justicia retributiva mantiene la igualdad corrigiendo el daño cometido por separado de la distribución y el contrato. El pago es proporcional al daño causado. Esto es el principio de *lex talionis*—ojo por ojo. Cuando aplicado al asesinato, *lex talionis* es una vida por una vida. Los argumentos en contra de la pena de muerte deben mostrar primero la invalidez del principio de la justicia retributiva (consulta la Ley Moral 6, Aplicación 4.6). Más a menudo que no, las consideraciones utilitarias son substituidas por consideraciones deontológicas. O la misericordia es conceptuada de una manera en la cual anula la justicia sin la satisfacción de la justicia. La retribución como una forma de justicia procura mantener el principio que todos deben ser tratados igualmente.

3. La justicia social completa es ambas, preventiva y correctiva.

En una corte donde la corrección de la injusticia es procurada, los medios por los cuales la corrección es buscada son a través del conocimiento de la verdad. Llaman testigos que deben jurar decir la verdad, la verdad entera y solamente la verdad. El proceso de audiencia es ordenado, protegido mediante sanciones por el desprecio de tribunal y perjurio. Pero los tribunales únicamente corrigen la injusticia; ellos no previenen la injusticia que procuran corregir.

4. La verdad es necesaria y suficiente para corregir la injusticia en la corte.

La presunción del proceso en los tribunales es que la verdad es necesaria y suficiente para corregir la injusticia. El proceso de los tribunales asume también que la verdad puede ser conocida a través de un proceso deliberado que permite la interrogación y la sumisión de pruebas, para la eliminación de personas prejudiciales en jurados y para la recusación de jueces. El principio de justicia es claro. Cuando todos los hechos relevantes son sabidos, cuando todas las cosas escondidas son llevadas a la luz, cuando todo el ofuscamiento es removido, la aplicación también se hace clara. Las balanzas de justicia están equilibradas, en nombre de la igualdad. La Dama de Justicia, espada en mano, es imparcial, con los ojos vendados a las diferencias irrelevantes. El presenciar la ejecución de justicia mediante el poder de la verdad es sobrecogedor; es digno de respeto.

5. La verdad es necesaria y suficiente para prevenir la injusticia en una cultura.

Mientras que el corregimiento de la injusticia en una corte es un ideal, el corregir y prevenir la injusticia en una cultura es un ideal más alto. Así como la verdad es necesaria y suficiente para corregir la injusticia, de igual manera la verdad es necesaria y suficiente para prevenir la injusticia. Pero la verdad que previene la injusticia va a un nivel más profundo. Los tribunales tratan con la verdad que es legalmente relevante. La prevención de la injusticia debe tratar con la verdad que es moralmente relevante. La prevención de la injusticia trata con verdades por las cuales definimos nuestro estado y dignidad, y de ahí nuestra igualdad como personas. La prevención de la injusticia trata con las presunciones de una cosmovisión. La prevención de la injusticia por lo tanto debe tratar con la verdad entera en un sentido filosófico.

6. La justicia completa requiere saber y hablar toda la verdad.

El saber va más allá de la mera creencia. El hablar va más allá de la mera declaración. La justicia completa debe comunicarse, venciendo obstáculos a la audiencia. La verdad entera debe dirigirse a cosmovisiones y sus presunciones en las cuales la injusticia de la desigualdad ha sido empotrada durante siglos, hasta por milenios. Los hombres y las mujeres son iguales en algunos respectos y diferentes en otros. Ni la igualdad ni la diferencia pueden ser ignoradas o negadas en nombre de la justicia e igualdad. Los arreglos rápidos de la igualdad basados en el relativismo ético, apegado al escepticismo académico, no es la verdad entera.

7. El saber y hablar la verdad completa para prevenir la injusticia es una función de la propia vida.

Cada uno está llamado a ser un testigo fiel de la verdad entera. El saber la verdad entera requiere que nosotros tasemos racionalmente los desafíos de una cosmovisión por otra, comenzando con lo que es más básico. Esto requiere que nosotros entendamos como las cosmovisiones son expresadas en prácticas culturales. El ser un testigo fiel requiere que nosotros seamos conscientes de injusticias que pueden ser justificadas dentro de una cosmovisión y desafiar esa justificación. Ya que ciertas prácticas han sido defendidas por muchos durante períodos largos del tiempo pareciendo como si fuesen según la naturaleza de las cosas, esas prácticas no están justificadas. Tampoco es digno de consideración el grito de todo rufián alborotador contra la tradición digna. El irse a la derecha o a la izquierda no es una opción. El cuidado continuo a largo plazo es necesario para saber y decir toda la verdad.

LEY MORAL 9

Nadie debe hacer la injusticia directa o indirectamente. Todos estamos convocados a hacer la justicia. Todos estamos convocados a ser un testigo fiel de la verdad entera. El silencio ante la injusticia es el condonar la injusticia. No saber la verdad es participar tácitamente en una mentira. Y no decir la verdad es decir una mentira por la aseveración silenciosa. Esta es la mentira grande de la mayoría silenciosa que prevalece en las culturas desde hace siglos y que hace la injusticia posible. Evitar la mentira en los pequeños asuntos personales y estar de acuerdo con la gran mentira, aprobada por muchos, por temor a la desaprobación social (corrección política), es colar mosquitos mientras se tragan camellos.

APLICACIONES DE LA LEY MORAL 9

1. La verdad y la justicia se oponen a la ignorancia como excusable.

Es fácil el excusarse diciendo que yo no sabía o yo no podía saber. Lo que hay que saber es la falsedad de cosmovisiones usadas para justificar la opresión. Dicha falsedad podría ser el naturalismo y la evolución usada en alguno, o a cada paso para apoyar la sobrevivencia de la raza más apta y superior del Nazismo que condujo al Holocausto. Dicha falsedad podría ser el naturalismo y el materialismo dialéctico usado en alguno, o a cada paso para apoyar el comunismo soviético que condujo al Gulag. Dicha falsedad podría ser el monismo espiritual, el ciclicismo y la reencarnación usada en alguno o a cada paso para apoyar las castas que condujo a los marginados. Dicha falsedad podría ser la carencia de razón en el fideísmo y el literalismo mundano usado en alguno, o a cada paso en apoyo de triunfalismo (religión apoyada por el estado) que condujo a inquisiciones y yijad. En todos, y cada uno de los casos la ignorancia es inexcusable, ya que si procuramos podemos saber lo que es claro, y remover la opresión justificada por cosmovisiones falsas.

2. La verdad y la justicia se oponen al fideísmo.

El fideísmo no es el conocimiento. El fideísmo declara verdadero lo que cree verdadero, sin ofrecer una justificación racional de su verdad. Por lo tanto, anula su testimonio de la verdad, porque ¿Por qué un testimonio sin apoyo debería requerir el asentimiento de cualquier ser racional? El celo no es un sustituto del conocimiento. La declaración no es un sustituto de la discusión y del tomar pensamientos cautivos. Los conflictos continúan, y la injusticia continúa en la esclavitud de muchas clases, en el infanticidio, el genocidio apoyado por propagandas e ideologías basadas en cosmovisiones falsas. Si la verdad es necesaria y suficiente para la justicia, el primer llamado es conocer la verdad y dar a conocer la verdad. El fideísmo no hace esto.

3. La verdad y la justicia se oponen a la privacidad en asuntos públicos.

La verdad y la justicia se oponen a la privacidad en decisiones que afectan asuntos públicos. La verdad y la justicia se oponen a la privacidad de intereses especiales para influir en decisiones públicas. El soborno y la corrupción consiguiente son recurrentes en la historia y en algunos sitios, a veces, se han hecho endémicos. Naciones enteras pueden languidecer en sus garras. Los negocios esconden sus actividades injustas por la ganancia y evasión de demandas. El derecho de ciudadanos y consumidores para saber requiere leyes en apoyo de revelación completa y acceso a la información en cuanto a la toma de decisiones en asuntos públicos. Evitar estas leyes y ocultación de la información son pruebas de la suficiencia de la verdad para la justicia. En la tentación perenne a la ganancia injusta por los trabajos de oscuridad, el miedo y la evasión de la revelación pública sólo puede ser vencida por un mayor miedo a la inevitabilidad de la justicia ontológica: ¿Qué ganaría un hombre si él ganase el mundo entero y perdiese su propia alma?

4. La verdad y la justicia se oponen a las restricciones sobre la libertad de la palabra.

La verdad y la justicia se oponen a sociedades cerradas, foros públicos restringidos, y prohibición de libros. Una sociedad cerrada no permite el derecho a la libertad de palabra. La sociedad cerrada no permite el desafío a la estructura de poder predominante. El gobernar por la fuerza no es el gobernar por el conocimiento. Las autoridades ilegítimas se defienden creando leyes que previenen la discusión abierta, una práctica llevada a cabo en muchos países hoy en día. Lo que no es políticamente correcto hoy no es apoyado por el uso "del poder suave" ejercido en el alquiler o en el uso de tiempo aéreo. La diversidad hoy no incluye la diversidad de ideas. Los libros que desafían presunciones actuales no son prohibidos o quemados en esta edad culta; los libros simplemente no son publicados. Cualquier autoridad, no basada en la razón, a si sea secular o religiosa, sucumbirá a la tentación de usar el poder y la fuerza para restringir la libertad de palabra a fin de evadir los desafíos de la razón. Esto rápidamente se convierte en Leviatán, el uso de fuerza en el lugar de la razón, la expresión de la Bestia.

5. La verdad y la justicia se oponen al abuso de la libertad de palabra.

El derecho de la libertad de palabra es el derecho del discurso racional. La libertad de palabra se opone a la difamación, desprecio, acoso e incitación de violencia como expresiones del discurso racional. El discurso como la expresión del pensamiento es en su naturaleza racional, y está sujeto a limitaciones racionales. Las ideas se oponen a ideas. La difamación y el acoso se oponen a personas, no ideas. La difamación y el acoso se oponen al mensajero, no al mensaje. La difamación y el acoso muestran la carencia de contraargumento o desesperación acerca del saber o acerca del poder de la verdad. La difamación y el acoso son una restricción de la libertad de palabra en vez de ser un ejercicio de la libertad de palabra para la difamación y el acoso de otros. El desdén y la violencia se extienden a la difamación y el acoso de otros. El golpear a otro literal o simbólicamente por desprecio o rabia no es el discurso racional, y obstaculiza la libertad de otros. La inmolación a través del hambre, el fuego o una bomba es un acto desesperado de suicidio, no martirio. La inmolación se desespera sobre el poder del discurso racional. Las demostraciones no-violentas pueden llamar la atención a actos, pero el discurso puede confrontar las presunciones, y son las presunciones las que deben de ser entabladas. Por lo tanto, el discurso debe de ser protegido, especialmente en contra de su subversión mediante el seudo-discurso.

6. La verdad y la justicia se oponen a la publicidad falsa.

La publicidad falsa oculta un costo conocido. Esto contrasta con los costos ocultos que aún no se conocen. La verdad y la justicia se oponen al lucro mediante la retención de información en cuanto al daño posible del producto vendido o actividad contratada. Hay una obligación moral de no causar daño a otros, más aún a sabiendas, todavía más aún a menores, y más aún por ganancia. Hay condiciones variantes que afectan la responsabilidad de saber la verdad, y hacerla saber. No es simplemente "comprador se precavido." Toda protección no es simplemente el paternalismo. Las advertencias son colocadas en etiquetas en los productos vendidos, a menudo como una protección contra demandas costosas. Las demandas son difíciles, y aunque las demandas pueden corregir una injusticia en parte, el saber la verdad puede prevenir el daño. Aquellos que toman ventaja de la debilidad de otros, escondiendo el costo de daño, y aquellos que dañan el ambiente a costa de otros, deben de ser expuestos. Solamente por el ocultamiento pueden algunas cosas ser hechas y únicamente por la exposición pueden estas cosas ser corregidas.

7. La verdad y la justicia se oponen a la exposición pública de lo que es privado.

El saber y el hablar la verdad no da licencia a la invasión de la privacidad. Algunas cosas son privadas y lo que es privado es circunstancial, dependiente de factores de relevancia. Existe tanto un derecho a la privacidad como una obligación de privacidad. Los gobiernos, las empresas y los medios de comunicación no pueden buscar información sobre los asuntos privados de los ciudadanos particulares. Tampoco podrá revelarse la confianza con abogados, clérigos o médicos, si no se trata de una actividad delictiva. Ni tampoco la confianza de amigos o familia debe de ser traicionada, así sea de una manera casual, por ganancia o por rencor. Ni tampoco debería una persona hacer un espectáculo público de uno mismo por inanidad escarpada. El público tiene el derecho de no ser expuesto a la desnudez física, espiritual y la indecencia. El corolario de decir que lo público debe hacerse público es que lo privado debe mantenerse privado.

CONSECUENCIAS DE LA LEY MORAL 9

Un testigo infiel comparte en la injusticia y sus consecuencias. Como seres humanos estamos obligados a otros seres humanos a no cometer injusticia y a prevenirla. Si podemos prevenir el asesinato o el robo, hasta llamando uno mismo por ayuda, deberíamos de hacerlo. Y si tratamos a otros igualmente y deseamos justicia para nosotros mismos, entonces nuestra obligación se extiende a todos. El permitir pasivamente la injusticia cuando podemos hacer algo, es el participar en la injusticia. El fracaso de no saber y no decir la verdad es el ser un testigo infiel de la verdad, el cual previene la injusticia. La falsedad, no opuesta en sus etapas tempranas, acumula fuerza conforme crece y se hace cada vez más opresiva, hasta que puede ser detenida únicamente por la guerra. Todos los participantes en la guerra sufren directa o indirectamente, incluso la población civil relativamente inocente que falló al no saber y no decir la verdad. Entre más temprano es removida la falsedad, mayor es la injusticia prevenida.

Un testigo fiel acarrea la justicia al saber y decir la verdad. Una sociedad justa no es un ideal pequeño. La paz acompaña la justicia, y en la paz las vidas humanas pueden prosperar. La tolerancia basada en el relativismo aunada al escepticismo compromete la justicia. El escepticismo niega que algunas cosas sean claras y así compromete la verdad. El escepticismo redefine la justicia comprometiendo la igualdad de todos los seres humanos. Al mantener la claridad de cosas básicas, se mantiene la responsabilidad de saber lo que es claro, y con esa responsabilidad, una rendición de cuentas de cada uno hacia todos, que previene la injusticia y hace justicia.

Capítulo 19

LEY MORAL 10: SUFRIMIENTO Y EL BIEN

ORIGEN EN LA NATURALEZA HUMANA

NACEMOS CAMBIABLES. Podemos cambiar en lo que pensamos acerca del bien y el mal. El sufrimiento se origina cuando pensamos que no podemos poseer lo que creemos es el bien. Ya que el bien por naturaleza es inalienable, siendo intrínseco a la naturaleza humana, el bien no puede por circunstancias externas ser dificultado o removido salvo finalizar la existencia racional propia, en tal caso la responsabilidad moral cesa. El creer que uno no puede poseer el bien no es tan solo el no entender, sino el malentender el bien y el mal.

ACERCA DE LA NATURALEZA DEL SUFRIMIENTO Y EL BIEN

1. El bien no es la virtud.

El bien no es la virtud, ya sea natural, moral o instrumental (consulte La Ley Moral 1). La virtud es un medio para el bien; la virtud no es el bien. Una buena voluntad (para Kant) es moralmente buena; sin embargo, una buena voluntad no puede ser considerada el bien. La vida y la salud son medios al bien como condiciones para recibir el bien. El bien es para personas, pero las personas no son el bien. La alegría intelectual (ingenio y humor) y la contemplación, son actividades por las cuales uno posee el bien e intrínseco a aquella posesión (como la forma es para el contenido) sin embargo deben ser distinguidas del bien. El ingenio y la piedad son buenos como virtudes, pero ni el ingenio ni la piedad son el bien. El ingenio sin la piedad y la piedad sin el conocimiento puede ser dañino. Lo que da el contenido y unidad a las virtudes es el bien.

2. El bien no es la felicidad.

La felicidad es el efecto de poseer lo que creemos es el bien. La felicidad duradera es el efecto de poseer lo que realmente es el bien. La felicidad es una señal, no la realidad; la felicidad es el efecto, no la causa. Inclusive si la felicidad es intrínseca al bien, la felicidad no es idéntica o identificable con el bien. El bien es alegre y debe ser disfrutado, pero el placer tampoco no es el bien ni puede ser procurado directamente como el bien. La amistad es el efecto de dos personas que están mutuamente dedicados al bien, permitiendo el compartimiento de vida en el sentido más profundo. Los amigos procuran el bien juntos y el uno para el otro; ellos no procuran al otro como el bien. La paz es el efecto de la virtud de la justicia, procurando la libertad de todos para perseguir el bien. Ningún efecto de la virtud o del bien es idéntico al bien. La ética hedónica y la ética de virtud en sus varias formas no son la ética teleológica.

3. El sufrimiento es de dos tipos, intrínseco y extrínseco.

El sufrimiento es de dos tipos, intrínseco y extrínseco, resultando del mal de dos clases, moral y natural. Deseamos distinguir clases y grados de sufrimiento, y establecer la conexión entre sufrimiento y mal en general, así como entre las dos clases de sufrimiento y las dos clases de mal.

Si no hubiese mal, no habría sufrimiento. Para explicar el sufrimiento uno tiene que entender tanto el mal moral como el mal natural. Así como el bien no puede ser concebido por separado de la naturaleza humana, igualmente el mal—mal moral—no puede ser concebido por separado del bien, y por lo tanto por separado de la naturaleza humana. El mal natural, por otra parte, no es el mal moral. Ya que no está intrínsecamente relacionado con la naturaleza humana el mal natural fácilmente parece ser arbitrario y gratuito, no sirviendo ningún objetivo. Ya que el mal natural no es inherente en la acción humana o en la naturaleza (el mal natural no es simplemente natural), su origen debe tenerse en cuenta al considerar a qué propósito sirve, si es que tiene alguno.

4. El mal moral, en el fondo, es un acto contrario a nuestra naturaleza como seres racionales.

Ya que el bien para un ser es según la naturaleza de ese ser, el mal es lo que es contrario a esa naturaleza. El mal para el hombre como un ser racional es el descuidar, evadir, resistir o negar la razón ante lo que es claro sobre las cosas básicas—acerca de Dios y el hombre, el bien y el mal. Lo que comienza como descuido en el no procurar crece y se desarrolla hasta que alcanza la negación de la razón en el curso de la autojustificación epistemológica y moral. Ya que es claro el razonar que únicamente algo (Dios) es eterno, Dios como el Creador de la naturaleza humana determina el bien y el mal para el hombre. El mal para el hombre consiste por lo tanto en la autonomía humana, la cual es el situarse en el lugar de Dios para determinar el bien y el mal (consulte la Ley Moral 1). El bien ya no es el conocimiento de Dios, que se evita y se resiste para preservar la propia autonomía, sino lo que el ser en su autonomía irracional o antirracional determina arbitrariamente que es bueno o malo.

5. Hay consecuencias inherentes en ir en contra de las necesidades y requisitos de nuestra naturaleza racional.

Sin la razón hay una carencia de entendimiento y un malentendido de la naturaleza de las cosas y por lo tanto de su significado. Sin la razón no hay significado. El sinsentido es inherente en el descuido, evasión, resistencia o negación de la razón propia. La falta de sentido es inherente a descuidar, evitar, resistir o negar la propia razón. Entre más consciente y consistente la autonomía es sostenida, se vuelve más arbitraria toda distinción y elección, y la vida se hace más vacía. La necesidad del significado permanece, pero la actividad sin sentido no puede satisfacer esta necesidad. El exceso al que uno va a fin de llenar el vacío no da ninguna satisfacción, pero por lo contrario acarrea el aburrimiento. Una persona que persiste en la autonomía evade el reconocer que la falta de significado y el aburrimiento son autoinfligidos. El sinsentido de la vida es explicado (racionalizado) por una esperanza vana o culpando circunstancias u otros. El tormento espiritual del sinsentido, aburrimiento y culpa son las consecuencias inherentes del mal moral al negar la naturaleza propia como racional. Las demandas de la naturaleza racional propia continúan siendo sentidas en todas las condiciones de la muerte espiritual. Esta es la conexión inherente fundamental entre el mal moral y el sufrimiento humano.

6. El mal natural es otra fuente del sufrimiento humano.

El mal natural consiste en circunstancias que producen la fatiga, la lucha, la vejez, la enfermedad y la muerte (física). El mal natural (discutido antes bajo el problema del mal) no es original en la creación del mundo por un Creador todo-bueno y todopoderoso. Ni tampoco el mal natural es inherente en el mal moral. El mal natural por lo tanto es impuesto. Es impuesto por Dios, no arbitrariamente, pero después del mal moral y debido al mal moral. La consecuencia justa del mal moral es por la creación inherente en el mal moral y no es impuesta. El mal natural por lo tanto no es un castigo. La consecuencia necesaria y justa del mal moral es la muerte espiritual, no la muerte física. La muerte física es una señal de la muerte espiritual. La muerte física es impuesta por Dios como una llamada de regreso del mal moral y la muerte espiritual. La muerte física es una llamada para detenernos y pensar.

7. La llamada de regreso del mal moral es redentora, no punitiva.

La llama de regreso del mal moral finaliza con la muerte física. La muerte física es la última, duradera, universal y final llamada de regreso del mal moral, abarcando todo grado de mal moral. La muerte física nos llama de regreso del no procurar, del autoengaño y la autojustificación. Mientras el mal natural es universal en la muerte, el mal natural varía en su intensidad a través de la historia en las formas de hambruna, guerra y plaga. Y el mal natural puede variar de cultura a cultura y de individuo a individuo. El mal natural sirve múltiples objetivos con relación al mal moral. El mal natural sirve para retener (expresiones externas de) el mal moral, para llamarnos del mal moral (no procurar y no entender), y para remover el mal moral que permanece en aquellos que se han retractado del mal moral, a fin de traerles a una medida más plena del bien.

LEY MORAL 10

No debemos estar descontentos en la búsqueda de nuestra propia visión del bien, sino estar contentos en la búsqueda de lo que verdaderamente es el bien. El descontento es el principio del sufrir debido a una concepción errónea del bien. Ni la felicidad ni la virtud son el bien. La alegría es prueba de que uno tiene un entendimiento establecido del bien. Lo que es requerido es un esfuerzo sostenido para saber el bien y los medios al bien, considerando las implicaciones epistemológicas y existenciales del mal moral y natural.

APLICACIONES DE LA LEY MORAL 10

1. El entendimiento del bien se opone a la envidia de otros en sus circunstancias, capacidades y honores.

La envidia es el descontento con la suerte de uno en comparación con los demás. La envidia desea fervientemente lo que les pertenece a otros como si fuese el bien o necesario para el bien. Aquellos no honrados envidian a aquellos que lo son. Aquellos que no tienen, envidia aquellos que tienen. El no poseer es entendido como una cuestión de la autovaloración y crea el resentimiento y más. Aquellos que tienen pueden enorgullecerse fácilmente ellos mismos como siendo mejores que otros. Pero el bien es inalienable, intrínseco a la elección propia y no puede ser tomado de o dado a una persona. Ya que el bien es por y para personas, y el valor de personas es diferente en clase del bien, ontológico no ético, una perspectiva apropiada de la buena voluntad rechaza tanto la envidia como el orgullo, ambos los esfuerzos vanos y la complacencia.

2. El entendimiento del bien se opone al estoicismo como un endurecimiento propio para evadir el sufrir visto como inútil.

Este estoicismo es de una clase particular, en un contexto específico. Este estoicismo no es el soportar la penuria en la búsqueda del bien, con la esperanza. El endurecimiento propio para evadir el sufrimiento, o el porte severo del sufrimiento como un deber sin la esperanza, o con resignación, o con la indiferencia, es el fracaso de no ver el objetivo moral del mal natural.

3. El entendimiento del bien se opone al resentimiento, la queja y la amargura en circunstancias que son vistas como un obstáculo al bien.

El mal natural en todas las formas de la fatiga, lucha, vejez, enfermedad y muerte a menudo es visto como una pérdida de tiempo y energía. Ellos no son vistos como una señal de la muerte espiritual y como una llamada de regreso del mal moral, o como una preparación para afrontar realidades espirituales difíciles. La guerra física es una expresión de y una analogía de la guerra espiritual. El desenterrar raíces físicas es una analogía del desenterrar raíces espirituales. La guerra, la hambruna y la enfermedad pierden el sentido si ellos no revelan nada. La nada (el nihilismo) como mera perdida naturalmente engendra la amargura.

4. El entendimiento del bien se opone al desaliento en privaciones en contraste con la paciencia y la perseverancia en la esperanza.

La virtud de coraje por la cual las privaciones son soportadas depende de la esperanza del progreso hacia el bien, dicha esperanza depende del entendimiento del bien y los medios para alcanzarlo. Ese mal es engañoso, desesperado y letal, al cual se le es permitido el desarrollarse completamente en todo aspecto de la vida humana y en la historia del mundo, que el conflicto es largo y agonizante no es una expectación común. Ni tampoco es comúnmente entendido que el mal sirve al bien y que el bien expresado a través de la potestad del dominio vence al mal. Por lo tanto, la pérdida de corazón resulta de una perspectiva deficiente del bien y del mal.

5. El entendimiento del bien se opone a la autoindulgencia del hedonismo para escapar el vacío de la vida propia, o el consolarse a uno mismo en el dolor.

La felicidad o el placer no son el bien; la felicidad duradera es el efecto del poseer lo que realmente es el bien. El bien es amplio, inagotable, último y transformativo, y por lo tanto satisface interminablemente. (Consulte La *Ley Moral 4*). Lo que es finito por sí mismo no puede satisfacer. Incluso en el exceso lo finito no satisface, pero deja al procurador vacío y aburrido a lo mejor, y con más dolor. Un efecto de poseer el bien no puede ser procurado en lugar del bien, ni tampoco puede ser un sustituto satisfactorio del bien.

6. El entendimiento del bien se opone al cinismo que ve la realidad de (algunos aspectos de) el mal sin ver la realidad de la gracia.

El cínico cree que está siendo fiel a la realidad al no parpadear ante el mal. Por la gracia el sol se pone y la lluvia cae. Las naciones vienen y van, pero por la gracia la humanidad continúa. El orden de la creación es sostenido mediante la Providencia por la gracia común. Y el mal natural retiene, llama de regreso y remueve el mal moral por la gracia redentora. La humanidad ha pasado por lo peor. La humanidad ha sido sostenida y el bien ha progresado sobre el mal. El apocalipsis trae no la aniquilación de toda vida, pero viene con el retiro de todo el mal. El mal por naturaleza es autodestructivo. Dejado a sí mismo el mal colapsa en sí mismo. Lo que es significativo no puede ser sacudido. Lo que es sin sentido se autodestruye. La realidad fundamental en la creación es la bondad infinita, que hace que el mal sirva al bien. Donde el mal abunda, la gracia más abunda.

7. El entendimiento del bien se opone al fatalismo, una resignación al mal natural conceptuado como simplemente natural, no impuesto como una llamada de regreso.

La serenidad es procurada en la aceptación de lo inevitable. Pero lo que se piensa como inevitable depende de la cosmovisión propia. El destino ha sido localizado en la biología, en la geografía, en la sociología, en la cultura, en las estrellas o en decretos divinos. El destino ha sido usado para excusar la responsabilidad de procurar el cambio. Pero el mal natural, como llamado a detenerse y pensar, llama al cambio, al menos a asumir la responsabilidad del propio pensamiento. Y un cambio del pensamiento es la base de todo otro cambio. El tomar responsabilidad de no ver lo que es claro acerca de Dios y el hombre, el bien y el mal hace toda la diferencia en el mundo.

CONSECUENCIAS DE LA LEY MORAL 10

A aquellos que no procuran el bien, el sufrimiento del mal natural es evadido como si fuese sinsentido. La falta de búsqueda y comprensión desciende en espiral hacia una falta de sentido cada vez mayor. Todo se vuelve una perdida, incluyendo la llamada de regreso propia a través del sufrimiento. El temor completo es el que esta espiral no se termina, y que no hay algo peor.

A aquellos que procuran el bien, todas las cosas son conceptuadas como trabajando en colaboración por el bien. El sufrimiento sirve un objetivo redentor, realizado por el entendimiento creciente sin límite. Nada falla este objetivo en aquellos que procuran el entendimiento. El mal profundiza la revelación de la justicia y bondad divina y, mediante la procuración, lo que es revelado es entendido. Este entendimiento es el bien, el cual transforma, unifica y beatifica.

CONCLUSIÓN

S I LAS DERIVACIONES Y APLICACIONES de la ley moral han sido mostradas, entonces existe una ley moral la cual es *clara* porque está basada en la naturaleza humana, *amplia* ya que gobierna todas las elecciones encaminadas al bien, y crítica debido a que sus consecuencias son una cuestión de vida o muerte. La ley moral es *universal*—para todos los seres humanos, y *perpetua*—por todo el tiempo. La ley moral es también *total*—para todas las áreas, y para todos los aspectos de la vida (el pensamiento interno, así como el acto externo). La ley moral es *teleológica*, encaminada al bien, la cual es la fuente de la unidad dentro de la ley misma, así como también la fuente de unidad para todo el género humano. Ya que el amor procura el bien por la otra persona, los requisitos del amor y la ley moral son uno y el mismo.

Si la ley moral es clara, entonces algunas cosas son claras. Las cosas básicas acerca de Dios y el hombre y el bien y el mal son claras a la razón.

APÉNDICES

APPENDIX

Apéndice 1

———

PRESUPOSICIÓN DE LA FUNDACIÓN FILOSÓFICA:

El Principio De Claridad Y Terreno Común

L O SIGUIENTE ES UNA EXPLICACIÓN BREVE y una defensa de las primeras líneas de *Fundación Filosófica*. El Principio de Claridad establece: Algunas cosas están claras. Las cosas básicas están claras. Las cosas básicas acerca de Dios y el hombre y el bien y el mal son claras a la razón.

ALGUNAS COSAS SON CLARAS

Las palabras iniciales afirman que algunas cosas están claras. Esto afirma el Principio de Claridad como condición necesaria para todo pensamiento y discurso, y por lo tanto como *terreno común* para todo lo que sigue. Las palabras iniciales afirman que algunas cosas están claras. El escepticismo niega que algunas cosas están claras. Por implicación, el escepticismo afirma lo contradictorio de que nada está claro. Una declaración más formal de la prueba de que algunas cosas están claras es la siguiente:

Argumento 1:

1. Está claro que las declaraciones contradictorias no pueden ser ambas verdaderas y falsas (al mismo tiempo y en el mismo sentido).
2. La contradicción de "algunas cosas están claras" es "nada está claro."

3. Si nada es claro, entonces ninguna distinción es clara; en general, ninguna distinción lógica entre *a* y *no a* sería clara (siendo *a* una variable para cualquier distinción particular, básica o no básica).

   Si no hay distinción clara, entonces:

   i. la distinción básica entre *ser* y *no ser* no está clara, y

   ii. la distinción básica entre *verdadero* y *falso* no está clara, y

   iii. la distinción básica entre el *bien* y el *mal* no está clara.

4. Si ninguna distinción lógica es clara, entonces ninguna distinción tiene sentido (*reductio ad absurdum*), y por lo tanto ningún significado es lógicamente posible. (por ejemplo, si no hay distinción entre *verdadero* y *falso*, entonces *verdadero* y *falso* carecerían de significado).

5. Si el significado no es posible, entonces el pensamiento y, por lo tanto, el habla no son posibles (nihilismo). Pensar o hablar o actuar es hacer distinciones y por lo tanto es afirmar significado. (Si no hay preocupación por la coherencia, no hay posibilidad de diálogo y la discusión termina).

6. No es que no exista un sentido. El nihilismo no es existencialmente posible: no podemos vivir consistentemente y dejar de pensar o hablar (lo cual es autorreferencialmente absurdo). O dejamos de pensar y de hablar, o somos incoherentes e hipócritas.

7. Por lo tanto, el original "nada está claro" no es posible y la contradicción "algunas cosas están claras" debe ser cierta.

Simbólicamente y más sucintamente dicho:
[abreviaturas: C (algunas cosas están claras); S (hay significado); N (nihilismo: el pensamiento y la conversación no son posibles)]

~ C ⊃ ~ S	si nada está claro, entonces el significado no es lógicamente posible (de 3 y 4)
~ S ⊃ N	si el significado no es posible, entonces el pensamiento y el habla no son posibles
∴ ~ C ⊃ N	por lo tanto, si nada está claro, entonces el pensamiento y la conversación no son posibles
~ N	el nihilismo no es existencialmente posible: no podemos dejar de pensar y hablar
∴ C	por lo tanto, algunas cosas están claras

LAS COSAS BÁSICAS SON CLARAS

Argumento 2:

1. El pensamiento por naturaleza es presuposicional: pensamos en lo menos básico a la luz de lo más básico.

   i. A nivel de concepto, pensamos en lo finito y temporal a la luz de lo infinito y eterno. Nuestras creencias más básicas se refieren a nuestros conceptos más básicos.

  ii. En el nivel del juicio, pensamos la verdad a la luz del significado y el significado a la luz de la razón. Debemos saber lo que significa una afirmación antes de poder decir si es verdadera o no. La razón como las leyes del pensamiento (identidad, no contradicción y tercero excluido) es la prueba del significado.

 iii. En el nivel de la experiencia, pensamos (interpretamos) la experiencia a la luz de la creencia básica. Ninguna experiencia tiene significado sin interpretación: la apariencia no es la realidad.

  iv. Al nivel del argumento, pensamos en la conclusión a la luz de las premisas.

2. Si lo más básico no está claro, entonces lo menos básico no puede estar claro y, por lo tanto, nada está claro.

3. No es el caso de que nada esté claro (algunas cosas están claras, del Argumento 1 anterior).

4. Por lo tanto, las cosas básicas están claras.

Simbólicamente y más sucintamente dicho:
[abreviaturas: CBC (las cosas básicas son claras); C (algunas cosas están claras)]

~ CBC ⊃ ~ C   si las cosas básicas no son claras, entonces nada es claro

~ ~ C   no es el caso que nada es claro (algunas cosas son claras)

∴ CBC   por lo tanto, las cosas básicas son claras

LAS COSAS BÁSICAS ACERCA DE DIOS Y EL HOMBRE Y EL BIEN Y EL MAL SON CLARAS A LA RAZÓN

Esta afirmación tiene dos partes: (a) las cosas básicas son acerca de Dios y el hombre y el bien y el mal; y (b) las cosas básicas son claras a la razón.

Argumento 3a: las cosas básicas son acerca de Dios y el hombre y el bien y el mal

1. Las cosas básicas son sobre nuestro juicio más básico.
2. Nuestro juicio más básico es sobre nuestro concepto más básico (es decir, existencia, ya sea temporal o eterna). La existencia eterna es más básica (ontológica y epistemológicamente) que la existencia temporal.
3. Por lo tanto, nuestro juicio más básico es sobre lo que es real/eterno (es decir, acerca de Dios)
4. Por lo tanto, las cosas básicas son acerca de Dios.
5. Dado que las cosas básicas están claras (del Argumento 2), está claro lo que es eterno (es decir, si Dios existe o no).
6. Si algunas cosas son claras acerca de Dios, entonces algunas cosas son claras acerca del hombre (es decir, la naturaleza humana).
7. Si algunas cosas están claras sobre el hombre, entonces el bien y el mal están claros (basado en la naturaleza humana).
8. Por lo tanto, las cosas básicas son sobre Dios y el hombre y el bien y el mal.

Simbólicamente y más sucintamente dicho:
[abreviaturas: CB (cosas básicas); JMB (juicio más básico); D (lo que es eterno/Dios); H (hombre/naturaleza humana); b · m (bien y mal)]

CB es JMB   las cosas básicas son sobre nuestro juicio más básico

JMB es D   nuestro juicio más básico es sobre lo que es eterno/Dios

∴ CB es D   por lo tanto, las cosas básicas son acerca de Dios

G ⊃ H   si algunas cosas son claras acerca de Dios, entonces algunas cosas son claras acerca del hombre

H ⊃ b · m   si algunas cosas son claras sobre el hombre, entonces el bien y el mal son claros

∴ CB es D · H · b · m   por lo tanto, las cosas básicas son sobre Dios y el hombre y el bien y el mal

Argumento 3b: las cosas básicas son claras para razonar
[abreviaturas: R (motivo); P (lo que hace posible el pensamiento); MB (lo que es más básico)]

1. R es P   La razón, como las leyes del pensamiento, hace posible el pensamiento.

2. P es MB   lo que hace posible el pensamiento es lo más básico (en el orden del pensamiento).

3. ∴ R es MB   Por lo tanto, la razón es lo más básico (en el orden del pensamiento).

4. Por lo tanto, como las cosas básicas son claras (basándonos en el Argumento 2), las cosas son claras para la razón.

Por lo tanto, las cosas básicas sobre Dios y el hombre (metafísica) y el bien y el mal (ética) son claras para la razón (epistemología).

APLICACIÓN DE TERRENO COMÚN Y EL PRINCIPIO DE CLARIDAD

1. El suelo es aquello sobre lo que uno se para y lo que hace posible una actividad particular.

2. El *terreno común* (TC) es aquel sobre el que deben situarse todas las partes en un diálogo, y que hace posible el pensamiento y el diálogo sobre las cuestiones básicas de la filosofía. Por lo tanto, todo diálogo debe comenzar con TC y hacerse explícito (no simplemente asumido) para que sea seguro.

3. El TC crece a cada paso, en el acuerdo, en el diálogo. No debe ser abandonado por ninguna de las partes más adelante en el diálogo. El diálogo debe suspenderse si se cuestiona el TC. La condición de suspensión debe hacerse explícita a todos los que participan en el diálogo y debe resolverse antes de reanudar el diálogo. Por lo

tanto, todas las partes comparten la responsabilidad de defender y promover TC.

4. TC asume y requiere el Principio de Claridad (PC), que algunas cosas son claras, que el conocimiento sobre cosas básicas es posible. La carga de la prueba para mostrar lo que está claro es compartida por todos basándonos en el TC.

5. PC se opone al escepticismo y al fideísmo en el nivel básico, ambos suponen que las cosas básicas no están claras. PC como TC excluye lo que es lógica y existencialmente imposible.

———

UNA RESPUESTA A LOS CRÍTICOS DE LA CLARIDAD:

Terreno Común Aplicado Para Evitar Disputas Sin Sentido

LA NECESIDAD DE UN TERRENO COMÚN

EL TERRENO COMÚN ES EL CONJUNTO de condiciones epistemológicamente necesarias para el pensamiento y el discurso. El participar en un discurso sin el terreno común (TC) es participar en disputas sin sentido.

TC consiste en lo siguiente:

1. *La razón* como las leyes del pensamiento (identidad, no contradicción y tercero excluido) es la prueba del significado y es autoatestiguadora.
2. *La integridad* es un compromiso con la razón como preocupación por la coherencia.
3. *El Presuposicionalismo Racional* (PR) afirma la necesidad de abordar lo más básico antes que lo menos básico.
4. *El Principio de Claridad* (PC) afirma: algunas cosas son claras; las cosas básicas están claras; las cosas básicas relativas a la metafísica (sobre Dios y el hombre) y la ética (sobre el bien y el mal) son claras para la razón (epistemología).

Para los escépticos, negar el TC es negar cualquier posibilidad de conocimiento, lo cual es autorreferencialmente absurdo (ARA). Para los teístas, negar la claridad es negar la inexcusabilidad (de la incredulidad) y la necesidad de una revelación redentora/especial.

OBJECIONES Y RESPUESTAS AL TERRENO COMÚN

Las siguientes objeciones niegan el Terreno Común. Se da una respuesta a cada objeción.

1. *Objeción: El ser* puede proceder del *no ser*. Dado que las leyes no se aplican al *no ser*, ninguna ley impide *ontológicamente* que *el ser* provenga del *no ser*.

   Respuesta: Si *el ser* puede provenir del *no ser*, entonces *lógicamente* no hay manera de distinguir el *ser* del *no ser*. Es una distinción sin sentido. Dado que *ser* y *no ser* es la distinción más básica, entonces todas las demás distinciones que se basan en esto no tienen sentido. Si todas las palabras carecen de significado, entonces todo pensamiento y discurso terminan.

2. *Objeción:* No podemos saber que *a es a*; podemos tener un lapso de memoria incorregible (falibilismo). Sin embargo, la afirmación *a es a* es probablemente cierta.

   Respuesta: Si no hay un terreno racional para la certeza (re: *a es a*), no hay un terreno racional para la certeza sobre nada, incluyendo la probabilidad.

3. *Objeción: a es a* es pragmáticamente verdadero, no lógicamente verdadero.

   Respuesta:

   i. ¿Puede la contradicción lógica (*a no es a*) ser verdadera en algún sentido? Si no tiene sentido, entonces es necesariamente falso y su contradicción (*a es a*) es necesariamente verdadera, no solo pragmáticamente verdadera.

   ii. Lo que es pragmáticamente cierto es sobre "lo que funciona para mí" o "lo que me gusta." Las expresiones de sentimientos no son cognitivas (ni verdaderas ni falsas) y no están sujetas a discusión.

4. *Objeción:* Nada (incluyendo la razón) es autoatestiguador; por lo tanto, nada es seguro.

Respuesta: El escepticismo puro es autorreferencialmente absurdo (ARA): ¿Es cierto que nada es cierto? O, ¿Se puede distinguir con certeza algún grado de certeza (probabilidad)?

5. *Objeción:* Fideísmo: la razón no se autoatestigua; únicamente la Escritura es autoatestiguadora.

Respuesta:
   i. ¿Cuál, de las muchas, es la verdadera Escritura que da testimonio de sí misma?
   ii. ¿Por qué hay necesidad de alguna Escritura?
   iii. ¿Qué interpretación de las Escrituras es autoatestiguadora?
   iv. Escritura/revelación especial (RE) requiere una clara revelación general (cRG) y razón; y cRG requiere RE.
   v. Todo pensamiento requiere la razón como leyes del pensamiento.
   vi. La Escritura es la Palabra de Dios *escrita*. (De RE) la Palabra de Dios está en todos los hombres primero como luz, es decir, como razón.
   vii. Dado que la razón se auto-certifica, (de RE) sería la Palabra de Dios como razón la que se auto-certifica.

6. *Objeción:* La razón no es autoatestiguadora; solo Dios es. ("Cuando Dios habla, se sabe"—afirmado en la teología existencial y en la piedad simple).

Respuesta:
   i. Ninguna experiencia tiene sentido sin interpretación; y cada interpretación debe ser probada por su significado (por la razón).
   ii. La experiencia de la regeneración no es autoatestiguadora; puede no ser conocido por uno mismo si ha tenido la experiencia.
   iii. Muchos afirman que "Dios me habló," afirmaciones que se contradicen entre sí.

   iv. Puesto que la razón se aplica al ser de Dios (Dios no es a la vez eterno y no eterno, al mismo tiempo y bajo el mismo aspecto), Dios no puede contradecirse a sí mismo. Los milagros no contradicen la razón, que es increada, sino que trascienden las leyes de la naturaleza, que son creadas.

7. *Objeción:* No se puede esperar que los piadosos simples sepan estas cosas.

   Respuesta:

     i. Todos pueden saber lo que es claro; todos pueden conocer verdades fundamentales (nivel gramático); todos pueden crecer hasta la madurez.

     ii. No se trata de aprender, sino de buscar. Abandonado a sí mismo, nadie (culto o ignorante) busca a Dios.

     iii. Todos sufren bajo la maldición/mal natural (la fatiga y la lucha, y la vejez, la enfermedad y la muerte); por lo tanto, todos están llamados a buscar.

8. *Objeción:* La Conciencia Superior ("CS") va más allá de la razón.

   Respuesta:

     i. El ser de Dios es racional (no ambos eterno y no eterno, al mismo tiempo/mismo sentido); La "CS" de Dios no está más allá de su naturaleza racional.

     ii. Si "CS" va más allá de las leyes del pensamiento, no hace ninguna afirmación (no es; no es no es; no es ambos; no es tampoco). "CS" se muda al silencio.

     iii. "CS" sin razón no puede distinguirse de la conciencia inferior o la falta de conciencia.

     iv. Sólo la razón por PR puede alcanzar la conciencia superior de unidad de la diversidad.

9. *Objeción:* Si puedes obtener *a* de *no-a*, puedes obtener *ser* de *no ser.*

   Respuesta:

     i. Una forma particular de ser no es idéntica a todo el ser (ser como tal).

ii. No es la gallina (*a*) del huevo (*no-a*), sino *el ser* (tanto la gallina como el huevo, tanto *a* como *no-a*) del *no ser*.

10. *Objeción:* Se puede obtener *el ser* del *no ser*, en la física cuántica o en la creación *ex nihilo*.

Respuesta:

    i. La espuma cuántica no es física de partículas, pero (como la energía) no es *no-ser*.

    ii. Dios el Creador es Espíritu, no materia, pero Espíritu no es no-ser.

11. *Objeción:* A todo argumento se puede oponer un argumento igual. Por lo tanto, se suspende el juicio y se logra la tranquilidad mental (Sextus Empiricus).

Respuesta:

    i. *Algo es eterno* no es igual en racionalidad a *nada es eterno* (es decir, todo surgió del no ser).

    ii. Debido a que *ser del no ser* no tiene sentido (necesariamente falso, falso en todos los mundos posibles), algo es eterno es necesariamente verdadero, y máximamente claro y cierto.

12. *Objeción:* Hay eventos sin causa (Epicuro: la teoría del *clinamen*/ desviación atómica).

Respuesta:

    i. Si un evento sin causa pudo ocurrir una vez, podría ocurrir más de una vez, tal vez con frecuencia o siempre.

    ii. No hay manera de distinguir empíricamente un evento causado de uno no causado.

    iii. Si los pensamientos pueden ser eventos sin causa, entonces los pensamientos sin causa que hacen distinciones acerca de la causa se vuelven racionalmente sin significado.

    iv. Hablar de eventos sin causa es, por lo tanto, ARA.

    v. Los ARA no son arrancadores: terminan el pensamiento y el discurso antes de que comiencen.

13. *Objeción:* La razón no puede llevarte mucho más allá de *a es a*.

   Respuesta:

      i. La razón es primero la prueba del significado. Lo que viola una ley del pensamiento carece de sentido; una declaración sin sentido no puede ser verdadera, pero es necesariamente falsa (por *reductio ad absurdum*).

      ii. La contradicción de lo que es *necesariamente* falso debe ser verdadero.

      iii. Podemos saber por la razón que debe haber algo eterno y que *solo algo* es eterno; podemos saber por la razón que el bien para un ser es según la naturaleza de ese ser.

      iv. Por lo tanto, las cosas básicas sobre Dios y el hombre y el bien y el mal están claras a la razón (PC).

      v. El Principio de Claridad tiene un contenido sustancial que puede ser ampliado por el Principio de Presuposicionalismo Racional, los cuales afirman el Terreno Común.

14. *Objeción:* Si algunas cosas son claras y el conocimiento está justificado, la creencia verdadera (en el sentido fuerte) necesita dar una prueba filosófica de que *a es a*.

   Respuesta:

      i. Hay varios niveles de "claro": autoatestiguador, autoevidente, autorreferencialmente absurdo y claro a la razón.

      ii. La razón, como las leyes del pensamiento, es autoatestiguadora; no puede ser cuestionada porque, como leyes del pensamiento, hace posible el cuestionamiento (una forma de pensamiento). Nunca se ha hecho ni se puede hacer ningún intento de probar las leyes del pensamiento usando (asumiendo) las leyes del pensamiento.

      iii. Sólo la razón *es* autoatestiguadora y por lo tanto autoritativa.

      iv. Es evidente que pensamos (usamos las leyes del pensamiento) y es evidente que hay leyes del pensamiento: la razón en sí misma es las leyes del pensamiento. Lo que es evidente por sí mismo no necesita prueba porque es inmediatamente evidente y conocido sin inferencia.

v. Está claro que algo existe (vs. nada existe). Negar esto es ARA (autorreferencialmente absurdo).

vi. Está claro que el ser existe (vs. *Advaita*), ya que la negación implica una contradicción y es ARA.

vii. Es claro que debe haber algo eterno, porque la negación implica una contradicción (por argumento de *reductio*).

viii. Está claro que el mundo material no es eterno (suponiendo un terreno común de que el mundo material existe y la definición del mundo material). Esto se basa en lo que es más básico a través de PR: que debe haber algo eterno.

ix. Es claro que el mal natural (la muerte física) no es original. Esto se basa en PR: que solo algo es eterno y el análisis del poder y la bondad infinita (lo que Dios podría, haría y debería hacer y, por lo tanto, realmente hizo).

x. La prueba se aplica a algunas cosas que están claras (#5-8); no se aplica a otras cosas que están claras (#1-4).

15. *Objeción:* Una prueba práctica (pragmática) no es una prueba filosófica. Una ARA es una prueba práctica.

Respuesta:

i. Una ARA, como un evento sin causa, es tanto una objeción práctica como lógica. Un evento sin causa implica el *ser* del *no ser*, lo que hace que la distinción lógica entre el *ser* y el *no ser* (y todas las demás distinciones) carezcan de sentido.

ii. No podemos dejar de pensar (práctico) ni pensar lo que no tiene sentido (lógico).

iii. La negación de la luz de la razón (vida) nos deja en la oscuridad del sinsentido (muerte).

iv. Pensar es la actividad más básica de la vida racional; no se puede pensar lo impensable/sin sentido; uno no puede vivir la muerte. La necesidad de pensar permanece; la luz brilla en la oscuridad. Un ARA no solo es imposible en este mundo; es imposible en todos los mundos posibles.

16. *Objeción:* No entiendo una palabra de lo que dices ("mucho saber te vuelve loco"—Festo a San Pablo).

   Respuesta:

      i. O la persona no entiende por qué las palabras no tienen significado y nadie puede entender.

        1) Pero muchos sí entienden. ¿Están todos locos?

        2) Especificar los criterios para distinguir el significado del no significado: ¿Hay otra forma del saber por separado de las leyes del pensamiento la cual es la prueba del significado?

      ii. O bien, hay una antipatía irracional y esto es *ad hominem*: hablar en contra de una persona en lugar de lo que se dice. En cuyo caso, esperamos una respuesta a lo dicho.

17. *Objeción:* Esta no es la forma en que se hace actualmente la filosofía.

   Respuesta:

      i. Los estilos en la filosofía cambian. Lo que es actual ahora puede no perdurar en el tiempo. Los estilos dependen de diferencias sustantivas. Los estilos de Platón y Aristóteles surgieron de diferencias epistemológicas.

      ii. Una afirmación descriptiva no es una afirmación normativa de lo que debería ser la filosofía.

      iii. *Fundación Filosófica* ofrece una respuesta a la pregunta "¿Qué es la filosofía?" que es clásico/esencial y comprensivo.

      iv. TC es el conjunto de condiciones que hacen posible el pensamiento y el discurso. Los críticos de la claridad deben abordar el TC para poder hablar con sentido.

18. *Objeción:* Debemos ser epistémicamente humildes; la falta de claridad/certeza es epistémicamente humilde.

   Respuesta:

      i. La sumisión a la Palabra de Dios es epistémicamente humilde. La Palabra de Dios y el cristianismo histórico afirman la claridad y la inexcusabilidad (pecado).[1]

---

1. *Romanos 1:20*; *La Westminster Confesión de Fe, 1.1.*

ii. La crítica pública de personas sin un acuerdo previo sobre posiciones conduce a *ad hominems* y no es epistémicamente humilde.

19. *Objeción:* ¿Por qué deberíamos estar tan preocupados por la claridad? La mayoría no lo estan. La preocupación es peculiar y exclusiva.

Respuesta:

    i. La claridad se refiere al significado al nivel más básico del pensamiento. Perdida de significado a este nivel afecta la pérdida de significado en todas partes (nihilismo).

    ii. Si no hay claridad, entonces no hay inexcusabilidad (pecado), y no hay necesidad del evangelio de Cristo.

    iii. *Argumentum ad populum* (la mayoría no tiene esa preocupación) debe tener en cuenta que (a) nadie (dejado a sí mismo) busca a Dios, (b) todos están llamados a detenerse y pensar en la maldición (fatiga y lucha, y vejez, enfermedad y muerte).

20. *Objeción:* Creo que está claro, pero no puedo dar una prueba.

Respuesta:

    i. La prueba (de la verdad) no es relevante cuando hay una prueba de significado. El significado es más básico que la verdad. Si no hay significado, entonces no hay verdad (posible).

    ii. Autoacreditación, autoevidente, y autoreferencialmente absurdo quedan claros de inmediato mediante la prueba del significado (no mediante la prueba de la verdad).

21. *Objeción:* Si no veo lo que es claro, ¿Cómo puedo aferrarme al Principio de Claridad (PC)?

Respuesta: Mantener la claridad en principio (como parte del TC) no es lo mismo que mostrar lo que está claro. PC es una condición necesaria para el pensamiento propio.

22. *Objeción:* ¿Por qué es necesario el TC? Parece una imposición meramente arbitraria.

Respuesta:

    i. TC es el conjunto de condiciones necesarias para el pensamiento y el discurso; (TC básico) comienza con la razón como las leyes del pensamiento y prueba de significado, y termina con PC. TC se extiende a todos los niveles de disputa: más básico, luego menos básico.

    ii. Si no hay sentido, entonces es una disputa sin sentido; debemos evitar, por PR, disputas sin sentido.

    iii. La falta de sentido es la condición de la muerte espiritual: la paga (consecuencia inherente) del pecado (no buscar, no comprender, no hacer lo correcto).

    iv. TC debe aplicarse tan universalmente como el pecado y la muerte espiritual son universales.

    v. Más aún cuando se trata de asuntos que han sido controvertidos.

    vi. Más aún cuando se trata de una persona contenciosa.

    vii. En todas partes y siempre, debemos evitar disputas sin sentido (encadenar y atar al adversario: la luz brilla en la oscuridad[2]).

23. *Objeción:* Siempre hay una incógnita, por lo tanto, incertidumbre, y por lo tanto ninguna claridad.

Respuesta:

    i. Lo desconocido debe distinguirse tanto de lo incognoscible como de lo conocido. Lo desconocido en un nivel menos básico no afecta ni deja de lado lo que se conoce en un nivel más básico. En este sentido, conocemos en parte. El conocimiento humano es finito, puede crecer para siempre y seguir siendo finito.

    ii. Si cualquier visión del mundo es coherente en su esencia (más básica), entonces las diferencias no esenciales (menos básicas) en ese mundo pueden no ser conocidas ahora y pueden per-

---

2. *Apocalipsis 20; Juan 1:5.*

manecer desconocidas, sin perturbar lo que se conoce en el
nivel más básico.

24. *Objeción:* La claridad no es posible ni necesaria.

Respuesta:

   i. Si la claridad no es posible, entonces nada es claro, y ninguna
   distinción es clara, y ningún significado es posible. Si todo
   carece de significado, entonces deberíamos ser silenciados.

   ii. Si la claridad no es posible, entonces la inexcusabilidad no es
   posible y, por lo tanto, la moralidad no es posible y el evangelio no es necesario.

25. *Objeción:* La claridad es presuntuosa, ¿Quién la tiene o puede
reclamarla?

Respuesta:

   i. Las Escrituras lo afirman: Lo que de Dios se conoce es claro
   para que no tengamos excusa.[3]

   ii. La fe cristiana histórica lo afirma: La luz de la naturaleza y las
   obras de la creación y la providencia manifiestan la bondad,
   la sabiduría y el poder de Dios hasta el punto de dejar a los
   hombres inexcusables.[4]

26. *Objeción:* La claridad es mera filosofía (conocimiento mental); lo
que se necesita es más piedad (santidad).

Respuesta:

   i. El celo sin conocimiento es mero pietismo; no es verdadera
   piedad.

   ii. La santidad se basa en la verdad: Santifícalos por tu verdad:
   tu Palabra (Logos) es Verdad.[5]

---

3. *Romanos 1:20.*

4. *La Westminster Confesión de Fe, 1.1.*

5. *Juan 17:17.*

    iii. Somos transformados por la renovación de nuestra mente; saber la verdad nos hace libres.[6]

    iv. Conocer palabras no es comprender el significado; tener el fundamento (verdades elementales) es necesario para la madurez espiritual.[7]

27. *Objeción:* La claridad tiene poco que ver con las necesidades psicológicas y prácticas de la vida.

    Respuesta: El mal natural consiste en fatigo y lucha, y vejez, enfermedad y muerte; se intensifica en la guerra, la hambruna y la peste. Es impuesto por Dios para restringir, recordar y eliminar el mal moral; el mal moral es descuidar, eludir, resistir y negar la propia razón frente a lo claro de Dios; el mal natural es el llamado de Dios a detenerse y pensar para ver lo que está claro. Las necesidades psicológicas y prácticas surgen del llamado a ver lo claro, por lo tanto, la claridad tiene todo que ver con las necesidades de la vida.

28. *Objeción:* Si está tan claro, ¿Por qué no lo veo?

    Respuesta:

      i. Abandonado a uno mismo, no buscamos y nadie entiende lo que está claro.

      ii. Si no nos preocupamos por la consistencia y aceptamos la necesidad de que la claridad tenga significado y moralidad; no buscaremos.

      iii. Ver la claridad requiere un compromiso con la razón como prueba del significado.

      iv. Ver con claridad requiere un pensamiento crítico aplicado a suposiciones no examinadas.

      v. Ver la claridad es acumulativo; es un proceso paso a paso de más básico a menos básico.

      vi. En resumen, sin TC no veremos lo que está claro.

---

6. *Romanos 12:2; Juan 8:32.*

7. *Hebreos 6:1.*

29. *Objeción:* La prueba de lo que es claro no es persuasión.

Respuesta: La persuasión sin prueba es fe ciega; se basa en un pseudoargumento, no en un argumento sólido. La fe bíblica tiene
evidencia de lo que no se ve.[8]

30. *Objeción:* La claridad no es necesaria para el bien.

Respuesta:

    i. La claridad es necesaria para el conocimiento de Dios a través
de la obra del dominio.

    ii. La claridad es necesaria para llevar cautivos los pensamientos
altivos y discipular a las naciones.

    iii. La claridad no es necesaria para el bien, entendido como una
visión beatífica de Dios en el cielo o un regreso a un paraíso.

    iv. La claridad es necesaria para el pensamiento significativo; sin
claridad, Cristo y la cruz se vacían de sentido.

31. *Objeción:* Dios no es así—sosteniendo la gente como inexcusable.

Respuesta:

    i. Dios no dará por inocente al que tome su nombre en vano.[9]

    ii. La claridad y la inexcusabilidad no se imponen; la inexcusa-
bilidad es inherente a la claridad, y la claridad es inherente al
orden de la creación.

    iii. El pecado y la muerte no se imponen; el pecado es inherente
a la claridad y la inexcusabilidad, y la muerte es inherente al
pecado.

    iv. La paga del pecado es inherente al pecado; la muerte espiritual
(falta de sentido, aburrimiento y culpa) es inherente al pecado
(no buscar ni comprender).

    v. La paga del pecado es la muerte espiritual, no la muerte física
(presente e impuesta) o el infierno (futuro e impuesto).[10]

---

8. *Hebreos 11:1.*

9. *Éxodo 20:7.*

10. *Romanos 6:23.*

32. *Objeción:* Para saber lo que es claro requiere trabajo. La salvación es por gracia, no por trabajo.

    Respuesta:

    i. La razón es la forma más básica de la Palabra de Dios que viene al hombre (la vida del Logos en el hombre, como luz, por la cual el hombre ve/entiende lo que es claro acerca de Dios).

    ii. El Espíritu Santo obra mediante y con la razón (la Palabra), no aparte de la razón. El Espíritu Santo obra para convencer, persuadir, esclarecer e iluminar la mente con argumentos sólidos, no aparte de argumentos sólidos.

    iii. El uso de la razón para saber lo que es claro no se opone ni es independiente de la gracia, sino que es en sí mismo una obra de la gracia. El uso y la respuesta adecuada a un argumento sólido no es un hecho puramente natural, sino que es en sí mismo algo así como un milagro.

    iv. Morimos espiritualmente cuando negamos nuestra razón. El Espíritu Santo nos devuelve a la vida al restaurar en nosotros la vida de la razón.

33. *Objeción:* No defino el conocimiento como certeza absoluta.

    Respuesta: Nadie lo hace en la medida en que lo *absoluto* se asocie con lo divino. Pero los humanos pueden tener la máxima certeza sobre las cosas básicas, como *a es a* y *algunas cosas son claras* (por ejemplo, no hay *ser* del *no ser* (el ser no es el no ser).

34. *Objeción:* No conozco la claridad por la razón, sino por la intuición (o, conozco la razón por la intuición).

    Respuesta:

    i. El significado es más básico que la verdad.

    ii. La razón es la prueba del significado. Lo que viola una ley del pensamiento (*a es no-a*) no tiene sentido (evidente).

    iii. Lo contrario de lo que se conoce por la conciencia intuitiva (inmediata/no inferencial) todavía se puede pensar y puede ser cierto.

iv. Lo contrario de lo que se conoce por la razón no puede pensarse y no puede ser verdad.

35. *Objeción:* Dios existe no es necesariamente cierto.

Respuesta:

    i. Las declaraciones contradictorias no pueden ser ambas verdaderas y no pueden ambas ser falsas.

    ii. Si la contradicción de *Dios existe* no puede ser verdad, entonces *Dios existe* debe ser verdad.

36. *Objeción:* No tengo que probar (está claro) que Dios existe. Dios (el Espíritu Santo) puede mostrarlo (¿Mediante una señal milagrosa?).

Respuesta:

    i. Si una persona sabe que las cosas básicas están claras a partir de la revelación general, puede mostrar lo que está claro.

    ii. Si una persona sabe lo que es más básico, puede mostrar lo que es menos básico.

    iii. Las señales milagrosas acompañan las verdades de la revelación especial, que debe ser consistente con la clara revelación general.

    iv. Todas las personas están llamadas a conocer una clara revelación general y mostrar una clara revelación general.

37. *Objeción:* ¿Qué es la claridad máxima?

Respuesta:

    i. La máxima claridad es necesaria y suficiente para la inexcusabilidad.

    ii. La duda o la negación de la máxima claridad de las creencias básicas conduce a la pérdida de todas las distinciones significativas. Si el *ser* puede provenir del *no ser*, no hay distinción significativa entre el *ser* y el *no ser*.

    iii. La epistemología presuposicional racional (frente a todo lo que no es PR) mantiene que el pensamiento es presuposicional (lo menos básico a la luz de lo más básico) y algunas cosas están claras (frente a que nada está claro). Dado PR, las cosas básicas son claras y son claras para la razón (frente a varias formas de experiencia).

iv. Las cosas básicas son máximamente claras (nada más claras) (frente a absolutamente claras), suficientes para la inexcusabilidad. La negación de lo que es máximamente claro es una negación de la propia naturaleza racional (pecado) y conduce a la muerte espiritual (falta de sentido, aburrimiento y culpa).

38. *Objeción:* Objeción a la claridad basada en pseudoargumento vs. argumento real.

Respuesta:

i. Un pseudoargumento no se relaciona con un argumento real.

ii. Las objeciones a un argumento real mostrarán que es inválido o no sólido.

iii. Los pseudoargumentos son falacias informales que son irrelevantes para un argumento real.

iv. Se utiliza un pseudoargumento para descuidar, evitar, resistir y negar la razón: un endurecimiento progresivo hacia el antiintelectualismo (de caminar a pararse para sentarse en el asiento de los escarnecedores).

39. *Objeción:* Si sé lo que es claro, ¿Por qué tengo que mostrar lo que es claro?

Respuesta:

i. Una persona puede fallar en saber lo que es claro aun cuando afirme saber lo que es claro.

ii. Una persona puede pensar que sabe lo que está claro al usar un método epistemológico que no sea el presuposicionalismo racional (por ejemplo, la intuición o el sentido común), que no equivale a una prueba objetiva (vs. subjetiva).

iii. Si uno sabe lo que está claro, debería poder mostrar lo que está claro y superar las objeciones comunes a lo que está claro.

40. *Objeción:* Únicamente Dios (y no uno mismo ni los demás) puede llevarnos a ver lo que es claro.

Respuesta:

  i. *No* se trata de que Dios, como Creador, soberano y redentor, nos convenza de pecado (de no buscar) y de muerte por no entender lo que es claro. Lo que *está* en cuestión es cómo lo hace Dios.

 ii. Internamente: Dios restaura la vida (luz) de la razón en nosotros para ver el vacío de la vida sin Dios—esto ocurre cuando la muerte espiritual en nosotros (falta de sentido, aburrimiento y culpa) es vista como debida al pecado (no buscar ni entender).

iii. Exteriormente: ¿Cómo, pues, invocarán a Aquel en quien no han creído? ¿Y cómo creerán en Aquel de quien no han oído? ¿Y cómo oirán sin un predicador? ¿Y cómo predicarán si no son enviados? Como está escrito: "¡Qué hermosos son los pies de los que anuncian el evangelio de la paz, que traen buenas nuevas de cosas buenas!" Pero no todos han obedecido el evangelio. Porque Isaías dice: "Señor, ¿Quién ha creído a nuestro anuncio?" Así que la fe viene por el oír, y el oír por la palabra de Dios.[11]

RESUMEN

1. Ni el escepticismo ni el fideísmo pueden prescindir de la razón.

2. Los críticos de la claridad tratan de dejar de lado la razón para evitar la discusión, lo que demuestra la inexcusabilidad de la incredulidad.

3. La luz de la razón es irresistible: no puede ser superada ni resistida.

4. La razón en el hombre (hecho a imagen de Dios) no puede ser erradicada de la naturaleza humana.

5. La luz brilla en las tinieblas y las tinieblas no la comprendieron.[12] La razón es autoatestiguadora.

---

11. *Romanos 10:14-17.*

12. *Juan 1:5.*

Glosario De Términos

ambigüedad un término es ambiguo si tiene más de un significado: equívoco—si tiene dos significados no relacionados; análogo—si tiene dos significados relacionados; todos los términos no básicos también son filosóficamente ambiguos, en relación con la creencia básica; un término es unívoco si tiene un solo significado.

amistad la amistad es recíproca, duradera y comparte las preocupaciones más profundas; es por tanto el efecto del mutuo compromiso por el bien; a diferencia de otras relaciones que no son recíprocas, duraderas o no pueden compartir las preocupaciones más profundas porque no se basan en el compromiso mutuo por el bien.

amor el amor busca el bien del otro; el amor es una virtud moral, no el bien buscado por sí mismo; en contraste con el amor romántico en el que el otro es considerado el bien; en el teísmo, buscar el bien como conocimiento de Dios es amar a Dios y amarse a uno mismo.

análogo similar en algunos aspectos y diferente en otros aspectos.

antinomia posiciones contrarias que pueden ser falsas al mismo tiempo porque ambas comparten un supuesto común: el capitalismo y el comunismo; este-mundano y otro-mundano; todo es eterno y ninguno es eterno; escepticismo y fideísmo; la virtud es el bien y la felicidad es el bien, una fuente de conflicto recurrente dentro y entre culturas.

argumento   el tercer acto de la razón en el que las premisas se utilizan para apoyar lógicamente una conclusión.

ciencia   el intento de aumentar el conocimiento de la realidad basado en la teoría confirmada por la observación en el experimento; la ciencia se extiende demasiado y se convierte en una fuente de escepticismo cuando asume el empirismo, que todo el conocimiento proviene de la experiencia de los sentidos, o hace afirmaciones que van más allá de la experiencia.

claridad   aplicado a las creencias básicas; una creencia es clara para la razón si la contradicción no es lógica o existencialmente posible; por ejemplo, debe haber algo eterno; la claridad es necesaria para el significado, la moralidad y la inexcusabilidad; uno sabe lo que es claro si puede mostrar lo que es claro; lo que es claro puede ser conocido por cualquiera que busque saber.

concepto   el primer acto de la razón; en un concepto la mente capta la esencia de una cosa o clase de cosas; puesto en contraste con una imagen, un acto de los sentidos; los conceptos están bien formados o no.

conocimiento   creencia verdadera justificada.

consecuencias buenas y necesarias   una inferencia de la razón; lo que debe decirse, si se aceptan otras cosas como verdaderas; aplicado al análisis de conceptos, juicios y argumentos; utilizado en el razonamiento crítico, interpretativo y constructivo.

contradicción   las declaraciones contradictorias difieren en cantidad (todas o algunas) y calidad (es o no es); ambos no pueden ser verdaderos y ambos no pueden ser falsos, al mismo tiempo y en el mismo sentido; toda s es p se contradice con alguna s no es p; ninguna s es p se contradice con alguna s es p.

cosmovisión

cómo una persona entiende el mundo a partir de las respuestas a las preguntas básicas; cada cultura está moldeada por una visión del mundo sostenida más o menos consciente y consistentemente; una cultura crece o declina a medida que su visión del mundo aumenta o disminuye en su capacidad para proporcionar significado.

**creación
ex nihilo**

afirmada por el teísmo histórico, es la creencia de que Dios creó el mundo a partir de una sustancia no preexistente; en contraste con el dualismo, donde la creación es formada de materia preexistente, y con el panteísmo, en el que el mundo es una parte de Dios; es la base para afirmar el poder infinito y la sabiduría de Dios.

creencia básica

una creencia es básica en relación con otra si es asumida por esa creencia; el monismo material (todo es materia) supone que todo es eterno; la macroevolución asume que todo es materia; la raza superior asume la macroevolución; la ciencia naturalista asume el naturalismo metodológico, que asume el naturalismo metafísico (todo es materia).

deconstrucción

reconoce el uso constructivo de la razón proporcionando una crítica conceptual interna de una posición; no aplica el análisis crítico para probar el significado de las creencias básicas sobre las que se construye; cuestiona la razón en sí misma basada en el mero uso subjetivo de la razón.

deducción

razonar de lo que es más general o universal a lo que es menos general o particular; de todos los hombres son mortales a Sócrates es mortal; de decir que es verdad de todos a decir que es verdad de cada uno.

deísmo creencia de que el mundo fue creado por Dios, pero no gobernado activamente por Dios; Dios no actuó después de la creación para provocar el mal natural en el mundo, ni para dar ninguna revelación redentora a la humanidad (Voltaire y Thomas Jefferson).

deontología una teoría de la ética centrada en el deber y la virtud como el fin de la acción moral, independiente de las consecuencias y en contraste con ellas; afirmado por Kant; en contraste con la ética teleológica que ve la virtud como un medio para el bien.

determinismo la creencia de que todo evento tiene una causa y que, dada la causa, se sigue necesariamente el efecto; en contraste con el libertarismo; los deterministas duros afirman la causalidad y niegan la libertad libertaria; los deterministas blandos afirman que mediante la causalidad y la libertad uno hace lo que uno desea.

dilema en lógica, una forma de argumentación en la que cualquiera de las dos alternativas disponibles es inaceptable; se usa retóricamente para mostrar cuán completamente inaceptable es una posición.

dominio el ejercicio del gobierno o autoridad dada a la humanidad para desarrollar los poderes latentes en uno mismo y en la creación; basada en el principio de que la creación es revelación, se orienta hacia el bien como el conocimiento de Dios; en contraste con la dominación como regla para el interés propio.

dualismo la posición ontológica de que la realidad consta de dos tipos distintos de ser: materia y espíritu, ambos eternos; afirmado en diferentes formas del pensamiento griego por Platón y Aristóteles; distinto del teísmo, aunque las actitudes dualistas persisten en las formas populares de teísmo.

el bien

el bien es el fin en sí mismo, elegido por sí mismo y no por otra cosa; es el bien supremo (el summum bonum); es la fuente de la unidad (en una persona, entre dos personas y entre grupos de personas); en contraste con la virtud como medio para el bien y la felicidad como el efecto de poseer el bien.

empirismo

la posición epistemológica de que todo conocimiento surge de la experiencia sensorial; afirmado por John Locke; Hume extrajo sus implicaciones escépticas; asumido acríticamente en algunas afirmaciones hechas en nombre de la ciencia; el empirismo radical incluye tanto la experiencia interior como la sensorial.

epistemología

teoría del conocimiento; una rama importante de la filosofía que se ocupa de las preguntas "¿Es posible el conocimiento?" y "¿Cómo yo sé?"

escepticismo

la visión epistemológica de que el conocimiento no es posible, que nada está claro; sostenido consistentemente, el escepticismo conduce al nihilismo, la pérdida de todo significado.

esencia

el conjunto de cualidades que siempre tienen todos los miembros y sólo los miembros de una clase; se dice que la esencia humana es tanto racional como animal.

espíritu

lo que no tiene tamaño y es consciente (también conocido como mente, alma o conciencia).

ética

la ética se ocupa de dar una justificación racional para una respuesta a la pregunta "¿Qué es el bien?" La ética supone la elección, que supone valores y por tanto el valor supremo, que es el bien; lo que se busca en la ética es la justificación racional de la propia visión del bien.

evolución,
naturalística

una explicación puramente natural del desarrollo de la no vida a la vida, a una vida más compleja, a un homínido, a un ser humano; macro (no micro) evolución; existen disputas internas sobre el proceso gradual versus no gradual; existen desafíos externos sobre el estado científico versus filosófico de la evolución.

evolución,
teística

una síntesis de evolución naturalista y creencia en Dios; sujeto a la crítica tanto de los naturalistas como de los teístas por comprometer las características esenciales de cada uno y, por lo tanto, es inadecuado como posición de compromiso; ha sido objeto de revisión en la dirección del teísmo o el naturalismo.

ex nihilo

de ninguna materia previamente existente.

existencialismo

centrarse en el individuo en una situación actual de crisis con respecto a la ausencia de cualquier forma racional de elegir; sin Dios (Nietzsche, Sartre) o sin razón (Kierkegaard), el hombre está obligado a la libertad auténtica; su existencia precede a lo que se convierte por elección (esencia).

falacias informales

un intento de persuadir mediante pseudoargumentos (apelando a lo que no es racionalmente relevante) en lugar de probar mediante argumentos sólidos: apelar al miedo y la piedad aparte del bien; apelar a la autoridad o a la popularidad más que a la razón; hablar en contra de la persona vs lo dicho, etc.

fe

la fe se aplica a la creencia en general, que no puede verificarse a través de la experiencia de los sentidos; la fe no se opone a la razón; como la verdad no puede separarse del significado, la fe no puede separarse de la razón; la fe crece a medida que crece la comprensión; se prueba como se prueba la comprensión.

felicidad	el efecto de poseer lo que uno cree que es el bien; no se busca por sí mismo como el bien, sino que naturalmente acompaña a la posesión de lo que se cree que es de mayor valor; la felicidad duradera es el efecto de poseer lo que verdaderamente es el bien.
fideísmo	sostener una creencia sin prueba; se considera que la prueba no es relevante o no es posible o puede no estar realmente presente; la creencia puede ser teísta o no teísta; el fideísmo asume que las cosas básicas no están claras; la creencia sin prueba basada en la comprensión pierde todo significado.
filosofía	la filosofía se puede definir en términos de sus varias características: área—fundamento y meta; actitud—amor a la sabiduría; método: uso crítico de la razón; aplicación—autoexamen; sistema: una visión del mundo.
hedonismo	la visión ética de que el placer/felicidad de un tipo u otro es el bien (Epicuro, Mill).
hermenéutica	el proceso por el cual se comprende el significado de un texto o un evento; ninguna experiencia tiene sentido sin interpretación; en general, interpretamos lo menos básico a la luz de lo más básico; interpretamos nuestra experiencia a la luz de nuestras creencias básicas o supuestos de cosmovisión.
inducción	razonamiento desde la observación de instancias de cosas hasta una declaración general sobre esa clase de cosas; de observar que algunos cuervos son negros a la afirmación general de que todos los cuervos son negros.

integridad   la integridad se basa en la preocupación por estar completo o unificado en el propio ser; específicamente, es una preocupación por la consistencia sobre y contra la inconsistencia, que se manifiesta en la contradicción en el pensamiento; doble ánimo en el deseo e hipocresía en lo que profesamos y hacemos.

intuición   una conciencia inmediata que se tiene, aparte de la razón y los sentidos, de la conexión entre un signo (natural) y lo que significa; por ejemplo, sonrisa y amabilidad, belleza y bondad; engañoso si se piensa que el signo es la realidad, o que el signo va siempre acompañado de la realidad.

juicio   el segundo acto de la razón en el que dos conceptos se unen por afirmación o se separan por negación: todo s es p, ningún s es p, algún s es p, algún s no es p; los juicios son verdaderos o falsos y pueden ser simples o complejos; una declaración se utiliza para expresar un juicio (o proposición).

libertad   haciendo lo que quiero o deseo o elijo, considerando todas las cosas; aplicado al nivel más básico de pensamiento, puedo usar mi razón si quiero; puesto en contraste con la libertad libertaria: si *debe* implica *puede*, entonces *puede* supone *querer*; la falta de un agente racional es siempre gratuita.

libertarianismo   una visión de la libertad donde el *deber* implica el *poder*; uno es libre si hubiera podido hacer otra cosa; en cuanto a la causalidad, si mi acto fue causado, no pudo ser de otro modo; el libertarismo niega el determinismo (todo acontecimiento es causado) para afirmar la libertad (Kant, William James).

literalismo   la creencia de que la comprensión de un texto está libre de suposiciones interpretativas; que las capas anteriores de contexto no son necesariamente relevantes; ese significado es explícito solamente y no también por inferencia; que debe evitarse siempre que sea posible comprender el lenguaje en sentido figurado.

mal moral   un acto contrario a la naturaleza del propio ser; para el hombre como ser racional es descuidar, eludir, resistir o negar la razón frente a lo claro; es el fracaso de buscar y comprender y hacer lo que es correcto.

mal natural   en el contexto de un Creador todo poderoso y todo bueno, el mal natural no es originario de la creación, ni inherente al mal moral; es impuesto por Dios para refrenar, recordar y eliminar el mal moral; consiste en la fatiga y la lucha, la vejez, la enfermedad y la muerte, y todas las amplificaciones de estos en el hambre, la guerra y la peste.

materia   lo que tiene tamaño y no es consciente; se puede medir.

metafísica   una rama de la filosofía que se ocupa de la pregunta, "¿Qué es real o eterno?"; trata de la ontología: la naturaleza del ser, ya sea que el ser sea materia o espíritu; se trata de cosmología: cómo surgió el cosmos.

monismo espiritual   la posición ontológica de que toda la realidad es eterna y es espíritu; puesto en contraste con el monismo material, el dualismo y el teísmo; la materia sólo parece existir; esta realidad puede ser no dual absoluta, más allá de todas las cualidades (Shankara) o no dual calificada, donde todo es parte de Dios (Ramanuja).

muerte espiritual	puesta en contraste y análoga a la muerte física; la condición interna de falta de sentido, aburrimiento y culpa; inherente al mal moral como la incapacidad de buscar y comprender las cosas básicas que son claras para la razón.
naturalismo	la cosmovisión del monismo material: solo las fuerzas naturales explican todos los fenómenos de la naturaleza; aplicado a la cultura humana, se llama humanismo secular: sólo el esfuerzo humano explica todos los fenómenos sociales; en las ciencias, el naturalismo metodológico en la explicación (todo el conocimiento es a través de la experiencia de los sentidos) se utiliza para apoyar el naturalismo metafísico: no hay Dios, ni espíritu o alma, y no hay vida después de la muerte.
nihilismo	la pérdida de todas las distinciones significativas en epistemología, metafísica y ética; la consecuencia inherente del escepticismo: la negación de toda claridad; una posición que no se puede mantener con integridad.
ontología	el estudio del ser.
posmodernismo	un grupo de respuestas escépticas a las afirmaciones de verdad objetiva en el pensamiento moderno; es antifundacionalismo, antirrealismo y antiesencialismo; asume que la razón no es ontológica o trascendental, ni el pensamiento es presuposicional; privilegia los aspectos subjetivos de la interpretación.
pragmatismo	una teoría de la verdad: una creencia es verdadera si produce consecuencias satisfactorias (si funciona); también, una teoría del significado: el significado de una creencia es la conducta que está preparada para producir (William James); pretensiones de resolver disputas metafísicas; asume el escepticismo y que lo que funciona es un terreno común.

presuposición lo que se supone o presupone en cualquier declaración o creencia dada; aplicado particularmente a lo que se asume en el sistema de creencias o visión del mundo de una persona; la creencia más básica de uno acerca de lo que es eterno.

presuposicionalismo racional el pensamiento es presuposicional; pensamos en lo menos básico a la luz de lo más básico: menos básico/más básico, verdad/significado, experiencia/creencia básica, conclusión/premisas, finito/infinito, etc.; la razón es la prueba del significado; si estamos de acuerdo en lo que es más básico, podemos estar de acuerdo en lo que es menos básico.

prima facie literalmente "a primera vista"; aplicada a la justificación epistémica, derechos, deberes, pruebas, etc.; deja abierta la pregunta de quién tiene la carga de la prueba y cuál es el deber epistémico de uno: ¿Está uno obligado a buscar objeciones antes de creer lo que prima facie está justificado?

principio de claridad algunas cosas son claras, las cosas básicas son claras, las cosas básicas sobre Dios y el hombre, y el bien y el mal son claras para la razón; necesario para el significado y la moralidad.

problema del mal si Dios es todo bueno y todo poderoso, ¿Por qué existe el mal?; si Dios es todo poderoso, podría crear un mundo sin maldad; si es todo bueno, crearía un mundo sin mal; el problema es intelectual, dar sentido a una aparente contradicción, y no vaciar términos básicos de significado.

racionalismo   una confianza en la razón como fuente de conocimiento de la verdad; contrastar con la confianza en la experiencia de los sentidos, la intuición o el testimonio; también, para ser contrastado con la confianza en la razón como prueba de significado (presuposicionalismo racional).

razón en nosotros   la razón en nosotros es natural, la misma en todos los pensadores; ontológica—se aplica tanto al ser como al pensamiento; trascendental—autoritaria, autoatestiguadora, no puede ser cuestionada, pero hace posible el cuestionamiento; y fundamental—a todos los demás aspectos de la personalidad humana.

razón en si misma   la razón en sí misma es las leyes del pensamiento: la ley de identidad—a es a; la ley de la no contradicción: no tanto a como no a; la ley del tercero excluido, ya sea a o no a; estas leyes hacen posible el pensar; el terreno común para todos los que piensan.

razón en su uso   la razón en su uso es formativa—usada para formar conceptos, juicios y argumentos, que son las formas de todo pensamiento; crítica—usado como una prueba de significado; interpretativa—usado para interpretar la experiencia a la luz de la creencia básica; y constructiva—usado para construir una cosmovisión coherente.

reductio ad absurdum   una forma de razonamiento que prueba la verdad de una posición mostrando lo contrario no puede ser verdad porque se reduce a un absurdo lógico; usado para mostrar que debe haber algo eterno; usado para mostrar el fuerte sentido de claridad necesario para establecer la inexcusabilidad.

religión   la creencia o conjunto de creencias utilizadas para dar significado a la experiencia.

revelación especial lo que de Dios se conoce por el testimonio y su transmisión; generalmente contenido en forma de escritura; el tema de la teología revelada en contraste con la teología natural o la religión.

revelación general lo que puede ser conocido de Dios por todas las personas, en todas partes, en todo momento, a través de los medios ordinarios de conocimiento; en contraste con la revelación especial; el tema de la religión natural versus la religión revelada.

revelación redentiva la escritura como revelación redentora revela cómo el hombre es sacado del pecado y de la muerte; las escrituras asumen que todos han pecado—nadie busca, nadie entiende, nadie es justo; todos están en estado de muerte espiritual: insensatez, aburrimiento y culpa; la redención por expiación vicaria muestra tanto la justicia divina como la misericordia.

sabiduría conocer el bien y los medios apropiados para lograr el bien.

sensus divinitatis la conciencia inmediata de la divinidad presente en la conciencia humana; entendido de diversas maneras, que van desde un sentido de dependencia de un poder superior hasta la conciencia de Dios como Creador y gobernante, o como alguien que tiene un sentido innato de las cualidades de infinito, eterno e inmutable, que solo, tras el análisis, puede aplicarse a Dios.

sentido común toma apariencia por realidad: el sol sale por el este; la tierra es plana; el color del océano es azul; hay un mundo exterior; basado en lo que es común a la percepción de los sentidos, en lugar del sentido común como sabiduría práctica; da por sentada la condición/posición del perceptor.

Sola Scriptura   un principio de autoridad que sostiene que la Escritura es la única regla de fe y vida; puesto en contraste con las nuevas revelaciones del Espíritu o las tradiciones de los hombres; no contrasta con la razón que hace inferencias a partir de las Escrituras, ni con la razón que emite juicios sobre circunstancias comunes a las sociedades humanas.

Solidez   un argumento es sólido si es válido y sus premisas son verdaderas (ver argumento y validez); una persona racional creerá la conclusión de un argumento sólido.

talento   una habilidad para lograr algún aspecto del bien; originario del propio ser y único en cada uno; desarrollado plenamente sólo en la visión del bien; se da a cada uno para todos; el bien, logrado por el talento, es la fuente del valor duradero y de la riqueza de la vida para todos.

teísmo   creencia en Dios el Creador que creó el universo y todas las cosas que hay en él; Dios es Espíritu, infinito, eterno e inmutable, en su ser, sabiduría, poder, santidad, justicia, bondad y verdad; en contraste con el deísmo, Dios en el teísmo es a la vez Creador y gobernante de la humanidad en la historia.

termino   una palabra o grupo de palabras usadas para expresar un concepto.

terreno común   el conjunto de condiciones epistemológicamente necesarias para el pensamiento y el discurso: 1) la razón—como leyes del pensamiento; 2) integridad—como una preocupación por la consistencia; 3) Presuposicionalismo racional—como pensamiento crítico aplicado consistentemente; 4) el Principio de Claridad—como necesario para el significado y la moralidad; participar en un discurso sin un terreno común es participar en disputas sin sentido.

tradición una forma de vida transmitida y recibida sobre la base del testimonio, en contraste con la razón, la intuición o la experiencia de los sentidos; sin análisis crítico, se afirma que las tradiciones son iguales, lo que requiere un pluralismo radical, diversidad, multiculturalismo, relativismo cultural y tolerancia.

transcendental lo que es más alto; está arriba; autoritario.

uniformitarianismo un principio que sostiene que las fuerzas que ahora operan en la naturaleza siempre han operado, y esencialmente en la misma magnitud; una suposición naturalista utilizada por primera vez en geología por Charles Lyell y en biología por Charles Darwin.

utilitarismo sostiene que el placer es el bien y que debemos actuar para maximizar la mayor cantidad de placer para el mayor número de personas; propuesto por Jeremy Bentham y John Stuart Mill; en contraste con el egoísmo ético, uno debe buscar primero el placer para uno mismo, y con la deontología, el deber por el deber.

valides un argumento es válido si sus premisas apoyan lógicamente la conclusión.

virtud la virtud no es el bien, sino el medio para el bien; hay diferentes tipos de virtudes: instrumentales (dinero, casa, automóvil), naturales (salud, belleza, talento) y morales (sabiduría, coraje, amor).

BIBLIOGRAFÍA

Albert, Ethel M., Theodore C. Denise, and Sheldon P. Peterfreund. *Great Traditions in Ethics.* 4th ed. New York: Litton Educational Publishing, 1980.

Alston, William P. *Perceiving God: The Epistemology of Religious Experience.* New York: Cornell University Press, 1993.

Aquinas, Thomas. *Summa Theologica.* Edited by Mortimer J. Adler. Vol. 19 of *Great Books of the Western World,* edited by Mortimer J. Adler. Chicago: Encyclopedia Britannica, 1955.

Aristotle. *Complete Works of Aristotle: The Revised Oxford Translation.* Edited by J. Barnes. 2 vols. Bollingen Series. Princeton, NJ: Princeton University Press, 1983.

———. *The Nicomachean Ethics.* Edited by Hugh Tredennick. Translated by J.A.K. Thomas. New York: Penguin Group, 2004.

———. *Philosophy of Aristotle.* Translated by Renford Bambrough, J.L. Creed and A.E. Wardman. New York: Penguin Group, 2003.

Askew, Richard. "On Fideism and Alvin Plantinga." *International Journal for Philosophy of Religion* 23, no. 1 (1998): 3-16.

Audi, Robert, ed. *The Cambridge Dictionary of Philosophy.* Cambridge: Cambridge University Press, 1999.

Augustine. *Concerning the City of God Against the Pagans.* Translated by Henry Bettenson. London: Penguin Books, 1984.

———. *Confessions.* Translated by Henry Chadwick. Oxford: Oxford University Press, 1991.

Ayer, A.J., W.C. Kneale, G.A. Paul, D.F. Spear, P.F. Strawson, G.J. Warnock, and R.A. Wollheim, eds. *The Revolution in Philosophy.* London: Macmillan, 1963.

Bahnsen, Greg L. *Van Til's Apologetic: Reading and Analysis.* Philipsburg, NJ: Presbyterian and Reformed Publishing, 1998.

Bailey, Alan. *Sextus Empiricus and Pyrrhonean Skepticism.* Oxford: Clarendon Press, 2002.

Barrett, William E. *Irrational Man: A Study in Existential Philosophy.* Garden City, NY: Doubleday Anchor, 1962.

Barrow, John D. and Frank J. Tipler. *The Anthropic Cosmological Principle.* Oxford: Clarendon Press, 1987.

Barth, Karl. *The Epistle to the Romans.* Trans. E.C. Hoskyns. Oxford: Oxford University Press, 1968.

Bartley, C.J. *The Theology of Ramanuja: Realism and Religion.* London: Routledge Curzon, 2002.

Beardsley, Tim. "Fossil Bird Shakes Evolutionary Hypotheses." *Nature* 322, no. 21 (August 1986): 677.

Beauvoir, Simone de, *The Second Sex.* Edited by H.N. Pashley, and Margaret Crosland, New York: Knopf Publishing Group, 1993.

Bennett, Jonathan. *Learning From Six Philosophers: Descartes, Spinoza, Leibniz, Locke, Berkeley, Hume.* Oxford: Oxford University Press, 2003.

Berkeley, George B. *Berkeley's Three Dialogues between Hylas and Philonous.* Edited by Colin M. Turbayne. New York: The Liberal Arts Press, 1954.

Berkouwer, G.C. *General Revelation.* Studies in Dogmatics. Grand Rapids, MI: William B. Eerdmans Publishing Company, 1955.

Bloom, Allan. *Closing of the American Mind.* New York: Simon & Schuster, 1988.

Boethius, V.E. Watts. *The Consolation of Philosophy.* London: Penguin Books, 1969.

Bradley, F.H. *Appearance and Reality.* Oxford: Clarendon Press, 1930.

Brueckner, Anthony. "Transcendental Arguments and Skepticism." *Mind* 52, no. 206 (Jan 2002): 117-123.

Bultmann, Rudolf. *Faith and Understanding.* Edited by Robert W. Funk. Translated by Louise P. Smith. London: CM Press, 1969.

Burtt, Edwin Arthur. *The Metaphysical Foundations of Modern Science.* Mineola, NY: Dover Publications, 2003.

Butler, Cuthbert. *Western Mysticism: The Teaching of Saint.* Whitefish, MT: Kessinger Publishing, 2003.

Byl, John. "General Revelation and Evangelicalism." *Mid-America Journal of Theology* 5 (Spring 1989): 1-13.

Calvin, John. *The Institutes of Christian Religion*. Translated and edited by Ford Lewis Battles. Grand Rapids, MI: W.B. Eerdmans, 1987.

Camus, Albert. *The Myth of Sisyphus and Other Essays*. Translated by Justin O'Brien. New York: Knopf Publishing Group, 1991.

Carus, Titus Lucretius. *On the Nature of the Universe*. Translated by Sir Ronald Melville. Oxford: Oxford University Press, 1999.

Chan, Wing-Tsit. *A Source Book in Chinese Philosophy*. Princeton: Princeton University Press, 1963.

Charnock, Stephen. *The Existence and Attributes of God*. Grand Rapids, MI: Baker Books, 1996.

Chisholm, Roderick M. and Robert J. Swartz, eds. *Empirical Knowledge: Readings from Contemporary Sources*. Englewood Cliffs, NJ: Prentice Hall, 1973.

Clark, Gordon. *Historiography Secular and Religious*. Nutley, NJ: Craig Press, 1971.

———. *Religion, Reason, and Revelation*. Hobbs, NM: The Trinity Foundation, 1995.

———, and John Robbins, eds. *Thales to Dewey: A History of Philosophy*. Volume 3, *The Works of Gordon Haddon Clark*. Hobbs, NM: Trinity Foundation, 2000.

Clark, Kelly James. *Return to Reason: A Critique of Enlightenment, Evidentialism and a Defense of Reason and Belief in God*. Grand Rapids, MI: William B. Eerdmans Publishing Company, 1990.

Clarke, Samuel and Ezio Vailati. *A Demonstration of the Being and Attributes of God and Other Writings*. Cambridge: Cambridge University Press, 1998.

Clatterbaugh, Kenneth. *The Causation Debate in Modern Philosophy 1637-1739*. London: Routledge, 1999.

Clifford, William Kingdon. *The Ethics of Belief and Other Essays*. Amherst, NY: Prometheus Books, 1999.

Copan, Paul, and William Lane Craig. *Creation Out of Nothing: A Biblical, Philosophical, and Scientific Exploration*. Grand Rapids, MI: Baker Academic, 2004.

Copi, Irving M. and Carl Cohen. *Introduction to Logic*. Boston, MA: Prentice Hall, 2005.

Copi, Irving M. and James Gould, eds. *Readings on Logic*. 2nd ed. New York: Macmillan, 1972.

Copleston, Frederick C. *A History of Medieval Philosophy*. Notre Dame: University of Notre Dame Press, 1972.

Corless, Roger J. *The Vision of Buddhism: The Space Under the Tree*. St. Paul, MN: Paragon House Publishers, 1992.

Cornford, Frances Macdonald. *Before and After Socrates*. Cambridge: Cambridge University Press, 1932.

Cornford, Francis Macdonald. *Plato's Theory of Knowledge: The Theaetetus and the Sophist of Plato*. London: Routledge, 2000.

Cornman, James W., Keith Lehrer, and George S. Pappas. *Philosophical Problems and Arguments: An Introduction*. Indianapolis, IN: Hackett Publishing Company, 1992.

Cowan, Steven B., ed. *Five Views on Apologetics*. Grand Rapids, MI: Zondervan Publishing House, 2000.

Craig, William Lane. *The Cosmological Argument from Plato to Leibniz*. Eugene, OR: Wipf and Stock Publishers, 2001.

Craig, William L. and Quentin Smith. *Theism, Atheism, and Big Bang Cosmology*. Oxford: Oxford University Press, 1995.

Darwin, Charles. *The Origin of Species by Means of Natural Selection: The Preservation of Favored Races in the Struggle for Life*. New York: P.F. Collier and Son, 1901.

Davidson, Herbert A. *Alfarabi, Avicenna, and Averroes on Intellect: Their Cosmologies, Theories of Active Intellect, and Theories of Human Intellect*. Oxford: Oxford University Press, 1992.

Davies, Paul. *Superforce: The Search for a Grand Unified Theory of Nature*. New York: Simon and Schuster, 1984.

———. *The Mind of God*. New York: Simon & Schuster, 1992.

Dawkins, Richard. *The Blind Watchmaker: Why the Evidence of Evolution Reveals a Universe without Design*. New York: W.W. Norton & Company, 1996.

Demarest, Bruce A. *General Revelation: Historical Views and Contemporary Issues*. Grand Rapids, MI: Zondervan Publishing House, 1982.

Dembski, William A. and Michael J. Behe. *Intelligent Design: The Bridge Between Science and Theology.* Downers Grove, IL: InterVarsity Press, 2002.

Dennell, Robin. "The World's Oldest Spears." *Nature* 385, no. 27 (February 1997): 767-768.

Dennett, Daniel C. *Darwin's Dangerous Idea: Evolution and the Meanings of Life.* New York: Simon & Schuster, 1996.

Denton, Michael. *Evolution: A Theory in Crisis.* New York: Adler & Adler Publishers, 1997.

Derrida, Jacques and Gayatri Chakravorty Spivak. *Of Grammatology.* Baltimore: Johns Hopkins University Press, 1998.

Descartes, René, Elizabeth Sanderson Haldane, and G.R.T. Ross. *A Discourse on Method and Meditations.* Mineola, NY. Dover Publications, Incorporated, 2003.

Deutsch, Eliot. *Advaita Vedanta: A Philosophical Reconstruction.* Honolulu: University of Hawaii Press, 1969.

———, trans. *The Bhagavad Gita.* New York: Holt, Rinehart and Winston, 1968.

Diehl, David W. "Evangelicalism and General Revelation: An Unfinished Agenda." *Evangelical Theological Society Papers* 36 (1987): 21-42.

Dilley, Frank B. "Is there 'Knowledge' of God?" *The Journal of Religion* 38, no. 2 (April 1958): 116-126.

Dirac, Paul. *Principles of Quantum Mechanics.* Oxford: Oxford University Press, 1982.

Drange, Theodore M. *Nonbelief and Evil: Two Arguments for the Nonexistence of God.* Amherst, NY: Promerheus Books, 1998.

Dray, William H. *Philosophy of History.* Upper Saddle River, NJ: Prentice Hall, 1992.

Dulles, Avery. *A History of Apologetics.* Eugene, OR: Wipf and Stock Publishers, 1999.

Dupre, Louis. "The Argument of Design Today." *The Journal of Religion* 54, no. 1 (January 1974): 1-12.

Egner, Robert E. and Denonn, Lester E., eds. *The Basic Writings of Bertrand Russell.* New York: Simon & Schuster, 1961.

Ehrlich, Paul R. *The Population Bomb.* Cutchogue, NY: Buccaneer Books, 1997.

Eldredge, Nyles. *Time Frames: The Rethinking of Darwinian Evolution.* Princeton: Princeton University Press, 1985.

Ellis, John M. *Against Deconstruction.* Princeton: Princeton University Press, 1990.

Empiricus, Sextus. *Selections from the Major Writings on Scepticism, Man, and God.* Edited by Phillip P. Hallie. Translated by Sanford G. Etheridge. Middletown, CT: Wesleyan University Press, 1964.

Fanon, Frantz. *The Wretched of the Earth.* New York: Grove/Atlantic, 2005.

Feuerbach, Ludwig. *The Essence of Christianity.* Amherst, MA: Prometheus Books, 1989.

Finnis, John. *Natural Law and Natural Rights.* Oxford: Oxford University Press, 1980.

Flew, Anthony and Alisdair MacIntyre, eds. *New Essays in Philosophical Theology.* New York: MacMillan, 1973.

Foucault, Michel, *The Essential Foucault.* Edited by Paul Rabinow, and Nikolas S. Rose, New York: New Press, 2003.

———. *The Foucault Reader.* Edited by Paul Rabinow. New York: Pantheon Books, 1984.

Freud, Sigmund. *Civilization and its Discontents.* Translated by James Strachey. New York: W.W. Norton & Company, 1961.

Gangadean, Ashok K. *Meditative Reason—Toward Universal Grammar.* New York: Peter Lang, 1993.

———. *Between Worlds: The Emergence of Global Reason.* New York: Peter Lang, 1998.

Geertz, Clifford. *The Interpretation of Cultures.* New York: Basic Books, 1973.

Geisler, Norman L. and Winfried Corduan. *Philosophy of Religion.* 2nd ed. Eugene, OR: Wipf and Stock Publishers, 2003.

Gettier, Edmund L. "Is Justified True Belief Knowledge?" *Analysis* 23, no. 6 (1963): 121.

Gilson, Etienne. *Reason and Revelation in the Middle Ages.* New York: Scribner & Sons, 1938.

———. *The Spirit of Medieval Philosophy*. Notre Dame: University of Notre Dame Press, 1991.

Gonzalez, Justo L. *A History of Christian Thought*. Nashville, TN: Abingdon Press, 1987.

Gootjes, N.H. "General Revelation in its Relation to Special Revelation." *The Westminster Theological Journal* 51, no. 2 (Fall 1989): 359-368.

Grabill, Stephen J. *Rediscovering the Natural Law in Reformed Theological Ethics*. Grand Rapids, MI: William B. Eerdmans Publishing Company, 2006.

Grant, Colin. "Anselm's Argument Today." *Journal of the American Academy of Religion* 57, no. 4 (Winter, 1989): 791-806.

Griffiths, Paul J. "How Epistemology Matters to Theology." *The Journal of Religion* 79, no. 1 (Jan., 1999): 1-18.

Guth, Alan. *The Inflationary Universe: The Quest for a New Theory of Cosmic Origins*. New York: Helix Books, 1997.

Harris, Sam. *The End of Faith*. New York: W.W. Norton, 2004.

Hart, Hendrik, Johan Van Der Hoeven, and Nicholas Wolterstorff, eds. *Rationality in the Calvinian Tradition*. Lanham, MD: University Press of America, 1983.

Hawking, Stephen W. *A Brief History of Time*. New York: Bantam Books, 1988.

Hegel, Georg Wilhelm Friedrich. *Lectures on the Philosophy of World History*. Translated by H.B. Nisbet. Cambridge: Cambridge University Press, 1975.

Heidegger, Martin, and Richard Taft. *Kant and the Problem of Metaphysics*. Bloomington, IN: Indiana University Press, 1997.

Heilbroner, Robert L. *The Worldly Philosophers: The Lives, Times and Ideas of the Great Economic Thinkers*. New York: Simon and Schuster, 1999.

Helm, Paul. *Faith with Reason*. Oxford: Oxford University Press, 2003.

Henry, Carl F.H. *God, Revelation, and Authority*. Waco, TX: Word Books, 1976.

Hester, Marcus. *Faith, Reason and Skepticism*. Philadelphia: Temple University Press, 1992.

Hick, John H and McGill, Arthur C., eds. *The Many-Faced Argument.* New York: Macmillan, 1967.

Hick, John. "A Philosophy of Religious Pluralism." In *Classical and Contemporary Readings in the Philosophy of Religion*, edited by John Hick, 418. Upper Saddle River, NJ: Prentice Hall, 1990.

———. *Faith and Knowledge.* New York: Cornell University Press, 1957.

Hintikka, Jaakko. *Knowledge and Belief—an Introduction.* London: Kings College Publications, 2005.

Hobbes, Thomas, *Thomas Hobbes: Leviathan.* Edited by Marshall Missner, and Daniel Kolak. Longman Library of Primary Sources in Philosophy. New York: Pearson Longman, 2006.

Hodge, A.A. *The Westminster Confession: A Commentary.* Carlisle, PA: Banner of Truth, 2004.

Hodge, Charles. *Systematic Theology.* Peabody, MA: Hendrickson Publishers, 1999.

Hofstadter, Richard. *Anti-Intellectualism in American Life.* New York: Knopf Publishing Group, 1966.

Hopkins, Gerard Manley. *Poems and Prose of Gerard Manly Hopkins.* Baltimore, MD: Penguin Books Inc., 1953.

Horgan, John. *The End of Science: Facing the Limits of Knowledge in the Twilight of the Scientific Age.* New York: Broadway Books, 1997.

Howard-Snyder, Daniel and Paul Moser. *Divine Hiddenness: New Essays.* Cambridge: Cambridge University Press, 2001.

Hoyle, Fred. *The Nature of the Universe.* 2nd ed. Oxford: Basil Blackwell, 1952.

Hume, David. *Dialogues and Natural History of Religion.* Edited by J.C.A. Gaskin. Oxford: Oxford University Press, 1993.

———. *Enquiries Concerning Human Understanding.* 3rd ed. New York: Oxford University Press, 1975.

———. *A Treatise on Human Nature.* Edited with an analytical index by L.A. Selby Bigge Oxford, Clarendon Press, 1888.

Humphreys, D. Russell and Ken Ham. *Starlight and Time: Solving the Puzzle of Distant Starlight in a Young Universe.* Green Forest, AR: Master Books, 1996.

Hunter, Cornelius G. *Darwin's Proof: The Triumph of Religion Over Science.* Grand Rapids, MI: Brazos Press, 2003.

———. *Darwin's God: Evolution and the Problem of Evil.* Grand Rapids, MI: Brazos Press, 2002.

Huntington, Samuel P. *The Clash of Civilizations.* New York: Simon and Schuster, 1996.

Inwood, Michael J. *Hegel Selections.* New York: Prentice Hall, 1997.

Isham, C.J., Penrose, R and Sciama D.W. *Quantum Gravity* 2nd ed. Oxford: Clarendon, 1981.

James, William. *The Dilemma of Determinism.* Whitefish, MT: Kessinger, 2005.

———. *Pragmatism.* New York: IndyPublish.com, 2005.

———. *The Varieties of Religious Experience.* New York: Routledge, 2002.

———. *The Will to Believe.* Sioux Falls, SD: NuVision Publications, LLC, 2004.

Jastrow, Robert. *God and the Astronomers.* New York: W.W. Norton & Co, 2000.

Johnson, Phillip E. *Reason in the Balance: The Case Against Naturalism in Science, Law and Education.* Downers Grove, IL: InterVarsity Press, 1998.

Kant, Immanuel. *Critique of Pure Reason.* Edited by Howard Caygil. Translated by Norman Kemp Smith. New York: St. Martin's Press, 1965.

———. *Fundamental Principles of the Metaphysic of Morals.* Translated by Thomas K. Abbot. Indianapolis, IN: Bobs-Merrill Co., 1949.

Kaufman, Gordon D. "Philosophy of Religion and Christian Theology." *The Journal of Religion* 37, no. 4 (October 1957): 233-245.

Kaufmann, Walter. *From Shakespeare to Existentialism—Essays on Shakespeare and Goethe; Hegel and Kierkegaard; Nietzsche, Rilke and Freud; Jaspers, Heidegger, and Toynbee.* Princeton: Princeton University Press, 1980.

Kierkegaard, Soren. *Fear and Trembling* and *The Sickness Unto Death.* Translated by Walter Lowrie. Princeton: Princeton University Press, 1954.

Kierkegaard, Soren. *Concluding Unscientific Postscript.* Translated and edited by Howard V. Hong and Edna H. Hong. Princeton: Princeton University Press, 1992.

Kung, Hans. *Does God Exist?: An Answer for Today.* New York: Crossroad Publishing Company, 1994.

Kuyper, Abraham. *Lectures on Calvinism.* Grand Rapids, MI: William B. Eerdmans Publishing Company, 1943.

Leaman, Oliver. *A Brief Introduction to Islamic Philosophy.* Cambridge: Polity Press, 2000.

Leibniz, G.W., *Discourse on Metaphysics and the Monadology.* Edited by George R. Montgomery, and Albert R. Chandler. Mineola, NY: Dover Publications, 2005.

Lessing, Gotthold Ephraim, and Henry Chadwick. *Lessing's Theological Writings: Selections in Translation.* Palo Alto, CA: Stanford University Press, 1957.

Levinton, Jeffrey. "The Big Bang of Animal Evolution." *Scientific American* (November, 1992): 267.

Lewis, C.S. *The Abolition of Man.* New York: HarperCollins, 2001.

———. *The Great Divorce.* New York: HarperCollins, 2001.

———. *The Problem of Pain.* New York: Macmillan, 1974.

Livingston, James C. *The Enlightenment and the Nineteenth Century. Vol. 1, Modern Christian Thought.* 2nd ed. New York: Prentice Hall, 1996.

Livingston, James C., Sarah Coakley, James H. Evans, and Francis Schussler Fiorenza. *The Twentieth Century, Vol. 2, Modern Christian Thought.* 2nd ed. New York: Prentice Hall, 1999.

Locke, John. *An Essay Concerning Human Understanding.* Edited by Peter H. Nidditch. Oxford: Oxford University Press, 1979.

Lubenow, Marvin. *Bones of Contention: A Creationist Assessment of Human Fossils.* Rev. ed. Grand Rapids, MI: Baker Books, 2004.

Lyell, Charles. *Principles of Geology.* Dehra Dun, India: Shiva Offset Press, 1989.

Lyman, Stanford M. *The Seven Deadly Sins: Society and Evil.* Lanham, MD: Rowman and Littlefield Publishers, 1989.

MacIntyre, Alasdair. *After Virtue: A Study in Moral Theory.* Notre Dame: University of Notre Dame Press, 2007.

Markus, R. A., ed. *Augustine: A Collection of Critical Essays.* New York: Doubleday Anchor, 1972.

Marx, Karl. *Capital.* Translated by David McLellan. Oxford: Oxford University Press, 1999.

———. *The Communist Manifesto.* Edited by Friedrich Engels. Translated by David McLellan. Oxford: Oxford University Press, 1998.

———. *Critique of Hegel's "Philosophy of Right."* Edited by Joseph O'Malley. Translated by Annette Jolin and Joseph O'Malley. Cambridge: Cambridge University Press, 1970.

Mavrodes, George I. "Some Puzzles Concerning Omnipotence." *The Philosophical Review* 72, no. 2 (April 1963): 221-223.

McCall, Raymond J. *Basic Logic.* 2nd ed. New York: Barnes & Nobles, 1952.

McLellan, David. *Marxism After Marx.* Hants, Wales: Macmillan Publishers Limited, 1998.

Mill, John Stuart. *Utilitarianism.* Mineola, NY: Dover Publications, 2007.

Millot, Jacques. "The Coelacanth." *Scientific American* 193 (December 1955): 37.

Moody, D.L. *The Best of D. L. Moody,* Edited by Wilbur M. Smith. Chicago, Moody Press, 1971.

Moore, G.E. *Selected Writings.* Edited by Thomas Baldwin. London: Routledge, 1993.

Moreland, J.P. and William Lane Craig. *Philosophical Foundations for a Christian Worldview.* Downers Grove, IL: InterVarsity Press, 2003.

Nagel, Ernest and Richard B. Brandt, eds. *Meaning and Knowledge.* New York: Harcourt, Brace and World, 1965.

Nash, Ronald H. *Faith and Reason: Searching for a Rational Faith.* Grand Rapids, MI: Zondervan, 1988.

———. *The Meaning of History.* Nashville, TN: B and H Publishing Group, 1998.

Nasr, Seyyed Hossein. *Ideals and Realities of Islam.* Chicago: Kazi Publications, 2000.

Neiman, Susan. *Evil in Modern Thought: An Alternative History of Philosophy.* Princeton: Princeton University Press, 2002.

Neusner, Jacob. *The Life of Torah Readings in the Jewish Religious Experience.* Encino, CA: Dickenson Publishing Co., 1974.

———. *The Way of Torah: An Introduction to Judaism*. 3rd ed. Belmont, CA: Wadsworth Inc, 1979.

Nietzsche, Friedrich. *The Portable Nietzsche*. Translated by Walter Kaufmann. New York: Penguin Group, 1977.

Noll, Mark A. *The Scandal of the Evangelical Mind*. Grand Rapids, MI: William B. Eerdmans Publishing, 1995.

O'Connor, D.J., ed. *A Critical History of Western Philosophy*. New York: Free Press, 1985.

Oliphint, K. Scott. *Reasons for Faith: Philosophy in the Service of Theology*. Phillipsburg, NJ: P&R Publishing, 2006.

Oppy, Graham. *Arguing about Gods*. New York: Cambridge University Press, 2006.

Packer, J.I. *Concise Theology: A Guide to Historic Christian Belief*. Carol Stream, IL: Tyndale House Publishers, 2001.

Paley, William, Matthew Eddy, and David M. Knight. *Natural Theology: Evidence of the Existence and Attributes of the Deity, Collected from the Appearances of Nature*. Oxford World's Classics. Oxford: Oxford University Press, 2006.

Passmore, John. *A Hundred Years of Philosophy*. Revised Edition. New York: Basic Books, 1966.

———. *Recent Philosophers*. Open Court Publishing Company, 1985.

Pearcey, Nancy R. and Charles B. Thaxton. *The Soul of Science: Christian Faith and Natural Philosophy*. Wheaton, IL: Crossway Books, 1994.

Peers, E. Allison. *Dark Night of the Soul: A Masterpiece in the Literature of Mysticism by St. John of the Cross*. New York: Doubleday Publishing, 2005.

Penelhum, Terence. *God and Skepticism*. London: Springer, 1983.

Penrose, Roger, C.J. Isham, and D.W. Sciama, eds. Quantum Gravity 2: a Second Oxford Symposium. Oxford: Clarendon, 1981.

Pieper, Josef, Alexander Dru, and T.S. Eliot. *Leisure: The Basis of Culture*. Indianapolis, IN: Liberty Fund, 1999.

Plantinga, Alvin, and James F. Sennett, eds. *The Analytic Theist: An Alvin Plantinga Reader*. Grand Rapids, MI: William B. Eerdmans Publishing Company, 1998.

Plantinga, Alvin, and Nicholas Wolterstorff, eds. *Faith and Rationality: Reason and Belief in God.* Notre Dame: University of Notre Dame Press, 1984.

Plantinga, Alvin. *God, Freedom, and Evil.* Grand Rapids, MI: Wm B. Eerdmans, 1994.

——. *The Nature of Necessity.* Oxford: Clarendon Press, 1974.

——. "The Prospects for Natural Theology." *Philosophical Perspectives* 5 (1991): 287-315.

——, ed. *The Ontological Argument from St. Anselm to Contemporary Philosophers.* Garden City, N: Doubleday Anchor, 1965.

——. "On Taking Belief in God as Basic." In *Religious Experience and Religious Belief,* edited by Joseph Runzo and Craig K. Ihara. Lanham, MD: University Press of America, 1981.

——. *Warrant: The Current Debate.* Oxford: Oxford University Press, 1993.

——. *Warrant and Proper Function.* Oxford: Oxford University Press, 1993.

——. *Warranted Christian Belief.* Oxford: Oxford University Press, 2000.

Plato. *Complete Works: Plato.* Edited by John M. Cooper and D.S. Hutchinson. Indianapolis, IN: Hackett Publishing Company, 1997.

——. *The Republic.* Translated by Francis Macdonald Cornford. Oxford: Oxford University Press, 1951.

Pojman, Louis. "Rationality and Religious Belief." *Religious Studies* 15 (June 1979): 159-172.

Polkinghorne, John. *Science and Providence: God's Interaction with the World.* London: SPCK, 1989.

Putnam, Hilary. *Reason, Truth and History.* Cambridge: Cambridge University Press, 1982.

Quine, Willard V. *From a Logical Point of View: Nine Logico-Philosophical Essays.* Cambridge, MA: Harvard University Press, 1980.

Radhakrishnan, Sarvepalli and Charles A. Moore. *Sourcebook in Indian Philosophy.* Princeton: Princeton University Press, 1967.

Reid, Thomas, *Inquiry and Essays.* Edited by Ronald E. Beanblossom, and Keith Lehrer, Indianapolis, IN: Hackett Publishing Company, 1983.

Rice, Richard, and John Sanders. *The Openness of God: A Biblical Challenge to the Traditional Understanding of God.* Edited by Clark H. Pinnock. Downers Grove, IL: InterVarsity Press, 1994.

Rorty, Richard McKay. *Objectivity, Relativism, and Truth,* Vol. 1, *Philosophical Papers,* Cambridge: Cambridge University Press, 1990.

Ross, David and John Lloyd Ackrill. *Aristotle.* London: Routledge, 2004.

Ross, Hugh. *The Creator and the Cosmos: How the Greatest Scientific Discoveries of the Century Reveal God.* London, Ontario: NavPress Publishing Group, 2004.

Roth, Michael D. and Leon Galis, eds. *Knowing: Essays in the Analysis of Knowledge.* New York: Random House, 1970.

Rowe, William L. *Philosophy of Religion: An Introduction.* 2nd ed. Belmont, CA: Wadsworth Publishing, 2006.

———. "Religious Pluralism." *Religious Studies: An International Journal for the Philosophy of Religion* 35, no. 2 (June 1999): 139-150.

Russell, Bertrand. *Our Knowledge of the External World.* London: Routledge, 1999.

Ryle, Gilbert. *The Concept of Mind.* New York: Barnes and Noble, 1949.

Sagan, Carl. *Cosmos.* New York: Random House, 1980.

Said, Edward W. *Culture and Imperialism.* New York: Knopf Publishing Group, 1994.

Sartre, Jean-Paul. *Existentialism and Human Emotions.* New York: Kensington Publishing Corporation, 2000.

Schellenberg, J.L. *Divine Hiddenness and Human Reason.* New York: Cornell University Press, 2006.

Schleiermacher, Friedrich. *On Religion: Speeches to its Cultured Despisers.* Translated by John Oman. Louisville, KY: Westminster/John Knox Press, 1994.

Shankara. *The Vedanta Sutras of Badarayana with the Commentary by Shankara, Volumes 1 and 2.* Translated by George Thibaut. New York: Dover Publication, 1962.

Sharma, Chandradhar. *A Critical Survey of Indian Philosophy.* Delhi, India: Motilal Banarsidass Publishers, 1991.

Sheldon, Henry. *Unbelief in the Nineteenth Century.* Kila, MT: Kessinger Publishing, 2005.

Sire, James W. *Habits of the Mind.* Downers Grove, IL: InterVarsity Press, 2000.

Smart, Ninian. *Worldviews: Crosscultural Explorations of Human Beliefs.* Upper Saddle River, NJ: Prentice Hall, 1999.

Sommers, Christina Hoff and Sally Satel. *One Nation Under Therapy: How the Helping Culture is Eroding Self-Reliance.* New York: St. Martin's Press, 2006.

Spinoza, Benedictus de. *The Collected Works of Spinoza.* Translated and edited by Edwin Curley. Princeton, NJ: Princeton University Press, 1985.

Sproul, Robert Charles, John H. Gerstner, and Arthur W. Lindsley. *Classical Apologetics: A Rational Defense of the Christian Faith and a Critique of Presuppositional Apologetics.* Grand Rapids, MI: Zondervan, 1984.

Stark, Rodney. *The Victory of Reason: How Christianity Led to Freedom, Capitalism, and Western Success.* New York: Random House, 2006.

Strauss, Leo and Joseph Cropsey, eds. *History of Political Philosophy.* Chicago: University of Chicago Press, 2003.

Strauss, William, and Neil Howe. *The Fourth Turning: An American Prophecy.* New York: Broadway Books, 1997.

Streng, Fredereick J. *Emptiness.* Nashville, TN: Abingdon Press, 1967.

Suzuki, D.T. and C.G. Jung. *An Introduction to Zen Buddhism.* New York: Grove/Atlantic, 1987.

Talbot, Mark. "Is it Natural to Believe in God." *Faith and Philosophy* 6 (April 1989): 155-171.

Taylor, Mark C. *Tears.* New York: State University of New York Press, 1989.

Toynbee, Arnold J. and D.C. Somervell, eds. *A Study of History.* Oxford: Oxford University Press, 1987.

Twain, Mark. *The Man Who Corrupted Hadleyburg and Other Stories and Essays.* New York: Harper and Brothers, 1902.

Ullian, J.S. and Willard V. Quine. *The Web of Belief.* London: McGraw-Hill Higher Education, 1978.

Van Til, Cornelius and William Edgar, eds. *Christian Apologetics.* 2nd ed. Phippsburg, NJ: P&R Publishing, 2003.

Van Til, Cornelius. *Defense of the Faith*. Phippsburg, NJ: P&R Publishing, 1967.

Wach, Joachim. "General Revelation and the Religions of the World." *Journal of Bible and Religion* 22, no. 2 (April 1954): 83-93.

Webb, Stephen H. *American Providence*. London: Continuum International Publishing Group, 2006.

Weber, Max and Stephen Kalberg, eds. *The Protestant Ethic and the Spirit of Capitalism*. Oxford: Oxford University Press, Incorporated, 2007.

Welch, Holmes H. *Taoism: The Parting of the Way*. Boston: Beacon Press, 1971.

Wells, Jonathan. *Icons of Evolution: Science or Myth?* Washington, DC: Regnery Publishing, 2000.

Wheelwright, Phillip, ed. *The Presocratics*. New York: Odyssey Press, 1966.

Whitcomb John C. Jr., and Morris, Henry M. *Genesis Flood: The Biblical Record and its Scientific Implications*. Phillipsburg, NJ: P&R Publishing, 1961.

Whitehead, Alfred North. *Science and the Modern World*. New York: Simon & Schuster, 1997.

Williamson, Timothy. *Knowledge and its Limits*. Oxford: Oxford University Press, 2000.

Wittgenstein, Ludwig and G.E.M. Anscombe. *Philosophical Investigations*. Ames, IA: Blackwell Publishing, 2003.

Wittgenstein, Ludwig, G.E.M. Anscombe, and G.H. von Wright eds. *On Certainty*. New York: Harper & Row, 1972

Young, William. *Hegel's Dialectical Method*. Nutley, NJ: Craig Press, 1972.

Yu-Lan, Fung. *A Short History of Chinese Philosophy*. New York: Macmillan, 1948.

Zeller, Eduard. *Outlines of the History of Greek Philosophy*. Mineola, NY: Dover Publications, 1980.

ÍNDICE

Abraham
  análisis de su fe. *Ver* fe y razón
Acerca de la causalidad y eventos sin
  causa, 69
ad auctoritatem. *Ver* falacias
  informales
ad baculum. *Ver* falacias informales
ad hominem abusivo. *Ver* falacias
  informales
ad ignorantiam. *Ver* falacias
  informales
ad misericordiam. *Ver* falacias
  informales
ad populum. Ver falacias informales
Advaita Vedanta, 30, 117n10
Agustín, 139, 232n8
amistad, 160, 187, 258, 263,
  266-267, 292
amor, 8, 27, 184, 219, 255,
  259-264, 267, 273, 299
amor y fidelidad
  Acerca de la naturaleza del amor
    y fidelidad, 259
  aplicaciones de la ley moral 7,
    263
  consecuencias de la ley moral 7,
    268
  declaración de ley moral 7, 262
  origen en la naturaleza humana,
    259
Anaximandro, 33, 84
Aquino, Tomás, 32, 40, 45, 139,
  144, 200
argumento, 62

argumento cosmológico *kalam*, 65,
  81, 140
Aristóteles, 32, 49, 78, 81, 84,
  139-144, 152, 181, 184, 192,
  272, 316
  dualismo, 141-143
Austin, Jane, 28
autoridad y perspicacia
  Acerca de la naturaleza de la
    autoridad, 235
  aplicaciones de la ley moral 5,
    237
  consecuencias de la ley moral 5,
    243
  declaración de ley moral 5, 237
  origen en la naturaleza humana,
    235

Barth, Karl, 41
Bentham, Jeremy, 192
Berkeley, George, 27-29, 92,
  113-116, 145
bien (el)
  definición formal de, 183
  diez características de, 184, 222
  y Dios, 187
  y felicidad, 186, 292
  y la fuente de la unidad, 187
  y matrimonio, 261
  y naturaleza humana, 187
  y sufrimiento, 291
  y talento, 271
  y trabajo, 225-226
  y virtud, 184-185, 291

bien (el) y Dios
  aplicaciones de la ley moral 1,
    189, 295
  consecuencias de la ley moral 1,
    194, 298
  declaración de ley moral 1, 189
  el bien y la naturaleza humana,
    187
  origen en la naturaleza humana,
    183
Bradley, F. H., 27, 114

Calvino, Juan, 36-38
Camus, Alberto, 253
catastrofismo, 96, 97n20, 98
causa falsa. *Ver* falacias informales
cerebro en la tina, 114-116
claridad, 31
Clark, Gordon, 64n7, 201
cogito ergo sum, 31
concepto, 57
Craig, William L., 40, 81n3
creación (la) es revelación, 155,
    200, 225-228
credo inquantum intelligō, 40
credo ut intelligam, 40
creencia más básica, 34, 64-65, 73

Darwin, Charles, 24, 43, 96, 101,
    107
datos astronómicos, 104
datos biológicos, 98
datos geológicos, 97-98
Davies, Paul, 82n5, 104
debe haber algo eterno, 189,
    314-315
deconstruyendo el posmodernismo,
    128
definición de conocimiento, 55
Derrida, Jacques, 41, 115, 128-131,
    145, 272

Descartes, René, 31, 115-116, 272
Dewey, John, 21, 115, 127
dignidad humana y racionalidad
  acerca de la naturaleza de la
    dignidad humana, 245
  aplicaciones de la ley moral 6,
    248
  consecuencias de la ley moral 6,
    257
  declaración de ley moral 6, 248
  origen en la naturaleza humana,
    245
Dirac, Paul, 84
dominio, 46n12, 141, 226-229,
    230n4, 231-234, 267-270,
    273-277, 296, 321
dualismo: objeciones al atractivo del
    dualismo, 140

el bien y Dios, 183
el hombre de paja. *Ver* falacias
    informales
el sufrimiento y el bien
  acerca de la naturaleza del
    sufrimiento y el bien, 291
  aplicaciones de la ley moral 10,
    295
  consecuencias de la ley moral 10,
    298
  declaración de ley moral 10, 295
  origen en la naturaleza humana,
    291
empirismo, 11, 29-30, 64, 92, 113,
    114n4, 202
Epicuro: teoría del desvío atómico,
    84, 313
esse est percipi, 113, 114n3, 116
ética: definición de ética, 177
evolución teísta, 106, 252
existencialismo, 115, 125, 131-133,
    192

expiación, 204-207

falacias informales, 50-54, 127, 146, 149, 215, 317
Fanon, Frantz, 255n3
fe y razón: análisis de la fe de
Abraham, 134-138
Análisis de Kierkegaard, 133-134
filosofía, 3, 6-11, 14-16, 20-23, 27-30, 32n2, 35, 40, 45, 59, 62-64, 72n1, 77, 82, 94-97, 109, 125-128, 139-141, 150n2, 177, 184, 191, 272, 307, 316, 319
definición de, 6
Finnis, John, 187
Foucault, Michel, 21
Freud, Sigmund, 24, 88-89, 156, 157n7, 254
fuentes de escepticismo
apariencia y realidad, 26
construcción y deconstrucción, 22
empirismo, 29
intuición y certeza, 27
la actitud como fuente funda-mental, 35
la razón y sus usos, límites y usos limitados, 11n6, 31
persuasión y prueba, 25
pluralismo de cosmovisiones, 20
pragmatismo y escepticismo, 21
relativismo y tolerancia, 23
tradición y trascendencia, 24
verdad y poder, 21
fuentes del fideísmo
conocimiento y responsabilidad, 36
el uso de razón magisterial vs. ministerial, 37

la fe y la razón, 11, 39-40, 43, 78, 134
la piedad y el intelecto, 45
la razón y el racionalismo, 11, 42
la razón y el testimonium Spiritu Sancti, 41
la razón y lo particular, 41
la razón y los misterios de la fe, 46
ontología y epistemología, 38
razón y hermenéutica, 44
razón y personalidad, 48
Sensus Divinitatis, 35

Gangadean, Ashok, 33
generalización apresurada. Ver falacias informales
Gettier, Edmund, 55-56
Guth, Alan, 83

Hawking, Stephen, 83-86, 104, 146
Hegel, 14n9, 27, 41, 89n16, 114, 132, 272
heteronomía, 193
Hick, John, 74n2
Hobbes, Thomas, 191
Hodge, Charles, 36-38
Hofstadter, Richard, 46n12
Hoyle, Fred, 84
Hume, David, 27-29, 37n6, 42, 43n10, 92, 114, 117, 155, 161-163, 164n8, 166-167
el problema del mal, 155
Hunter, Cornelius G., 107n39
Huntington, Samuel P., 10n5, 11n5

idealismo gradual, 217
incompatibilidad, 72
inexcusabilidad, 27, 37, 45, 150, 162, 169-171, 180, 201, 206-207, 238, 310, 316-325

integridad y conocimiento
  Acerca de la naturaleza de la
    integridad y su relación al
    conocimiento, 213
  aplicaciones de la ley moral 3,
    216
  consecuencias de la ley moral 3,
    219
  declaración de ley moral 3, 216
  origen en la naturaleza humana,
    213

juicio, 60

Kant, Emmanuel, 27-29, 32, 37n6,
  39, 42, 72, 78n2, 114, 117-118,
  132, 145, 180, 187, 192-194,
  272, 291
  deontología, 192
  heteronomía, 193
  libertarismo, 72, 180
  racionalismo, 42
  revolución copernicana, 114
  sobre la causalidad, 117
  virtud y felicidad, 187
Keats, John, 28
Kierkegaard, Søren, 40-41, 115,
  132-134, 192
Kuyper, Abraham, 201, 241n4

la teoría del comando divino, 193
Lao Tzu, 33, 145, 192
Leibniz, G. W., 71n1
Lewis, C. S., 36n5, 106n38, 255n4,
  257n5
ley de identidad. *Ver* las leyes del
  pensamiento
ley de no contradicción. *Ver* las leyes
  del pensamiento
ley del tercero excluido. *Ver* las leyes
  del pensamiento

ley moral 1. *Ver* bien (el) y Dios
ley moral 2. *Ver* pensamiento y
  presuposición
ley moral 3. *Ver* integridad y
  conocimiento
ley moral 4. *Ver* trabajo y esperanza
ley moral 5. *Ver* autoridad y
  perspicacia
ley moral 6. *Ver* dignidad humana y
  racionalidad
ley moral 7. *Ver* amor y fidelidad
ley moral 8. *Ver* valor y talento
ley moral 9. *Ver* verdad y justicia
ley moral 10. *Ver* el sufrimiento y el
  bien
leyes del pensamiento
  identidad, 11
  no contradicción, 11
  tercero excluido, 11
Locke, John, 27, 92, 113-114
Lucretius, 84n9
Lyell, Charles, 96

macroevolución, 97-98
Madhyamika, 30, 124, 145
magisterial versus uso ministerial de
  la razón, 37
Marx, Karl, 22-24, 41, 88-89, 156,
  157n7, 192, 248
microevolución, 98
monismo material
  antecedente generale, 77
  el cuarto argumento en contra
    del materialismo: el naturalis-
    mo no está basado en la
    ciencia, 94
  el primer argumento en contra
    del materialismo: el mundo
    material no es eterno, 79

el segundo argumento en contra del materialismo: el pensamiento no es un movimiento de átomos, 87

el tercer argumento en contra del materialismo: la mente no es el cerebro, 89-90, 94, 153

mundos lógicamente posibles, 34, 65, 105, 108, 139, 144-147, 171

Nāgārjuna, 115, 124-126

Nietzsche, 41, 60n6, 81, 115, 128-130, 156

Nirguna Brahman, 145

Oliphint, K. Scott, 36-38

Oppy, Graham, 171n12

Peirce, Charles Sanders, 21, 126

pensamiento y presuposición

Acerca de la naturaleza del pensamiento y la naturaleza de dios, 198

aplicaciones de la ley moral 2, 202

consecuencias de la ley moral 2, 211

declaración de ley moral 2, 200

origen en la naturaleza humana, 197

petición de principio. Ver falacias informales

Pieper, Josef, 278n1

Plantinga, Alvin, 26-27, 36, 55-56, 167

Platón, 14n9, 15n10, 28, 49, 78, 84, 127, 139-143, 184, 187, 191-193, 238, 272, 316

pragmatismo, 21, 48, 82, 115, 125-127, 167, 254, 271

pratityasamutpada, 124

pregunta compleja. Ver falacias informales

presuposición, 13n7, 20, 52, 55, 63, 197-199, 303

presuposicionalismo racional, 64, 201, 309, 314, 324

principio de claridad, 303, 307-309, 314, 317

principium cognoscendi, 15n10

principium essendi, 15n10

Ramanuja, 109n2, 114-115, 119-124

Rand, Ayn, 191

razón en nosotros

fundamental, 16, 195

naturales, 17

ontológico, 15, 38-39, 57, 214

trascendental, 16, 63

razón en sí misma. Ver las leyes del pensamiento

razón en su uso

constructivo, 14, 246

crítico, 13

formativo, 13

interpretativo, 13

razón y argumento, 57

razón, definición de

la razón en sí misma, 8, 11, 15, 130, 245, 314

razón en nosotros, 15, 181, 246, 325

razón en su uso, 9, 12, 57

reduccionismo, 30, 88, 238, 250

reencarnación, 110-113, 179, 285

Reid, Thomas, 26-27

Rorty, Richard, 21, 115, 127

Rousseau, Jean-Jacques, 28, 192, 230

Russell, Bertrand, 84, 85n13, 106n37

Ryle, Gilbert, 93

Sagan, Carl, 77
Sartre, Jean-Paul, 132, 192
Schellenberg, J. L., 171n12
Schleiermacher, Friedrich, 157n7
Schopenhauer, Arthur, 27
Sensus Divinitatis, 35-36, 197
Sextus Empiricus, 19n1, 73, 313
Shankara, 33, 109, 114-115,
     118-124, 146
Shunya, 124
Skinner, B. F., 24, 88-89, 254
Sola Scriptura, 44, 208
Spinoza, Baruch, 14n9
Sproul, R. C., 190
Suzuki, D. T., 124

teísmo
     el problema del mal, 155
     la solución del libre albedrío,
         166
     la solución irónica, 168
     problemas preliminares, 151
teleología, 194
terreno común, 5, 15, 39, 63, 72n1,
     74, 95, 130, 150n2, 157n7, 183,
     303, 307-310, 314-315
tesis irrelevante. *Ver* falacias
     informales
testimonium Spiritu Sancti, 41
Toynbee, Arnold J., 10n5, 11n5
trabajo y esperanza
     Acerca del trabajo y la esperanza,
         221
     aplicaciones de la ley moral 4,
         229
     consecuencias de la ley moral 4,
         234
     declaración de ley moral 4, 229

     origen en la naturaleza humana,
         221

uniformitarianismo, 96, 101

valor y talento
     Acerca de la naturaleza del valor
         y talento, 269
     aplicaciones de la ley moral 8,
         274
     consecuencias de la ley moral 8,
         279
     declaración de ley moral 8, 273
     origen en la naturaleza humana,
         269
Van Til, Cornelius, 36-38, 106n38,
     201
verdad y justicia
     acerca de la naturaleza de la
         verdad y justicia, 282
     aplicaciones de la ley moral 9,
         285
     consecuencias de la ley moral 9,
         289
     declaración de ley moral 9, 285
     origen en la naturaleza humana,
         281
verdad y poder, 21
visión beatífica, 78, 140, 193, 200,
     233, 321

Wells, Jonathan, 100n21, 102n28,
     103n29
Wittgenstein, Ludwig, 59n5, 128
Wolff, Christian, 38

ACERCA DEL AUTOR

DR. SURRENDRA GANGADEAN (1943–2022) fue profesor de Filosofía en Phoenix College y en Paradise Valley Community College durante cuarenta y cinco años. Impartió regularmente cursos de Introducción a la Filosofía, Lógica, Ética, Filosofía de la Religión, Historia de las Religiones del Mundo e Introducción al Cristianismo. Durante diez años, impartió cursos de Historia de las Civilizaciones Orientales y de Humanidades Interdisciplinarias. Además, impartió cursos de Filosofía del Arte, Filosofía de la Literatura, Filosofía de la Historia y Teología. Dirigió discusiones de seminarios para profesores, estudiantes y el público en el Programa de Discusión y Lectura de Grandes Libros. Recibió una Maestría en Literatura de la Universidad Estatal de Arizona, una Maestría en Filosofía de la Universidad de Arizona y un Ph.D. en Teología Natural del Seminario Teológico Internacional Reformado. Presentó trabajos académicos y conferencias públicas sobre los temas de la Teología Natural y la Ley Moral.

www.ingramcontent.com/pod-product-compliance
Lightning Source LLC
Chambersburg PA
CBHW020430130626
46549CB00001B/68